疾風勁草

像我這樣的母親

增訂新版

蕭曼青／著

紀念我偉大而慈祥的祖母
並給我至愛的五個兒女留念

▲作者與大兒天恩一家四口去花蓮旅遊

◀與大女兒靜華（前排右）、大女婿張乾原（後排右）、小女兒靜秋、小女婿郗家駿

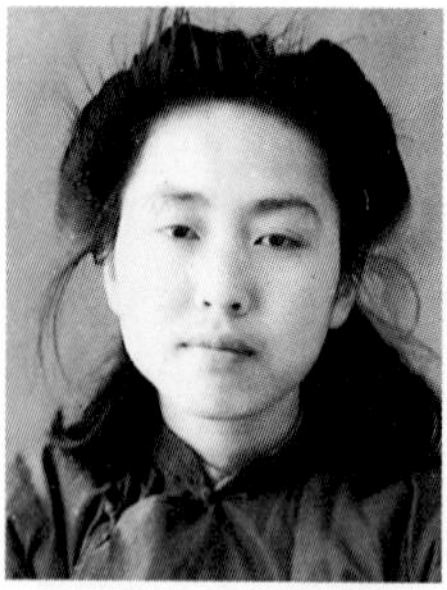

▲29歲時，爲謀生在工廠做女工

◀女兵時期的蕭曼青

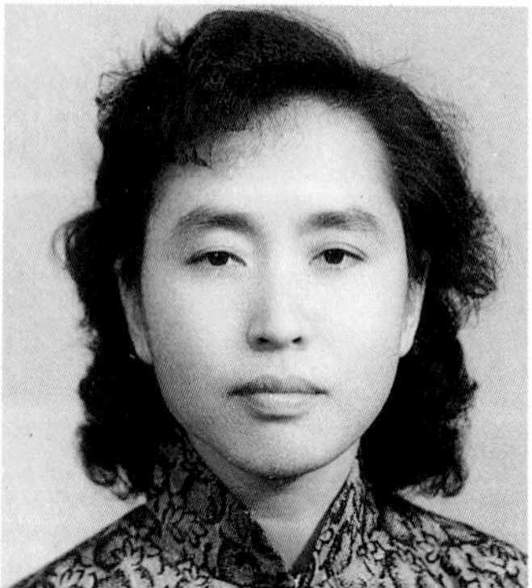

▲38歲時，生活艱辛，做女工、餵豬、小販等工作

▶現在的蕭曼青

◀患難夫妻在開封，當時蕭曼青28歲，先生高長榮36歲

▲民國37年在開封，作者之夫高長榮抱著七個月大的高天恩

◀高家全家福，後立者是當時唸建國中學的高天恩

▲民國28年與洛陽戰幹團同學王佩榮（右）合影

▲民國29年與好友郭琤（左）在陝西西安「戰幹部」第四團

▲民國82年5月作者（前排左一）帶大女兒靜華（後排右一）、小女兒靜秋（後排右二）去大陸河北定州探望郭琤（前排左二）

血淚斑斑處，心花朵朵開

朱炎

某日向晚時分，高天恩教授來訪，談到他母親正在寫自傳，看我能不能找九歌考慮出版；聽他這樣說，不由得我心頭一震，不知道怎麼樣回答是好。我曾拗不過人情，硬著頭皮把一位長輩的散文寄給九歌出版社，結果一個月後遭到退件的尷尬；而那位前輩作家又在我還他原稿數月後，寄來一本印刷炫耀的散文集，讓我覺得兩面現醜，要多窩囊有多窩囊。所以，乍聽天恩又要我冒這種險，心底直如驚弓之鳥，又見彈丸。

可是，天恩是三十年前我從歐洲回來教的第一班學生，此後我看他出國留學，得了博士學位回來系裡任教，和我既是師生，又是同事，更是親信的好友；兩個人無話不談，清楚對方的心事。我明白天恩是多麼敬愛多麼疼憐自己的母親，而母親出版自傳對他來說，不啻是一般的心願得償，而且是心靈創痛的撫癒。

收到高母蕭曼青女士的自傳《像我這樣的母親》初稿，我久久沒有心情也沒餘暇細讀；內子卻抱著它一會兒飯廳一會兒臥室地讀得入了迷，甚至好幾次邊看邊流淚，煞受感動。我的每篇文章，內子恒是第一個讀者和批評者；她對這部自傳稿的反應，鼓勵我把心一橫，將它寄給蔡文甫先生。出人意表的是：他竟表示樂意把它出版。

一個難題解決了，另個難題又來到：天恩斬釘截鐵地對我說，爲他母親的自傳寫序，非我不可！老實說，教到他這個學生，雖然有趣，卻也很累。十幾二十年來，我只寫過一篇短序；曾永義教授爲慶祝父母金婚，在七十九年六月出版《牽手五十年》，索序於我，教我無法不寫。我之所以不能寫序，是因爲我長久以來，就患了不輕的寫序恐懼症。我在六年前寫的那篇序裡說：「不少我所非常敬重的文壇大家或數十年的老友，把他們的大作老遠寄來或親自捧至，都遭我百般抗拒。我這個毛病，日益嚴重，近來竟至不能爲自己的新書，序個三言兩語。」更讓我爲難的是：前不久我才因堅決不寫兩篇序而惹火了兩個好朋友。縱然如此，我還是寫了這篇序。

爲了寫這篇短序，我開始認眞地拜讀蕭女士的自傳；仔細地看了幾節之後，卻發現這不是一部普通的自傳；難怪鬼斧靈精的高天恩，會忍心三番兩次地強我所難！

我受不了咱們中國人寫的自傳，就是因爲這些作品，既不公正，又不坦白。這些自傳，有個共同點，那就是：錯是人家的，對是自己的；邪惡丟醜屬別人，善良榮耀歸自己；又是家醜不可外揚，又是爲祖先諱，爲長上隱，沒有多少老實話。

天下沒有比顯揚自己的文章更噁心的，也沒有比誠實坦白的話更令人感覺窩心的。福蘭克林的自傳固然少不了自我的肯定，但是遇到自己的不是，也不避諱；他說有一次受好友之託照顧其女友，一時見色忘義，竟想染指她，結果被她嚴加申斥。所謂「朋友妻不可欺，朋友愛不可奪。」唯一在四大美國歷史文件上簽名的美國開國元勳福蘭克林，竟然自揭瘡疤，把自己寫得那麼下三不堪，眞是可敬可愛。難怪他的自傳，歷久彌新，人人愛讀。

而蕭曼青女士的自傳，文字固樸素，內容更坦白；正因如此，整部作品雖是斑斑血淚，卻也處處晶瑩，令人讀來直如傾聽知心人語。譬如，她雖然敬愛母親，但是寫到老人家的迷信和愚昧，卻也鮮活深刻，教人扼腕。蕭女士雖在萬不得已時，也只好認命；但是，在內心深處，卻始終在追尋自己的理想生活，執著於眞愛眞情的爭取。不幸的是：她卻在緊迫的情勢下，匆忙地嫁給一個陌生人。這原是那個離亂時代隨處可見的悲劇；可是，蕭女士卻未輕易放過自己應該揹負的責任；除了在好多地方痛陳心靈深處的憾恨，同時也借著至友琤姐對她糊塗下嫁的責難和患難情人毅青的悲憤和淚水，來呈現自己的傷痛、悔恨、歉疚和無奈！

蕭女士以誠摯的筆觸，爲那個悲苦的時代做了見證。在那些坎坷的歲月裡，一個善良女性的人生，原是那般無助，那麼没有保障；隨處發生的一件小事故，就可以決定她的命運。比方說，在當年教育程度普遍低落的臺灣，就憑蕭女士讀過師範的學歷，很容易找個教職或其他公職；但卻因爲身分證被糊塗户籍員誤塡爲「不識字」，年齡也由二十九歲暴增爲四十歲，而不得不做女工、炸油餅，萬般辛勞地養活兒女。

恁多的磨難，無邊的悲苦，終未能扭曲或改變蕭女士的意志。她的自傳是一篇心靈的告白，一部動亂時代的實錄，一種含冤無告的吶喊和抗議，也是一個母愛的故事。讀者可以深切地感受到：一顆中國女性生動的心靈，一個懷抱不墜的願望，由少女時代而至耄齡高年，歷經困阨艱險，永不止息；而這番心願，已然在她五個兒女身上，燦然體現！

——八十五年清明節十二時五十分

寫於節義書樓

寫給我親愛的兒女們（自序）

在大兒天恩、長女靜華的鼓勵下，我寫了這本傳記。我出生在一個舊社會的破落赤貧家裡，由小到大，直到我十八歲鄉村師範剛剛畢業的那年，也就是蘆溝橋事變的第二年夏季，由於國仇家恨，在不得已的情況下，我不得不離開撫育我長大成人的祖母和母親，離開了我生長的家——河南省沈邱縣槐店鎮大胡同。

滾進了對日八年抗戰的漩渦，流入了第二次世界大戰的洪流裡的我，同一些山南海北的流亡學生，參加了軍中政治部的工作，隨軍轉戰大江南北，過著顛沛流離的生活，有工作上的甘苦，有情感上的血淚……

最後在社會封建傳統和家庭禮教束縛壓力下，我同僅見過一面，你們的父親走進了結婚禮堂。雖然我常爲此唏噓不已，因酷愛兒女，我咬緊牙關，本著良知，抱著爲兒女犧牲奉獻到底的毅力，終於在赤貧的生活中，在感情的沙漠裡，向惡劣的命運搏鬥，一直苦苦煎熬到你們五兄妹都完成了大學教育。

所幸天恩生性堅強，在家無隔宿之糧的環境中，努力苦讀，半工半讀完成台大外文系學業。以大學優異成績申請到美國的獎學金，修畢碩士學業。再以碩士學業成績申請獎學金，完成博士學位。當年他日夜兼差，義無反顧的打拚，對雙親生活盡力，對手足學業盡心，在他大公無私的作風下，弟妹都能大學畢業，立足社會。

靜華的個性爲人，與大哥相較，有過之而無不及。在她讀小學時，由於家裏窮苦，三餐不濟偶爾才能買一次水菓，爲了公平起見，我總是分成五份，而她小小年紀，便知道忍痛割愛。總是將分得的一份，留給弟妹分食。中學時代，三年來只穿一雙舊布鞋，一件縫補露肘的黑色外套，直到畢業。大學四年仍如中學時一樣的通車，而且利用寒、暑假打工。

近年來，靜華婚姻美滿，經濟餘裕，更常濟助社會上一些貧病孤苦，默默行善。遠親近鄰如有急難，她常感同身受而鼎力。由於她虔誠信佛，常在各大小廟上捐獻。她對父母至孝，對手足關愛，這是親友有目共睹。

二兒天林、三兒天純、小女兒靜秋均大學畢業，並已成家立業，唯願他們除對家庭盡責、國家盡力外，尤望他們永遠不要忘記成長過程中大哥的付出，我願足矣。

天恩與靜華最愛媽媽，尤其重視媽媽的目前和過去，在他們多方的鼓勵和勸慰下，使我得以拙筆寫了我的生平傳記，今天在這本自傳的付梓前夕，我以滿懷安慰的心情寫了這篇自序。

蕭曼青

八十四年十一月卅日

寫於新店家中

目錄

第一章：三代紅顏的悲歌

我的出生

是清末的一個大雪紛飛的深夜裡，縣衙裡來了一位戴紅纓帽的官吏，領了一群衙役，到了坐落在河南省沈邱縣西大街一座最高的樓房裡，以手銬脚鐐逮捕了正在沉睡中的三祖父（是我祖父的三弟），從此蕭家由數代顯赫的世家，變成了犯人家的破落戶。

我的祖父和祖母是槐店鎮上的首戶，是門當戶對結的親。祖父是兩家錢莊的老闆，另外還開了一家規模相當大的染房，專染當地出產的棉麻絲綢，生意十分興隆。祖母（蕭于氏）是一位貌美端莊而知書達理的人。她是獨生女，出嫁的陪送相當可觀，並且還有一位與他情同手足的侍女陪嫁。

祖父母對上敬、對下寬，左右鄰居都相處得融洽。每逢冬夏在自宅附近空地上，搭建了蓆棚，派專人捨茶水、發米糧，給難以度日的貧苦鄰居、過路客人。那知好景不常，祖父的三弟，原在縣衙裡任金庫主任，庫銀被盜一空，還被小人栽贓在家中搜出一批贓銀，因而被捕治罪。官府有令：限三個月內全部照數賠償，否則坐木籠遊街示衆。（木籠，是清朝死刑犯的刑具。在極刑前數日必定當街示衆的刑具。是一個木製籠子，下有長釘朝上，上有刀片朝下，高低令你難以直立，寬窄令你難以轉身。臨行刑前三天，即把犯人送進木籠裡，木籠上另有碗口大的小洞，可限時讓親人送水、送飯，讓行人圍觀。行刑日劊子手推木籠遊到大街小巷，最後到鬧市的十字路口，由衛警拉出，把準備好的亡命旗插到犯人肩上後，讓犯人跪地被砍殺。）

祖父母爲了拯救三弟的名譽、性命，把田產、生意、房產等，在三個月內廉價變賣，湊足了縣衙金庫中所失的庫銀。三祖父由死刑犯改判爲有期徒刑三年，結束了這場意外的家中橫禍，而我家也變成了片瓦無存的赤貧。

我還有位大祖父母（祖父的兄嫂），因吸食鴉片早把分得的一份祖產賣光。祖父是個耿直而愛面子的人，禁不住突如其來的家變，患重病逝世，享年廿八歲。祖母的歲數大祖父兩歲。卅歲的未亡人，帶著兩個孤獨無依的小兒子——我的父親（八歲）和他唯一的弟弟——我的叔父（七歲）。

祖母的父母家大業大，對獨女如此遭遇那能坐視，因而把祖母一家三口，還有陪嫁的侍女，一起接進家門。祖母還有一位哥哥，長年在國外經商，嫂嫂生性毒惡，善嫉。她自己也有一子，常常感到婆婆對外孫偏愛而生氣，天天板著面孔偷偷向祖母說：「有一天時來運轉時，咱再算賬。」她了解祖母的厚道，常對祖母說無理話而洩憤。祖母只有暗嘆命運不幸而以淚洗面。老母親發現女兒常常暗自哭泣而對兩個無父的外孫加倍疼愛，如此以來，同媳婦造成愈來愈深的仇恨。嫂嫂基於封建禮教的束縛，祇有敢怒而不敢言的生活。

「天有不測的風雲，人有旦夕的禍福。」有一天的夏夜，大多數家庭因感室內悶熱而搭鋪在院子裡乘涼睡覺，大人們揮著大芭蕉葉扇子給小孩打蚊子，但當大人沉睡時，小孩就立刻會被蚊子叮醒，就因此，祖母的媽媽因愛孫心切，聽到七歲的外孫夜半哭鬧，便趕快跨過搭鋪去拿更香（不是普通一般家庭用的蚊香，而是粗而長，燃著了滿院蚊子即遠飛無蹤，這種香相當貴，一般人很少用。）卻未料到一脚踏空而跌倒不治。而祖母唯一的哥哥，由國外急急趕回奔喪，聽妻子形容母親為偏愛外孫而夜半摔死，對妹妹深為不滿。祖母的父親，因年邁多病，連遭意外的打擊，未等老伴「百日」做完就與世長辭了。

祖母的唯一哥哥，見雙親相繼而亡，妹妹境遇堪憐，便向祖母說：「我長年在外經商，我有能力，也有義務照顧妳的生活，我要把我的兩個小外甥養大成人，這樣，我才上對得起雙親，下對得起手足。但妳要聽我的話，絕不可出這個大宅院，家有佣人，妳的侍女留在你身邊，跟妳嫂嫂好好相處，她是個倔強的老實人，她會善待妳的。」哥哥臨出門前殷殷叮嚀，祖母為了安哥哥的心，便明知不可為卻一一答應了。祖母的意思是任憑受盡了嫂嫂的天大委屈，只要把兩個無父的孤兒撫育成人成器，總比一個年輕的寡婦獨居外邊的好。那知嫂嫂是個陰險毒辣的女人，當丈夫出國不久，即把廚房佣人辭去。再把磨房牲口牽他娘家寄養，每天生活上需用的米麵，都交由忙完了白天雜活的祖母深夜一個人去推磨麵粉，白天仍叫祖母進廚房做一天三餐。

最使人無法忍受的是每逢初一和十五的拜神上供，豬肉、魚鴨、素果等供過的供品，都命令祖母撤回時先端到上房嫂嫂的面前看過後，再由祖母端到廚房煎炒成香味四溢的食品，然後再端到上房給嫂嫂和他的獨子，等他們吃完後，才能收到廚房給自己的兩個兒子吃。祖母的七歲小兒子憨直，見魚肉便笑張大口狼吞虎嚥，聰明伶俐的八歲大兒子卻拒吃而熱淚湧流，母與子常為此相擁痛泣。

祖母不怕生活的折磨，但卻難以忍受兩個無父孤兒經常受如此的屈辱。隨祖母生活的侍女一再勸祖母：「小姐：快點到外邊找間房子跟兩個小少爺逃個活命吧，我陪你給人家做針線、洗衣服（祖母會剪花、刺繡、繪畫、寫對聯等）也可以賺錢生活，把孩子養大成人。我爲你和老夫人待我的恩重如山，可以一生不嫁，我們絕不能再受你嫂嫂這樣的折磨了。萬一你被折磨死，到時候我怎麼插手照顧兩個小少爺啊？」祖母在無可奈何中接納了侍女的善勸，決心移居外面。

祖母的哥哥在附近的鄰國經商，一出門最少三個月或半年，雖不斷有信到家報平安，但他那裡會曉得自己的胞妹正陷於水深火熱中的生活呢？

但當祖母同侍女在外邊找好房子租定，一切安排妥當後向嫂嫂告別時，嫂嫂頓時臉色大變的說：「我早看透了妳年輕、漂亮，在這深宅大院中守寡難耐，妳既然決心搬出去我也留不住，但妳可得給我留個手續，寫清楚是妳自己志願自動非搬出這個家不行的，不然你的親哥回來我怎麼向他交待？」祖母都一一答應了嫂嫂的條件，帶著兒子和侍女，搬出了這個偌大的宅院。

在槐店鎮一個偏僻的巷子裡兩間低矮充滿霉氣、蛛網的小屋裡，暫時成了祖母和兩個小兒子及侍女的棲身地。侍女在外為人做粗活，祖母為人做針線，兒子送到鄰近私塾裡讀書，生活簡陋而平靜。

有一天的晚上祖母的哥哥由外地經商回來，給妹妹、外甥、妻兒帶回了吃的、用的，進門不見了妹妹，便聽其妻說：「你的妹妹才卅歲，花一般的年華，你把她留在這深宅大院裡生活，你想叫她把兩個兒子養大成人，她那裡能守住了這寡居生活？她早想外邊想瘋了。你還留著她的侍女，在外邊給她穿針引線。我三番兩次的留她，我叫她等到你回來了以後再搬出去，她就不等，她花心到這種樣子我有什麼辦法？她臨搬出去時給你留個字條你看看吧！」「哥哥：嫂嫂待我好。但我覺得兩個小孩太小，要等他們長大成人還得十年以上，我不願加增兄嫂的負擔，因而我決定同侍女搬出去共謀生活。請哥哥相信我，我不會敗門風，更不會辱祖先。」哥哥一向孝順雙親，憐愛手足，沒和妻子多說一句話，便奪門而出找到了祖母的租屋。他不問妹妹什麼原因竟對他不辭而別，他堅決叫妹妹立刻隨他搬回去住，否則他永遠斷絕兄妹之情。而祖母一言不答，堅決搖頭示意絕不再搬回去住，祖母的哥哥再三追問妹妹：「是不是妳嫂嫂對不起妳？如果她敢在我面前陽奉陰為的話我立刻休了她叫她回娘家，絕不寬待。」哥哥如此激動，妹妹那敢直言？她那捨得訴實情而拆散了哥嫂一家，只有流著眼淚以沉默表示堅決不接納哥哥的誠意。哥哥在悲憤情急之下打了妹妹幾個耳光，從此永不來往。

在民初時期，每個縣城市鎮的大街小巷內，都設有公開的鴉片煙館、妓院。一般的風俗習慣，女孩一到五週歲母親便開始用三尺長、二寸寬的白布，把正在發育中的脚趾頭緊緊的纏著，並用粗線縫著布尾，以免纏布鬆動，直纏到雙脚筆直，這就是一般男人在傳統觀念中誇讚女人的所謂「三寸金蓮」。七八歲的小女孩出門走路都是個個扶著牆走，玩伴也只限定同性在一起玩，偶爾有跟男孩玩時，便有人在背後指指點點。女孩到了十二歲左右，是絕對禁止出大門的。只有貧苦的小女孩賣到富戶爲奴婢，才能在主人的支使下上街購物。祖母剛搬出來住不久，都是由侍女接洽富戶的針線活，後來天長日久，慢慢傳開了，那些達官貴人都好奇地騎馬坐轎拿活上門。尤其晚上，只有煙館、妓院才有燈光，其他街巷全是一片漆黑、寂靜。祖母爲了賺取生活費用，都是日以繼夜的在趕工。那些去煙館、妓院消遣的，大都是富家老爺或少爺，還有一些街頭流氓、混混。知道祖母是一位剛喪偶而且又是飽讀詩書的落魄婦人，有的半夜敲門送活做，有的坐在室內等拿針線活，更有的第二天託媒婆上門，使一向足不出戶的祖母，常在侍女的幫助下東遷西移的搬家。

好不容易把兩個兒子撫育到十六歲、十八歲，在媒人的撮合下都結了婚。對祖母赤心耿耿的侍女，在祖母百般的勸解下也嫁了人。我就在民國十年農曆八月初三日，也出生到這個貧困的家庭裡。祖母給我起了個乳名「興」，一來高興有了第三代，二來想以此字趨走多年來的霉運。但是爸爸卻說這個「興」字太男性化了，因此命我改名爲「杏」樹的杏字。

父親從軍

父親因受不了家境的貧困，尤其不忍心看慈母日以繼夜的爲人家做針線養家，就在我出生不久，投奔了軍中。一開頭就被任用爲軍部文書，當時軍中稱謂「師爺」。因他人緣好，常在公餘之暇被軍長的兒子邀約郊遊、射箭。這位新識友人了解父親的品學、家境、志願，經他介紹，沒有多久父親便下連，任排長職，經過多次內戰，繼而升爲連長。

記得我五歲那年，正在祖母的照顧下同堂弟「根」（「根」是我叔父的長子，比我小兩歲的堂弟幹國乳名。）在大門外玩沙土堆城牆，蒸饅頭時，看到一位高大而魁梧的軍官，騎著一匹白色的大馬，後面有一位高瘦個子的年輕軍人，他騎了一匹灰色的馬，兩匹馬由街的那頭，直奔到我們的家門前停下。祖母把我和堂弟拉起來，對著兩位騎馬的年輕軍人笑迎上說：「老總（民初，一般老百姓稱軍人都以「老總」尊稱。），我們這裡沒有空房子，你們到大街上去找找看，那邊有幾家大的宅院……」「娘！是我呵，你的大兒子華堂，這位是我的護兵小武，我是請假專意回來看望您老人家哩，順便把全家統統接出去，跟著我過幾年不讓您老人家操心的日子……」父親向祖母脚下雙膝跪了下來，母子抱頭痛哭成一團。鄰居們左鄰右舍，以及我的玩伴們都圍攏了上來。「看看于家大小姐可眞熬出頭來了（祖母姓于），看看于家嫂子怎有臉見他的大外甥？蕭老二的兒子眞有出息，這眞是衣錦榮歸呵！」「快點通知小杏家娘，也叫她高興高興。這一家是出了頭呵，有這麼個有出息的兒子。」鄰居們男男女女，老老幼幼七嘴八舌的擁著祖母和父親進了家門，然後大門外響起了鄰居們放的鞭炮。我同堂弟被父親的護兵小武扶到他的馬上，在街心逛了一趟，在我的小小心靈中，那是我出世以來，最風光最得意的一刻。

「娘！您放心，我要把弟弟、弟媳婦、小侄兒『根』統統接出去。弟弟老實，識字不多，我給他在連裡補個兵名，叫他長年留守後防，跟著您老人家照顧家。我是一名帶兵的軍官，當然要住在軍營中，但也有住後防訓練隊伍、擔任後勤的時候。我身上有護身佛爺，您看：是古銅的，這是花了好幾拾塊現大洋請來的。我天天把他揣在我的貼身胸前，祂會保佑我的平安、健康、順利的。另外我還請了全神——天爺、官公、財神、灶神，全是從大廟裡請來的，都是塑造的金身，錦衣。我已經找好了一個四合院的庭院，上房您老人家住，上房另有一個套間，我已設置了神堂，我又請了一樽佛相，所有全神齊集一堂。左右房子是我和弟弟各住一間。我現在是一天燒三次香，娘去了以後，您可要天天帶領我們一家老幼拜呵，我能有今天，全是神保佑。」父親坐在祖母身旁，緊緊的握著祖母的手，向他介紹了我們即將要搬住的新家。祖母喜極而泣的向父親說：「對你這樣週全的安排，我是非常滿意，但我唯一放心不下的是你的郭叔。」

老郭是祖父的書童，自幼便跟隨祖父左右，猶如手足弟兄，後來他因出天花，而有了後遺症——一臉大痳子。他為人耿直、忠厚，家遭變故時，他被遣走。但當祖母由娘家搬出另立門戶，後來侍女出嫁後，他怕祖母孤身撫幼遭外人欺凌，他才又自願以下人身份回到了祖母身邊。他帶來了一頭能拉磨的小驢，還買了一盤小磨，祖母為人做針線，他就為人磨麵粉（每代人磨一百斤的麥子，就可以賺二十斤的麵粉。）就這樣祖母才把這個破爛的家支撐起來，還給兩個兒子都娶了親。

在這樣艱辛的歲月裡，有的人誇讚老郭為人耿直、善良，是位忠僕，有的人卻歪曲事實閑言閑語。

但父親明白慈母年輕守節養子的不易，更了解母親的出身爲人，因而他視郭叔爲父輩的尊重，並力邀老郭與我們一起搬走。他淌著眼淚告訴父親：「你母親可眞配立個貞節牌坊。我老郭守住這個破家，你只管帶住你娘一家走，你只要好好孝敬你受盡折磨、屈辱的老娘，你就算盡到孝心了，我老郭還輕（五十六歲），你們『落葉歸根』，我守著這個家，等你們回來時，總還有個落脚的地方呵，孩子，一個小驢賺的我吃不完，我會都給你們積攢起來哩！天下沒有不散的筵席，不要掛念我，你們明天安心的出門吧！」麻爺的話使我們全家老少泣不成聲。我自幼是麻爺抱大的，因爲我的父親長年不在家，他總是特別疼愛我，早、晚我總是扒在他背上，躺在他懷裡，他給我買糖果，買肉包子，他看著我吃完才叫我進家，唯怕小我兩歲的堂弟見了哭鬧。我知道明天一早我們全家都跟著父親離開他時，我忍不住倒在麻爺懷中放聲大哭，我摟著他佈滿皺紋淚水的臉頰親吻不已。

來到了豫東的柘城縣，住進了一個前有花園、後有大庭的宅院裡。因爲父親早爲我們安排好了全家老幼的住房，我們到達新家的當晚，便像回到了久別的家園，馬上就各自舒舒服服的安頓好了。

營房就在住家附近，我們每天早上都隨著父親營區的起床號音起床。分別梳洗後的第一件事，是父親扶著祖母先跪到神堂前面地上的大紅絨氈上，然後由父親點火燃香，再由祖母接過來揷到金色的大香爐裡，再由父親點燃黃表（即拜神的大張金紙，豫東人稱該紙爲黃表）接著父親再扶祖母雙雙跪下三拜九叩後離去。我們母女和叔嬸堂弟一家三口也如式拜神，最後才都到餐廳內坐下來吃飯。飯是由母親和嬸母輪流做，餐桌擺著稀飯、油餅、素菜。父親本性重男輕女，加上他對老母至孝，每到吃早飯時他總是誇讚堂弟乖，長相貴，是個有出息的好孩子，將來他要好好的培植他，使他成人成器，以振蕭家門風等。再談到我時，父親說：「女孩子長得清秀伶俐，將來長大出閣了還不是外姓人！過兩年一纏脚，不出三門四戶了，有什麼用？」父親的話常逗得祖母、嬸母和叔父一陣哈哈大笑，母親忍氣吞聲的看看我低著頭噘著嘴的小樣，也只有沉默的摟摟我。

有時父親奉命剿匪（河南豫東一帶因水、旱災鬧飢荒到處有群匪燒殺搶劫，軍隊常配合民兵與匪週旋）由戰地歸來時，總是要護兵備馬帶著我和堂弟郊遊，他總是抱著堂弟扯著我。有時把堂弟揹在肩上，我在後面哭著，喊著出門。父親總是把堂弟抱在他騎馬的前面，把我交給他的護兵小武。小武總是哄著我說：「小姐你別哭，我們這匹馬比連長騎的那匹馬老實，小少爺不聽話，馬一跳他就會摔得皮破血流，前邊那匹馬上也沒有吃的，你看我們這匹馬的後面有一個大布袋，裡面裝的全是你愛吃的糖果、花生、栗子，我現在就拿給你吃。」小武邊說邊下馬從袋子裡掏出來幾個糖炒栗子，剝了皮塞到我口裡，我帶著滿臉淚水開心的笑了。

記得快過年的前幾天，神堂的桌上方紮了很多喜竹（以高大的青竹桿，把細枝、竹葉弄成弓型，竹的細枝上插上五顏六色的水果，插得精緻的像竹子本身生出來的無異，這樣以表示年景豐收，國泰民安，家家戶戶十之八九都是如此。）父親給堂弟買了一件藍色的絲織長袍，配一件紫紅色的馬褂，還有一個黑色小帽。給我買了一套大紅絲質的繡花棉襖棉褲，還有一頂綴滿鈴噹花穗的大紅絨帽。年初一那天，營中上下官員，太太小姐們給祖母拜年的人絡繹不斷，我和堂弟收到了很多壓歲錢各自裝滿了撲滿。我們正在玩得高興時，堂弟不講理抓起我的帽子往他頭上戴，我立刻從他手裡搶過來就跑，他不甘心的追我，我拚命的向外跑，一不留神竟從大門外十幾層磚的台階上跌到街心，跌的頭破血流，我的臉上至今還留有跌痕。

還有一次使我難忘的記憶：祖母帶著我和堂弟到營房附近的城牆上去玩，這個城牆上都有一個內方外圓的洞，這是專為對付外來的土匪攻城時用來擱炮打敵人的。平時看一個洞連一個洞的非常美觀，大人們可從城垛上向外瞭望，小孩個矮可以從洞中向外看到遠景。堂弟比我小兩歲天性活潑而強悍，他把頭試著朝外鑽，鑽不進去，他卻忍著疼像釘釘子似的朝前慢慢鑽。他的頭終於鑽出去了，他高興的向我說：「姐姐：你看我的本領比你大吧，你只能站在洞口看一點點，我可以看得好遠，好遠的，你沒有能才，你好笨呵！」他又向祖母大聲喊：「奶奶，奶奶，我的頭鑽出來了，你看我比姐姐勇敢。」當祖母一眼看到堂弟這個淘氣樣時，嚇得大叫：「小根：洞是裡方外圓，你鑽出去不好再鑽回來呀……」這一說堂弟馬上想縮頭進來，但他怎麼著也鑽不進來了，他急得頭在洞外搖擺，雙脚在牆裡亂跳。祖母情急，只有叮囑叫我站在城牆上陪弟弟，她飛奔到營區中求救，最後由工兵帶工具來，才挽救了堂弟的這一危難。

最使我難忘的還有一件我幼年的趣事，我自出生不久祖母便愛我如珍寶，他怕母親年輕照顧小孩有誤，便夜夜摟我到她床上睡覺。後來嬸母有了堂弟，也把他交給祖母，我因而嫉恨。祖母每晚總是陪我睡熟後，再去另一頭哄弟弟睡。因為他白天欺負我，在父親的面前他總是佔上風，我實在氣極了，有一次我假裝睡著，看祖母悄悄去陪他睡時，我便偷偷的由被窩內爬到弟弟那一頭，先摸了祖母有皺紋的臉，才照準另一個小臉，兩手用力的抓一下就很快的跑到我睡覺的這一頭。弟弟沉睡中被抓得大哭大鬧，睡到左廂房的叔嬸聞聲趕到，問是怎麼回事時，祖母擰大床頭桌上的煤油燈，只見弟弟滿臉都是血紋，祖母驚訝的對叔父說：「這房間裡老鼠太多，我看見一隻大老鼠從床上剛跳下去跑了，明天給我趕快找隻小貓來我要養著。」叔嬸信以爲眞馬上走開，祖母也把弟弟慢慢哄睡著了。祖母深夜把我抱在她懷裡說教了一頓，我自知錯了，好幾天不敢正視弟弟。

第二年的春天，母親生下了比我小五歲的弟弟。祖母命名「兜兜」（是想網著弟弟，長命的吉利字眼），父親原本不喜歡母親，只因她對婆婆至孝，母命難違，只有委屈求全。父親原本重男輕女，今天有了親生兒子，都歸功於諸神的保佑。拜神，上供，大宴賓客，歡樂的氣氛比往日更甚。

每天父親從營房到家，除先抱抱堂弟外，就是一直不釋手的抱著新生的小弟，連我也時常被父親牽著手外出散步。父親常笑向祖母說：「娘！以後我們要買最好的檀香敬神，白天、夜裡檀香不斷。娘！諸神保佑，您的兒孫滿堂，今後我要好好的孝順您，再也不要讓您爲生活操勞，希望您能長命百歲。」父親每月關餉、銀元，都由傳令兵用錢板送交祖母（錢板，是木刻的，銀元、銅元，一行凹處可擱百個、五十個都有。），而小的一枚十文、二十文的銅幣，則用蒲包（軟籐編的）一包包的送交母親，我們的家仍由祖母當家。

祖母不但在家中日夜香火不斷，並且還常到各大小廟燒香，捐錢，附近貧苦鄰居更是不遺餘力的幫助。連我也時常在母親床下的圃包裡偷偷拿錢給附近買不起糖果吃的玩伴。每逢深夜賣八寶粥的老人擔挑搖鈴經過大門外時，我總是聞聲外出，我的玩伴便跑向街心大叫「小姐快來，我在這裡」，「小姐快來呵，我在這裡」，祖母常因而輕責我說「你這個小妮子怎麼那麼貪吃？」其實，我是怕那一群貧苦的玩伴在圍攤等我呵！日子就這樣兩年很快的過去了，我已長到七歲，新生的小弟也兩歲了。

父親剿匪陣亡

那是一個暮色蒼茫的傍晚，祖母抱著我兩週歲的小弟扯著我在住家的大門外玩，忽然看見父親的兩匹馬，被兩個全副武裝的護兵牽著遠遠走來，然後縛在大門外我和弟弟常繞著轉圈圈的白色電線桿上，馬背上還駝了一個灰色軍氈包得緊緊的行李，緊接著父親也全付武裝的走近了我們。他先向祖母請個安，隨即抱起正在地上爬著玩的小弟，又拉著我的小手，機警的祖母早已感覺到父親此時此刻已非尋常，祖母未等父親開口便先問道：「華堂，你是不是馬上要出發上前線打仗？」「娘！您不知道這兩年土匪鬧的有多厲害，比您年輕時老洋人土匪鬧的還兇呵（老洋人，是一個清末民初一個土匪頭子的綽號，在豫東帶一班人馬搶劫燒殺、淫暴婦女。當年祖母也被老洋人因索錢未成打得遍體傷痕累累，人人聞老洋人便膽戰心寒。）那個時候土匪用的是紅纓槍和大刀，近幾年的土匪用的都是洋槍洋炮，有好幾個村子，都被土匪洗劫一空，我們的隊伍現在駐防此地離這四十五里的×鎮，前天晚上有土匪打冷槍，燒房子，因此上峰有令，叫我們派兩個連的軍火，配合民兵剿匪。七連連長病了，我自願代他出這趟任務。零星土匪，武力那有正規軍好，沒有什麼可怕的。防地離家又近，我會派人隨時跟您老人家聯絡。家裡有華慶弟照應，頂多一個禮拜我就回來了。聽說防地那邊賣的有一種輕絨比棉絮還暖，您身上穿的皮襖太厚重了，您給我幾塊現大洋帶著，我到那買好放著，等回來了帶給您。快到十月了，冬天到了，正好是需要穿的時候了。」「華堂，我看不要給我買了，我身上的皮襖很暖和，我給你錢你給小杏他娘買一件帶回來好了。你不去後院見見她？」祖母慈祥而深明大義的作風，令父親聞言色變的說：「她還年輕，什麼都可以穿，您老人家總是光顧別人不顧自己，把錢快點給我，我要買給您穿。你十一月十六日六十大壽快到了，我要好好的給您老人家熱鬧熱鬧。」祖母扭不過父親的摯意，只好從褲袋中掏出了幾塊現大洋遞給了父親。

兩匹馬由護兵牽離了電線桿，弟弟哭著要爸爸抱，還要騎馬，我牽著祖母的手，似懂非懂的看著這不尋常的場面，不敢多說一句話。父親鎮靜得像平常一樣將小弟抱起來，騎到馬背上，小弟高興的拍著兩隻小手，還大聲向父親說：「把姐姐抱到那匹馬上，我們出去玩哪！」還笑向祖母說：「奶奶再見。」此時我偷偷的看看祖母，她正在用手帕暗暗擦眼淚。不久父親由馬上抱下小弟，在他小手裡塞幾個銅板，向他附耳低語：「叫奶奶帶你去買糖果，爸爸有事出去一會，馬上回來再帶你跟姐姐出去玩。」小弟接過銅板，馬上牽著我的手說：「走！叫奶奶帶我們買糖去。」父親打發了小弟，然後又向我臉上親吻了一下，接著向祖母揮手道別後，騎上馬很快的消失在街的盡頭。

夜幕籠罩著大地，祖母抱著哭鬧著要找爸爸的小弟，扯著我正要回家的一剎那，只見父親騎著馬飛奔回來，他下了馬，搶過正哭鬧找他的弟弟，抱了片刻，並再親吻了我一下，接著從他的褲袋裡掏出了祖母剛才給他的現大洋說：「娘！這錢還交給您吧，留著家用方便，我到前防再給你買，已經快到月底關餉的時候了。」父親接著強顏歡笑的拉著我的手說：「杏！乖女兒，我發現妳懂事了，妳要聽奶奶的話，別和根咯氣了，要好好疼小弟，過幾天我回來會給妳帶最漂亮的花衣服，來賀妳奶奶的六十大壽聽見了沒？我的乖女兒。」最後父親握緊了祖母的手說：「娘！我也不是去前防打仗，只是指揮民兵剿匪，我懷中帶有護身佛，祂長年日夜保護著我，過幾天我就回來啦！家裡多勞華慶弟照應，叫他凡事機警一點。」父親的話說完沒等祖母接話，他便上馬飛快的離開我們，再也沒有回過頭來。弟弟哭鬧著祖母買糖，騎馬，找爸爸，祖母抱起小弟，扯著我。忍不住痛泣的走回家門。

父親去前防已經一個禮拜了。祖母時時刻刻都在掛念著這個至孝的大兒子。「小杏家娘（祖母對母親一貫的稱呼），我怎麼看到同院裡的尤副官太太對我不像以前那樣的熱絡了，是不是華堂在前防出了意外？」祖母是位最聰慧，最有涵養的人，她感到一向稱她「乾媽」，對她假情假意的尤太太，對她近日來不睬不理的一反常態。「娘！您別多疑心，說不定人家夫妻倆生氣了，再不然就是遇到咱想像不到的煩心事，您別胡疑八猜的好不好？」母親雖然這樣的安慰住祖母，但她的心細如絲，內心早在嘀咕了。「娘！人家對我可好吧！您猜錯了，根本沒有那回事。您要相信我。」嬸母是位豁達而無半點心機的人，她在一旁也向祖母說。祖母對她根本不加理會。

豫東十月已進了冬初，每到早晚，房頂、樹枝都結了如雪的白霜，街上的行人都穿上了夾衣、薄棉衣褲，還有已戴上了絨帽，圍上了毛織圍巾。街上除了叫賣的小販、買菜的主婦，上下學、上下班的人外，一般老年人和小孩大都待在家裡關上門窗。祖母因心緒不安，她穿上了外衣，拿起拐杖準備出門時，母親就順口說：「娘！您既在家裡不安，就到外頭走走，打聽一下前防的消息吧！我看尤太太這兩天同根家娘（嬸母），老在一起小聲嘰嘰咕咕的，我一走近他們，他們便不吭聲了，我心裡也覺著不對勁。」祖母自此更加情緒不穩，她天天一個人柱著拐杖到處奔波。

尤太太是位又矮又胖長得一臉橫肉的女人，她不會生育，年逾四十歲了，向貧苦人家買了一個三歲的男孩，她終日把小孩交給一個不滿十五歲的小勤務兵，日夜在同事太太家打牌，如果輸了錢，便拿小孩出氣，常常拿丈夫的馬鞭把小孩打得全身是傷。如果贏了錢，便抱住小孩買吃買穿口中連連叫著寶貝、乖乖的親吻。她是一個趨炎附勢的小人，她丈夫在團部裡當個中尉副官。父親任排長時，她沒有理會過我們。自從父親當了連長，又有消息升營長時，她常常自動的向我們家走動，稱母親大嫂，稱祖母乾媽，還常常買些零碎吃的送到祖母手裡。並常以親熱的口吻向祖母說：「我從小死去了爹娘、跟著姨媽長大，姨媽待我像兇神我沒有得到過母愛。您老人家慈祥，待人寬厚，我非認您乾媽不可，等您六十歲大壽那天，我正式給您叩頭認乾娘。」她了解祖母的為人，更知道父親對老娘的看重，尤知道她每次送一點小禮物時，總會得到祖母加倍的回贈。更重要的她想借重父親在軍部裡為他中尉的丈夫開展點前途，因而她才如此的拉攏祖母。而近幾天她卻一反常態視祖母和母親如陌生人，看到嬸母便耳語，這樣的舉止看在祖母和母親眼裡，她們已臆測到父親在前防已遭到不幸。

母親是封建制度下標準的女人，既內向又膽小，她只會一天到晚跪到神桌前焚香，祈禱，而祖母是受盡風霜和折磨的老人，她是一天到晚食寢難安的到外面奔波，詢問戰況，求神問卜。

這是一個北風刺骨，大雨不止的深夜裡，也就是農曆初一，是我國數千年傳統的「十月一鬼節」的夜半，祖母在床上猶夢似幻的喊著父親的小名：「小堂、堂堂，你怎麼站在房門口不進來呀？你給我的錢上黏的什麼東西？你頭上，身上披的什麼呀？小堂，你把話說完呵……」母親聞聲趕到床前，看祖母神色異常，便驚問：「娘！您在跟誰講話呀？」祖母此刻睜大了眼睛，用手指向臥室門外，她泣不成聲的說：「華堂已經出事了，你叫小慶快來（叔父名華慶），叫他天一亮就去找他哥去。我剛才似睡不睡的，看見華堂回來了，頭上好像戴了一大朵大紅花，身上斜披了一條紅彩帶，他站在房門口遞給我幾十塊現大洋，他告訴我說：『娘！這是我這個月才關的餉，您可要省著用吧，以後您還要過以前的苦日子呵……』我接過他給我那些白嘩嘩的現大洋以後，摸著錢全是黏滿了血似的，我正要走近前問他時，他一轉身頭也不回的向外走不見了，我急得大聲喊叫他……你摸摸我的手，還濕濕黏黏哩。小杏家娘呀！華堂是凶多吉少了。我可憐的媳婦呀……」祖母抓緊了母親，再摟著坐在她身旁嚇呆的我，然後叫娘抱起來正在沉睡中的小弟。小弟夢剛醒聽大家談爸爸，他以爲像往日一樣爸爸深夜來家了，他便大聲鬧奶奶叫爸爸抱。這一來老少哭成了一團。叔嬸和堂弟早聞聲偎在祖母床前了。「娘！您老人家別，別，別急（叔父口吃，越急越口吃）俺哥聰明，心細，帶的有護身佛，會保護他，他他不會有事的。明天天一亮我就去前方找俺哥去。您別半夜三更的再大哭了，這樣對俺哥是不，不，不，不吉利的呀！」叔父是一位識字不多，生性憨直，善良的老實人，在父親連裡補了一個上等兵的名字，以方便隨軍眷服後勤而能顧家。他自幼好玩，學口吃說話，天長日久已成習慣，一遇情緒激動時，便結結巴巴講不出話來。這幾天他也打聽到前防剿匪失利而陣亡了幾位官長。但他相信哥哥機智，且身懷護身佛會保佑他的平安，他絕對沒有想到在陣亡官長中會有自己的哥哥在內，因而他很鎮靜的勸慰老娘，更有自信的明天一去前防會找到哥哥。「小慶，你明天天一亮就動身，柳集（防地）離這裡四十五里，你明天下午就趕到了。只要看到你哥，他再忙，也叫他給我寫幾個字報平安。你要早去早回，萬一你哥有什麼不幸，你可回來實話實說，千萬別瞞我。娘這一輩子什麼風險都經過，萬一出事了，怕、哭都無濟於事，我們還得面對現實呵！你老實，不會辦任何事，千萬別自己做主張，一定要跟娘商量。你們都休息去吧，我也睏了，我不會再哭了。」祖母悲泣一陣過後故作鎮靜的把圍在她身旁的人都打發走後，她俯首在被窩內痛泣到天明。我知道父親生死不明。我不敢多問一句，我躺在祖母身邊裝睡著，其實我也在偷偷流眼淚。

記得第二天的深夜，叔父由前防回來，並沒帶回來父親片紙隻字，卻帶回了父親十月份的全薪。叔父站在祖母床前面色慘白，嘴唇顫動，他還假裝歡笑的向祖母說：「娘！我看到俺哥啦！戰事剛過去，隊伍正要整訓。俺哥現在正忙著編排隊伍，他說過幾天他就可以回來啦！他叫我先把這個月的餉帶回來家用，我回來時他正忙沒有寫信。娘！還有一件事要告訴你，團長有命令，說這一團人目前要加緊訓練，最近還有剿匪的任務。團長有令，叫留守眷屬一律暫時送回老家，等完成任務後，到後方整訓隊伍的時候，再把眷屬接出來。哈哈哈……」「知子莫若母」，叔父這一大段話和裝出來的笑，那能瞞住機警的祖母。「小慶呀！你哭吧！你痛痛快快的哭出來吧！你這比哭還難過的強笑，太可憐了！我的傻兒子，你哥是陣亡了，沒有了，我比你還明白。再忙，他是我最孝順的兒子，他知道我認識他的筆跡，他戰後見到親弟弟，那有不給娘寫幾個字報平安的道理？這點現洋是他這個月的薪餉，也就是他今生最後一次的月薪。隊伍在前防作戰，軍眷在後防留守，這是軍隊的規定，除非軍官陣亡，才叫眷屬送回老家。你哥陣亡已經成爲事實，傻慶呵！你不要再瞞娘了，你快點說實話吧！」祖母拉緊叔父的手痛哭的說完這些話，已暈倒在叔父懷裡。母親抱著幼弟摟住我也忍不住嚎啕大哭起來。此刻我看到站在祖母床前的叔父，偷擦眼淚，面色慘白，雙唇顫動的樣子，比放聲大哭更可憐，更可怕。「娘！你不相信？俺哥叫我馬上回來向您報了平安以後，明天一早再趕往他那裡，我也要接受軍事訓練幾天，因爲我在他連裡補有兵名，我也得服從軍令，頂多五六天就回來啦！上邊有令，在軍隊目前整訓中，軍官不能離營區一步，俺哥說他很忙，叫我快點去，他有好些事要交待我哩！娘！這你總該相信我的話了吧？」叔父摟緊哭昏過去的老娘，強調了這一大段似眞非眞的話後，聽在祖母耳中，她將信將疑的還抱著一線希望，寄託在叔父三五天以後的歸來。

其實，父親就在祖母做惡夢那個淒風慘雨的深夜陣亡的。當夜他帶駐十一連全連官兵與匪刀槍混戰中被匪擄去，涉水及肩的淌過了一條護城河後，他即以哨子大聲喊：「連長在這裡，十一連官兵聽哨音集合。」父親邊吹哨子，邊手舉腰間手槍揮舞當指標時，匪軍才知拖的是敵官，他們異口同聲的說，「趕快動手吧！以防後患……」說完便立刻以軍刀朝父親頭胸亂刺。

當叔父到達防地時，一所被炮彈打得千瘡百孔的大屋子裡，擱置了沒有上漆的三個白棺材，這三個棺木裡面躺著兩位排長和一位連長，正中的棺材上蓋貼著「第十一連蕭連長華堂」的白紙條。叔父見兄棺跪拜哭倒，再看到棺木頭前用一黃表紙寫著「蕭華堂連長靈位」時，叔父以頭撞棺，痛不欲生，口中大喊：「哥呀！你上有老娘，下有幼兒，你就這樣走了，叫我今後怎麼辦？怎麼辦啊？……」叔父的悲慟，驚動了團長召見。團長恩威並進的向叔父說：「蕭連長爲人正直，義氣，這次不該他帶隊作戰，而他卻代有病的同事犧牲了寶貴的性命。他一向作戰勇敢，奮不顧身，但他是個很機警的人，這次失敗的原因，是他太輕敵了，想不到這一批土匪會在深夜大雨中偷襲。蕭連長有老母幼兒，實在太可憐了，你是他的胞弟，你的責任重大，你要瞞著老母全家，先將蕭連長的棺木，連夜送回家鄉埋葬，馬上趕回來再護送全家回家，等把家小安頓好後，再回來找我，我要向上級給蕭連長申請撫恤金，一定要把他的兒女養大成人。你是我團裡一個上等兵，我是你的團長，你要一切聽從我的命令，如果走漏了一點風聲，如果叫蕭老太太知道一點消息，我就要以軍法論你的罪。」就在這種情況之下，老實的叔父，才依命令行事，不敢向慈母和家人透漏一點實情。天下事最悽慘的莫過於白髮人送葬黑髮人，更何況父親慘死於土匪的大刀之下。

泣別父親的軍營駐地

叔父離開家後的第五天晚上，風塵僕僕的從外面回來，祖母和母親還懷著一絲希望的迎上來，叔父強裝歡笑的向祖母結結巴巴的說：「娘！俺哥這幾天訓練隊伍實在太忙了，上邊軍長有令：『軍官的家眷，凡是有父母兒女的眷屬，一律在三天之內送回老家，沒有帶父母的眷屬，可以留守後防暫時不動。俺哥是帶兵官，在前防整訓期間，不能離開營區，俺哥叫我先把咱這老少全家送回老家，等隊伍調到後方時，再接我們出來跟隊伍。這有八百元現大洋，俺哥是向他軍中一位知己的朋友（軍長之長子跟父親交情頗重，是祖母知道的）借來的。是叫我交給娘回家維持家用。」祖母沒等叔父的話說完，便從床上哭倒地上不省人事了。叔嬸母親，五歲的堂弟，兩歲的幼弟，還有我（七歲）統統跪到祖母身旁哭成一團。好久，好久祖母才慢慢醒來一手拉著我，一手把幼弟抱到懷中，然後聲嘶力竭的大哭起來。「我可憐的小孫孫呵！你們永遠也看不到你們的爸爸了。華堂、華堂！我可憐的大兒子呵！今生今世你再也回不到娘的身邊叫一聲『娘呵！你冷不冷？餓不餓？』你再也不顧老娘，不顧兒女，不顧你接出來跟你生活的一家人了。孩子呵！是誰殺了你？幾天前我的兒子還威威風風的向我辭行上前線，就隔這幾天的時間，你就跟娘天人永訣了。上邊命令娘一家馬上回老家去，這叫我怎麼甘心？我怎麼能不明不白的就這樣離開你不顧呢？我要去前防，我要看看我的大兒子，那怕是屍骨萬段，我也要摸摸我的大兒子的血肉，我要帶著我大兒子的棺木一起回老家呵！不然我死不瞑目。小慶！雇車子去。我要去前防。看個究竟，弄個明白再走。」祖母哭著說著，把懷中的幼弟和我交給母親。她瘋狂似的掙脫了叔父的手，跌跌撞撞的向大門外奔出去，嚇得叔父搶向前跪到大門外的石階上，面朝地咕咚、咕咚的磕響頭，口中不住的向祖母痛哭、哀求：「娘！你別忘了，我也是連裡的一個二等兵身份呵！這是上級的命令安排。您違抗了不打緊，上邊會治我的罪，我可擔不起這個責任呵……」祖母一向疼愛、諒解這個老實的識字不多的小兒子。既知大兒陣亡已成事實，那捨得再去難爲他呢？只有叫叔父扶她回臥室，然後再慢慢的追問叔父：「小慶！你說實話吧！你哥的屍首現在到底在那？你老實，憨厚是出了名的，家中大小事全由你哥和我作主，現在既然沒有了你哥，你還不向娘交待明白，我們離家幾百里路，路上又常常有土匪搶劫，咱總得計劃一下怎麼個回家呀！」叔父聽老娘一片話後，臉色慘白得可怕，但還倔強的強調：「明明俺哥活得好好的在前防，您老說他陣亡，陣亡，團長交待，那個敢透漏蕭連長陣亡就槍斃那個，你知道沒？娘！哈哈……」「孩子，你別裝笑了，你快痛痛快快的哭吧，上邊給了你這些錢叫回去安家，事情明明白白，我全看透了，你不要再裝笑了，娘的心快裂開了。你父親二十八歲去世，我有血有淚的把你弟兄倆拉拔大，萬萬沒想到你哥哥三十八歲就又離開我們，今後誰來照顧這一大家老小哦！」祖母哭得聲嘶力竭，她瘋狂似的掙開了叔父的扶持，走向客廳，看到牆上掛的父親放大的武裝照片。她大聲呼喚著父親的名字：「華堂啊！你日夜燒香拜的全神誰還去拜呀？你貼身帶的護身佛怎麼沒保佑你的平安呵您什麼全是空，全是假……」祖母拿起她的拐杖，把神桌上所有的神相，全都推倒滿地，把父親裝在玻璃鏡框的照片，也用拐杖敲打粉碎，她大哭了一陣又昏暈過去。久久才在全家哭聲中醒了過來。然後她盡量鎭靜自己，向叔父決定性的說：「小慶，天亮以後去雇四輛小土車，（一人手推的獨輪平鋪車。）我們早早上路，早一天離開這個傷心地。」

記得這一夜全家都沒睡覺，叔父、嬸母忙著整理細軟，母親把父親兩年來交給她的銀圓都放在棉被和棉襖裡，父命換的這八百元現大洋，在祖母的吩咐下分裝在叔嬸、祖母、母親的腰袋裡，我躺在祖母身邊，時時聽到她的哭泣聲。

多初的早晨，樹上、房上都結了一層厚厚的白霜，這時大多數的人們都在擁被沉睡，而我們老少一家七口分乘四輛小土車上路了。同院的尤副官太太，當我們全家痛哭時，她室內的留聲機卻一直播放著黃戲，還有洋人大笑的唱片，她從未踏進我們房門一次過，她好像怕我們的霉氣黏染了她，因而我們乘她還在沉睡中時，便悄悄的離開了這個我們曾經一家歡聚了兩年的大宅院。

因怕路上遇到壞人，全家老幼都換穿了破舊的衣服，早上太陽出來才啓程，晚上太陽沒落便住店（小客棧叫店），祖母和母親日夜以淚洗面，在叔父三番兩次的跪求下，祖母才略進飲食。我自覺長大了許多，我一直哄著堂弟和幼弟玩，有糖果都讓他們吃，我分得的一份也給了他們，他們看我不吃一點糖果，又見祖母一直哭個不停，誰也沒像往日那樣哭鬧了。只是三歲的幼弟時常叫祖母找爸爸，鬧著叫爸爸帶他騎馬玩，每次小的哭鬧，便使我們老少三代抱頭痛哭。

三百多里的路，我們走了五天才到，進了槐店的寨門，祖母發現坐在第一輛引路的車子走錯了路，便大叫叔父問：「你怎麼往小胡同裡走呢？停車，停車。」但叔父裝聽不見仍令推車的直往前走，祖母急了生氣的再叫「停車。」因爲我們的家住在大胡同，祖母的娘家住到小胡同，今天在這種情況下返鄉，祖母那肯去娘家？事情逼在眼前，老實的叔父不得不向老娘吐實了：「娘！幾天前我已把俺哥的靈柩運回家來暫時埋葬，我才知道老郭叔出事了，就在我們走的那年冬天，夜裡起來餵驢哩，小驢有毛病不吃食，他以爲小驢挑嘴，用磨棍打了牠，那知小驢後蹄一跳，踢淌了他的右眼球，左眼也踢腫了。經治療後右眼失明，左眼視線糢糊，他不得不把小驢賣了，房子租出去，回到他侄兒家居住。他侄嗜賭如命，把我們的房子背住他叔賣了，又花言巧語說他改邪歸正，一定要對他養老送終，郭叔信以爲眞，把他一生省吃儉用的積蓄全交到他侄子手裡。誰知他侄旣賭又抽鴉片。郭叔的私蓄早花光了。以後郭叔沒辦法生活，只有天天飢一頓飽一頓的靠鄰居施捨過日子。去年瘟疫流行，在一個大風雪的夜裡死了，大胡同我們的家早沒有了。」叔父的話未完，祖母已痛哭失聲。「小慶，我們去你于姨那住幾天再找房子，我們不能去你舅媽家。」祖母寧願去他當年的侍女家暫住，也不願再回到那位曾對她狠毒的嫂嫂那裡。叔父再告訴于姨近況：她年老了住女兒家，女兒夫婦不和，常被婆婆、丈夫毒打，于姨氣的上吊了。在萬般無奈中，祖母只得任由叔父領著踏進了娘家的大門。

記得那天我們進于家大門時，祖母同她的嫂子相擁大哭，祖母旣痛胞兄亡命國外，又痛大兒陣亡前線，而且又得知了侍女、忠僕悽慘的下場，祖母眞所謂肝腸寸斷。叔父老實，無能，這個家已到了山窮水盡的地步。

祖母的個性堅強，自幼到老未變。嫂子得知她有千元以上的現大洋，對她異常親熱，特意騰出了上房讓祖母住，並再三挽留我們一家久住。祖母在一週內租到了附近一個大雜院的三間房子，一下交了三年的租金。一共三個房間，小的叔嬸住，大的祖母、母親住，中間做客廳，堂弟和我仍和祖母睡在一張床上。叔父同人合夥在槐店新街（一條比較熱鬧的街叫新街），開了三間布行，祖母託了他一位遠親的娘家侄租了二十畝良田：委託佃戶代耕，每年兩季，可送十石麥子，十石高粱，祖母雖六十多歲，但她還是撐起了這個局面。每天由叔母和母親輪流做飯，無論誰做飯，祖母總是坐在爐門口燒火。冬天還好過，雖弄得灰頭土臉的，但比較做別的事暖和。如果是夏天，大鍋蒸饅頭，小鍋炒菜，再加上燒一鍋綠豆或紅豆稀飯時，祖母一把把的軟柴向爐門裡燃，臉上的汗滴如雨，再用抓柴的手抹汗，一頓飯做好，祖母的臉上已成了戲台上的大花臉了。而全身衣褲汗濕得像由水池中爬上來的。但祖母愛乾淨，她每頓飯做好後，總要洗漱好再換一套衣服後才同我們坐一起吃飯。

怕祖母傷心，一到了「清明」「十月一」的鬼節，都是由母親提住冥用金銀紙泊，把小弟交給祖母，扯住我到父親墳前祭拜。母親坐在父親墓前的地上，哀求的口吻說：「小杏的爹呀！你要好好的保佑住你的閨女、兒子，你現在已經不是陽間的人了，你不能夜夜回來看孩子啦。你什麼時候回家來我都知道，你只要回來一次，小孩就會發燒一次。你放心吧，我會好好照顧你留下的小兒女，更會孝順咱娘，咱娘六十多歲了，又像年輕時一樣整天為這個家操勞，你要多保佑她呵！萬一沒有了娘，我也難把兒女拉拔大呀……」每次隨母親上墳，她聲聲的泣訴，令我毛骨悚然。

最使我害怕的是，燒紙回家後或幼弟有病高燒時，母親便等更深夜靜後跪床上哭訴：「小杏家爹啊！我不是剛給你送過紙錢嗎，你怎麼又回來了呢？你現在是鬼不是人，你現在跟孩子說一句話，他們就會病倒，你要是用手摸摸他們，他們就沒有命了，你快點走吧！」母親邊說邊拍醒我向我示意下床隨她走動。然後她下床拿了一個大碗，裝滿了白開水，再抓一把麵粉放到碗裡，用筷子一雙攪拌攪拌，拿著一疊冥紙，火柴，喊著我說：「小杏：快來跟我一路送你爸爸出去。」到了大門外，燒完了這疊紙，把一碗麵水朝大門外一倒，然後站到門裡說：「你喝完麵湯，把錢裝好，你回你的住處吧！可別再回這個家了。」母親說完話，把她的衣襟用力拍拍。好像父親的鬼魂就離開她的衣襟出去了似的。漆黑而寂靜的夜裡，我戰戰兢兢的隨母親走了這一趟。躺在床上，看著豆大的清油燈光，我在偷偷的向室內黑暗角落裡搜索，很想看一眼我久別的父親，也很怕看到父親的鬼影。母親的此舉，有時祖母憐她、諒她，故意裝沒看見，有時忍不住就苛責她一頓。但母親的迷信，卻越來越甚，她時常請來了大門外遊走街頭算命的瞎子到家算命，算命的江湖術士，順著母親的問話答說：「你的丈夫根本沒有死，你丈夫被貴人搭救了，現在人在東南方。再過半年或十個月後，他一定會回來，你這個命是上上大喜的命，我要是騙你的話，你可以砸爛我的招牌。請給個紅包，取個吉利吧！」母親信以爲眞，便給瞎子個大紅包。這些情形，看在祖母眼裡，她老人家只有搖頭，暗泣。有時我在沉睡中被一種熟悉的聲音吵醒，只聽耳邊有算命的又在向母親瞎扯了：「你這個女兒呵！是石榴木命，她的命可有大富貴，將來是『走東樓、坐西樓。拿著鞭子打丫頭』的命呵。」母親便又自動的給他個大紅包，母親對父親仍充滿著無限希望。她內心的矛盾掙扎，常常使她病倒。

「福無雙至，禍不單行。」那知我父親去世不到一年，我三週歲的幼弟突然間患了急症「雞緊風」幾個小時便沒有氣了。從此以後，我便成了祖母和母親唯一的一線希望。

第二章：由小學到師範畢業的辛酸史

進了槐店鎮第一屆縣立女子小學

我的家鄉槐店鎮，是位居豫東三縣共管的（淮陽縣、項城縣、沈邱縣）一個小鎮，東門一帶屬於淮陽，西門一帶屬於項城，鎮中間我住的大胡同一帶，屬於沈邱。鎮上一共有三所公立學校，有東門小學、西門小學，中間部份的有一所「崇實小學」。那時富戶人家，大多數仍請一些老學究到家講孔孟學說知乎者也的高聲朗誦，而這三個學校一般稱謂是「洋學堂」。但只限於男孩才能去讀，而女孩只有富戶人家才有請老師到家受教育的機會。

就在我九歲那年，在東門裡的天爺閣上，首屆成立了一所名爲「黎明女子小學校」。這所女小的校長，是東門國小的負責人兼任。以後女小就成了東門分校。女校成立了，但卻招不到學生，原因是鎮上受封建制度的餘毒太深，一談到鎮上有女子洋學堂，那些街坊鄰居老老少少，三姑六婆說長道短的閑話連篇，有的說：「誰家好人家的閨女送到廟上叫男教席教？」還有人說：「買糞的可便宜了（民初，農地肥料全靠鄉下人到集鎮家家戶戶拉拖糞便用。）以後還會挖著活肥料哩。（私生子屍體）」這樣以來，誰肯把女兒送出大門讀書？

這所學校有三位女老師，兩位是由外縣請來的，一位是住在離我家不遠郵政局局長的太太——耿姓老師。東門一帶住家大都是回教，一般壯漢大都在上海、南京開餐館、賣小吃，當碼頭工人，也有在都市讀書的，比較見識廣，這所學校就是由幾位受過高等教育的回教男士，家境比較富裕，出錢出力發起創辦的。他們費盡心血創校，還要費盡唇舌說動親友、鄰人才找到了年齡在十歲到十六、七歲，並且還有二十歲以上的女孩進該校讀書。那位郵政局局長的太太，是我們的近鄰，她年近四十，未生育小孩，每天經過我家門前，只要看到我，便給我糖果吃，並且對我問長問短，幾次同祖母商量，要認我做她的乾女兒。我祖母總以高攀不上而婉拒。當她被聘爲該校老師後，她力勸祖母叫我進小學讀書，並私下向我耳語：「妳如果去讀書，我就勸妳祖母、母親叫妳不要再纏脚了（我已纏脚一年多了……）。」一聽說不纏脚，我馬上雀躍，並向祖母，母親哭鬧著上學。祖母以家境赤貧，供養不起讀書爲婉拒的理由，但這位人稱師奶奶的郵政局局長太太，也就是我的啓蒙教師耿女士，她力勸祖母，並一再承諾有困難時她會鼎力相助。這樣，祖母才把我送進了這所女子小學。

纏脚，是中國的傳統，也是民間習俗，凡是女孩，大都到了六週歲時便開始纏脚。我因喪父，加上小弟夭折，祖母、母親疼我，才在我八歲那年開始纏脚。因我年長骨硬，加上母親心軟下不了手，只光纏布，並沒用針線縫緊，每當夜深，等母親睡沉了以後，我實在受不了脚被纏的痛苦，我便偷偷的把纏脚布解開。幾次被母親發現，她捨不得打我，只有苛責我：「小杏呵！人家大家閨秀五歲就開始了纏脚，像你這樣大時（九歲），已經便成了『三寸金蓮』，穿上繡花緞子鞋，走路像風擺柳一樣，老早就有人上門給她說媒了。像咱這孤門小戶人家，纏脚又晚，妳再不聽話，將來一雙脚成了三角粽子型，妳長的再出色，一雙大板脚，也難找到好婆家。到時候找個惡婆家，一天打妳三頓，妳沒有爸爸，也沒有弟弟，看誰管你哩事？娘就妳這一個女兒，妳沒有好婆家，我還有什麼指望呵！」娘一邊給我纏脚，一邊訓我，她已痛得泣不成聲。娘的處境可憐，我怕她傷心，生氣，從此任娘把脚纏緊。而且還叫她用針線縫好。白天我扶著牆走路還能忍受，一到夜裡，脚在被窩裡，像惡瘡跳膿的疼痛，伸到被子外面時，又像針刺火燒，想偷偷用剪刀剪開，又怕第二天惹娘生氣，我夜夜偷哭，不敢叫娘知道。

有時看附近鄰人結婚，當新夫妻拜天地時，親友，觀衆先看新娘長裙下的一雙脚，如果是小脚，大家都贊不絕口，如果是大脚，大家都用口噓她，拍手鬨然大笑。就因爲這種惡風怪俗，女孩都把纏脚當成「應該」而「必然」的過程。當耿老師勸動祖母，母親答應我上學而允許我放脚（當時新潮流的稱呼就叫「放脚」）時，我如釋重負。

搶勤學條

我的課本有七種：國語、常識、三民主義、算術。另外有音樂、圖畫、體育。每逢上課鈴響，由老師指定的年長而外向的學姐當級長，先在院子裡以高矮排隊，再由老師領頭唱一首上課前的歌。歌詞是：「噹噹噹噹，一群學生排隊上課堂，姐姐妹妹呀，不要慌，不要忙，只要把功用，功課自然長。」然後再由級長領著進教室，各坐各位，等老師一進教室，級長便大聲喊：「起立，敬禮，坐下。」這三個機械似的動作，是老師先前嚴格規定的。

當時老師教學的方法是用粉筆先把要教的課文在黑板上抄一遍。老師唸一句，我們大家同學也跟住唸一句，老師也不教注音單字，我們像學兒歌似的順口唸，整課背得爛熟，但若叫我們單獨去認課本內的字，恐怕沒有一個人能全認識。那時上學沒有作業薄，更沒有原子筆或鉛筆。只有各式各樣的石筆和石板，老師站在講台上用粉筆寫在大黑板上，我們用石筆抄寫在小石板上，寫錯了不用橡皮擦，只用乾布擦抹就行了。如果老師叫我們默寫生字、作文，我們都俯首在課桌上用石筆寫在石板上，寫好了送到講台桌上，由老師隨堂用粉筆批改，在下課前發交給我們。

當時有鐘錶的家庭不多，大家都沒有時間觀念，規定早上八點鐘上課，有的同學九點、十點才到，因此老師發起「勤學條」制度。老師用當時最流行醒目的彩色「油光紙」寫了一個長方型的「勤學條」三個大字，三個大字的下面有×年×月×日的幾個小字，每天晚上由校工用圖釘釘在教室講台前的黑板上，誰第二天一早第一個到校時，把這張條子撕下來交給老師，由老師記下她的姓名，以便月考、期考，依勤學條多少而加分、發獎品，從此以後，我們的同學都每天提前到校了。

校工是一位年逾四十喪夫的回教婦人，人人都尊稱她是「馬大姐」，她有兩個八歲、十歲的兒子，母子三人住在學校一進門的門房裡，她打掃校內外清潔，搖上下課的鈴，替師生到校外購物。勤學條的興起，可難爲了我的母親。母親天不亮就給我把飯做好，我吃著飯，她給我梳頭（左右前一共三條髮辮，前額還有汗淋。）、整理書包，然後再扯我手送到校門內。但我一連十多天沒搶到勤學條，因而我回到家哭鬧母親，因此我娘以後半夜起床，送我到校，我才搶到了第一張勤學條。天還不亮，偌大的教室裡，漆黑、寂靜，我一個人不敢進去，母親陪我，便坐在馬大姐的住室，等到天亮同學陸續到校後母親才離開我。

記得有一次農曆的廿七、八，下弦的月光照得滿室亮，母親誤以爲是該起床的時候了，侍候我吃飯、梳洗，然後扯著我急急忙忙出了大門，穿過了大胡同、小胡同，一路上成群的大小野狗追逐著我們母女狂吠，嚇得我母親一雙小脚拉住我快跑得氣喘吁吁。叫開了校門，馬大姐啼笑皆非的指往她的床頭桌上擱的鬧鐘說：「蕭太太，現在三點不到，離天亮還有一大段時間哩，小孩不懂事要搶勤學條。你也不能太依她了，我還要接著睡覺，你們是坐教室內等到天亮？還是先回家睡一覺再來學校呢？」娘聽說才大半夜，回家怕往返誤時，勤學條搶不到我會哭鬧，只有向馬大姐致歉後，扯住我上了漆黑的天爺閣上的教室裡坐等天亮。慈母對我的關愛，令我永生難忘。

這個女小雖然不是男女合校，但它是屬於東門分校，兩校一共男女老師七人，老師是兩校輪流教學的。我們女小的教室是天爺閣上的一所廟堂（以前天爺塑相供在正堂），廟堂的週圍有青磚砌成的花洞圍牆，站在圍牆邊可以看到整條街的全貌，相對的附近鄰人也可以看到我們教室內外的師生動作。因爲小鎮風氣未開，男老師進出教室教課、談話，那些鄰近的三姑六婆、街上混混，便對我們師生說長道短，指指點點的編造一些令人不堪入耳的閑言閑語，以致使學生家長感到失去尊嚴而不願令女兒再繼續讀書。我們班上有一位學姐，十九歲的王秀蘭同學，家中頗有積蓄，她是寡母的遺腹獨女，其母生性固執，聽鄰人閑言閑語，力阻女兒出門，堅決辦理退學，並催其女兒婆家早日完婚。其女個性剛烈，就在她結婚前夕，懸樑自盡。還有一位學姐胡義芬，就因爲其母迫使她退學嫁人而逼得發神經而致婆家退了婚。

此時纏脚風氣正盛，我們全班同學中還有人鬆鬆的在纏脚，期望將來那雙脚變成「小大脚」，不致同男生般脚型橫寬難看。這時音樂老師教我們一首「勸放脚」的歌，歌詞是：「女子可憐眞可憐。可憐把脚纏，三歲小孩正發育，好不該脚用白布瞞，好不該脚用白布瞞，骨折肉爛。痛痛實難言，難言。哭聲我的媽。救兒出苦淵、苦淵。小脚一雙，血淚兩缸，咦！悽慘。悽慘。小脚一雙，血淚兩缸。咦！悽慘，悽慘。同胞姐妹們，何日出頭見青天？」這支歌每天下午放晚學時，總要在院子裡整隊出校門前，由老師領頭打拍子叫大家合唱。

教我們音樂的是耿老師，她每次教一首歌時，總是像講故事似的，先講歌的大意，每一句一句像教國語似的來教歌詞，等到我們大家都背得爛熟時，她才以優美的喉音琴聲先唱一遍，再一句一句的教我們唱。我對她教歌印象最深的，是那支「牧羊歌」，記得她一再講解：「這是一個沒有父母的貧苦孤兒，她的名字叫秋香，被大戶人家雇來牧羊，她看到主人家跟她同齡的兩個叫金姐、銀姐的小女孩，每天有爸、媽關愛，她總是自憐自己的在問自己的遭遇。你們大家唱歌的時候，要想到秋香的處境可憐，才能唱出這支歌的眞正韻味。」我是個無父的貧女，每天放學時，看到同學的父親來接，每到雨天，看到同學的父親來送雨傘、雨鞋，每到開學註冊時，看到人家的父親來校交費、購物。我便想到母親那次的算卦，算命瞎子一再強調：「你的丈夫有貴人搭救，他現在在東南方，不久他一定會回來……」我對爸爸的歸來仍抱著強烈的希望。

我羨慕同學都有父愛，而我只有一位年逾六十的老祖母，一雙小脚，拄著拐杖，不論學校有什麼事，都是由她步履蹣跚的到學校來。每次看到祖母到傳達室外叫馬大姐喚我出來時，我總是嘟著臉向奶奶說：「奶奶，人家都是爸爸來學校辦事，算命的人說爸爸根本沒死，爸爸回來了，奶奶就不要拄著拐杖來學校了，是不是奶奶？」我的問話多想叫祖母給我一個肯定的答覆。當我如此一問，祖母便緊緊的抱住我說：「我可憐的乖孫女呵！妳爸爸在前防作戰已陣亡了兩年多啦！人死了，是不能復生的，妳爸爸永遠永遠的也回不來了，妳不要聽信瞎子算命，人家是江湖術士想多向妳娘要錢才說些好聽的吉利話來寬我們的心。妳有娘疼，奶奶親不是一樣嗎？以後別再跟同學比爸爸了，再比，奶奶就不叫妳在這裡讀書了……。」祖母的老淚湧流，我只有依偎到她懷裡痛哭。「奶奶，那以後學校有事了，叫俺叔來學校好不好？您別來了，同學光笑我。」我再退而求其次的向奶奶說。「妳叔不太識字，說話又結結巴巴，他來學校，人家才眞的會笑哩！以後奶奶少來妳學校就是了，妳要好好讀書，快點長大吧！」祖母的答話充滿了無奈和淒涼。

　正因爲我如此渴求父愛，當老師的歌聲、琴聲，再看到她臉上淒涼的表情時，我每次在操場上唱那支「牧羊歌」時，我總是淚流滿面，有的同學對我拍手大笑，有的同學對我投以憐惜的目光。記得「牧羊歌」詞是這樣：第一段「暖和的太陽。太陽，太陽它記得：照過金姐的臉。照過銀姐的衣裳，也照過幼年時期的秋香。金姐，有爸爸愛，銀姐有媽媽愛，秋香：你的爸爸呢？你的媽媽呢？她呀！每天都在操場上，牧羊，牧羊，牧羊，牧羊，621，635可憐的秋香，1761561。」（第二段是秋香少年，第三段，是秋香老年。歌詞一樣。僅有少年老年之分而已。）

　還有一幕歌劇，也是我印象最深當年最喜愛的，大意是一隻老麻雀，一隻小麻雀，一個小頑童的三人歌劇，第一場是老麻雀教小麻雀學飛，老：「飛飛飛飛，這個樣子飛飛飛飛，要轉彎就要把頭抬，要轉彎尾巴就要擺一擺，飛飛飛飛，這個樣子飛飛飛飛。」小：學老的歌詞無異，僅最後加一句「這樣飛得對不對？」老：馬上接一句「對。」再重覆教一遍，學一遍便閉幕了。第二幕：小孩騙小鳥入籠：小孩：「小麻雀：請你告訴我，你爲什麼，東飛又西跳，你爲什麼？唧唧喳喳不停叫？小鳥：「我的媽媽，她飛不見了，不知道飛到什麼地方去了，有誰人給我東西吃？有誰人照顧我睡覺。媽媽不回來。我到那裡找？」小孩：「我家有青豆，還有小蟲兒，請你到我家，管你吃個飽，你吃，你喝，我幫你去找。」小鳥隨小孩去，閉幕。第三幕：小孩與老鳥，小孩：「老麻雀：請你告訴我，你爲什麼這樣不快樂？你爲什麼不進你的窩？你爲什麼唧唧喳喳不停叫？」老鳥：「我的小女兒今天不見了，不知道飛到什麼地方去了？有誰人給她東西吃？到夜裡有誰人照顧她睡覺，今天不回來，一定活不了。」小孩：「這事做錯了，越想越不應該，將心來比心。大家是一樣。假如我不見了，我的母親一定會發狂。小麻雀你快來」（小孩開籠放鳥。）再向老鳥一鞠躬說「我眞對不起你。你的女兒就在這裡。請你帶回去。」老、小鳥相擁而唱，老：「可憐哪我的小寶寶！你的身體好不好？把我急壞了，把我急壞了。」小：「我的媽媽，我的身體好，小青豆。小蟲兒。吃了一個飽，有吃，有喝，可是關得牢，玻璃窗，關得牢。跑也跑不了，我的媽媽呀，呵！」老向小孩致謝：「謝謝先生搭救她。」小孩：「麻雀奶奶，你說那裡話。原來我不好。騙她到我家。該打，該罰，請你原諒吧！」三人合唱而跳三人拉手：「這時候月明風清草軟花香大家跳舞吧！這時候月明風清草軟花香大家跳舞吧！」跳著跳著閉幕。

「玉鳳（我小學的學名），學校快放寒假了，下個禮拜六學校開懇親會，男小、女小就在我們學校操場搭台子開會，到時候有話劇，有歌舞。你歌唱、跳舞很好，長相可愛，你參加歌劇，演那個『小麻雀』。你單獨跳舞，唱那一支『牧羊歌』最後你再獨唱那支『纏脚歌』，老師喜歡你，你可要聽老師的話呀！」有一天放學時，校長到我們分校講話，叫老師挑選同學排劇，練歌舞，準備全校開懇親大會。校長走後，我揹著書包正要出校門時，耿老師拉著我的手，向我親切的說了這些話。我高興，我膽怯，但我還是點頭答應了。

校長姓龐，平日他在樓下的辦公室出現，對他的長相我從未留意，今天他站在課堂的講台上向大家講話時，我的情緒激動得想撲向他的懷中喊「爸爸」！我發現他的面貌、身材、講話，酷似我的爸爸。他要是我的爸爸，那該多好。當我眼巴巴的看到他走出教室，再回到辦公室時，我一直尾隨到辦公室的門外牆角邊向裡偷看。回到家我向祖母和母親說這回事，並鬧著叫奶奶一定要參加我們學校舉辦的懇親會。

操場內搭建了台子，舞台佈置得很漂亮，記得台前橫掛著一條大紅布，上面以金紙貼字──「中華民國十八年十二月廿五日槐店鎮東門國小懇親大會」，教室內的桌椅全搬到台前，每個桌子上都有茶水、瓜子、糖果，每個學生家長都會有請帖擺在桌角，坐在來賓席上，全校男女同學都一排排整齊的坐在台前的地上當啦啦隊。

懇親會開始了，先由校長和全校老師代表致詞，來賓講話，接著是男小的話劇、相聲、口技，然後上場的是我們女小的話劇和歌舞。因爲當時纏脚風氣盛行，我們又是首屆女小，我們第一幕話劇是「勸放脚」，演員大都是十七八歲左右的大姐姐演的，演完，由我獨唱一首放脚歌。接著再由我演「牧羊歌」裡的秋香，我邊唱，邊舞，邊流眼淚，原本喧鬧的操場，卻變成鴉雀無聲，等燈光暗淡閉幕後，耿老師把我摟在懷裡。台下一片如雷的掌聲，我忍不住泣不成聲。

台下坐的有教育局長、公安局局長，還有四門先生（是鎭上有頭臉的代表）和學校校董們，他們其中有人站起來高聲問耿老師：「這是誰家的小女孩，表演的太好了。」耿老師笑笑沒即時回答便拉住我走向後台。「玉鳳，妳表演得太好了，沒使老師失望。但妳可不能再哭了，哭多失面子，待會上台還要領獎的妳知不知道？」在耿老師的撫慰下，我強忍住內心的悲痛，卸了裝，到台下來賓席上找到奶奶坐下。祖母摟我到她懷裡，我看到她正用手帕擦她滿臉正湧流的淚水。

校長上台高聲講話：「前十名的演員家長聽著：「×××、×××、×××、蕭玉鳳……」我的姓名也在十名之內。校長唸完了前十名姓名之後又開始大聲叫：「前十名的家長請上台」校長依名次喊得獎學生的名字家長上台。這得獎名字的家長，全是學生的爸爸，唯獨喊「蕭玉鳳的家長請上台。」一連叫了十多次不見人應聲，更無人上台，校長的目光在家長席上搜尋，祖母摟住我低下了頭，不敢對大喊的校長正視。一來龐校長的長相酷似爸爸，祖母觸景傷情，哭得正說不出話來，二來我以祖母是女的，又是老邁小脚拉緊她不讓她露面，但因我在這次表演中是年齡最小而最精采的一個，校長對我的印象最深，看校長的架勢，是非找到家長不可。耿老師因了解內情，便在這個關鍵時刻，走近校長，向他耳語幾句，校長不再繼續找了。

散會後，校長由耿老師領住，帶著獎品走向我和祖母的坐位，當他看到我祖孫正在相擁而哭的情形時，問明了原因，校長便向耿老師說：「玉鳳長得活潑可愛，她說我長得像她死去的父親，那我就收她為我的乾女兒吧！」接著校長又叫我說：「玉鳳！以後在學校當著人就叫我校長，沒人時就叫我乾爸爸好不好？乖孩子，以後我會疼你哩！」校長拉住我的手，很誠懇的向我說。祖母聽校長突如其來的說話欲言又止的接了句：「校長，那我們太高攀了。」這個小學的懇親會是我永生難忘的。

我和「王善人」的兒子訂親

一個將近半百的胖壯男人，他的姓名是槐店鎮遠近皆知的王大善人。他擁有五百多畝的田產，並在當地鎮上有兩處相當大的生意，一個是百貨商店，一個是五金行。生意有他的至親、好友經營，他只不過是來鎮上吃喝玩樂的東家而已。他有正室、偏房兩個太太。大房有三兒一女都已長大成人，且娶妻生子，有一女十五六歲，正在讀書。而這房妾，聽說是鄰縣窮苦的災民。因連年荒旱討飯到他的住村上。因她頗具姿色，而被收留爲妾，生了一個兒子叫子武，今年才五歲。有兩個田莊，大房住大寨內，已是花甲之年，含飴弄孫。而這房小妾，因是外地來的貧婦，早已被王玩厭，丟棄在小田莊，分給她幾畝田，像其他佃戶（給他種地，三七五分糧）一樣分田耕種。若收割交糧比其他佃農少一點時，王即對她拳打脚踢，絕不容情。經常被王打得遍體鱗傷，村子裡佃農都同情她，但都是靠他田地生活，誰也不敢站出來說一句公道話。

王家雇有一位長工，小名叫「小鋤頭」的年輕人。是一位憨直的好人，常在王不在家時幫她鋤地，挑水、餵牲口，因而村子裡有些多嘴而想向王討好的佃農，說些閑言閑語，王聽說後，不問是非黑白，便用木棍把她打的腿斷臂折，而還用他看家的手槍射傷了小鋤頭。小鋤頭是個遺腹子，他家三代都靠種王的田地維生，他才卅多歲，還未娶妻，每天日出而作，日入而息，同他的老母相依爲命，卻萬萬想不到因助人而遭難。

王是一個多讀詩書、滿腹經綸、老奸巨滑的半百老人，心狠手辣的作風，令人聞之喪膽。他有五頃多地（五百畝），其中十畝地捐給當地政府爲公益墳地，專埋落難異鄉不幸亡命的窮苦人，在一般不知情的外人眼中，他是有錢的慈善老人，而實際上，那塊地上卻埋下了十口以上經他害死的無辜外鄉人。據知底細的可靠佃農說，都是一些外鄉荒旱、水災逃難的貧苦婦女。他白天搭棚捨飯，看到姿色出衆的少女或少婦，他就以一副慈愛的假仁義施捨做餌，有的耐不住飢寒就自願上勾。當他玩厭了時，便如廢履拋到一邊。因怕她逃走了暴露了他的事跡，便在人不知鬼不覺的夜裡，來個殺人滅口。或報以急症而亡，以慈善的外貌向當地官府花錢消災，屍首埋在他的地裡。

據一個給他種地的佃戶講，附近駐軍的一個營長，剛由前防作戰下來，便派一個護兵回家接他的太太，因天雨天黑趕不上客棧而由他迎到客房住宿一晚。當晚他招待飯菜，留這位營長太太住客房，他叫護兵與他住另一房同榻而眠。待該兵沉睡後，他便把房門上鎖，而自己帶槍潛入客房，強暴了那位正熟睡的營長太太。而該兵聽到太太大喊「救命」而他發現房門上鎖時，才知住了黑店。這個兵是經過西北軍嚴格的訓練，會跳高越桿，在情急之下，他用床前一根木棍，頂開了屋頂而縱身躍出，他沒有大聲呼叫，便悄悄步近客房由窗紙縫裡向室內偷視。只見王已強暴過這位太太，此刻正用一根麻繩緊緊的套牢她的脖子。他忍不住擊窗，敲門大喊救命，那知王拔下腰間手槍朝窗口射擊，一顆子彈穿過他的左肩，他知太太已被勒死，他如頑抗，也難逃死劫，因而他流著血快步的逃出了王的住村。

天未亮，這位營長便帶了一隊人馬，一挺機槍，包圍了王的住宅，但這位營長太太的屍首已無影蹤，而王已早潛逃不見，氣的這位營長一把火燒了他的客房。後來王託人不知賠了這位營長多少款子，這件殺人、強暴的滅屍案總算不了了之。

豫東一帶，常有土匪在荒野搶糧、劫財，地方團隊正圍剿了一批殺人放火的歹徒準備送官正法，王趁此時機，花錢託了得力人，把他家的長工小鄉頭五花大綁，具狀送官，說是深夜強暴了他的妾室，還偷了他箱底的錢財，正值他深夜進門親自撞見，因而他要具狀送官，而他竟與這批剛落網的土匪並案送衙，就這樣小鄉頭就被糊里糊塗的同這幫土匪一起正法了。而王又假情假意的找兩個佃戶壯漢用木板抬著被他打重傷的小妾，到槐店鎮上唯一的西醫診所療傷，叫親友們都看到他對二太太的關照，也叫大家知道確有長工強暴他太太的事實。王抬著他太太在鎮上繞了一圈後，當晚便抬回他的住村，活埋在他那一塊慈善的捐地上。

以後我親耳聽到他的一位佃戶說：「當王把她抬進那塊墓地的方向時，她已警覺到即將活埋的命運，她跪到木板上向王求救說：『我跟人家不一樣，我給你生的有兒子，你看在兒子的份上，饒了我的命吧！我這一輩子情願給你做牛做馬……』她的哭訴，對一個獸性不如的人來說，是絲毫不發生作用哩！數分鐘後，她終於被活埋在他預謀的土坑中了。」

王是在我們開懇親會時被邀請到來賓席上的，他看了我的表演後，才好奇的向人打聽，知道我的身世、家庭詳細情況，尤知道我是渴望父愛最強烈的小孩，他就抓住了這個弱點。

記得是一個風和日麗的星期天，我和鄰家同學去街上唯一的百貨商店買石筆，（百貨商店賣石板、石筆。）一個年約半百、頭髮花白的胖壯老翁正坐在櫃檯裡喝茶，看到我們他就站起身來拉著我的手說：「小姑娘，妳是不是那天在懇親會上跳牧羊舞而哭的那個小妹妹？」「你怎麼會知道我？」「妳長的可愛，歌唱的好，舞也跳的好，誰不認識那個小仙女呵。」「那天你爲什麼去哩？你有女兒在那讀書是不是？」「我沒女兒在那唸書，但我有個好朋友的女兒在那上學，」「是誰呀？你說，我看我認識不認識她。你的好朋友是誰呀？」「我的好朋友叫蕭華堂，他是馮玉祥那個部隊裡的連長，兩年前他跟土匪打仗失蹤了。聽說他有一個小女兒在這個學校讀書，所以我就來參加這個懇親會。」「那我就是蕭華堂的女兒，我叫蕭玉鳳。」「原來妳就是他的女兒呵！我的小乖乖，我可找到妳啦！」你眞的是我爸爸的好朋友嗎？」當我看到這個陌生老人對我親切的談話和表情，我不敢確認他眞的是我爸爸的好朋友。我忍不住以懷疑的口吻追問他。「你爸爸名字叫蕭華堂，今年四十歲，他三十八歲那年剿匪到現在沒信。妳的長相很像他。他個頭高大，他信佛，他天天拜佛對不對？」「對，對，你說的一點也不錯。我現在就回家跟俺奶奶、俺娘說去。伯伯，你說我爸爸沒死、失蹤了是怎麼一回事呀？」「妳爸一仗打下來，被敵人囚禁兩年了，就快要放出來了，我正在託人能叫妳爸爸早一天放出來。」「怪不得娘算卦說我爸爸沒有死，有貴人搭救，原來是眞的呵？我要趕快回家了。」我問明了，用力掙脫了這位老人的手正要跑走時，老人馬上拉著我的手說：「妳現在不要馬上回去告訴妳家人說，妳一說，妳奶奶，妳娘，都會哭住來找我，那我就沒有空去替妳爸爸託人辦事了。」「爲什麼呢？」「我得慢慢打聽，慢慢託人，等我看見妳爸爸了，我再到妳家去。」「那你什麼時候才能看到我爸爸，才能領住我爸爸一起回來哩？」我心急如焚的望住這個老人問。「妳以後常常來買東西，我一有消息不是可以馬上跟你說了嗎？」「可是我不認識你，我不知道你是誰呀！」「我姓王，妳以後就叫我王伯伯好啦！過幾天我會到學校看妳哩！」「不要，不要。你找到我爸爸了，叫我爸爸來學校看我。你可千萬別來學校看我，我不認識你。老師，同學都會笑我。」「我不去學校看妳。妳放心吧！明天我就去託人找妳爸爸去，過兩天妳再來這裡聽我的信吧！」我自以爲遇到了爸爸的朋友，更相信不久爸爸會回到家來，也會到學校來看我，我以後就像我的同學一樣有爸爸愛，有媽媽愛了。

我不敢向奶奶學說這件奇遇，但我卻偷偷的把我遇見這位老人的事向娘一五一十的說了。娘是一位迷信諸神，又信算命瞎子胡言亂語的人，聽完了我的學話，竟把我遇到的老人當成神明指點迷津。她抱住我，附我耳低語：「孩子，咱終於快熬出頭來了，妳爸爸快回來了，妳可別跟妳奶奶說，她不信邪，咱娘兒倆都別吭氣，等妳爸爸回來了，給妳奶奶個驚喜。」娘第二天就在院子裡燒香、擺供。還又叫瞎子來家算命。瞎子還再三強調娘命好，官人就要回來了。娘高興的給他封了一個大紅包。這些情形看在祖母眼裡，總是在一旁偷偷的流淚。而與娘常因雞毛蒜皮的小事爭執不下的嬸母，見娘這樣迷信，也在一旁向叔指指點點的笑娘愚蠢。我則常借機蹓出大門去找那位慈祥的新識老人。

記得快過中秋節的前幾天，家中常來一些我似曾相識而且又不知怎麼稱呼的男女客人，而且桌上還堆了幾盒新出爐的大號月餅。尤使我不解的，在我們鎮上有名望的老學究李二先生，還有公安局裡老百姓眼裡了不起的法警、局長身份的人，也出現在我家客房，這是自我父親陣亡後兩年多來所罕有的場面。只見奶奶一臉的愁容、無奈，我也不敢多問什麼。

有一天下午，李二先生一手提著一籃鮮花，一手拎著一個大紅書包走進我家，此刻鄰人都稱她為「鱉大娘」鱉奶奶的老太太正同奶奶聊天。因為她的丈夫乳名叫「小鱉」，所以娶了太太，人家對她都是這樣稱呼。她是一個調三禍四、氣人有、笑人貧、唯恐天下不亂的潑婦，她雖死了丈夫，但她比以前更霸道，動不動就胡繆亂罵，說人家欺負她是寡婦。她就住在我家房門正對面的院子裡。沒事時常來我家找祖母聊天。祖母雖不歡迎她，但也得無奈的應付她。當李二先生同祖母坐下寒喧時，她連招呼也不打便蹓走了。因為她常常同鄰人打架，大都請德高望重的李二先生從中調解，一年到頭她進出公安局無數，每次都由這位李二先生作保才能出來。所以她既尊敬他，又怕他。

祖母接過禮物，然後驚訝的問大駕光臨寒舍的原因。他笑逐顏開的拍一下正站在祖母身旁的我親切的說：「黎明女小開懇親會我參加了，妳的小孫女唱歌、跳舞，表演的太好了，我買件跳舞衣，買個新書包，買點文具給她做為鼓勵，妳一定會很喜歡的。這滿滿一花籃的花，全是我園子裡自己種的，妳一定會喜歡，妳可以叫奶奶帶妳去我花園裡玩好不好？」奶奶叫我鞠躬致謝，並示意叫我離去。

此刻鱉奶奶在外正向我招手，我告訴鱉奶奶「我出來是奶奶叫我出去的，不能偷聽大人說話」。鱉奶奶問我「妳想不想聽聽他們說什麼話？要想聽就跟我到大順他家聽去」。大順，是同我隔一牆的近鄰，我家的牆是土製（磚型）有縫陷可窺視並能偷聽。隱隱約約聽到對方說話：「……他家有五百多畝田地。兩處宅院，有四個兒子，一個女兒。大房有三個兒子，已經娶妻生子，二房一個兒子今年才五歲。大房住寨裡，二房住田莊。鎮上有兩處生意。家大業大，騾馬成群。那天貇親會這位王老先生也去了，他看到妳的小孫女長得聰明可愛，他一心想託人說媒，看看能不能跟他這個小兒子結爲親家？希望妳能答應這門親事。」祖母馬上正色的說：「兒女的婚姻，講究的是門當戶對，我們家窮的沒有隔宿之糧，又是孤門小戶，要飯吃也沒個擱棍的地方，人家高我們太多，將來孫女過門以後，會受人奚落、輕視。這是孫女一輩子的事，她現在年紀還小，現在我只能說對不起，讓你老先生空跑了一趟。」「人家不嫌妳窮，妳爲什麼要嫌人家富呢？女攀高門妳孫女長的出衆，這就是人家有錢也難比上的富貴。妳如果信得過我，希望妳多考慮個幾天再給我回話，過兩天我再來府上聽信。」這位李二先生斯斯文文的向祖母邊說邊站起來，沒等祖母的話說完，便站起身向外走了。祖母跟隨客人送出大門外。鱉奶奶拉著我趕到大門外，向祖母拍手大笑說：「恭喜妳呀，妳攀上個大財主，三畝地養一家人，這五百畝地的大財主，妳上那去找呵！妳還不答應，妳想叫妳孫女找一個『掛千頃牌』的大戶呀？」「妳都聽到啦？」祖母驚訝的問她。「哈哈……我一個字也沒漏掉。」祖母聽她答話，面色凝重的向她說：「希望妳別跟人家講，免得傳出去不好意思。」「這是求之不得的事，妳別假惺惺了，好不好？打著燈籠也找不來的好人家呀！妳別拿勁拿掉了後悔呀……」鱉奶奶以己推人的心態向奶奶更高聲的說。我聽著祖母和鱉奶奶的對話，我想到王伯伯前天向我說的那些話，他慈祥，他富有，他又是我父親的好朋友，他現在託人給我說媒，叫我做他家的兒媳婦，那我將來長大了，進到婆家，一定不會像一般媳婦受公婆的打、罵，我真的如娘給我算命說的我是個有福的人嗎？我看到祖母，我不敢問什麼，我拿起新書包、新衣服，提著那一籃花回房去了。

以後我們家常有鎮上一些有頭有臉的男女客人出現，桌上常堆滿了一些禮品，什麼公安局的副局長、保安隊的隊長，也都來我家走動，在各種人情、權勢的包圍下，祖母終於答應了這門親事。

當年九九重陽節的那天上午，一群吹鼓手吹吹打打在前，一群抬盒子的人隨後，（富戶人家訂婚才有抬盒子的場面，所謂盒子，是兩人抬的一個大盤底的盒子，上面擺些吃的、穿的、用的一些禮品。）左鄰右舍的張大娘、李大媽、阿狗阿貓的男男女女，都隨樂隊、抬盒子的人（四個盒子，八個人抬。）蜂擁到我家，然後用轎子把祖母、叔父我們一家人請到鎮上一家大館子裡。訂婚席上有公安局副局長、保安隊隊長、四門先生，還有中排的小學校長，一張大紅訂婚紙帖上，寫下了廿四位媒人。訂婚禮的隆重、排場，是我們鎮上所罕見。鄰人常指我向祖母說：「妳這個孫女不知幾世修來的福，遇上這個好婆家。」還有人向娘說：「一個閨女半個兒，我看妳這個閨女比一個兒子還好哩。」「小時受貧不算貧，大了有福才叫福，我的乖女兒是富貴命，娘跟著你以後會享福哩！」娘常常摟住我，淌著眼淚向我說。「不圖享妳哩福，只希望妳以後過門不受氣，不受罪，奶奶就安心啦！」祖母常含著淚笑向我說，我則茫茫然不知衆口所云，只滿腹高興的自認我遇到了貴人。我上學，我回家，同玩伴玩耍，再沒有不如人的感受了。

王善人的眞面目

天有不測的風雲，人有旦夕的禍福。萬萬意想不到祖母的娘家侄（那位拿祖母積蓄租田以供我們生活的侄兒），卻在鎮上流行病霍亂正猖狂時突然暴斃。因他急症死的突然，什麼也沒交待，祖母因信任他，也沒要回來租地契約，而他把祖母的積蓄放到那個村子？姓名、住址全然不知？其妻因喪夫哭昏數次，事後祖母問她有關糧食的事，她一概說不知，並翻箱倒櫃，以示她的淸白。找不到一點證據，祖母到處託人打聽。這一來全村皆知，誰也不承認有承租這回事了。自此以後我們的糧斷了，祖母房裡再也沒有了高及屋頂的糧食穴子，母親、嬸母再也不輪流去磨麵粉。只見祖母天天早上，含著眼淚站在大門口，買個三斤兩斤的零麵度日。以前鄉人送的柴都堆得院子裡比屋頂還高，而今卻天天在大門外買零柴燒。晴天，可買到乾柴，如逢陰雨天，柴濕價高，不買又無法做飯，那日子眞難過。記得祖母燒濕柴全室煙霧迷漫，令人窒息，她老人家的睫毛、眉毛，都因伏地燒濕柴吹火而燒光了。母親、嬸母常因做飯吵架，祖母居間調解，常見祖母坐在鍋地門前飲泣。

不久，更不幸的事又發生了，因爲叔父生意的合夥人是一個奸滑狡詐的人，叔父旣生性憨厚，又識字不多。生意初開始時，每月賺錢平分。年終分紅，還算公道。那知後來他有了歹念，賬上動了手脚，先是少賺，繼之虧本，接著生意做賠。由三間門面縮小爲一間，不久，一間門面也要關門了。因而叔父不得不同他拆夥，把剩下的一點錢自己擺了個布攤。我們的生活已到了三餐不濟的地步。

祖母知道母親手裡還有點積蓄，勸她拿出來濟助叔父的生意東山再起，母親寧死不肯，祖母憐惜寡媳處境，也就不再追逼。而叔嬸卻恨母親入骨，尤其嬸母，常因雞毛蒜皮的小事，同母親吵得天翻地覆。

就在這種情況下，不懷好意的新親戚王善人來家看我時，得知詳情後，乘機向母親示好。「親家母！妳如果有積蓄，就趕快交給我，我有田地五百多畝，生意兩處，田莊兩個，我還能想佔妳的便宜嗎，因爲妳的獨女是我的小兒媳婦，所以我才願意幫妳忙哩。妳把錢交給我，我給妳存到銀行生利息，妳若用錢，我給妳每個月光取利息，不動老本，最後妳花剩下的錢歸妳女兒所有，我還能虧待了她嗎？妳這一輩子不就靠妳這個女兒嗎？妳婆婆再好，她還是會向著她的小兒，遲早她也會把妳的私房錢逼出來，萬一妳那一點錢再弄光了，妳這一輩子還有啥指望呀！」母親在王善人一片花言巧語下，吐露了實情，把五百元的現大洋，背著所有的家人，偷偷的全交給了這個人面獸心的人。

母親是一位目不識丁，從未見過世面的鄉下人，只知道女兒是她唯一的親人，這位道貌岸然，有財富，有學識的老人，又是女兒未來的公公，所以把所有的私蓄未經他人之手，更未寫一紙收據，就這樣將父親畢生的血汗錢交託了這位僞君子。

記得是我小學五年級時，那天是正月十五元宵節的晚上，嬸母個性外向，她拉著他的兒子根弟，還有我，提著兩個彩色燈籠，在月光下走向鑼鼓喧天的大街上，看一街兩巷門口掛的各式各樣的花燈，等回到家時已是更深夜靜，只有祖母和母親在豆大的清油燈下細語，嬸母以手向我和根弟示意不許講話，她站在門側偷聽室內說話。只聽祖母泣不成聲的抱怨母親說：「……小杏家娘呀！妳又做錯了一件大事，妳不該把妳留下的那一點血本全交給他呵！他要是爲富不仁，妳手裡沒抓一點證據，那他要是耍孬妳可怎辦呀？……」話聽到這裡，嬸母大步跨進房門，撲向母親面前大聲吵開了：「大嫂！妳弟弟做生意沒有本錢，妳不拿錢出來先顧自己的家，反而把錢交給人家，那妳今後指望人家過日子去吧！」睡到房內的叔父聽清了嬸母的大聲吵鬧，馬上衝出來，拿起祖母面前的拐杖，此刻也不聽祖母的阻攔，舉起棍要打母親時，祖母向前撲圍住母親，並用手狠狠打了叔父幾個耳光，我和根弟嚇的各摟母親大哭，左鄰右舍聞聲趕來，院子裡擠滿了男女老少，叔父、嬸母厲言厲色的叫娘滾出去，叫娘天亮就帶著我滾出去。祖母居間嚇退了叔嬸和娘。並向看熱鬧的鄰居致歉說：「眞是對不起，半夜三更驚擾了大家，都請回吧！謝謝大家的關懷。」這才平息了這場風波。

叔嬸至此再也不同母親講話，並且嬸與娘常因一點家務瑣事吵的天翻地覆。就在這種情況下，王善人乘機向祖母進言：「李二先生花園後門有一個小小獨院，裡邊有兩間屋子閑著，親家母娘倆可以搬到那邊去住，我以後每個月給他們母女取個三五元（現洋）利息，就足夠她們生活了，我看這個家她們妯娌（娘、嬸）已到了水火難容的地步，妳老人家在中間也太爲難了。」祖母到了這種境遇，也只有含淚答應，並再三叮囑他要以君子協定，實行諾言，照顧我到成年。記得農曆二月初二日，祖母陪我母女搬住到李家花園裡。

李家有兩個女兒，大女兒李映雪，跟著她祖母長大，小女兒李映紅跟著雙親，李家的宅院由前街通到後街，他們是三節院子的宅院，按輩份分住前、中、後院，我和母親就住在他們大宅院前門的出口小偏院裡。那裡邊只有兩間空房，是當年李家正盛時（清末小官）門房住的，而今成了堆破爛的地方。是我們搬家前自己打掃乾淨的。

搬住以後，王善人給母親十塊現大洋叫安家。祖母代母親買了桌椅、床凳、廚具等，祖母怕我母女住生地方不習慣，還陪住三天，以後我和娘便慢慢適應了我們的新環境。

第二個月王善人再給娘五元，並再三叮囑娘：「這個錢妳可要慢慢省著花用，這可是取的妳的利息，沒動妳存款的老本，這比跟著妳小叔一家生活強的多了吧？以後每到月初我準時把錢送到，妳好好的照顧妳女兒長大，然後我再把她迎娶到王家，到那時妳就可以明正言順的跟著女兒過日子了……」依當時的生活水平，我母女的生活兩三元現大洋就過得很舒服了。一塊現大洋可以兌換清幣帶眼的制錢十串（即一百個帶眼錢叫一串錢。）十個制錢可以買一個燒餅夾牛肉，當我的一頓早點。我每天上學出門時，娘總是塞我手裡五個小制錢，放學回家時可以買一包五香瓜子或兩塊芝麻糖。

李映雪已十八九歲，她是我的學長，每天上下學都跟她一起，娘叫我喊她映雪姑姑，說我家跟她家有點遠親關係。她對我非常照顧，她常常等放學以後帶我去一位馬尊榮的同學家玩。當時我只為了玩而玩，沒想到她與馬尊榮的哥哥馬志行偷偷的談戀愛。以後她約他在她家花園，空屋談心，曾被其母發現，其父深夜用鞭子毒打，若非其弟深夜叫醒其祖母嚇阻，恐怕早鬧出人命了。在那個男女授受不親的年代裡，女孩談戀愛是敗家風的，以後映雪不準再出家門一步，我倒成了映雪姑姑的祕密小郵差，常常給她送情書由我的同班同學馬尊榮轉交他的哥哥。

映雪的娘李太太，把園門的鎖匙交給了娘，並再三交待每晚八點一定要鎖園門，誰在八點後敲門也不許開。但我們不到七點便把門鎖上了，因爲我們住的是李家宅院外的偏院，院外是一個多年的樹園，有松柏樹成林，還有及膝荒草，沒人頭頂的小樹更多，因該園地屬於李家，長年無人修理，裡邊常有蛇、蛙出沒，一到黑天，夜影幢幢，陰森可怕，所以我娘早早把門鎖上，李太太因而對我母女非常禮遇。每天放學後我跟著她的小女兒映紅澆花，採玫瑰花釀酒，在花園中捉蝴蝶，她常常剪些各種顏色不同、品質不同的花送我，我娘也常做些平日不常吃的食品，叫我給她們送去，那幾個月來王善人按時送生活費，我當時只覺得我的生活相當幸福。

那曉得好景不常，王善人又開始向娘耍心機、施鬼計，先告訴我娘自下個月起每個月只給生活費兩元，不夠，他要他的佃農每個月送糧、送柴，因爲這樣每個月可不動銀行存款的老本。娘曾經向他苦苦勸說：「女兒還小，又沒過門，從你家月月送米、送柴，會遭你家人不滿，也會令鄰居親友們笑話，不如花我們自己的存款，等女兒長大過門了，到那時再由你們家按月送米糧就明正言順了。」王的回應是：「怕什麼？我地有五百多畝，兒子三個，大的兩個都早已成家生兒，我給妳送米糧是我小兒子的一份，誰敢對我說個『不』字，我就斃了他。妳女兒是我家的人，我給她送東西是光明正大的事，親友、鄰居羨慕還來不及哩，誰去笑話？」王善人的一番仁義大道理，娘只有接納了。

每個月的月初，便有一輛套了四匹騾馬的馬車，送來了柴和糧，每次都有左鄰右舍的鄰人老幼圍觀，有的投以羨慕的目光，有的對著我娘倆指指點點，弄得我母女尷尬萬分。

記得是高粱收割後的那段日子，已經快到月底了，還沒見送糧的人車出現，娘開始有點著急。但王不來，我們也沒處找。有一天早上，大門外停了一輛四匹馬的轎車，一個常來送糧的佃農提了一麻袋麥子先下車，接著下來了一位年逾花甲，長得高大粗壯像故事書裡描述的母夜叉似的女人，穿了一套華麗的衣服，拄了一支黑漆的文明棍，由送糧的年輕人扶她下了轎車，直奔我們的住屋。這位年輕佃農向娘介紹：「這是我們家老夫人，她今天專意來看媳婦哩！」我是個十歲的小女孩，我怎麼會是「媳婦」？那麼，來的這個兇神婆就是我的婆婆了，她將來一定會打我罵我。她長的好可怕呵！我跟在娘背後，低著頭，一言不發的這樣想著。「妳是親家母，這就是我家小媳婦了，過來，叫我看看妳有多美？竟把我那老頭子給迷死了。」兇神婆一邊向娘說話，一邊抓著我向她懷裡拉，我既羞且怕，止不住淚水直流。「怕什麼？真是小家子氣，我就是妳婆母娘，我今天來就是來接妳到我們家看看。我有個女兒，叫王英，今年十七歲，在沈邱城讀六年級。我想接妳到我家，跟她一起去讀書，這樣就省得月月送糧送柴到這個地方。妳知道有多麻煩呵！好不好？」「我不要離開我娘，我不去城裡唸書。」我泣不成聲的馬上回答。「女兒還小，她還沒離開過家，這樣不太好吧？」娘邊拉我到她懷中，邊向對方回話。「難怪小孩不懂事，妳看妳當娘的怎麼說話。」這個兇婦當面對著佃農不滿意的向我娘說。「噢！妳的意思是非叫我王家年供米月供柴的朝妳家裡送呵？我這趟來，是專意跟妳商量這一件哩。行，也得行，不行，也得行。」兇婦權威的說話，令我老實的娘一時張口結舌，無言以對。想理直氣壯的說實話吧，但王事先曾再三叮囑存款的事絕不可叫他家任何人知道，更不許叫我家任何人知道，面對這個兇婦咄咄逼人的氣勢，眞把娘憋的喘不過氣來。「家有千口，主是一人，小孩沒爹了，凡事全由她奶奶作主，妳先坐這等一會，我叫小孩去找她奶奶來跟你談談。」娘邊叫我去找奶奶，邊去廚房燒水泡茶。

奶奶在我跑步扯著她，不久便進了我家門，這位兇婦見奶奶馬上臉變溫和，口稱「大娘你來啦！」接著把來意說明，雖跟剛才同娘談的一樣，但態度、言詞已屬彬彬有禮。祖母的結論是：「小孫女雖說沒有了父親，但她還有五個叔叔，槐店鎮上兩個叔叔，沈邱城裡兩個叔叔，還有一個現在在外邊當營長的叔叔，我們不是沒有錢供小孩讀書生活，我們跟妳家小兒訂了親以後，我媳婦有一筆錢親自交到妳丈夫手裡了，是他把錢存到銀行裡生利息，答應我們月月取利息供小孩讀書，是他要插手這樣做，我們並沒花妳王家一文錢，你今天不必上門來羞辱我的媳婦，當初訂親時是妳丈夫出面，這種做法也是妳丈夫提出，妳今天來談這個事我不能接受，妳有不滿意的地方，回去講給妳丈夫聽去。叫他親自來見我，看他當初是怎麼向我說的，別以爲沒爹的孩子沒人管，誰想來欺負就欺負，我拚老命，也不能叫我的小孫女受一點委屈。」「好，好，大娘您別生氣，我現在就走，回去我叫他過兩天來，再跟您老人家商量好吧！」話說到此爲止，她以家事忙而匆匆離去，祖母也沒留她吃飯。

經這場事後，祖母已深深了解到王善人不是一個好人，更曉得他跟我訂親是有計謀的。他目前正設圈套叫我們一步步的走進他的陷阱。

自這場不愉快的事發生以後，王一連三個月沒上門，既不送錢，更不送米糧，連個人影也不見了，我母女的生活全賴娘賣手飾、當衣物來維持，祖母常常背著叔嬸偷偷的用衣袖裝十兩或半斤的鹽送給娘。（鹽是豫東食品中最貴的東西，貧苦人家因買不起而常吃無鹽的麵食。）記得祖母在一場趕廟會時摔傷了脚，是根弟向祖母要零用錢，祖母急著出門隨一群趕廟會的鄰居時，在院子裡一脚踏進根弟用竹子紮的風箏而（他因撒嬌發脾氣，用力一拉竹圈，把祖母絆倒。）跌倒摔斷脚筋，以致數月不能行動，我母女吃了好多天無鹽的飯。我在祖母身邊玩時，她拉著我的手問我母女的生活情況，我知道祖母愛我，我不敢吐露實情，我騙她說舅舅寄來了錢，城裡二叔也來家看我有送錢，這兩個月的生活比以前好多了。祖母信以為眞，便口中喃喃自語說：「眞是天無絕人之路」，說著說著便恍恍忽忽的像是睡著了。

我看祖母沉睡，我便悄悄的蹓到廚房裡去，趁嬸母不在，我便伸手在鹽罐裡抓鹽，一把把的向我上衣口袋裡裝。（我穿的是帶襟的衣服，底襟上有個小口袋，右襟下面又一層布叫底襟。是方便裝錢或手綣的。）當我雙脚立起正伸手向鹽罐裡抓時，嬸母推開大門進院子裡來了，她一進門便看到，問我「小杏妳在廚房幹什麼?」我心裡一慌，一個不小心把一大罐鹽推到廚房地上放置的泡碗盆裡、鹽罐的鹽全撒在盆裡、地上，氣得嬸母大叫「咦!那是恁叔才託人在外地買的兩斤好鹽，妳要吃，可以跟我說，小孩子怎麼學會偷偷摸摸的，這樣子可眞該挨打了……」正似睡非睡的祖母，經嬸母這麼一聲大吼，祖母立刻在她房裡大叫：「別吵!是我叫她去廚房拿點鹽回去的，她急著要回家，我又不能動，妳又沒在家。小杏！妳過來叫奶奶看看，摔傷了沒有？你怎麼這麼不小心哩？」經祖母這麼解圍，我漲紅著臉，飽含著眼淚，也不顧嬸母的怒吼，便馬上跑進祖母懷裡。祖母用擅抖的聲音低聲說：「小杏呵！妳剛才的話全是謊言騙奶奶的是不是？妳的長相仿你爸爸，妳的個性怎麼也跟妳爸爸小時一樣？我可憐的小孫女呵……」祖母與我相擁而痛哭。自尊心強烈的我，為了那一把鹽，我再也不敢輕易踏進叔嬸的大門。

我和娘去野地撿荒

「一個小雞帶兩爪，沒有餓死人的。小杏，明天咱跟你李家嬸子下地撿麥去。她說一個麥季下來，一個人最少能撿一斗麥（廿八斤），咱娘兒倆破半個月時間，你撿麥、我砌麥渣，一季下來，咱就夠維持一段生活了，好不好？」是農曆五月中旬的麥季，太陽如火球般的照著金黃耀眼的麥田，我跟娘一早便隨著鄰婦李嬸揹著籃子、鐮刀、痲繩，快步的走向漫無目的地的野外。娘在出寨門的菜園裡買了幾條嫩黃瓜，把從家帶的一條乾毛巾在小溪邊濕透了，包著黃瓜，這是準備中午口渴時當飲料。跟籃底從家裡帶的幾個乾餅放在一起。我們沒有下過田，只有跟著人家跑，誰知在麥田附近早有一大群老少男女坐在路邊等了。

太陽慢慢升高，氣溫漸漸炙人，大約九點許，佃農推著帶兩個低輪的大網圈，另外有一個壯漢操著有三尺長三寸寬的割刀，用純熟的技術，很快的一揚刀，便有一大片的金黃色麥穗落在網圈裡，一群男女老幼拾麥的，都跟在推網車的脚跟，撿撒在網外邊附近地上的麥穗，有些有經驗的拾麥少婦少女們，右手掌側處縛緊了一個約二寸長、半寸寬的小刀，乘佃農不防時，猛的偷割幾把麥穗在她們左手提的竹籃裡。從南到北，再由北到南的網麥車，來來去去，一行行的收割麥，一群男女老幼爭先恐後的鑽在網的後輪，俯首在推網車的脚跟。火般的烈日，晒得人們喘不過氣來。是正午時，佃農停了網車，撿麥的一群老幼分散各處，各自整理各人一上午的成績，有的一大堆裝在蔴袋裡，有的一滿籃，有的半籃。而我既不敢偷割，又不敢爭搶，尤不敢在佃農的嚇令下去撿，僅遠遠的離開人群，在割完麥子的麥田裡，撿那撒在麥縫裡無人注意的麥穗，一個上午過去，我也撿了半籃。只見母親在烈日下，坐在遼闊的麥埯地上，正一刀一刀掘出麥埯的根。她抬頭看到了我，便親切的呼喚我：「小杏，快來吃根黃瓜解解渴吧！」我提著半籃麥穗叫她看，她也指著地上的一堆麥埯叫我看，母女倆用沾滿泥巴的雙手，各拿著一條晒得火熱的黃瓜吃，只見娘沾滿黃土的臉上，淌滿了汗水和淚水……。

是快日落的時候了，我提著一籃金黃色的麥穗，娘背上揹了一綑閃閃發光銀白色的麥埯，走在我母女前面的李嬸背上揹了一大綑麥和麥埯的混合綑，她一路上見到熟人便吹口哨取笑娘，意指娘背上的綑太小，她要助娘以口哨吹趕烏鴉，以免烏鴉一口把娘的綑草叼跑了。（大陸上每到夕陽西下時，成群結隊的烏鴉在空中盤旋飛向樹林。）就這樣日出日落的我母女倆隨著李嬸奔波了十多天，結果我們室內白麵一缸，室外麥埯一堆，這樣有吃有燒的生活，我娘倆總算熬到了暑假。

記得放暑假的前夕，校長在降旗時曾向我們講話：「下學期一開學你們就是六年級的學生了，一開學你們要準備購買卡及布黃色的童子軍制服、帽子。紫、白兩色的童子軍圍巾，還有童子軍繩和童子軍棍。還要購買新書。再開學了要一律穿球鞋，不要再穿一些五顏六色的布鞋了。這是爲了全校的整潔化一。」校長的話講完後，同學們各個的臉上都現出了笑意，唯有我，幾乎快哭出聲來了……我知道我的家三餐不濟，要添這些東西，談何容易。我回到家不敢向娘講，直到開學的前兩天，才向娘吞吞吐吐的說了實話，娘因而堅持不叫我上學了，以免我比不上同學而遭人譏笑，我卻因而哭的死去活來。最後找到祖母，哭倒在她的懷裡，祖母最後把她珍藏了多年的玉珮送到了當舖，才解決了我的一些問題，使我得能獲得了一張「黎明女子小學畢業」的文憑。

上了沈邱師範學校

在萬般困難中我雖然熬過了小學畢業，但接著而來的是面臨了升學問題。依祖母意叫娘和我仍與叔嬸搬住一起生活，直到我長大成人結婚，而嬸母不容，娘也不肯，叔父也確實無力，我更不願就此失學而長年待在家裡。眼看著同班同學，都遠去鄰縣的縣城——周家口、淮陽縣（古陳州府），有的考上師範，有的考上中學，我著急的猶熱鍋之蟻，天天向祖母、母親哭著升學，兩位對我的所求都無力答應。

是暑假快結束的那幾天，王又出現在我家，他鄭重而誠懇的百般恭維的向祖母說：「……伯母，我是來向您老人家道歉的，我的大房是外號有名的母老虎，大房的兩個兒子已成家生子，現在我最操心的就是我這個沒娘的小兒子。我今天來是專爲了談這個小兒媳婦升學的問題，沈邱城裡師範學校目前正招插班生，再過幾天就正式考試，我決心供養她師範畢業，能當老師，能給我小兒子撐家，也能自食其力孝順她娘。這小妮子聰明過人，一定能把書讀好。我疼我的小兒子，我也疼我的小兒媳婦，我將來老了，還指望這一對小兒女侍候我哩！你們姓蕭的那點存款存到銀行裡不動，利上加利，等小孩長大了是她的積蓄。供她讀書是我哩事，我會月月進城給她母女送生活費。伯母你請放心，從今以後我再不叫我那母老虎管這件事了。我們三天後進城報名還來得及。兩天之內我派佃農套馬車在河南岸邊等她們。（槐店寨南門外一條沙河，是黃河支流，對岸稱河南。）一切由伯母做主好了。」祖母經他這番保證，雖然不滿，但基於眼前的情勢，無可奈何下，祖母向他回了話：「小孫女沒有父親，你又這樣疼她，那我就拜託你多操心了。只是有一點我必需堅持，那就是不必麻煩你套馬車來接她們，我有一個侄子，也就是小孩的華章叔，他有一輛小土車，他常常推小車進城，我叫他把她娘倆送進城裡就好了。你不必再麻煩你家佃戶套馬車了，這樣你的夫人知道了又是一場大氣，這是進城讀書，又何必再惹起家庭風波哩？」對方看祖母說的合情合理，也只有點頭答應了。

要離家的那天清晨，祖母卻雇了一輛小土車，面色凝重的向我說：「這兩天我跟你華章叔說定了他送你進城，卻沒想到他剛跑來對我說。這兩天天氣太熱，這離城五十多里路，要從日出推到日落，他說什麼嫌太累他不去了，我沒辦法只有臨時找一輛車子了，妳和妳娘一切小心就是了。」知道祖母爲難，我也就欣然接納了。

兩個小包袱放在小土車的後邊，我的書包放在車座後邊掛的網袋裡，祖母要送我們到河邊，還有一大段路，祖母讓娘先坐上車，娘不肯，我扯著祖母更不忍心坐車，因而我祖孫三人都慢慢跟著小車走。祖母已懷疑王的爲人，一路上對我母女千叮萬囑，說什麼也別太相信他的說話，千萬別到他家去，一到城裡就趕快給她來信。在推車的扶持下我和娘上了渡船，和祖母依依不捨的告別。船慢慢駛向對岸，下船後，我還看到祖母拄棍的身影還站在對岸向我招手呢！

槐店鎮距縣城五十華里，中途必經過王的田莊，才能到達縣城，沒想到小車剛走不到半小時，在一片如叢林的高粱地邊的大路上，卻停了一輛四輪馬車，上面紮了新蓆棚，棚上圍了彩綢帶，上面坐著王善人，他穿了一身富翁夏季最流行的杭紡淡青色衣衫，胸前還戴了一朵玫瑰鮮花，那個常送柴到我家的佃農，嚴肅的站立車旁的牲口邊，當我娘倆的小土車走近馬車時，王一躍而下，面目猙獰的一聲令下：「小車停下，給你錢快點回去。」他從袋中掏出一塊現大洋扔給車夫，一手把我抱起，扔在馬車上，接著把小車上的行李，並把車旁嚇呆的母親也用力推上車。此刻我馬上跳下車，去追那走遠的車夫，跪拉著車夫哭喊「伯伯救我，救我娘，我們被土匪劫了！」誰知王飛快跑來一把抓著車夫，扔了一把大的銅板在田野地上，再從腰中掏出了一把手槍，對著車夫說：「你是要錢？還是要命？錢撿走，回去不能走漏一點風聲，不然我要你哩狗命。」車夫既顧命又顧錢，我二次又被王拉扔到車裡，娘拚命護女潑口大罵並用頭撞用手打，沒想到他已無人性，竟抓著我娘的頭髮，用拳頭猛打她的臉，可憐我娘鼻破門牙脫落，滿臉鮮血淋淋，王嚇令佃農加鞭策馬拉進了他的田莊。

馬車進田莊一個黑漆大門時，一掛響徹雲霄的鞭炮和蜂擁馬車跟的一群看熱鬧的男女老幼，見我娘披頭散髮，滿臉鮮血，我的哭聲悽厲，耳邊響起了不同的評語：「娶媳婦是一場大喜，怎麼弄成這樣？」「眞作惡呵……」「這事常有，有什麼稀奇？」車開進了院子，大門立刻關上，我娘倆被佃農扶下車，他把我們送進了一間像是客房的屋內。不久，佃農點上了一盞豆油燈，端來了兩碗稀粥小菜和饅頭，低聲向我們說：「既然到了這裡了，就一切聽他的吧，不然會有大難呵，老爺一會還會來哩……」我知道這個佃農是善意，我小聲說聲「謝謝！」但他端來的飯菜誰能吃得下去。

更深夜靜中，一身短衣短褲、腰間掛著手槍的王進屋來了，他以似嘰笑、似威脅的口吻向我說：「吃飯吧！再有天大的本事，也逃不出我的手掌心了。要想叫我供妳讀書，就得進我家門做我家童養媳，寒暑假回我家住，這樣我才答應。」我堅決表示我不再讀書了，我哀求他明天一早送我回槐店，我絕不叫他再養我。他以猙獰的笑走近我，嘴裡的話變溫柔了：「乖孩子，只要妳聽我的話，妳要天上的星星我也會摘給妳。」我不敢再反抗，只要求他叫娘帶我去屋外廁所小解一下就進來。他叫我自己去屋外，等我回來再叫娘去，我知大禍將要臨頭，我出房門就往後院跑，我聽他說過老夫人就住在後院上房，我在黑漆漆的院中向後院摸索。看好後門虛掩，我就衝過去敲門喊救命，王便快步追到後院舉槍射了一發子彈，正值房門虛掩我猛力衝進室內鑽到老夫人床下。我娘聞我哭聲，再聽到槍響，也應聲狂奔後院，被王用槍座狠狠揍一頓。娘狼狽進屋，雙膝跪求老夫人：「請您發發善心，救救我沒爹的可憐孩子吧！」這個老夫人雖相當兇，但在睡夢中驚醒，看到這種情形，也起了憐憫之心說：

「把房門鎖上，睡到我房間吧！有話明天再說。」聽了這話，我才由床底下爬出來，向老夫人叩頭，同我娘相擁痛泣。

第二天天剛亮祖母便出現在王家客廳，王命佃農端上洗臉水，再沖上茶，然後包子，小米粥，殷殷的招待，娘聽說祖母到，便把散亂的頭髮梳了，穿戴整齊才出來，她深知祖母的性情剛烈，昨天被打被辱的事此刻絕不能露出一點痕跡，只告訴祖母說「我跟小杏昨夜睡到老夫人房裡了。」祖母既沒喝茶，也沒吃飯，只向王說要立刻帶我和娘回去，但他軟硬兼施，那能立刻放人，只百般刁難的向祖母談條件。「伯母大人，我既然把媳婦接進門，全村子裡的人都知道了，我們當喜事辦的。昨天放了八卦鞭炮，鄰村親友都來道喜說我家辦喜事的，妳不能今天把人帶走，我可丟不起這個人。這樣好了，伯母今天先回去，明兒叫媳婦的舅舅跟她叔來我家立個字據，我才能送她們進城讀書。」祖母已深知王是一個地方惡霸，也不敢同他堅持，只向他說：「那眞巧，昨天小杏那個當營長的三叔看好隊伍開到附近招募新兵，他在城裡教書的二叔正是暑假待在家裡閒著沒事，我叫他們明天來接她娘倆好了。」王只有恭恭敬敬的答應。祖母當著王的面再三交待我說：「小杏乖，我馬上連夜進城，明天妳兩個叔叔，妳舅舅就來接妳了，妳要聽話偎著婆婆住呵！」祖母未停，便又坐原車（土車）回去了。可憐六十多歲的老祖母，在喪子喪孫之痛中，又來挽救水深火熱中受難的寡媳孤孫，在這炙熱的暑天裡，一個老人家往返奔波數十里，親子無能，求侄萬難，萬一途中遭到不測，那眞是人間慘劇，想到這裡，我只有倒在娘懷裡大哭。

第三天我的二叔和經商的舅舅便來了，王說了一些光明正大的話：「只要二位給我立個字據，答應我小杏師範畢業後回到我家跟我兒子完婚，我明天就送她們進城。生活一切費用我按月送到，希望寒暑假回到我鄉下來住。」二叔只答應我師範畢業後完婚，否決了寒暑假來他家住，這樣王也勉強的答應了。在二叔的堅持下，當晚我們就離開了王家。

總算上天護佑，我終於在萬難中考取了師範插班（師範四年制，我只讀了三年。）

在學校附近租了一所房子，兩間住屋，一間廚房，祖母為了寡媳孤孫，也由老家槐店搬到沈邱縣城內同住，為了供我讀書，她在花甲之年又重操少婦時代寡母養兒的舊業——為人剪裁、刺繡工作，左鄰右舍有口皆碑，縣城內大多有嫁女，娶媳的衣裙、枕、巾繡工都找上門來。娘為人磨麵粉。看著老祖母日以繼夜的戴著老花鏡以五顏六色的彩線穿針刺繡的樣子，我的心像在滴血。校長看我在校小小年紀，終日沉默寡言，不參予學校的任何活動，大部時間都一個人枯坐教室看書，或在操場一角發呆，他在多方探詢下，得知我的生活背景，便在週末、假日分派一些抄寫的文書工作給我，以補助我一點文具零用。王因祖母堅持不叫我寒暑假回到他家住，他已毀棄供我讀書費用的諾言，但卻常常藉故進城看我。他每次來家，不論坐多久，祖母都以待客之道陪到他走出大門為止。

但百密一疏，我還是在劫難逃：就在我即將師範畢業的那一學期的一個傍晚，我和同班同學孟淑貞剛剛由學校回家，在大門口同她分手到家，準備晚飯後她再順道來接我同她一起到校住宿時，我蹦蹦跳跳的進了家門，一眼看到王正坐在室內的椅子上，我正要轉身出來找祖母和娘時，他猛的抱著我不放手，此刻祖母和母親正在因招待他吃晚飯而在廚房，一個燒鍋，一個炒菜，我雖大聲叫喊，卻被炒菜聲遮掩而難聽見。他的獸性大發，他拉著我瘋狂的想對我施暴，終被我用口咬、手抓、頭撞，腳踢他而奮力掙脫奪門呼救而撒手，但他卻一時恨極失控，對我拳打腳踢，並用雙手把我舉高摔扔到院子裡後飛奔逃跑，待祖母和娘一人端菜，一人端湯出廚房時，才發現我滿臉是血，滿身泥土的昏倒在院子裡的地上。祖母和娘抱著我正放聲嚎啕大哭時，我的同學孟淑貞經過我家門口正大聲喊我「吃過飯沒！快點到校」時，看到眼前慘狀，便飛奔街上向我二叔報信，二叔聞報氣急，立刻進廚房掂一把菜刀，穿過大街小巷追尋狂徒「王」，遍尋無著，他又持刀飛奔出城，順著王回家的路線一路追趕，誰知他鬼計多端，自知撞了大禍，狂奔出城向回家的反方向親戚家避難去了。

當時豫東一帶正鬧土匪，一到晚上八點寨門便完全上鎖，可憐我的二叔持刀出城，竟被當地民兵視作盜匪，五花大綁送城入獄。我昏死在院子裡，多虧左鄰右舍的鄰居們出錢出力請大夫急救，直到深夜才甦醒過來。

祖母一氣之下告到縣衙，先救出我的二叔，再跪求縣長把獸性狂徒繩之於法，後王託好多當地有頭有臉的士紳向祖母說情，祖母也深怕至親鬧翻將來孫女進王家門會遭報復而撤回告訴，這件醜事便忍悲作罷。民國廿六年暑假我終於在千辛萬難中拿到了師範畢業的文憑。

第三章：二次大戰漩渦中的女兵生活

逃婚——我當了女兵

畢業後，我任職縣城內的小學教師，從此祖母和娘才得過一段清閒的日子。好景不長，就在我任職不久，也就是民國廿六年，七七蘆溝橋事變發生，日本軍閥掀起了漫天烽火，八月十三日，日軍便攻進上海，同月十五日，便開始濫炸南京，自此以後每天都有日機濫炸後方城鎮，連鄉村民房、叢林也常遭敵機轟炸。同年十二月十三日南京失守，我教書所得雖然勉可度日，但王又整天託媒人要在亂世時娶我過門，弄得我們祖孫三人，終日惶惶不安。

民國廿七年底，抗戰已進入了最艱苦的階段，黃河以北全部淪陷，東南半壁盡落敵手，武漢三鎮也相繼失守，日軍飛機更瘋狂的濫炸我國大後方的市區城鎮。各中、小學除了上午上半天課之外，下午的時間大都消磨在躲警報中。老師帶著學生到最偏僻的鄉下樹林，乾涸的溝渠間上課，後來敵機低飛竟用機槍掃射樹林，高粱粿地，每次經掃射後都有人傷亡。在不得已的情況下，政府下令，學校一律下午課停上。

就在這時，有國軍一二二師政治部招考男女政工隊員，各街口牆壁上都貼滿了海報，最吸引我們這批剛出校門不久的師範畢業同學。招考條件：凡初中畢業，年在十八歲以上，廿五歲以下，有志報國的從軍男女。工作內容：有歌詠、話劇、壁報、壁畫，身體健康，能隨軍行動者。我因國仇家恨，早有離家逃婚的念頭，我首先同幾位知己的同學報了名，並很快的拿到了錄取通知，但我卻不敢對與我相依爲命的祖母、母親講。直到政治部負責招募的負責人要帶我們這一批新隊員去豫南歸隊伍的前兩天，我才鼓足勇氣向祖母和娘說明。祖母聞「從軍」色變，娘更痛淚難捨，當我再三強調我若萬一陷入日寇之手，萬一落入王這個畜魔家時，那後果的慘狀就不堪設想了。最後還是祖母深明大義，答應了我的請求，並誠告娘，只要她一天不死，她會陪娘生活到底，一定要等到我回來團圓。

記得臨行之夜，祖母和娘爲我整理行李，徹夜揮淚不止的到天亮，直到大門外同行的幾個女同學大聲叫喊我，快隨隊伍出發時，祖母遞給我一手巾兜剛煮好的雞蛋，並塞給我幾塊袁大頭的現洋，娘遞給我一個用藍布包的一件簡單的行李，並千叮萬囑的叫我今後要好好保重自己，祖孫三人相擁而泣的就此分別了。

一二二師駐軍在湖北省的襄陽樊城。我們幾個同學由家出發，隨著招募官兵一大群人步行，從未走過遠路的我們，一天步行七十華里，三天到達豫南信陽，每個人的腳跟、腳趾都磨有硬僵，水泡。

再由信陽到襄樊走的全是山徑小道，三里一條小河，五里一條大河，官兵涉水及腰，我們一群男女同學各人拄一根木棍隨行，不但全身濕淋，連背上揹的行李也泡了水。每晚住宿當地老百姓家，同學們三五成群找木柴烘乾衣服再睡覺，而我總因疲倦身體不支而僅把衣服用手擰乾和衣而眠。就這樣一連走了一個禮拜，才到達湖北襄陽城內。

政治部就在城中區的黃廟，建築雄偉，據當地居民說這是霸王廟，廟頂全是所謂的金磚琉璃瓦，在陽光照射下閃閃發光，這所廟的正廳就是一二二師政治部的辦公室。正廳的左右兩側房子，就是政治部所有職員、男女隊員的宿舍，大門進門處的兩側，各有一大間房子，分別是傳達室和廚房。正廳後面，有一大片寬廣的草地，有籃球架、排球網，那是我們早操、晚點的地方。我們新招來的男女隊員，在歸隊的當天晚上，接受政治部全體人員的迎新歡宴。先是政治部李主任訓話，再由宣傳隊隊長向新人的我們介紹：男隊員十六人，男分隊長張毅青長得相貌堂堂，對人親切。女隊員也是十六人，女分隊長是宋景文，長得清秀端莊，身高一七〇公分，穿著軍服，只覺得她是一位英俊瀟洒的年輕軍官。其他一些男女隊員也都各個軍服整潔，談笑風生。尤其女分隊長宋景文，好像與我前世有緣似的，宿舍一共八張床，當晚她便叫我同她一張床，並對我關照得無微不至。

兩週後全師官兵要在師部附近的廣場，開一個軍民聯歡大會，師長命政治部要趕快籌備這次大會的宣傳節目，隊長叫我們各自依志趣填寫工作項目，我因愛塗塗寫寫，便投稿壁報文章，又愛演、唱，也參加了話劇、歌詠，又在女分隊長的愛護下，工作勝任愉快。只是同來的幾位女同學看我在隊上比她們活躍而嫉妒，每晚工作之餘她們便結伴外出而不理我，我因思念祖母和娘，而常獨自一人徘徊操場一角流淚，被宋景文發現後，對我更加照顧，很短的時間我和她便成了無話不談的知己。

緊鑼密鼓演練了兩個禮拜，終於到了開軍民聯歡大會的這一天。先是一個街頭劇「放下你的鞭子」拉開了聯歡會的序幕。因東北三省早已淪陷，天津北平相繼失守後，常有流亡的男女老幼，攜家帶眷的逃亡後方街頭，流離失所的慘相常在街頭出現。這個街頭劇，演的是北平的一對父女，因為沒飯吃而淪為街頭賣藝，先是由「父親」穿著襤褸的衣裝，拿起身邊擱置的紅纓槍耍幾招，再由「女兒」穿一套北方鄉下的花布短衣褲，兩條黃絲帶綁在頭兩邊的髮鞭上，站在空場中間唱流亡三部曲的第一部，當我唱到思家懷親而高喊爹娘泣不成聲，竟以手綣掩面痛哭停唱時，此時觀衆大都流淚向場中投錢如雨，父親立刻拿起皮鞭狠狠的抽打女兒說：「你看看這些叔叔伯伯大娘大嬸都喜歡聽妳歌唱，妳怎麼哭起來不唱了呢？這樣我們怎好意思拿人家的錢？」話至此用力抽打女兒，就在此時由觀衆群中衝出一個青年男子（是男分隊長飾演）大聲的叫喊著「放下你的鞭子」，然後站在裡面講了一些抗戰救國、同仇敵愾的話，接著政治部的全體演員，都蜂擁而站在場的中間，唱了一首：「我們是青年的演劇隊員，我們是青年的演劇隊員。我們用戲劇從事宣傳，我們用戲劇從事宣傳，舞台是我們的堡壘，街頭是我們的營盤。台上、台下打成一片，演員與觀衆一致抗戰。打倒日本強盜，收復大好河山，打倒日本強盜，收復大好河山。努力吧，努力吧，努力吧，青年的演劇隊員。前進吧，前進吧，前進吧，青年的演劇，青年的演劇隊員（可以重唱一遍）。」一群男女隊員含著眼淚，同場內父與女同站一起高唱這首歌時，觀衆這時始知這是一場寫實的「街頭話劇」，由這位青年向觀衆鞠躬致謝，並以雙手向觀衆熱烈招呼，歡迎觀衆捧場參加師部空場的軍民聯歡大會，並請會後留在場內觀賞我們話劇，這時觀衆才明白眞相，報以如雷的掌聲。有些觀衆群中的姐妹們都近前向我握手，並親吻我，我第一次有了演話劇的自信。

聯歡大會由七點半開始，先由當地政府首長向觀衆介紹一二二師師長及師部直屬長官，再由師長等官員訓話，大意是說軍民聯合抗戰，保家衛民的大道理，接著是我們政治部的演藝工作開始了。先由男女隊員合唱抗戰歌曲，再由男女隊員說相聲、口技，接著有兩個獨幕劇，尤以最後我飾演的「凌姑」一劇，又賺取了觀衆的一些眼淚和掌聲。劇中人凌姑是一個東北農村的富家獨生女，該村被日軍佔領後，燒殺姦淫，無所不爲，上百戶村民，無一幸免，我的雙親被殺，我又受辱，我俯首在雙親尸首之間痛不欲生的大哭……

由於我第一次工作，就得到了長官的賞識、同事的重視，因而我對工作更認眞，更努力。除了白天做好了長官分配我的工作外，夜裡我常開夜車寫文稿投報館，投壁報。我因日以繼夜的工作、離家後的爬山涉水，再加上對祖母和娘渴想而流淚，終於不支而病倒了。先是臉上起紅疙瘩，繼之全身都生出了大疙瘩，奇癢無比，而且眼、臉、腿脚都腫得怕人，一連十多天不能自顧，去廁所、飯廳、宿舍等地時，全是由宋景文揹著我，與我合作無間的男分隊長張毅青，也常到我病塌前慰問。宣傳隊隊長是留日學戲劇的，因我在他執導的話劇中演的不錯，對我印象很好，他看我的病相當重，便徵得景文和我的同意後，送我住進襄陽的省立醫院，並自動放景文的假叫她日夜在醫院陪伴我。在住院的兩週內，毅青天天和景文換班來病榻前照顧我，隊長也三天兩頭的拿鮮花、水果來看我，我雖重病在異鄉，卻感到無限的欣慰。兩週後我的病痊癒，在景文和毅青的照顧下，出了醫院。

瘋狂的日本軍閥，連番猛烈轟炸我國後方都市，我們政治部駐地的霸王黃廟，也在襄樊大轟炸中中彈，襄陽一街兩向的商店、四門，都變成了瓦礫，居民慘死，重傷的慘不忍睹，因而我們整個的政治部只好暫時搬往山區辦公，我們的宣傳隊也奉命在天未亮，便由廚子挑著餐具，帶著食糧，男女隊員，帶著道具、劇本，全體出發到附近山洞中排練話劇，練習唱歌，寫一週一次的壁報。

快要過農曆年的一天夜裡，該師奉命出發前防作戰，政治部全體人員永遠都是跟直屬師部的部隊後面作宣傳工作。三天三夜的激烈對陣，在一個黑漆漆的風雨夜，我軍失利而退卻。為了怕敵人發現我們正在退卻而追擊，師部向後傳達命令，皆以口向後悄悄傳達，不敢有一點聲音，連運輸的馬匹，也都訓練有術的，只聽馬蹄慢慢前進，卻未發出一點聲音。我就在此時瘧疾病發，每到病發，先冷得切齒，後燒得全身火熱，無法撐勁跟隨隊伍前進，毅青都勉為其難的揹著我，每到休息時，他到處搜尋稻草為我鋪蓋。更有一次奉命在村子裡休息，煮了一大鍋稀飯正待要吃時，卻又奉師部口傳命令，立即退到十里之外的×村休息。毅青為了我在病中沒吃飯，即刻脫下他一隻鞋盛了稀飯，揹著發病像死人一樣的我隨隊趕路，而他那隻赤脚卻被沿途的棄物、石子磨的皮開肉爛。景文因退卻之夜與隊伍失散，竟拉著師直屬營營長的一匹馬尾衝出來，後來遇到政治部人事科長劉文斌，他拄了一支拐杖，扶持著遍體鱗傷的她，三天後才追上隊伍。因爲他們都是山西沁源縣的小同鄉，又是烽火連天中生死與共的同志，經過這次大戰不死的遭遇後，兩人的感情已非尋常。在同事、長官的撮合下，在戰役恢復平靜的數月後，走進了結婚禮堂。

抗戰期間的結婚，一切從簡：由師長證婚，政治部主任主婚，男女隊員分任儐相。結婚新郎、新娘、儐相的服裝全是借來的，不論長相，只論交情。在景文的指定下，我當了她的儐相。婚禮全依江南風俗，當我們隨著音樂，步入禮堂的進行中，來賓群中的男女，用彩色碎紙，黃豆、麥麩攪拌好的碎粉，裝在籐編的大小斗內，一把一把向新人頭臉亂撒，不知是誰惡作劇，竟使站在新娘身邊的我，撒了滿身、滿臉，雙眼痛得無法睜開，在長官、同事、來賓致詞熱烈的掌聲、笑聲中，我一直在淌眼淚。當新娘知道我爲她受了委屈時，不斷的悄聲叮囑我：「玉英，婚禮完了我帶妳去看眼。今晚我不去住新房，我要等妳眼好了再說，什麼結婚典禮，眞掃興。」景文是一位心直口快而任性的人，我怕她因小失大而鬧了笑話，我一直向她低語「不要緊，等待會你去新房後，我自己會照顧自己的。」

在大廳中一共開了十桌，在歡笑敬酒聲中，我怎麼也睜不開眼，好不容易熬到散席後，我才被同事扶到宿舍的床上。這一夜新娘說什麼也不隨新郎去新房住，她說她非照顧我到眼好才離開。（新房就在同一街上租的兩間民房）這是我一生中對友情最感遺憾，也最難忘的一件事。

歌舞、詩文、街頭劇——我調職到十二軍

我三叔（三祖父的三兒子）蕭華榮在十二軍任副團長職，他因受我祖母、母親的懇託，在一場混亂的戰爭過後，因久未接到我的信息，拜託三叔尋找我的下落。三叔到處查尋，終於聯絡到我。他三番兩次的來信，一再表示他爲了伯母（祖母），亡兄（我父），他一定要負起照顧我的責任，他說他服務的十二軍有三個師的政治部（即二二師、二〇師、八一師。）都在招考男女隊員，要我趕快辦理辭職手續，他很快就設法派人來接我去他那裡工作，以方便戰亂中照顧到我。爲了不願使長輩們失望，我向一二二師政治部遞了辭呈，離開了我永遠不願離開的友情。

記得是十二月月底的一個早晨，寢室仍籠罩在夜幕時，身旁睡的好友宋景文，便悄悄下床叫起我，把我們倆共同鋪的一條灰色軍毯鋪在床前的地上，把我的衣物、書籍等，緊緊的用繩子綑了一個行李，她向我示意，不要驚擾室友，她把行李扛在肩上，我跟隨在她後面，悄悄的走出了營房的大門，她叫了兩輛黃包車，我們倆各坐一輛車直奔襄陽的江岸碼頭。這時天色大亮，碼頭第一班的汽輪已啓航。第二班的汽輪已漸漸靠岸，岸邊守候送客的人群中，正有一位中年大漢，穿著深灰色的國軍服裝，目光正在人群中四下搜索，我一眼就認出來了，他是我大祖母的獨子蕭華章叔叔（就是嫌天熱而不願推土車送我進城考學的那個叔叔，因家中淪陷日寇之手而找三叔謀一軍職。）我大聲喊「華章叔我來了」時，他驚喜的走近我們，我向他介紹認識景文，他忙哈哈大笑的向我說：「乖乖，要不是你介紹，我

還眞以爲他是位年輕軍官哩？」華章叔邊說話邊慌著去接景文手裡的行李，她堅拒，便扛著行李快步的走向停在碼頭的汽輪上。並催促我們快點上船，佔位置。就在此時我發現了靠近汽輪的岸邊，有一位高大的身影、熟悉的面孔，向我舉起雙手，以示再見，那正是與我同台演戲，在我重病中看護、在烽火連天戰役中不顧個人安危而揹我逃難的張毅青，我只向他告辭我近日離職，可沒向他說明何日啓程，不知他何時已到了碼頭實在令我感動。數分鐘後汽輪慢慢駛離襄陽碼頭，那岸邊送客的人群中，佇立著兩位魁梧的年輕軍人——毅青、景文，向我不住的招手。汽船格大、格大的快速行駛，江岸的景物、人群、漸漸的模糊不清，我的雙目也被淚水湧流得看不見事物。別了，我親愛的摯友景文；別了，我生死與共的同志毅青，別了，我戰地中第一批伙伴。

坐船、搭車，一週後到達三叔軍中駐地鄭州。三叔安排我住在他服務住處的後院，同房東讀中學的女兒住在一室。我不願三叔爲我介紹工作，我自己報考了二二一師政治部政工隊員，順利的被錄取了。

政治部的組織、工作性質，同在襄陽的工作完全相同，所不同的是我們男女隊員三十多人都是陌生的面孔。我們的女分隊長是河大農學院肄業的余慕蘭，副分隊長是高中肆業的王佩榮，以後才知道他們是有遠親的表姐妹。還有一位湖北漢陽藉的女隊員蕭桂英，她雖與我大江南北之隔，但因姓名中有二字相同，外人都認爲我們是手足，所以以後在部隊中有「姐妹花」的稱呼。

工作開始了，除了參加歌詠、話劇排練外，又多了一項社會調查和配合國軍整訓期間的課程：軍歌教唱和政治講堂。我是擔任距師政部卅華里之內野戰部隊的軍歌教唱。我們男女卅多位政工隊員組成的合唱團，在全師各部隊駐軍中巡迴演唱，我們各騎著一匹馬，由政工隊長領隊在前，馬都是軍中挑選的溫馴性的。馬隊穿過大街小巷都是慢慢前進，街上行人都佇立觀看，他們指指點點的向著我們說：「你看到了沒？那馬隊裡頭有幾個女兵呵；那個好像男的。」「那有幾個好漂亮呵！」「不是女的，我看軍帽下面頭髮短的很哪，也沒胸脯，你看錯了吧？」「現在是亂世道呵，公母都不分啦。」我騎在馬上，聽著行人各種不同的評論，實在感到啼笑皆非。

在一個野地空曠的廣場裡，穿著灰色軍服的隊伍，排成了方城隊形，有一位身披黃絲帶的值星官（校官）見我們一支隊伍下馬後，便跑步迎上走在我們隊長前面的政治部主任（少將）再引導我們排成兩隊的男女隊員，走進隊伍環繞著的中心空地。在隊長的指揮下，我們合唱了十多支雄壯的抗戰歌曲，我們也獨唱了當時流行的「流亡歌曲」迎得了官兵如雷的掌聲。

我們男女隊員，雖過著艱苦的戰時生活，但卻產生了一些難以忘懷的趣事。我們的伙食都是同士兵一樣吃的大鍋菜。所謂大鍋菜，就是肉和素菜——蘿蔔、白菜、豆腐、粉絲等燉了一大鍋。抗戰最艱苦的階段——民國廿八、九年間，軍人規定一天兩餐，早飯、中飯混合時間是上午十點一頓，下午四點一頓，每頓六個人，圍著一小盆廚子分裝好的大鍋菜，一人一條槓子饃（廚子蒸饅頭時，爲了省時省事，不揉饅頭形狀，用刀把揉好要蒸鍋的麵塊，用刀切成約三個小饃綣的麵塊長度一個，蒸出來狀似木槓。）不論你吃不完或不夠吃，都是一樣的份。晚餐乾飯，是糙米蒸的隨你吃。我們的分隊長余慕蘭，她是一位虔誠的基督徒，每到吃飯時，總是習慣性的先閉目合掌向主禱告。我們幾個女同事一來是眞的太餓，二來有的是存心整人，專等到飯菜端上，她剛開始禱告時，我們齊下手，一下子就把一小盆菜吃的光光。我當時不忍心這樣做，但我一個人也扭不過大多數。當余姐姐睜眼看到這個情況時，也只有笑笑說「沒關係，沒關係」的拿著一條槓子饃配開水吃了。

還有一次宣傳隊隊長集合我們全體隊員訓話。主題是要我們每人畫一張全國地圖交給他，他要從中選一張最好的送給士兵隊講堂上使用。隊長的話未完，我們女隊員中便有人舉手說：「隊長！不必那麼費事叫大家費時間來繪圖挑選了，我們隊上有一位最漂亮的女同事，她的專長就是畫地圖，而且有全國地圖、分省地圖，甚至市、鎭、村莊地圖應有盡有，隊長不相信，可以立刻到我們女生宿舍參觀。」科長當眞，馬上向大家說：「那大家先別畫，我去看看選一張去。」說著大家跟隨科長蜂擁而上，氣得蕭桂英同志羞紅了臉去揍這個唯恐天下不亂的舉手人。

原因是：上級規定，我們女生隊員一共十六個人，分成八張床睡，每張床鋪兩床白布布單，替換著用，分配每二人一張床。我跟蕭桂英同床，因爲她有尿床的習慣，白被單經尿濕暖乾後，就有淺黃色洗不淨的尿印，天長日久的經尿濕再暖乾，以致白床單上像畫的地圖似的，大塊、小塊、小小塊，狀似人用黃色筆畫的地圖，因這位「是非人」平常就常常譏笑她是個大忙人，白天上班，夜裡繪圖，此刻她又當衆惹了這場風波，使大家忍不住捧腹大笑。

還有一次端陽節會餐，廚子買了蛇和貓紅燒當菜，名爲廣東名菜——龍虎鬥，南方籍幾位吃得津津有味，還有每桌一隻滷雞，其中兩位男隊員正喝酒猜拳時，只見甲把酒杯朝地上猛的一摔，乙用筷子敲擊著碗盤，兩人面紅耳赤的爭吵起來。只聽甲說：「不要臉，你爲什麼啃我的屁股？」乙說：「笑話，那是大家的屁股，誰想啃誰啃，難道啃個屁股還向你報告不成。」看樣子二人都有八分醉了，你一言我一語的互罵起來，惹得大家拍手大笑。原來他們都愛吃雞屁股，一個正要用筷子夾，一個卻搶過來先吃到口裡，因而就各不相讓的對陣了。這些點滴瑣事，令我一生回味無窮。

我們的部隊駐地是離鄭州廿五里地的孫莊，平日我們的工作重點是軍中士兵的政治講堂和軍歌教唱，另一項工作就是壁字、壁報，還有家庭訪問。我還兼任了當地貧苦孩童教學工作。窮家的小孩沒錢讀書、沒空讀書，有的連父母、祖父母都不認識字，那裡會注重小孩的教育。如果村子裡有外地親友的一封來信，不知要跑好幾個村子，才能找到一個識字的人，來替收信者讀出來信的大意。我們奉命家庭訪問，像調查戶口似的一家家走訪勸說，有的竟用強迫方式，才能集合村童們出來上課。晴天，我們在村中樹林或廣場，叫村童們各搬自己家用的低凳，每人發給他們一個用來寫字的圖板（一塊尺長正方型的薄薄木板）坐小凳，雙膝並攏，圖板擱在膝蓋上，我們在樹幹上掛一個小小黑板，有時用粉筆教他們識字，教他們兒歌，他們上課時間，大都排在下午。因爲上午的時間，貧窮的小孩，有的一早便提住掃帚、鐵鏟、畚箕等工具，在行駛牛馬車的寬道上，撿拾牛馬排洩在路上的糞便當肥料。有的幫助父母下地除草，還有的雙親下田耕地，留他在家照顧弟妹。在各方面的考量下，只有讓村童們下午上課了。

記得教小孩一首抗戰小調的歌是這樣的詞：「小日本：你太沒良心，你忘了你祖宗，他是中國人。

小日本：我要與你拚，準備住東海裡，魚肚葬你身。」當我看到一群六、七歲大的男女小孩、咬緊牙關，握緊拳頭，頓住雙脚丫，面帶著悲憤的表情，發出稚嫩歌聲時，不知是喜是悲，我常在歌舞後發給他們糖果時，忍不住熱淚湧流的去摟抱他們，親吻他們，每當兩小時的課完時，他們每個的小臉上都對我呈現著依戀之情而自動的大叫著：「老師，明天再見。」

鄭州一帶當年的交通工具，就是脚驢（就是農夫除牛耕田外，另一種就是用驢。鄉下人農閑時，把驢像馬一樣的配備齊全，拴在村頭空地上特製的木柱上，吸引往來行人，行人欲去那，可以路長遠議價，以驢代步，就叫脚驢。）當你選中那一頭驢要去某村鎭時，趕脚驢的讓你騎穩後，驢在前行，他在後跟。你可以像騎馬一樣的抓緊驢頭上縛的韁繩，支使牠快、慢或左右。我們在工餘之暇，常約三五友好租脚驢隊出遊。我們每人戴一頂寬沿草帽，走向一望無際的郊外，穿過綠油油的麥田小徑，穿過滿地種著花生靑籐佈滿的沙灘，再經過萬紫千紅的李樹桃園，驢蹄前進「的大」「的大」的啼聲，再加上驢頸上「叮噹」「叮噹」的鈴聲，交織成美妙的音樂，我們騎在驢背上的一群男女隊員們的歌聲，歡笑聲，在遼闊的沙土地上繪成了一幅美麗的圖畫。

北芒山上的歌聲——執戈報國在西工

一天晚飯後，我們的隊長宣佈：「男女隊員有輪調洛陽戰幹團的機會了，一期兩個月，一次選兩位，我不願意派，我希望同志們自動舉手，以先後作決定。」我沒等隊長的話說完，便同站在我身旁的王佩榮同志，很有默契的舉手高喊「我願意去。」「我願同蕭同志一起去。」就這樣我倆很快的離開了戰地。

洛陽第一戰區幹部訓練團，團址在洛陽附近的北芒山邊的西工村，那裡有規模很大的營房，專調在後防整訓的「尉」和「校」級幹部，一期兩個月，凡屬於第一戰區的隊伍都有份。主要課程是七分政治，三分軍訓，是希望軍中幹部受訓畢業後，能把所學都帶到部隊教育士兵。

音樂課是由一對有名的叮噹、螳螂夫婦編歌、譜曲，先教會我們調訓的政工隊員，再由我們教調訓的下級幹部——校、尉官隊。我們穿著軍服，胸前戴著「執戈報國」的銀質胸章，手裡拿著精緻的指揮棒，當我站在校官隊的講台上隨著講台一角的樂隊和音時，我發現在座的校官隊裡，有一個熟悉的面孔，待我稍注意一下，認出那正是我的三叔，他向我笑笑以手示意招呼一下，我感到有些緊張。

下課後，三叔隨我步出教室：「玉英，你怎麼不吭聲來這工作了，這一期完了以後，妳還要回原處，這裡離我太遠，照顧不到妳。」三叔以命令和關懷的口吻向我說。「我們是輪調在這裡工作，兩個月以後我還回原處工作，三叔你要多保重。」我的答案使三叔安心了。

這是民國廿八年的秋天，蘆溝橋局部的戰爭，已引發了我舉國上下全面抗戰，日本飛機終日轟炸我國後防。洛陽古都，又是軍政要地，更是敵機轟炸的目標。記得一個月光皎潔的夜裡，我們正在沉睡中，忽然警報緊急的連續響個不停，接著便聽到隊長在操場上吹緊急集合的哨子，兩個隊上的傳令兵站在宿舍門外大叫：「快點集合，是重轟炸機的聲音已經聽得見了……」我們慌慌張張的由夢中驚醒，抓起身邊的衣服，鞋未穿就向外跑，此刻已看到空中遠遠的機群，三架一隊的衝著我們的營房方向來了。轟隆的聲音，越來越沉重，越來越清楚，隊長沒等人到齊，便發佈口令「跑步，老地方集合(經常躲敵機離營房不遠的菜園田埂邊的露天單人坑裡)。」還沒到目的地，便聽到猛烈的炸彈聲，遠遠看到飛機在低空中連續投彈，立刻紅了半邊天。接著飛機飛向我們上空，只聽隊長一聲驚叫「大家臥倒……」接著震耳欲聾的炸彈便在耳邊爆炸了，而且我還清楚的看到一個鐵灰的炸彈，落在離我不遠的菜園泥土中，卻沒有爆炸，我還未來得及走避，就有一機群在我頭頂盤旋丟炸彈。爆炸聲此起彼落，猶如農曆年夜的鞭炮聲。就在此刻，喪心病狂的漢奸，還在附近一個信號燈接著一個信號燈的向空中敵機射去，唯恐敵機炸不準目標而使他的賣國獎金減少。

從深夜一點多開始，直到清晨四點半止，才聽不到機群轟炸聲，才聽到隊長吹集合哨子，我在落地未炸的炸彈附近不敢走動，大聲呼救也沒人理會，只聽雜亂的一陣脚步聲，嘈雜聲離遠之後，菜園中又陷入死去的沉寂。

我背靠的田埂外是一條小溪，不遠處的泥地裡埋有炸彈，我深恐一出來會被炸得粉身碎骨，跪伏在田埂邊，等待著救我的人出現。半小時後，隊長同我的友好同志佩榮，拿著手電筒，在黑漆寂靜的菜園狂奔大喊，我才驚喜的大叫：「我在這裡，我前面兩三尺的地方有一個炸彈鑽在地下面沒炸，我不敢出去。」我連續的答話，使隊長順著聲音找到了我，總算使我結束了驚恐的一幕。

這個戰區政治部，有男女隊隊員卅多人，除了隊長、副隊長和指導員是該隊的基幹外，其他都是由各軍、各師政治部調派的輪值隊員，雖然僅兩個月一期，卻使我認識了不少朋友，大都是因家鄉淪陷流亡異鄉而同病相憐。平日，我們除了上政治課和音樂課之外，工餘時間就是三五成群的，在營區附近的北芒山上，或在清澈見底終年潺流不息的小河岸邊練歌。我當時最喜歡的，天天掛在唇邊的有三首歌，第一首是「北芒山」，歌詞是：「晨風吹過了蒼翠的北芒，歌聲震盪著縱橫無數的營房。參天的古樹中傳來幾聲號角，馬啼又踏破河邊的夕陽。西工呵！你是新生的象徵，你是華北的心臟，你身上建立復興的保壘，你眼底留下九代的興亡。你今天成爲時代的溶爐，讓天下英雄百鍊成鋼，你又是新中國的兵工廠，把每個人都煉成炸彈，炸過黃河，炸過東北，把鬼子們都炸光。」

另外一首是對日反宣傳的歌：「江水紅」歌詞是：「江水入海紅又紅，星光閃閃月芽兒明，夜風吹來森森冷，水面上有鬼魂哭聲痛：他說道：家住東洋三島上，爺娘二老都在高堂，幼弟十五、妹十二，最可悲，新婚三月，好夢正長。恨煞了，軍閥專政亂朝綱，運兵調將備戰忙，徵兵令下，如火急，莫奈何。離家別親度重洋。臨行時，親人一一來訣辭，自知生還希望微，嬌妻痛心幾度死，弟和妹，牽衣不放阿哥去。乘兵船，初次踏上中國地，連天炮火鬼神泣，對方驍勇，我不知，黑夜裡中國兵的刀下我戰死。至如今，魂魄盪盪成野鬼，大海蒼蒼無路回，屍骨被踏成爛泥，家鄉裡，爺娘含淚盼兒歸。江水入海紅又紅，星光閃閃月芽兒明，水面的黑影抖擻幾欲墜，嗚嗚嚎哭不停聲。」還有一首就是我們常常掛在嘴邊相擁而痛淚的流亡三部曲：

㈠我的家，在東北松花江上。那兒有山林煤礦，還有那滿山遍野的大豆高粱。我的家，在東北松花江上。那兒有我的同胞，還有那衰老的爹娘。九一八、九一八，從那個悲慘的時候，脫離了我的家鄉，拋棄我慈愛的爹娘，流浪，流浪，整日價在關內流浪。那年？那月？才能夠回到我那可愛的家鄉？那年？那月？才能夠看到我那慈愛的爹娘？爹娘呵！爹娘呵！什麼時候？才能歡聚在一堂？

㈡泣別了白山黑水，走遍了黃河長江、流浪、逃亡、逃亡、流浪、流浪到那年？逃亡到何方？我們的祖國已整個在動盪，我們已無處流浪，已無處逃亡。看！火光又起了，不知多少財產毀滅。聽！炮聲又響了，不知多少生命死亡。那還有個人幸福？那還有個人安康。誰使我們流浪？誰要我們逃亡？誰使我們國土淪喪？誰要我們民族滅亡？來來來，來來來，我們休爲個人打算，我們休爲個人逃亡我們應該團結一致，誓死抵抗，打倒日本帝國主義，爭取中華民族的解放。

㈢走！朋友。我們要爲爹娘復仇。走，朋友，我們要爲民族戰鬥，你是皇帝的子孫，我也是中華的遺胄、錦繡的河山，怎能任敵騎踐踏，祖國的遺產，怎能在我們手裡葬送。走！朋友，我們有沒有決心？有。我們有沒有力量？有。拿起我們的槍桿、筆桿。舉起我們的鋤頭、斧頭，打倒這群強盜。爭取我們的自由，看！光明，已在向我們招手，光明，已在向我們招手。

兩個月的外調工作結束後，我們又回到了原來的單位，最使我感到驚喜的是與我失去聯繫數月之久的張毅青同志，竟然出現在歡迎我們歸來的男隊員中。

五月的鮮花——與張毅青的一段情

當我離開襄陽不久，還未等到我住定給他們去信時，毅青也匆匆離職了。原來他有一位叔叔在十二軍八一師任副師長，他的叔叔總覺得男兒常在歌、劇中打轉是件沒前途的事，而常勸他找份正經差事，就在我離職不久，他叔師部出了一個上尉參謀的缺，就力邀他去，這次他聽命匆匆到差了。事有湊巧，他到差不久，就奉命到我家鄰縣項城縣府民防隊出差。當時地方官對軍官協助辦公，公私都給予方便和禮遇。有一天他在公餘之暇，與地方官員各騎一匹馬去我家集鎮外的另一小鎮蓮池趕廟會時，見一算命老翁，在他的席棚卦攤裡的布幕上，掛了一幅令遊人佇足側目的畫：一個全副武裝的軍官，摟著一個紮著兩條髮辮、著藍衣黑裙的女學生，上面寫著蕭華榮把他的親侄女蕭玉英先佔後賣給高官當小老婆了。當觀衆問卦攤老人「她是誰？你怎麼知道她叔欺侮她後又賣給人家當小老婆」時，他哭的淚流滿面，悲憤莫名，他說她是他的小兒媳婦，現在她叔拐跑了她，她已失蹤兩年了，他到處打聽……這種無稽之談的宣傳，令愚笨無知的鄉民，不得不爲他同情、不平。那天毅青剛好經過，他看了、聽了後，非常疑惑，因爲他從未聽我說過什麼嫁人、給人當過兒媳婦，逃跑當小老婆的事，他想想應該不是我，但上面明明寫著蕭華榮三個字，因他調職後也知道有蕭副團長蕭華榮這個名字，更知道是我的叔叔。他在想我是不是還有其他的姊妹出了事呢？他遺憾我們相聚時沒留詳細地址，無法查尋。

但他肯定蕭華榮是被人醜化了。他確定「王」是一個地方的「狂徒」「惡霸」，當時就砸了他的卦攤，撕了他的帳棚，狠狠的揍了他一頓。用馬的韁繩綑綁他上馬送了縣衙，關押了三天，後「王」託人說情便釋放了。

毅青一來怕其叔怪他藉公惹事而苛責，二來他很快打聽到我工作的單位，並知我兩個月輪調後要回原單位，因而他自告奮勇，報考進入了政治部工作。因為政工隊正缺編導人員，他當時便被隊長重用。當毅青問我他遇到卦攤之事時，我告訴他那是我另一位堂姐，他也就不再追問了。但我卻在強顏歡笑中工作，在無人處暗自哭泣，我悲憤我的身世，我掛念我的家人。

政治部隨部隊調駐鄢陵，扶溝把守河防，我們的宣傳隊總是住在離部隊不遠的後防。這是戰地，對岸就是日寇佔據的淪陷區。對岸常有震耳欲聾的炮彈，射到我們住屋附近，有的房屋中彈倒塌，有的人畜中彈死亡，也有的彈落泥土地未炸，也有彈落莊稼、樹林而使生胎死亡，因而老百姓和我們這些男女工作人員，天天生活在生死未卜的日子裡。加上黃河常常氾濫成災，二層樓的屋頂，都淹沒在黃水泥沙之中，掛有千頃牌的大地主，竟因地臨黃河邊而被黃水淹沒，過著乞討生活。我們軍中一日兩餐，每人每餐一個一斤重的槓子饃，男同事大都夠吃，而我們女同志大都剩下一半，我們十多個女隊員，就把剩下的饅頭積存而偷偷濟助了這些無飯吃的飢民。

一般老百姓，剝樹皮、挖樹根、弄點麥糠，攪拌一起煮熟充飢，偶爾發現一隻老鼠，也是他們爭食的對象。我們扔出去的垃圾，他們都用手撥來撥去檢花生殼、剩菜飯，在這種情況之下，我們政工隊義不容辭的建議上級想辦法救濟這些死亡線上掙扎的村民。

許昌離我們的防地扶溝，鄢陵一帶不遠，而且那是一個相當繁華的城市，也正是我們救濟災民募捐的好地方。我們鎖定了目標後，就積極的準備各項公演節目。隊長命令，帶領我們加緊排練話劇，並教導我們練習抗戰歌曲等，以期達到籌款目的。

記得在毅青的推荐下，我飾演了「五月的鮮花」話劇中的女主角。劇情是民國二十年九一八日寇佔據瀋陽之夜的悲慘故事。當瀋陽炮火連天的炮戰中，一群瘋狂的日本浪人，持槍帶刀劈開了這家大門尋找花姑娘時，他的爹娘爲護兒女，一邊叫其十六歲的哥哥（毅青飾演）揹著八歲的妹妹由後門逃脫，一邊去開大門，因開門晚了，幾個日兵一進門便用刺刀把他們的雙親刺死。以後哥哥揹妹妹逃難，因妹妹發高燒哭著要水喝，哥哥去給妹妹找水喝時，被日兵抓夫抓走了哥哥。哥哥雖給日兵當挑夫，但還是冒九死一生的逃脫來找妹妹，而妹妹在兵慌馬亂中早已不知被誰抱走了。哥哥在千辛萬苦中逃到了大後方，而妹妹也被善心人收留。這位善心人是貧寒人家，養父去世，養母重病，她已長到十六歲，以賣鮮花維持她母女生活。她因聰明伶俐，爲了多賺一點錢貼補家用，有時也在餐廳、歌廳賣花時，唱幾首流行歌曲。一天哥哥在茶樓小坐，注意所有客人時，正碰上妹妹提著一籃鮮花進門，有人鼓掌「請小妹妹唱歌」，當時她唱一首「五月的鮮花」，唱到東北淪陷歌詞時，她忍不住熱淚湧流，當她唱完拿到賞錢向外走時，被哥哥一把拉著問「小妹妹你今年幾歲？姓名、住址」，並自我介紹說：「我有一個妹妹，八年前我揹她逃難中走失，不知目前流落到那裡，這八年來，我跑遍了大江南北，從沒有間斷過一天不去找她，因為妳的臉型太像她了，請妳原諒我的冒昧……」當哥哥抓緊妹妹，注意妹妹的臉型，妹妹丟掉手中的提籃，滿臉都是淚水的忍不住驚喜的大叫一聲「哥哥，我就是你要找的妹妹小英呵……」兄妹二人相擁而泣，場面十分悲悽。

許昌演出前，我們先給許昌各條街上的富商送紅票，意即先有定數收入，其他都以買門票進場，在全體隊員合作下，那次的演出成功，收入還算不錯。唯一美中不足的是演「五月鮮花」最後一場話劇時，台下有混混鬧場，當我閉幕下台時，有人拉扯我的衣襟搭訕而同毅青對陣，以致有人砸滅了戲院的電燈，若非毅青護我拚命外逃，怕後果不堪設想。以後政治部主任責備地方治安不良，許昌政府首長向我們全隊工作人員致歉而平息了這場意外的風波。

自從在許昌為救濟黃河氾濫中災民的義演募捐後，在台上飾演兄妹親深的毅青和我，在台下實際生活中，感情已超手足。譬如我擔任城鎮四鄉駐軍的軍歌教唱到黃昏還未歸隊時，他都在郊外遠遠的迎接我，並帶有吃食、飲料，邊陪我吃喝，邊向我噓寒問暖等。有時他有工作而無暇接我時，總命令政部的勤務兵到郊外接我回來。為了關懷我的生活起居，他常與我在一起的胡姓女同事接近問長問短。他探知我有些病痛時，會細心的買些成藥、補品，由胡轉交到我手中。相對的，當我得知他感冒高燒不退而請假獨居宿舍時，也買些吃食、補品去看他。記得有一次他在元宵節時重病，我曾叫隊上的勤務兵，代我在街口小吃店買一碗糖圓給他。並把我剛收到的月薪，由胡同事代轉他，從速治病去。

有時我們政治部隨部隊移防時，我的行李多由他為我整理，到了新駐地後，我的行李再由他為我打開、鋪好。與我同鋪而眠的胡同事，也因沾了我的光而對他心存感激。在這以誠對誠的生活細節中，毅青和我的內心裡，已深植了相愛之意。

在軍中開小差被抓回

民國廿九年初，「政治部」奉命改爲「特別黨部」，政工隊一律取消，基層幹部也要削減，這時我們流亡的一群男女同志都徬徨無主，不過政治部主任念在我們多年跟隨他的份上，且都是有家歸不得的流亡學生，他不忍心就此撒手不管，最後研議了一個處理的辦法，然後當衆宣佈：「……在這男女隊員中，誰願考軍校的、考戰幹團的都趕快登記，旅費生活費，在沒放榜前，我負責到底，如有考不上軍事學校的、你們自行另謀工作，我只負責軍事學校放榜後爲止。」西安戰時幹部訓練團正在各地招生，期限兩年，畢業後分發軍中工作，男女兼收。軍校十七期，也在招生，期限二年，畢業後以少尉任用，分發軍中爲基幹。唯限於男生才能報考（軍校招女生，由十五期截止），軍校，是黃埔軍校，是男兒從事軍事工作的一個正式學歷，是當時軍中人人嚮往的學校。我鼓勵毅青一定去應考，在求學兩年中，咬緊牙關，爭取好成績，將來好在軍中紮根，更上一層樓續軍校以上的軍事學校，這樣才有前途。聽說軍校訓練嚴格，學術科差的、品性不端的人，中途會退學，毅青看我建議誠懇而堅定，就誓言：「他如果考上了，絕對在兩年受訓期中努力，以品學兼優的成績走出校門。」但他卻要我承諾他一件事：「分開兩年後，要像同他聚時一樣，永遠不變。」由於他聰明、能幹，且與我生死與共在戰地工作兩年，對他的爲人正直，對我情眞我信得過，因而我點頭默允，從此我們各自定了方向，彼此努力用功讀書，他準備應考軍校，我準備考進戰幹團，兩校都是兩年畢業，我們打算畢業後再過晨昏相聚的生活。

一天，政治部主任召集我們訓話：「……各軍事學校都是七月招生，八月開學，現在已六月底，我們政治部暫調洛陽工作，大概得一段長時間在洛陽停留，你們要去考軍事學校的男女同志，趕快收拾行李，準備明天隨我出發。」六月底，我們隨著主任，由平漢線搭車到鄭州，再由鄭州轉隴海線到洛陽，住在洛陽城內一個相當大的旅館內。這個旅館是主任暫時包租下來的，主任（少將）以下的校、尉級幹部數人，加上廚子、傳令兵，以及我們廿多個男女隊員，還眞像一支隊伍的營盤。

在洛陽的這一段生活，除了九點晚點名後不許外出外，全天的時間，都可以由自己自由運用。我們到洛陽市最大的圖書館看書，結伴逛書店、逛街。主任還帶我們全體男女隊員去郊遊，去過洛陽附近的龍門石佛寺、白馬寺，這都是洛陽的名勝古蹟。有時主任還請我們去街上吃頓西餐。

洛陽街口常貼一些招考流亡學生參加救亡抗戰的海報，我雖然報名戰幹團，但卻擔心萬一考不上，流浪西安街頭怎麼辦？萬一考上了兩年畢業期到了，家中婚約未解除要怎麼實現我對毅青的諾言？祖母、寡母撫育我成人不易，如果我兩年後同毅青自主生活在一起，王家得知鬧到家時我的長輩們怎麼應對？寡母、祖母不能再因我而受辱於王家了。我不能叛逆愛我的長輩，但又不願辜負對我誠心的毅青，我該怎麼辦？我天天生活在矛盾掙扎中。

就在我心緒不寧中，看到報載一個野戰部隊正招考女政工幹部，即將開往豫東一帶工作。我以逃避現實的心態說服了與我友情很深的王佩榮，她終日想要回豫東駐馬店的老家，我倆一拍即合。就兩個人私自外出與該部隊招考負責人接頭，考試錄取後，我倆又設法一點點的偷偷把各人的衣物運出，我們告訴旅館門房說是送洗衣店洗被毯等，他們也不在意。唯主任的傳令兵廖金民看在眼裡，笑問我們說：「你們倆怎麼那麼多被單要洗呀？」佩榮老實，看他既然看出來行跡，就再三拜託他千萬別向主任打小報告。「怎麼？你們倆想開小差呀？」這一拜託可糟了，廖笑而不再多問，我鄭重的向他叮囑：「這是軍隊，你可不能隨便信口開河，這可不能當笑話亂說話呵。」

這是一個細雨霏霏的晚上八點鐘，我和佩榮叫了兩輛黃包車到離旅館不遠的小吃店取回了我們多天來偷運出的行李放置在我們的車上，我催著車夫快點拉車，希望九點晚點名時，主任才發現我們逃走的事，那時已是熄燈就寢的時間，主任是位最愛面子的人，不好意思在深夜搜尋我們，他到第二天再尋找我們時，我們已隨新隊伍離開洛陽了，到時候再郵寄一封辭職致歉的信。

不到半小時，車子便到了目的地。這是一條寬廣的背街，招募處就在街中間一條狹窄的巷子裡，因陰雨多天，使得高低不平的巷道泥濘不堪，車夫很吃力的把車子拉進去，我和佩榮不但不能坐在車上，還得走在車後用力的推著黃包車的後座。接待我們的是一位政工隊長，還有兩三位青年男女，都拿著手電筒為我們照著黑暗的泥濘路，隊長悄聲問我們：「有沒有被人發現？」「沒有，沒有。不過我希望明天一早就離開洛陽比較安全。」我和佩榮異口同聲地說。「那容易，明天一早八點鐘我先送妳們，還有另外幾位，一起坐火車去。」隊長邊說，邊把淋得水濕的兩件用灰軍毯包的行李，從車上搬進室內，當佩榮正從褲袋拿錢給車夫時，兩道強光的手電筒直照住室內所有的人，接著是政治部主任賀照亭的聲音：「廖金民，叫王佩榮、蕭玉英都出來，把行李快搬上車。」是我們的政治部主任，由他的親信傳令兵廖金民帶領追來了，這一下可嚇壞了我和佩榮。我倆很快的由室內站出來，我們互看一眼，只有相對無語，不知何去何從的楞了一下。主任用更嚴厲的口吻向著我們：「妳們兩個膽子眞大，兩個女孩子竟敢在黑夜裡開小差。」我和佩榮自知理屈，不敢反抗，只有呆若木雞般垂手立正的站住。主任更動怒的大聲斥責：「這是軍隊，這是命令，快點上車。」此時招募我們的隊長上前說：「她們是經過正當報名，考試而來的，你不能這樣叫她們說走就走哇。」主任更嚴厲的指著他說：「她們是我們政治部現職的少尉隊員，你知情就不該錄取。她們年輕，不懂法令，你難道也不懂嗎，軍人要階級服從，你小小的尉官，敢來違抗命令嗎？你再多說一句，我就對你公事公辦。」主任這段話，使隊長語塞，全室鴉雀無聲，我看時勢所趨，只有聽命上車了，便推站在我身旁的佩榮，便乖乖的上了停在門口原來兩輛的黃包車，主任一句話也不再說的上了車，那個打小報告的廖金民和另外兩個傳令兵，也上了車，主任命我和佩榮的車子夾在他們車隊中間前進。在這靜悄悄的雨夜裡，一行六輛黃包車隊，奔馳在積滿泥沙的馬路上。

走進了旅館的大門，我和佩榮拉著水濕的行李，悄悄走進了我們原住的房間。當晚主任並沒有叫我們去他室內訓責，但我們內心的尷尬和痛苦，非局外人所能體會到的。

第二天一早八點鐘主任的傳令兵便叫我和佩榮去他室內，主任遞給佩榮一封轉輾來自駐馬店的信，叫她拆開看，並向我倆說：「妳們倆都是十幾歲的女孩子，本來政工隊已遣散，爲了怕妳們流落異鄉受苦，我才自掏腰包供妳們去西安考軍事學校，期望妳們有光明正大的前途，現在妳倆竟然不知好歹，偷開小差，現在我還妳們自由，妳們當面跟我說淸楚，是去西安考學？是另謀安定的工作？洛陽婦聯會我可以介紹妳們進去，妳們說。」主任嚴厲而有恩惠的安排談話，令我很感動。佩榮先開口了：「主任，我剛剛拆看家信，爸爸叫我馬上回家——駐馬店，信上說，我逃難到廣西的兩個弟弟回家了，我實在不願在外邊流浪了。我決心回家，請主任幫助我。」主任點了頭，再追問我：「妳怎麼決定？」我自知有家歸不得，且佩榮一走，已無伴同我共進退了，我只有「請主任收回成命，我願仍隨要去西安考學的男女同志共進退。」就這樣我和佩榮分道揚鑣，各奔前程了。

亂世情深

主任發給我們要去西安考軍事學校的男女同志一個半月的食宿費，並給我們每人一張由洛陽到西安的火車票，七月底，我們由殺青帶隊，搭上了隴海線的夜快車。從洛陽到西安的火車，必經日軍佔領區的潼關，日寇爲了癱瘓我國的鐵路交通，常在車經潼關線時，用大炮對著火車猛擊，擊中時車毀人亡、行駛停頓。有時會幸運的通過。經過潼關的火車上，全車熄燈，黑漆漆一片。火車也不敢鳴笛，只加速的閃電似的衝過寂靜的原野。全隊的同志們，都抱著生死未卜的心情，相擁在車窗下的座位上。

就在此刻毅青偎近我，並在我身邊再三的低語「別怕，有我在，我會自即時起，與妳生死與共到老，請妳相信我……」靜夜中火車行駛在原野上咕咚咚咚地響，聽著毅青在我身邊的溫情細語，我的心怦怦跳個不止。

西安北門裡「北平大旅社」，是我們一群應考生暫住的地方。在這裡沒有長官的依靠，也沒有寬餘的生活費，我們這一群人由毅青領著天天吃路邊攤。西京的刀削麵特別普遍，多而便宜，做得味道好吃，成了我們這隊異鄉客的主食。

爲了省錢，三四個人住一個房間，讀書時每人各拿一本書坐床上，天氣悶熱，既無冷氣，也無風扇，並且一天要跑好幾次警報。如果在旅館，大家就鑽到旅館的防空洞裡，如果走在街上遇敵機來襲，就立刻躲到街上挖的防空壕裡（露天深溝）。有一次我們正在路邊攤準備吃晚飯，因緊急警報連連響起，全市電燈熄滅，由毅青領著我們隨著人潮鑽到北門城牆跟挖的防空洞內，因敵機連續轟炸市區數小時之久，我和毅青被擠在洞的中間，熱燥、飢渴，我們前進後退不得，在裡邊幾乎窒息。到凌晨三點解除警報，我們才隨人潮由洞中出來，由毅青領著往回旅社的路上走。大家原想在旅社附近攤上吃點東西再睡，但那一帶的高樓低攤已變成瓦礫堆，斷牆殘壁堆裡還有慘不忍睹的屍體，所幸我們住的北京旅社還依然屹立無恙，但招牌落地，電線絆脚，已是黑漆一片。

我們這一羣大難未死的同志們，在飢渴疲累中各自摸到自己的床位上倒下，不久，室內便充滿了沉睡中的鼾聲囈語，而我卻睜着兩眼難以入睡。就在此刻，我看到毅青高大的身影，佇立在我的床前，並伸出一隻手握緊了我的手，俯首在我耳邊說句「我有話跟你說，請妳出來一下好嗎？」我怕室友驚醒，不自主的隨他走出了房門。「我們坐防空洞門口聊一會好嗎？」漆黑的防空洞門口的兩塊青石上，我和毅青相偎而坐。談相識之初的機緣，相識以來遭遇的大小患難，即將面臨的軍事學校考試，也談萬一我們各考上兩年期限讀書的約會計劃以及畢業後的出路，最後他向我探詢兩年軍校畢業後可否承諾他永不分離的晨昏相聚生活……一時感情衝動，使我脫口而出：「今生如果跟你結不了婚的話，我永不嫁人。」這話說出後，他如獲至寶般的表現，令我欣慰，也令我惶恐。

在艱苦生活中咬緊牙關硬撐，我們這一群同甘共苦的同志們，全數考上了軍事學校，有的考上了財經專科，遠去寶雞，大多數都考上了戰幹團，我也如願考上了戰幹四團第五期，而毅青考上了陸軍黃埔軍校第十七期。

因爲離開學開課還有三個禮拜，毅青便把主任交給他食宿費節餘的錢分給大家，以方便大家各自尋找去處。

毅青託十二軍辦事處裡的一位舊識，找到了一所民房，我同一位考上戰幹團的女同志徐海萍，願與他共進退，所以我倆便同徐一起搬住新租的兩間房子。

爲了怕戰幹團考不上，我和徐還多考了一所位居寶雞的財經學校，沒想到搬住租房不久，知我已被錄取，而且開學時間要比戰幹團早十多天，我對軍事學校的術科實在不感興趣，尤其厭倦了隨軍奔波的顛沛生活，便建議徐與我進財經學校，將來做辦公室理財工作。徐是一位比我還沒主見的人，我倆一拍即合，與毅青商量，他也不反對，並鼓勵我們倆提前兩天到達學校報到，以免誤時慌張。行前毅青曾再三叮囑我要常與他以信聯絡，更勿忘兩年後的白頭之約。

在我整理行李準備晚上搭車赴寶雞財經學校的早晨，在枕下看到了一個粉紅色的信皮上寫著「杏妹親啓・毅青留言」的信，我連忙拆開來看：「杏妹：分別在即，我心情一片茫然，唯望妹離開我後，凡事自己要堅強、保重。尤望妹不要忘記曾向我由衷的誓言：『今生如果不能跟你結婚，我寧願不嫁。』杏妹：你千萬別忘了：①在長安爲婚姻，我倆曾拜佛取籤問過吉凶。②爲婚姻我倆曾拜月立誓。③爲白頭偕老，我倆曾對華山佛祖許願。④爲海枯石爛、永不變心，我倆曾拜過太白山（該山在軍校七分校校址——王曲南）。⑤爲我倆永生不離開，我倆曾搭車去過潼關，妳、我曾面對滔滔黃河立過誓言：『我今生非你不娶，你今生非我不嫁。』杏妹：相對的，我會在軍校以品學兼優的成績表現來實現我倆兩年後晨昏相聚的諾言。臨別在即，不再多贅，珍重，再見。毅青敬上。」信一氣看完，使我難忍熱淚湧流。

黃昏時分，毅青送我和徐上了西安火車站，搭上了去寶雞的列車，當車啓動向前慢慢行駛時，毅青跟著車在月台上慢跑叮嚀徐要好好照顧我，並要我自己多保重時，我感到離情依依而忍不住痛哭。車漸漸出站快速行駛，從車窗外探視遠遠站在月台上佇立的黑影小了，淡了，消失了的一刹那，我的心像裂開了似的痛。

「到寶雞快了，前一站就是『馬嵬坡』，是楊貴妃上吊的地方，妳站到車窗邊看看吧！這是歷史古蹟呵！」徐看我一直在哭，就勸我站起來看夜景。馬嵬坡到站時，我站在車窗裡向外張望，黑漆漆的原野裡，有一個像土山一樣的墳墓，據說那就是楊貴妃的葬身處。多情一生，威風一世，到頭來還不是黃土一堆，與草木共朽。就在這車到站的三分鐘內，我自己作了決定：「徐同志，下車。」我邊說邊把頭頂車架上的行李拉下來。「妳瘋啦！半夜三更在這個鬼地方下車？」「我沒瘋，一路上我在想，就我們倆來到大西北寶雞，兩年之內萬一有了病痛誰管誰問？下車。我看我們回去上戰幹團好了。」「好！下車就下車。」一向以我爲轉移的徐，只好把行李從架上拿下來扔到月台上，我倆很快的下了車。「徐同志，請你諒解我，我實在離不開毅青，一別兩年不見面，我實在覺得日子太漫長了。」徐對著我呆呆的發笑。我倆就在此換東來車返回西安。當我倆天未亮回舊居敲開房門時，毅青驚喜的流下淚來。

經過這久聚乍別，又乍別重聚的感情波折，我同毅青已經形影不離的，過了一段情人甜蜜的生活。

七分校報到日到了，校址在離西安不遠的王曲。戰幹團在毅青開學後一週才報到，毅青不得不先離開我們。記得毅青走那天，我同徐天不亮就起來了，幫他整理行李，陪他去吃早飯，我同徐送他到南園子門外搭車，等毅青上了車，車還未啓動時我就早早離開了，我自知個人情感脆弱，怕當衆又離情依依而失態。

我易名蕭曼青上了軍事學校

我同毅青在烽火中相識、相知，由陌生到同志、到朋友、到情侶，以致彼此有了互許終生的承諾之後，對即將分別兩年的時間，感到非常漫長。在各方打聽中，知道軍校的校規嚴格，雖然有週末、假日的例假，但在平日生活上稍有不慎，如內務檢查不及格，或學術科差一點，或生活細節稍有疏忽，長官隨時可以「禁足」重罰，因而我同毅青臨別的那些日子裡，我請求他給我另外命名，一定要同他名字的末一字「青」字同，對長官就說他有一個一母同胞的妹妹也在西安讀書，有了照顧手足的理由，比較容易請假。毅青費了一番心思，以「青女素衣，凌空曼舞」八字的詩中為我命名「曼青」，我就以此名報考了軍事學校，把原名玉英暫時收藏起來了。

以後我在戰幹團受訓期間，毅青在軍校七分校嚴格的受訓期內，只要我寫信「二哥，媽媽於×月×日來西安看望我們，希望你請假帶我去車站接她。」下面署名胞妹曼青時。他就可順利的請假出來看望我。同樣的，以後他來幹四團看我時，隊上所有長官（區隊長、指導員）、同學們，都知道他是我的胞兄二哥。唯有我的好友——也就是我的教練班長郭琤，知道實情。

認識了郭琤

我被編到女生隊第二大隊第三區隊第三班，班長是河南省汝南縣人郭琤，她頭髮剪得短短的，面目清秀，身材高大，穿上軍服，戴著軍帽，穿上露著五趾的草鞋，綁腿打得緊緊的，腰上束著一條士兵皮帶，身上斜披著一條大紅布的值星帶，一臉的嚴肅、莊重。我站在隊伍裡，隨著她的哨音，跟著一群女生隊伍，走向艷陽高照的操場。「立正。」她的一聲口令，使我們行進中的步伐，立刻「刷」的一聲停下來了。「各位同學：我們今天除了兩小時的基本訓練照常上課外，還要加緊練習走正步，因爲我們奉命參加十月十日的國慶閱兵典禮，希望大家同學認眞操練。」班長說了這段話後，接著又以響亮的嗓音喊了一聲「起步走」。大家隨著她的口令、哨音，在炙熱的大太陽下開始操練了。基本訓練的操練進行了半小時後，我已累的上氣不接下氣，豆大的汗珠順臉滴下。「蕭曼青，下來。妳的綁腿是怎麼打的，下隊重打。」班長用嚴厲的口氣叫著我的名字，命令我脫隊重打綁腿。我羞紅了臉，在隊伍行進中我離開隊伍，走向操場邊的小樹蔭下，把綁腿解開，細心的重新打好，然後再膽怯怯的歸隊。一個小時的基本訓練之後，又開始練習走正步不到十分鐘時，班長又喝令我：「蕭曼青，你的草鞋帶子掉了還不知道，快點穿好。」我滿腹委屈的再次脫隊，去檢視我的草鞋。帶子縛得緊緊的，什麼也沒掉。我恨這位教練班長，我小心翼翼的隨隊操練，她爲什麼無緣無故的光挑我的毛病？我到底錯在那裡？我眞想當衆質問她，但軍隊講究的是「以服從爲天職」，我那敢抗命，只有忍辱含悲的再次歸隊。不到半小時，班長又拉長了語音說：「蕭曼青！妳是怎麼弄的，這個腿上的綁腿又鬆了……重打。」我在她的第三次喝令下，忍不住掉下了眼淚。我重新檢視綁腿、草鞋，都未鬆，我感到我太無辜了。我這次眞的生氣了，我站在操場邊的小樹下，看她代表區隊長指揮隊伍操練，看她威風神氣的樣子，眞想揍她幾拳。反正我一無是處，我一直站到隊伍要回區隊部時我才歸隊。此刻我感到入軍事學校太憋氣了，再苦的訓練我都不怕，無謂的受氣我實在難忍。

好不容易熬到熄燈號吹過，全隊同學都入寢睡了，我偷偷的走向廁所哭泣。此刻那位兇神似的班長悄悄站在廁所門邊，她悄聲委婉的向我說：「對不起，上午的基本訓練課叫妳脫隊，是我對妳的善意。天氣太熱了，妳又第一次上課，怕妳一下受不了，趁今天上午我們的區隊長有事請假，由我代她值星，我才有權利叫妳下隊喘口氣，連我自己都受不了，可是我是領隊，那能休息。在全隊同學面前，我只有這樣命令妳，妳才得喘口氣，明白嗎？以後只要區隊長不在場，由我領隊的話，妳隨時都可藉故下隊休息好嗎？」經她這一解釋，我破涕為笑，立刻向她致謝，並馬上反問她：「妳為什麼待我這麼好？那麼多的新生妳不顧，只顧我一個人。」「這大概就是一般人所說的緣份吧！我一看到妳就覺得早已認識妳，而且很有感情的好朋友似的。」經她這麼一說，我對她已不覺陌生。然後她對我略作介紹這個隊上的大概情形：「我們這一個區隊一共有三個班，每一班都有一位教練班長，我是第三班班長，妳的名字分到第二班，因為還沒固定，我就乘機把妳的名字改到我班上來了。不知為了什麼，我一看到妳的模樣，就覺似曾相識。妳放心，今後我會盡可能的照顧妳哩！」她握緊了我的手，挽著我的胳膊，邊說邊悄悄的同我走進了第三班的寢室，班長叫我同她睡到一進門的鋪位上。

我們用長方形古老的厚磚，兩磚高度，圍了一個長方形的靠牆地鋪，中間鋪了一條用稻草編的蓆，蓆上面再鋪上灰色軍氈。區隊長嚴格規定：草鞋放在脚頭地上，軍服放在草鞋上，綁腿放在草鞋一邊，洗臉盆放在牆跟，洗臉用具一律放到臉盆內。深夜區隊長會來查寢室，誰違反規定，早上先跑操場三圈後才能同大家一起晨操。晨操後有五分鐘的方便時間（去廁所），接著吃早飯。

深夜，漆黑的寢室裡突然亮起一道強光，區隊長服裝整齊的跨進了我們寢室，只聽她大聲叫著睡在我附近一位同學的名字問：「妳的軍服爲什麼不脫？妳的綁腿爲什麼不解？站起來。」這位睡得正沉的同學被喊起來膽怯怯的回答：「報告區隊長，因爲我的動作太慢，每次集合我都因遲到被罰掃廁所，所以我不敢脫軍服，也不敢解開綁腿。」區隊長用筆在她手拿的小冊子上記下名字後，又大吼睡在中間鋪的一位同學：「妳身上怎麼不蓋軍毯而且軍毯還疊得整整齊齊的？服裝整齊不說，連草鞋帶也不解，這是怎麼回事？說！」這位同學站在鋪位上立正說：「報告區隊長，每天我因早操遲到被罰先跑三圈操場再入隊晨操，我實在撐不住，所以我不敢再脫服裝了。」「好！妳兩個違反睡前規定，明天一早妳們顚倒一次罰法。一個常跑操場三圈的罰掃廁所，一個常掃廁所的罰跑操場三圈。」區隊長的命令如山，誰也不敢吭一聲氣。等她到另外寢室巡察時，我們騷動了一會的寢室，很快就恢復了平靜。

晨操回來早餐，寢室外的院子裡地上是我們全隊人吃飯的餐桌，十三小盆熱騰騰的大鍋菜——豬肉燉白菜、蘿蔔、豆腐、粉絲等，像花一樣的擺在院子裡，每盆圍坐六位同學，區隊長、指導員等另外一盆。每人一條槓子饃擱到盆一邊的竹籃子裡。我們各自圍坐在自己可以開合的小板凳上，跟我一起考進來的徐同志，一見飯菜便先拿起筷子，再到籃子裡拿一條饃說：「伙食不錯嗎？菜好香啊！」她伸手向盆裡挾菜還未到嘴裡時，被剛到位子上的區隊長看見，值星班長見區隊長來便高聲喊了一聲「立正！」她聞聲立刻把手裡饅頭放下，而筷子還握在手中，因爲心裡緊張，站起來時把自己可以開合的小板凳踢倒了發出「叭噠」的響聲，當值星班長再喊一聲「坐下」時，大家立刻整齊的坐下，她的小板凳卻倒在她的背後還未扶正，接著值星班長再一聲「開動」口令發出後，她才彎腰去扶板凳。區隊長看在眼裡馬上聲色俱厲的說：「這位同學站起來，妳有沒有過過團體生活？妳懂不懂一點團體規律？以後再有不守團體紀律時，我要重重處罰妳啊！記著了沒？這次念妳初犯，算了。」「謝謝區隊長。」徐同學忍氣吞聲的說完這句話後便低下頭流淚。大家誰也不敢吭聲，為了吃飯十五分鐘的限制，各自狼吞虎嚥的照常吃飯，班長再一聲「解散」，這頓飯算吃完了。從此我知道了軍事學校的團體紀律是一絲不苟的，以後的生活大小細節，我都謹言慎行。

我們每天除一早晨操外，飯後兩小時的基本訓練是不可少的。下午要帶圖板、小凳，全隊人集合到大禮堂上政治講堂（圖板是一個木製的正方形的薄板，放在併攏的兩膝上，上面放紙筆抄寫筆記或看書。）有時有政府高級首長或外賓來校演講，晴天集合在大操場上，雨天就在大禮堂裡。

在軍事學校最怕的就是週末，每到週末的下午，區隊長便命令我們各班同學整理內務，其中最重要的一項，就是各人要把自己頭枕的和脚蹬的四塊磚頭，每塊磚的六面都用砂紙、瓦片磨擦的像新磚一樣，然後再把它安置在原處。把自己的皮帶環擦亮的像新的一樣，自己的軍服要洗好，弄板正，尤其綁腿要乾淨，要弄平，還要把自己的軍毯鋪好，被子疊好，經區隊長檢查及格了，週日才準許半天假外出。如果軍事、政治課都好，而內務不及格的話，假日也要禁足。禁足的同學不許進寢室睡覺，要去操場除草，去廁所除糞。

我們宿舍後面有一大塊空地，區隊長把這塊地分爲三大塊，分配給三位班長，再由各班自行劃分每人一塊地種菜，我們種菜的時間是晚飯後、晚點名前。爲了公平，班長用尺量來分配。鐵般的硬地，從挖鬆、播種、澆水、施肥到生長成幼苗，再自編籬笆、捉菜蟲等，一棵菜長成後還要由區隊長來評分個人成績及團體榮譽。我分的那一小塊地，凡是用力挖土、鬆土，全是由琤姐在同學不注意時她一個人抽空做的。經常的澆水、施肥、捉菜蟲，則是屬於我自己獨幹的工作。

我們一天三餐，全吃千篇一律的大鍋菜、槓子饃，後經全體人員商討改進，組織伙食團，輪流以兩人一組，每天跟隨廚子採買，可以變換口味，並且規定一個禮拜吃一次大鍋麵條。每當週一中午十二點，由兩位廚子抬著用繩子綑綁的陶器水缸，裡面盛滿了調好味的大鍋麵條，另外還有一大竹籃子的碗筷，值星班長照例等區隊長一出現就喊一聲「開動。」但這可沒有平時吃飯那麼有規律，這一聲「開動」後，同學們立刻擠著拿碗筷，蜂擁而圍上麵條缸，強悍的同學盛了一碗站在原位不動便狼吞虎嚥的再盛一碗才離開，排在後面的同學，有的盛到一碗稀麵條，有的盛到半碗稀湯，排在最後面的同學有的連湯也沒盛上便空缸了，任憑區隊長的命令再嚴厲也沒用。我沾了琤姐的光，每次吃麵她總是趁人不注意時先盛一碗給我，然後她在搶上去盛一碗給自己。因爲吃麵問題重重，以後一週一次的大缸麵便取消了。記得正在加緊爲十月慶典訓練時，我感冒多天且高燒不退，把一向關心我的琤姐忙壞了，她看我不吃不喝的流眼淚，總在晚點名前給我端來一碗雞蛋湯或麵條，我知道她是從遙遠的廚房，拜託廚子幫的忙，她對我在軍中的照顧，實令我一生難忘。

琤姐愛運動，得空便到操場練習投籃，在女生隊和男子隊友誼籃球賽時，她得了兩次冠軍。她是教練班長，又酷愛籃賽，終日在操場上奔馳，所以皮膚晒得黝黑，因而大家都稱她「黑人牙膏」。

我們隊上新到差了一位指導員，她是幹一團一期畢業的，長得清秀、端莊，非常溫柔有氣質，待人和藹可親，她擔任政宣工作，她主辦壁報，並成立歌詠、話劇組，她到差一週後便開始在隊內挑選這方面的人才，我很快的被她網羅，在她建議下，區隊長特許我當了她的助理，自此我減少了許多軍事教練跑操場的次數，而得能做我喜愛的工作：壁報、歌詠、話劇。

女生隊裡的生活

一九四〇年（民國廿九年），已進到全面對日抗戰，隨著戰爭也產生了好多首激昂慷慨的抗戰流行歌曲，記得當時我們剛學的有兩首，其中一首是：抗戰：「看那敵騎縱橫遍神州，殺我同胞，毀我家園。醒吧，皇帝子孫快奮起，四萬萬人結成一條心。來吧殺殺戰戰，殺殺戰戰，殺盡那瘋狂倭奴方罷休。戰士們！千萬萬同胞，受凌辱，仰望青天、憑誰救？戰士們，百萬的英雄，為祖國、光榮死、血未乾。戰士們！紫禁山聖地，總理陵，淪落賊手羞！羞！羞。戰士我英勇無上的戰士，洒我熱血，報我國仇。戰士我英勇無尙的戰士，千秋萬歲萬萬歲，萬歲。」另一首歌曲是我們對日反宣傳的歌曲：歌名「江水紅」，歌詞感人肺腑，聞之少有不哭的。

記得琤姐在十月十日國慶典禮預演時，她披了一條大紅的值星帶子，把隊伍整好後，轉身向站在操場中央的區隊長報告：「我是第×大隊茅×中隊第×區隊，本隊除事假病故外，實到人數是……。」區隊長立刻對琤姐聲色俱厲的訓斥：「我平日是怎麼教育你們哩，國慶典禮時，是當衆絕對不能報告錯的。報告人數時，用詞要得當，要說「本隊人數是多少，除『病假事故外』，不是『除事假病故』外。『病故』二字是『死人』的意思，你報告『病故』這樣說法，人家聽了還以爲我們隊上死了人，妳知不知道？再重新報告一遍。」琤姐被訓得面紅耳赤，當衆又演練了一遍，算是過了關。

雙十節的晚會上，有話劇、歌詠、雙簧，我擔任了抗戰歌曲獨唱。記得我獨唱那支歌的歌詞是：「紅日，照遍了東方：自由之神在縱情歌唱，看吧！千山萬壑，銅壁鐵牆，抗日的烽火，燃燒在太行山上。氣燄千萬丈。聽吧！母親叫兒子打東洋，妻子送郎上戰場。我們在太行山上，我們在太行山高林又密。兵強馬又壯。敵人從那裡進攻，我們就要他在那裡滅亡，敵人從那裡進攻，我們就要他在那裡滅亡、滅亡。」記得琤姐飾演歌劇中的男主角，歌詞中有段是：「……叫聲妹妹別悲傷，我去從軍打東洋，要把鬼子趕出去，不叫那鬼子太猖狂。要把鬼子趕出去，不叫那鬼子太猖狂。」

受訓期間的課程，前半年注重軍事教育的基本訓練，後半年注重政治講堂的課程，我也漸漸的適應了軍訓期間的生活。但唯一感到最難適應的是夜半站崗。白天在區隊部門前站崗兩小時，很輕易的度過，上半夜的崗，也還可以，唯有午夜正沉睡時，被同學叫醒說：「蕭曼青！快起床。輪妳接班的時間到了」時，雙眼強睜，接過來冰冷的步槍，穿上單薄的軍服，再穿上露著脚趾的草鞋，若逢雨天，站在積水的門前地上，既冷且怕，全身發抖。

記得有一次，有兩個黑影慢慢的走近我，我高喊一聲「口令」。對方答對了，我的心才稍安。黑影距我越來越近，最後停在我面前，我抬頭看，才認出是我們的副教育長。他以關懷的口吻向我說：「這位同學貴姓？冷不冷？生活上有什麼不適應沒有？」「報告副教育長，我姓蕭，不冷，生活很好，謝謝副教育長的關心。」我恭恭敬敬的一一回答後，已忘掉了此刻站崗的冷與苦。長官的幾句關懷的話，能給予屬下極大的鼓勵。

在軍訓生活中，我最喜歡陰雨天，因爲基本訓練課會改成政治講堂，可以坐在禮堂休息。尤其逢到教官請假，叫學生自由活動時，那我們眞感到求之不得的快樂。只要有一點私人活動的空間，琤姐便同我在一起談今說往，合唱我們愛唱的流行歌曲。她尤其喜歡聽我唱的「寒衣曲」，歌詞是1.「寒風習習，冷雨淒淒，鳥雀無聲人寂靜，織成軟布，斟酌建寒衣，母親心裡，母親心裡，想起嬌兒，沒有歸期。細尋思，小小的年紀，遠別離。離開父、離開母，離開兄弟姐妹們，獨自行千里。難記、難記、腰圍粗細，身段高低，尺寸無憑難算計，望著那灰線空著急，望著那剪刀無憑依，望著那針兒只好嘆息，望著那衣料沒有主意，沒有主意。記起，記起，哥哥前年有件衣，比一比，弟弟。」2.「琴歌陣陣，笑語殷殷，課罷歡愉，歡不進，綠衣人來，送到包裹信，仔細看清，仔細看清，看罷家書，好不開心。是母親，親做的新衣，寄遠人。一千針，一萬針，千針萬針密密縫，穿來暖又輕。對鏡，對鏡，不短不長，不寬不緊，新衣恰好合兒身。穿起了新衣記起人，記起了人來眼淚淋淋。記起了人來不能親近。不能親近。親近、親近，且把新衣穿在身，新衣新，母親。」另外還有一首〈少年維特之煩惱〉小說改編，依「寒衣曲」歌譜填詞的歌，也是琤姐最愛聽，而且是她用心學習的一首歌，歌詞是：「天雲暗淡，星光微明，往來思去鳥無聲，徘徊操場，不覺淚淋淋。我的心中，我的心中，密密埋住多少苦痛。猛憶起，今朝睡下，還在這裡，明朝呀，明朝呀，明朝我就離此地，遠別離綠蒂。別了，別了，這裡的山林，這裡的河流，這裡的我的綠蒂。我雖決心離開你，但我愛你的這顆心兒，還留在你的微笑裡，且莫忘記，一時一刻，莫把我的心兒，忘記，綠蒂。」

有時我還和琤姐坐在操場的一角，想起遠在家鄉孤苦無依的寡母時，便雙雙忍不住淚流滿面，便有感而發的唱出那首「母親」。琤姐是位早年喪父，家境赤貧，靠寡母含莘茹苦將她扶養長大，她上有一姐，嫁到鄉下，下有一妹，因家貧而輟學在家，她像我一樣有一段不幸的訂婚輾轉離家，考進了這所軍事學校。她與我同病相憐，她待我情超手足，因而我們成了以誠復誠的好友。

日機轟炸西安市區

民國廿九年，日軍佔領了我國沿海各省，黃河以北，全部淪陷，武漢也相繼失守，日軍為了癱瘓我國的大後方，開始了爛炸大後方的城鎮，連民房郊區的叢林，也是日機低飛用機槍掃射的目標。弄得居住在大後方的居民以及所有的機關學校等，都人心惶惶而無寧日。最怕的就是晴天的深夜，敵機常常夜襲西安，扔燃燒彈，我們距城十數華里的郊區營房，都清清楚楚的看到西安市燒紅的半邊天。

有一天夜裡，在沉睡中聽到了緊急警報，接著是區隊長吹緊急集合哨子，同學們驚惶失措的在五分鐘之內集合成隊伍，隨區隊長跑步離開營房，向附近郊區的防空壕跑（因地形而挖掘的像溝叫「壕」，一個長丈餘，寬二尺至三尺，深可容身，露天。五個人蹲一個土壕內，以防彈片炸到身上）。我們剛跳下壕溝，便看到敵機三五成群盤旋於上空，轟轟隆隆盤旋了一會，丟彈的地區是西安市區，我們直等到天快亮，聽不到機音彈聲，解除警報後，才由區隊長吹哨整隊準備回營區。這時才發現我們女生隊的一些怪樣：高個子穿低個子的上衣，有的軍帽帽沿朝後，有的軍褲開口朝後，有的只穿一隻草鞋，有的只穿內衣褲，有的軍褲只穿一條腿，還有的光圍個軍毯，眞是千奇百怪，醜態出盡，大家互看不禁大笑，在區隊長重重的訓斥下整隊回營。跟我們並肩整隊的還有男生隊，狼狽不堪的怪樣，跟我們相差無異。但還有人噓我們：「娘子軍可眞成了敗陣娘子軍了……」女生隊有人不示弱的回話：「你們老爺隊可成了癱瘓老爺隊了……」由於這一次的經驗，我們每晚就寢後，再也不敢掉以輕心了。

記不清是幾點了，敵機幾十架重轟炸機，從早上八點，開始飛向西安市的上空，直到下午四五點才離去。在漢奸不斷以信號槍的指引下（漢奸在敵機低飛盤旋時，漢奸以信號槍向上打，冒出白色煙霧不久，漢奸立刻跑遠，敵機照準所引處丟炸彈。漢奸所指引的目標大都是政府重要機關。火藥庫，學校、最繁華商業區等。）市區重要機關、最繁華的市區，都在這一次的大轟炸中炸成平地，在一個可容納四千多人的市區防空洞裡，藏有當地市民、外地旅客，竟然有漢奸朝防空洞入出口丟煙幕彈，使藏在防空洞裡的人大部份都因煙燻窒息或因推擠踩死，而房屋炸蹋大人小孩慘死的更不計其數。

大轟炸後的一個禮拜天，我同徐同學進城，看到以往最繁華的街道，都成了斷垣殘壁、碎磚爛瓦，整潔而寧靜的市區，已是面目全非。好多信佛的市民在門外的街旁，搭上蓆棚，用白色、藍色、黑色的棉紗布、綢布，寫上「紀念無家可歸的遊魂」。長長的布綁在門前的竹桿上隨風飄揚，桌上擺上供品，燃上香燭，供桌前用黃紙寫著「歸來吧！魂兮」等字，這種慘景，實在令人流淚。

我和徐同學相攜出營房門時艷陽高照，沒想到下午要回營房前卻是濃雲密佈，雷雨交加。因爲區隊長規定，最遲絕不能超過晚點名的時間要歸隊報到，所以我倆並不急著冒雨回營。我們看場電影，吃頓刀削麵，希望雨止路乾再步行回去，但沒想到八點半了，大雨仍是排山倒海的下個不停，爲了怕耽誤晚點名的時間，我倆不顧風雨的狂暴相挽向城外跑。這時守城門兩位站崗的士兵好意的阻攔我們說：「雨下的太大，不能這時出城，太危險了……」我倆歸心似箭，那裡肯聽別人所言，我們捲起褲管，就拚命向城外跑，那知城外的積水，與護城河的水會合成一片汪洋，我們猛的向外一衝，便各自隨波逐流了。那裡是河，那裡是路，也分辨不清了。我拚命的掙扎，也抓不到任何可抓的東西。兩腳亂蹬也找不到立足之地，我忍不住在載浮載沉中高喊「救命」，不久覺著有一條粗繩在我臉上，我撲向前抓緊它，隨著粗繩慢慢向上，只見兩位士兵合力拚命的拉著繩子，其中一位士兵用力拉著我一支胳膊把我從水中拉到岸上。我氣喘吁吁，全身濕淋淋的抖個不停，兩位好心的士兵，在忙亂中找了兩條空麻袋包著我的身體，才漸漸好一點。我馬上拜託兩位士兵去找與我同時落水的徐同學，他們立刻向我說：「你看那崗樓裡坐的是誰？她沖的不遠，我們先救回了她，然後才救妳。」我順著他們的手指處向崗樓裡看，只見徐同學正向城外水汪汪的遠處看，我知道她正急著探索我的所在，當我跟她相見時，都各有隔世之感的悲喜。

雨停了，積水也漸漸消退而露出了路面，兩位士兵爲我們叫了一輛黃包車，我們穿著濕淋淋的軍服戴上還正向下滴水的軍帽，向兩位救命的士兵道謝後上了車子，直駛我們的營區。營房內寂靜無聲，看看手錶，整整十一點，早已超過九點的晚點名時間。走近區隊大門，只見琤姐正在隊部圍牆內向外張望，她爲了我的遲歸已哭成了淚人。

那次的逾假兩小時，而且又是晚上，不管我的理由是多麼充份，還是被禁足四個禮拜（四個禮拜日的假日不許出校門）。我雖生活在軍事學校，又遠離家鄉親人，但因有琤姐相知，而且每當週日，毅青就風雨無阻的由王曲軍校來看我，雖有一段時期我禁足不能出校門，但毅青有一位高中同學在校內任一小職員，毅青每次來校看我，如果不外出的話，他常同我到他同學那坐坐，或到校園叢林中走走。區隊部裡的中山室，也就是我們區隊的休閒活動室，裡面有桌球、胡琴、竹簫等，房間另一頭擺有一個方桌四把椅子，那是我們區隊的會客室。毅青每次週日來看我時，大部份的時間都坐在這裡，我曾經向琤姐介紹過他，毅青也曾當面謝過琤姐對我在隊上的照顧，在我和他往返的通信中，也都把琤姐當成了至友問好，有時他邀我去西安市區看電影、吃地攤、逛街，也邀琤姐同遊。在那段日子裡，我們過了一段非常愉快的生活。

第四章・・感情生活的波瀾

慧劍斬情絲

有一天區隊長叫我到她房間拿一封由家鄉沈邱來的雙掛號信，信內說我幼年訂親的王家一天到晚逼祖母和母親要人，問我什麼時候才能回家完婚，如果再不給他們一個確定的日子，他們就要告官說我家毀婚，要求賠償損失，叫我速速回去，打這一場官司。想到長輩們爲我在家鄉受惡霸的氣，而我卻在外不責己的在談情說愛我感到內疚，愧對家人。再想想毅青多年和我患難與共，對我情深似海時，我得掙脫封建勢力，爲自己的未來開創出一片天空。我到底該對得起家人回家息了這場風波呢？還是對毅青以誠復誠信守我的「晨昏相伴，廝守終生」呢？我天天生活在矛盾中。琤姐知我諒我，只有多方安慰我，鼓勵我，勸我想辦法早日解除家人爲我訂的婚約，勸我不要辜負毅青對我的一片誠心。

在這段日子裡，每次同毅青約會時，看他在軍校嚴緊的軍訓下名列前茅的成績，看他嚮往未來歡聚生活中的安排，看他每次屈指細數畢業時間，看他爲每週來看我那份誠心，我不敢，也不忍心透露家書詳情。我要一個人苦在心裡，希望他專注軍校課程，早日以優異的成績畢業，希望他仰首挺胸踏入社會工作，爲己爲我能有一個光明的未來。我對他的上進、專情有信心，更對自己要走出封建的枷鎖充滿希望，只要定了目標，我會全力以赴，以求圓滿的成果。因而我多方面的在尋求法律途徑，向對我印象好的區隊指導員請託法界人士指點，和琤姐得空便在西安市區找掛牌律師詢問，以我一個軍事學校的學生的身份，爲解脫我幼年定婚的那張婚約鎖鍊，我已盡了心力。

就在收到家信不久，又收到了我在軍中任副團長的三叔的一封掛號信，第二次被區隊長叫到他的辦公室取信。這封信的主旨是告訴我：「……妳和毅青的交往之深，我已盡悉，但他絕不可以寄託終身。前天我曾同他軍中任副師長的叔父長談，由其叔父口中，得知毅青早婚，且有一個三歲兒子，其妻與子均隨其母住在家鄉。妳寡母撫育妳長大不易，且妳家中已訂有婚約，妳若在外讀書行爲不檢點，妳會造成家中寡母的不幸，望接信後果斷處之，且莫再兒女情長，造成終生遺憾。見信後速復。三叔字。」這封信拆閱後，我如遭晴天霹雷，把我立刻擊昏，夢想被擊得粉碎，在區隊長那拆閱未看完信，便哭著跑出了他的辦公室，一頭倒在我寢室的鋪位上，頭撞到了磚枕，右額頭破皮血流。當琤姐飛奔揹我去醫務室擦藥包紮時，我才甦醒過來，臉上的血和淚染紅了我白色的手帕。區隊同學圍攏查問，琤姐向區隊長以及同學們，都告說我父親暴病身亡，我不但得到了同學的同情，也使外號凶神的區隊長自動准了我兩天假。想不到我以終身相許的人，竟如此的以虛僞蒙騙了我，我決心永遠不再理他。

以後有兩個禮拜天毅青來校看我，都被區隊部門崗擋回，說我隨廚子去西安市場任採買去了。偌大的西安菜場多處，他到那裡去找我。

琤姐鼓勵我請假以奔父喪爲名，回家面對現實，依法解除家人爲我訂的婚約，但要我痛下決心斷絕與毅青的來往，千萬不能去當他的小老婆，否則就等於逃脫了火坑，又投入無底深淵，永遠抬不起頭來。要斷絕這份情，談何容易，我咬緊牙關，悲憤莫名，終日以淚洗面，不知何去何從……

就在我痛苦掙扎的矛盾中，又連接沈邱老家的兩封掛號信，一是叔父華慶的，主旨要我趕快回家解決問題，否則家人永無寧日。而另一封是母親的，主旨是聽說我在外鄉要跟從一個有妻兒的人過一生，如果是事實，她也不活了。要我回去有個交待等。這兩封掛號信區隊長不敢再叫我去她辦公室拿了。她把信交給了琤姐，琤姐先拆閱後，然後才叫我看，琤姐勸我立刻請長假，她說爲了這份難得的友情，她也要請長假，陪我回老家，面對問題，解決問題，但這種做法，絕對不能叫毅青知道，以免發生變化；一來解決不了問題，二來會造成毅青的學業中輟，不如給他個不辭而別，才能兩全齊美。琤姐寫了兩封假信，一封寫我父暴病身亡，寡母等我回去安葬等，把掛號信中的原信銷毀，把假信裝到掛號信中，一封是說琤姐寡母目前重病住院，要她速回探視等，把這封假信，裝到琤姐才來不久的家信信封內，然後我倆各寫請假返鄉探視的假單，並各附家信爲證，就這樣順利的請准了長假。

唯怕毅青週日慣例來訪我難以脫身，琤姐選在週六一早六點鐘離開營房大門，搭上了八點開往洛陽的快車。別了！值得我一生紀念的西安。別了！我一生難忘的情人。

又遭遇到感情的挑戰

搭上隴海鐵路的火車，一天一夜經洛陽而到達鄭州，再轉平漢鐵路由鄭州到許昌。那時三叔軍隊正駐防許昌郊區，我們下車第一站先到三叔家裡。三嬸是三叔的小太太，初中畢業，是一個不顧丈夫的事業前途，一心一意向錢看的女人。她不喜歡三叔家鄉親友，唯恐上門多吃她家幾碗飯。以前我常聽人家如此批評她，我從不相信世界上會有這麼不通情理的人。

我同琤姐提了一份相當重的禮盒進三叔家門時，三叔不在家，經傳令兵通報後，女主人三嬸由內室出來，我向她介紹了琤姐，她開口淡淡的說：「妳們今晚不走的話，就住在樓上好了，樓上空著沒有住人。」「我們見了三叔明天一早就走。」沒等我接腔琤姐便搶著做了決定性的回答。我們把行李拿到樓上，琤姐立刻向我說：「等見了妳三叔後，明天一早我們先找個旅館住下，然後再找工作，我們不能冒然回家。一面工作，一面託人循法律途徑解除妳的婚約，然後妳就自由了，妳跟毅青感情的事，妳就當他是一場惡夢吧！千萬不要再兒女情長，誤己誤人了。妳跟他結了婚，妳痛苦一生，也破壞了人家的家庭，妳娘會氣死，妳不是說妳娘爲妳受盡了凌辱嗎？妳要爲妳娘的後半生著想呀！」琤姐天天耳提面命，她照顧我，關懷我，又與我共進退，陪我到底，在此時此刻我的方寸已亂，我要聽好友的建言，從此割斷情絲，使他對我充滿了恨意，以便他努力完成學業後，與妻兒一家團圓。

三叔在館子裡叫來了幾道菜，端上他家廚子燉的一隻雞，熱情的接待了我們，他的小老婆見風轉舵，也順著三叔的摯意叫我們多住兩天再走，我和琤姐限於經濟困難答應了。

天無絕人之路，同琤姐在街上閑逛時，看到各街口貼有「二〇師政治部招考女隊員數名，有志趣者請到×街×號登記，經考試錄取者，以少尉薪待遇。」就這樣我們進了二〇師政治部。

政工隊長是幹一團一期畢業的李子奇，河北定縣人，約廿四、五歲，是一位沉默寡言的人，但每天早上集合男女隊員晨操後和一天工作完的就寢前點名，訓話，他是不吝言詞的。他每早帶著我們在操場晨操後，然後帶領我們跑駐軍的城牆一圈，再回到操場集合訓話。訓話的範圍大都是叫我們不要忘記目前對日抗戰已到了最艱苦的時候，叫我們要把握時間，堅守個人工作崗位，盡所能做好自己份內的事，要我們發揮自己專長，做個盡善盡美的工作人員。然後我們開始了政工隊員一貫的作業——話劇、歌詠、壁報、軍中政治講堂、軍歌教唱等。另外還有家庭訪問、社會調查。晚點名是九點整，隊長少不了慣例的訓話，重點大都是問我們一天工作的心得，有沒有工作上值得檢討和改進的地方，社會調查時有沒有遇到需要他轉達上級急難問題要解決的，或特別問問明天晨操女隊員中有沒有請例假的（月經假）。這位政工隊長，平日不苟言笑，但在推動工作上，積極而認眞。工作之餘，他愛與同事拉胡琴、唱黃戲，也愛在操場上打藍球，琤姐也愛籃球，因而很快琤姐便同他在工作空下來時奔馳操場。

政部有一位人事科長姓邵，是河南大學醫學系畢業，年齡也在廿五六左右，他個性溫和、人長得文質彬彬，說話親切而風趣。但對公事卻是一絲不苟，他在工作之餘，對屬下都是和顏悅色，從沒有一點軍人作風，他有一位慈祥的寡母，還有兩位讀中學的弟妹，隨他一起生活，邵老太太待人親切，每逢年節，她總是做一些拿手的家常菜，把我們十幾個女隊員請到她家玩。她常向我們說：「女孩家大都感情脆弱，佳節容易思親想家，希望你們不要外氣，就把我當成你們的親人好了，我們都是同病相憐的異鄉客。」她的說話和所為，溫暖了我們一群遊子的心。

民國卅年，日本軍閥正瘋狂的傾巢來犯我國，長江以南各省淪入敵手，黃河以北各省也相繼陷落，全國已掀起了全面抗戰。我雖在軍中服務盡一己之力，但無時無刻不牽掛在家鄉被地方惡霸欺凌的寡母和家人，每當熄燈號響，常獨自一個人在床與床的夾空中，燃著一枝昏黃的小小蠟燭寫日記，然後再把日記簿藏在枕頭下的墊被內後，才熄燈睡覺。有時情緒不穩難抑止撫枕飲泣。

有一天隊長訓話後向我們宣佈：人事科長為了想瞭解大家的生活背景，他要來個個別調查，宣佈後的兩天，先叫男隊員到他辦公室一一問話，繼之再輪到我們女隊員，琤姐第一個先問，她回來告訴我，「主要是問家庭狀況，個人思想純正與否的事。」當一一問過後，最後才問到我。當我回答他的問話說：「父軍人，陣亡多年，家中僅有寡母，我是獨女」時，他以一副誠懇的口吻向我說：「蕭同志，請妳坦白回答我的問題好嗎？」我感到有點膽怯，我再鄭重強調說「我的家庭，人口簡單，生活單純，以上說的全是實話，沒有一句謊言。」「蕭同志：我是善意的問話，請妳千萬別緊張，妳與伯母相依為命的單純我明白，但妳家還有一件妳天天感到悲憤的心事妳為什麼不說？那個不知羞恥的老匹夫，那個不知天高地厚的無辜小孩，他們父子聯合起來欺負妳們母女，這個問題是妳心頭壓力最大的一塊巨石，妳怎麼一字不提呢？我有好幾個同學是法律系的，我想詳細了解妳的問題，幫妳解決問題。妳能向我坦誠的說說這件婚約的經過嗎？」他雖問話誠懇，但卻激起了我內心的莫名之火，我忍不住說：「你憑什麼看我的私人日記？揭人隱私？你怎麼會找到我的日記？我沒犯團體規則，科長一向大公無私，今天問我的話是不是太離譜了？」他馬上慢條斯理的向我解釋說：「每到熄燈號吹後一段時間，男女隊員的寢室都是漆黑一片，唯有女隊員室內有一線燭光，我已注意好久一段時間了。所以在妳們外出工作時，我偷看了妳的日記，也明白了妳的身世，我是誠誠懇懇的想跟妳交個朋友，幾次想單獨約妳聊聊，但都苦無機會，所以我今天利用了我有限的職權，安排了一個全體個別調查，才能有機會跟妳面對面的溝通一下，也請妳了解一下我對妳的這番苦心，請妳原諒我今天的冒昧，給我一點機會好嗎？」突如其來的奇遇，令我不知所措，我只有正色的向他說：「你是我的長官，我是你的部屬，現在是，以後也是，我是有過婚約的人，等我有機會解除了我的婚約，成了自由之身時再說吧，今天所談的內容，希望科長務必保密，不然我無法在這個團體裡生活了。」「好！我會絕對保密，希望妳別在意，就全當我今天什麼話也沒說過好了。」他的態度極為誠懇。我匆匆離開辦公室。

我擔任附近鄉村駐軍的軍歌教唱，每當我課畢回隊的路上，總遠遠看到邵的身影。有時他追上我說幾句話，大致總是問我工作上有沒有問題、私人生活上需不需要他的資助？我都一一婉拒。以後在我們往返移防的旅途中，邵在他的職權內，又給我們男女隊員各增添一匹馬，以備病假者騎。這位人事科長的作風，是我們男女隊員們所稱道的。但誰也不了解他的用心。

在西安與毅青不辭而別，而今又面臨感情上的挑戰，我實在厭倦了這種困擾的生活，想馬上離開目前的環境，徵得了琤姐的同意，請長假返鄉探親。但李隊長公餘之暇天天約琤姐打籃球、營區外小河邊散步，約我和琤姐合唱流行抗戰歌曲，在在顯示了他正熱情的追求琤姐，說什麼也不准我們的假，百般勸阻，假條遞上一個多禮拜，根本不批，更別說轉呈上級，不久邵向我和琤姐說：「部隊朝遷夕移的生活，實在不宜女孩子長久工作，妳們要回到淪陷區教書，也是非常危險的事，爲妳們換工作的事，我已託人查尋出眉目。我有一位法律系的同學，他就在宜陽縣司法處當法官（我們目前住宜陽尋村），前天我拜託他看看司法院有沒有適合妳們女孩子的工作，今天他通知我了，說有兩位錄事缺，待遇還算優厚，生活也比較安定，他是我的同學，也是我杞縣的小同鄉，妳們兩位如果願意，我馬上介紹妳們，可以在裡邊工作一陣，如果合適，就長期在那幹，如不合適，可以隨時離開，我和他是很好的朋友，妳們可以考慮一下。」琤姐聽完邵科長對我們已有妥善的安排，便立刻答應了。

這位司法官姓蘇，個性憨厚，他看了我倆的自傳後，又叫我倆各騰抄一篇公文給他看，立刻向我們說：「太好了，蕭同志字寫的快，可以隨我出庭當『速記』，郭同志字寫的工整，可以專抄問案的『佈告』，妳們在司法院工作一陣子，覺得合適，就請留任，我非常歡迎，如不合適，妳們隨時可以離職，開始上班吧。」就這樣我們在邵科長的協助下請辭了軍職，而進入了司法院。

我和琤姐到宜陽縣司法處工作

宜陽縣司法處，是位居小山邊的二層樓建築，右側是一排古老樓房，那裡是縣府、稅政機關，這個縣城既小，又偏僻。這裡沒有宿舍，我和琤姐就在司法處附近租了一間小房，房東是祖孫三代的大家庭，相當富裕，看我們是異鄉女孩，就把內院一間書房給我們暫住，不收房租。

司法處辦公室除了司法官外，還有一位書記官、法警數人，門房由法警兼任，我和琤姐錄事的辦公桌，就排在書記官的後面。這是豫西的一個小縣，重男輕女的風氣很盛，兒子生幾個都受歡迎，但女兒如生兩個就是奇恥大辱。如果不幸第二胎生了女兒，產婦必然要想法立刻除掉。有的把剛一出母胎的女嬰丟到床前預擱的尿罐裡淹死，或馬上用雙手摀著女嬰鼻口窒息而死，再丟到床前預擱的破草蓆裡。還有才一出母胎的女嬰，便被丟到廚房門口的糞坑裡（北方廚房門旁大都有一個倒污水、剩飯的土坑。這土坑裡的垃圾成泥，成糞時可以當肥料。）就因爲這種惡風成習，豫西一帶造成了「女人慌」。凡一家弟兄三五個，大都只能娶一個太太，不是多人共一妻，而是女人缺少，嫁女兒陪送多，娶太太困難。如果弟兄中間有一人娶妻，其他弟兄全依賴嫂或弟婦煮飯、洗衣共同生活在一起。這裡民性強悍，大都未受過教育，山區鄉野之間，常有劫財、劫過路婦女霸佔爲妻者。就由於這些原因，司法院便產生了很多有趣的案子，我身爲「速記」，常在司法官審案時坐在法官身旁的桌子作筆錄，專記法官問話，原、被告的對質，以及終結的一些資料，然後交給琤姐，她再以毛筆字謄抄在大張白紙上，貼到法院大門外公告欄內。

有兩件劫妻案件，眞叫人啼笑皆非：有一個五兄弟的老五，搶劫了過路的一位婦人，把推車的車夫（獨輪木製手推車），用磚砸死，劫了這位年輕少婦爲妻，已經快兩年了，這位婦人生了一個白胖兒子已一週歲，百般設法想逃出山區，都未達到目的，而其原配丈夫，帶著兩個兒女，鍥而不捨的打聽到妻子的下落而告官審判，問案時，原、被告都站在法庭上，一個八歲的男孩和六歲的女孩，一眼便認出了媽媽而同聲喊媽撲向婦人懷裡，少婦當庭淚流滿面的抱緊一年多不見的兒女，被告丈夫見狀，立刻向前把兩個小孩推開，拉著少婦就往門外走，原告丈夫氣得火冒三丈揮拳就要揍被告，法官拍案大吼，法警趨前架開原、被告聽審。爲了維護法紀和善良風俗，被告當庭敗訴，收押禁見，少婦立刻交給原告丈夫，而被告的白髮老母，抱著一歲大正在吃母奶的孫子跪到法庭不起，口稱：「青天大老爺，我兒子壓入大牢，我孫子才一歲正吃奶，他離了娘怎麼活下去？我已經七十多歲了，請大老爺開恩，把媳婦還給我吧！我給你磕響頭了！」這位老人額頭撞地連連叩頭，弄得滿臉血淚混流，小兒嚇得驚叫，老人倒地不醒人事。這幕因民俗惡劣而釀成的悲劇，只是豫西案件中的冰山一角。

另一件案子是老夫配少妻。豫西的富家，老年喪妻可以公開納妾。也有的原配夫人長年臥病不起，也可覓一窮家女爲妾爲奴，伺候老年夫妻，這件案子的小太太頗有幾分姿色，生一白胖兒子已六歲，她卻紅杏出牆而決心告狀離婚，老夫堅決不離，法官當庭勸和無效時，法官便審問少婦離婚理由，少婦答話，令人噴飯，她說：「他頭禿，一根頭髮也沒有，整天頭上塗些藥膏，生髮油，我實在受不了那種味道。」老夫聞言哭訴：「就是妳嫌我禿頭，我才天天擦藥抹油，爲的快點長頭髮呀。」少婦又說：「滿口牙掉得光光，說話露風，想跟他說個悄悄話也聽不清他在說什麼。」老夫聞言，當庭張開大嘴叫法官看，並理直氣壯的說：「誰說我牙全掉光啦，請青天大老爺看看，我只有上下門牙幾個被蟲吃光了，我裡面的大牙全是好的，不信，我可以當庭啃甘蔗給你看。」這場案子從頭到尾叫法庭內外人都忍不住捧腹大笑。

在這裡工作了半年，深覺這裡的民性強悍，民風太壞，我們只能在法院上下班走動，不敢到郊區散步，唯恐部隊調遠了，這裡更不安全，我和琤姐商定要辭職。就在此時在軍中任職副團長的三叔來信說，我的家鄉沈邱一帶並沒淪陷，目前仍在國軍控制中，如果想回家探親，他可以協助我們，基於這些因素，我又辭去了司法院錄事的工作。

豫西一帶的路上常出現劫匪，這是人人皆知的事實，邵先生知道我們要返鄉，便說他要到廬山出差，基於旅途安全，也基於他對我們的責任，他願護送我們到廬山，並請我們到廬山觀光風景區，我們接納了他的善意安排。

到廬山後，我們住進了一家規模相當大的旅館裡，邵住一間，我和琤姐合住一間，計劃在廬山玩兩天後，各奔前程。

深夜我進廁所時，從門頭空縫中投進來一張硬紙疊的便條，上面寫著：「玉英！我所做的一切安排，全是爲了妳。希望妳知我，諒我，千萬別負我，在此停留兩天，希望得空給我回音，我等妳。」

這幾行字，這即將分別急待的要求回音，眞給了我極大的困擾。我離開西安，是爲了掙脫那份難捨的感情。離開軍職，是不願再擔負感情的挑戰，眼前卻又遭遇到感情的壓力，如何擺脫感情的漩渦，才是我的當務之急。邵對我的用心和氣度，使我感動，我雖決心不接納他，但我不願太使他難堪，兩天後就要長期各分東西，不就了結了這份困擾了嗎？我希望平靜的過完這兩天，琤姐脾氣烈，如果叫她知道這張便條的事，會馬上翻臉，我把字條看過撕碎扔到馬桶裡用水沖淨才走進住室。

這一夜只看到琤姐酣睡而羨慕，我卻睜住兩眼到天明，當她一早起來發現我的兩眼佈滿紅絲時，問我爲什麼事而哭，我忍不住說了：「西安的不辭而別使我的心沒一時安靜，現在又面臨了新的挑戰，我的心亂透了……」這一句由衷之言，驚醒了琤姐的沉睡，她馬上驚覺的向我說：「我明白了，我也看出來了，邵誠心在追你是不是？他給我們在司法處安排工作，專程在我們離職後趕來以出差爲名護送我們，現在他又安排我們到廬山觀光，這一連串的安排，全是爲了妳呀！玉英！妳知不知道他有太太，有兩個女兒住在老家呀？妳還想接納他而情願當他的小老婆呀？妳這一生莫非注定要嫁給有妻有兒的人嗎？他一定對妳表示了是不是？不然妳怎麼一夜之間兩眼紅腫，一大早便跟我說這些話？爲了關心妳，爲了妳三叔的重託，妳的事我是管定了，誰叫我跟妳是好朋友呵！」琤姐的這一段話，我再怎麼否認也沒有用了，我的心亂成一團。

九點許，邵叫了兩輛黃包車，我和琤姐坐一輛，直駛廬山公園，這是昨天一進旅館時邵對我們的安排，我們三個下了車步行到公園，沒人開口說話。「是不是昨晚你們兩位到了生地方不習慣沒睡好啊？我們坐石凳上休息休息吧！我買了好多吃的和飲料。」邵邊說邊把一袋食品放置在石桌上。「是太累了，不是我，是她，你看她兩隻眼都腫了，紅了。」琤姐半關懷半諷刺的在石凳上坐下來。「邵先生，感激你在這個階段裡對我們的照顧，我們一生都會記得你這位好長官，好朋友，但希望你要放明白點，感激？有機會我們會報答！但你絕不能有非份的想法和做法，她今年才廿歲，並不急著去給人家當小老婆，你快卅的人了，有妻，有女，我早打聽過了，你沒資格去欺騙一個少女的感情。」琤姐的話先還客氣，後來越說越憤怒，邵忍不住反駁她說：「我喜歡她，我願意跟她交往，因爲她值得我追求，我已跟家母商定，是她老人家爲我作主娶了這門親，現在她爲了我的終身幸福，已決定給我辦離婚，等一切手續完成之後，我才向她表示進一步，我對她做的一切，都是誠懇由衷，絕無半點欺騙她的感情，直到目前爲止，我並沒有對她表示什麼，或要求什麼，一切求自然發展，妳不要隨便侮辱我的人格。」邵的解釋也越來越激動，「妳們都別爲了我傷和氣，我本身的問題太多，我現在根本沒有資格跟任何人談感情，妳們把氣氛弄成這樣對我才是一種傷害哩……」我忍不住吐了一口怨氣，那知我的話未完，琤姐給我劈頭一巴掌說：「妳又要迷失自己了是不是？」「喂！妳怎麼可以打她？她到底做錯了什麼？」邵見狀推開琤姐向她理論。「我打她是讓她清醒一點，提醒她不能再迷失了自己，我受她叔父、母親交託，我有權維護她，你管不著。」琤姐邊向邵忿忿的說，邊用力的拉起我向公園外走，邵跟了出來，叫了兩輛黃包車，又回到旅館裡。

我們決定立刻離開廬山，通知邵爲我們辦退房手續，琤姐很快收拾好行李，邵叫了兩輛架子車（手拉像拖板車型的雙輪車，可坐二人，並擱行李，車夫在前邊拉著走，這是當時遠行的交通工具。）他忙著把行李給搬到架子車上，叮囑車夫直駛離盧山七十華里的隴海鐵路搭車的地方。「請不要生我的氣，我要盡到我護送妳們的責任，我送妳們到搭車的車站以後，就離開妳們。」邵的涵養個性和處事態度，令我由衷敬佩。他向琤姐致歉後，等我們上了車後，坐另一輛車走在我們前頭領路，琤姐面無表情，絲毫沒有理會，我深覺琤姐處事太過份，我雖不接納對方的愛情，但總不該太傷人，至少那份感情十分至誠，尤其不該傷害到他的自尊。我內心對琤姐充滿了悲憤，對邵有萬分的內疚和歉意，為了路途中的安寧，我隱忍滿腹的委屈，只有暗自落淚。

到達搭車的站房附近，邵找一個小吃店，拿下了車上的行李，為我們叫了四菜一湯，他向我們說：「妳們先吃飯吧！我去給妳們買火車票。」邵知琤姐絕不和他共餐，所以才如此安排，不久邵買回了由該站到達洛陽的直達車票，把票放到餐桌上向我們說聲「珍重，再見。」他的身影就立刻消失在熙來攘往的人群中了。我和邵就在這種不愉快中各奔東西了。

五年久別敍天倫

天亮到洛陽，接著轉車到鄭州，再雇小驢到三叔郊區的住處，他知道我們歸心似箭，也就沒多留我們，為了表達他對姪輩的關懷，他把一支屬於他自己的一支手槍交給了琤姐，並向琤姐說：「我看妳穿起軍服來眞像一個軍官，我就沒看出來妳是個女的，那別人也一樣看不出來，玉英個子低，膽子小，妳就叫她坐到架子車上，你辛苦一點跟車，這樣走在路上，即或有壞人想下手劫路，他看到有軍人隨行，就退避不敢下手了，許昌縣立圖書館我可以託人介紹妳們去教書，等妳們回家探親後再跟我聯絡決定好了。」三叔叮囑了一大段關懷我們的話後，又把交給琤姐的手槍要回來，然後叫我們跟著他到營區外的曠場一個土坑邊說：「來，妳倆試試，我看看妳們倆誰的槍法好。」我和琤姐都在三叔細心的教導中向土坑打了兩槍，再向空中打了兩槍，三叔笑向我們說：「還算可以，反正是唬鄉巴佬，這支手槍是我私人的，你們要好好保存，它可以防身護體，可千萬不能隨便開槍，回到家就把子彈卸下來放好，等妳們回來時再把手槍交給我。」第二天，我和琤姐就踏上了回家的路。

農曆五月的天氣，已到了揮扇不停而還汗流夾背的時候，我坐在架子車上，累了，靠著行李睡一會，回頭看看跟隨在車後的琤姐，她卻服裝整齊，綁腿緊纏，足穿高筒球鞋，儼然是一位軍人護送眷屬無異，我幾次催她坐車歇歇，都被她堅拒，就照這樣的行路法，整整三天，才到達了我日思夜想的故鄉——槐店老家，琤姐雙脚趾和脚後跟都磨了泡。

黃昏時分車抵家門，對門的宋大娘正坐在大門外的門台上乘涼，她用正揮著的芭蕉葉扇子指著我說：「妳是不是小杏呵？妳雖然穿著軍服，但還看得出妳小時的模樣！」「對！我就是您常常拉著我叫給妳唱歌的小杏，這位是我的女同學郭琤。」我向宋大娘回話。「唉喲，小杏呵！這些年妳在外邊沒回來，可把恁奶奶、恁娘想死啦！恁奶奶剛才還跟我在談妳，她才回家，妳快點進去吧！妳要不給我介紹，我還以為站在你跟前是位軍官哩，待會我叫風蘭去看你。(風蘭是她的二女兒)」聽完宋大娘說話，我提著行李同琤姐便匆匆進了家門，二門的破板門關得緊緊的，我用腳用力踢門，只聽奶奶在裡邊大罵小弟（二堂弟幹臣）：「你個小死嘩嘩（家鄉話，是說自己小孩是個小玩意兒的稱呼）二門都被你踢壞了，你還踢呵？你怎麼不用手敲門啊？」當奶奶邊罵邊走出來開門看到是我時，她楞住了，再看到站在我身旁的琤姐提著個灰色軍毯包的行李時，她馬上說：「二位是不是走錯門啦？」我忍不住丟行李在地上，撲到奶奶懷裡，緊緊的摟著她老人家大喊：「奶奶，我是小杏啊！你怎麼不認識我啦？」「小杏啊！我的乖孫女，是妳回來啦？那這位是？……」奶奶摟緊我的手鬆開了，她指著琤姐問，「奶奶！她就是我常在家信中提到的那位待我像親姐姐一樣的女同學郭琤呵。」我向奶奶介紹。「妳不說我以爲她是位軍官哩，進來吧！謝謝這段日子對我小孫女的照顧。」奶奶鬆下了我的手，再轉而迎接琤姐進門，並大聲喊在廚房正做飯的娘和嬸說：「小杏她娘，小根家娘，妳們出來看看是誰來了。」第一個從廚房走出來的是嬸母，她一看到我就說：「小杏呵！妳還眞像個小兵哩，這是妳學姐呵！她那兒也不像個女的。」接著娘也由廚房走出來，聽見院子裡這麼多人高喊我的名字，她早已止不住眼淚，喊著我的名字時已泣不成聲，我撲向娘，摟緊她：「小杏啊！我可憐的女兒，我做夢也沒想到今天在家裡能看到妳，」娘邊向我說話，邊拉琤姐的手說：「小杏來信常提到妳大小事都照顧她，我眞感激不盡！」「伯母！您別說感激這兩個字，那太言重了，我跟小杏在外邊是互相照應啊！」琤姐第一次學著我的長輩們呼喚我的乳名，我瞪琤姐一眼而破涕爲笑。就在此時叔父提了一個裝四兩酒的酒壺進門了，看了家中突如其來的情景，皺紋滿臉現出了歡喜：「小孩回回回來了是件大大大大大喜的事呵！全家哭哭哭個啥勁哩。小杏！妳跟恁同同同學等等等我回來再再再吃飯，我到街上買點滷滷滷菜去。」一口吃而嗜酒的叔父，多年來每次由外回家，總是拿回一個裝四兩酒陶器的酒壺，以便邊吃邊喝，以解一天的疲累之苦。他因一生嗜酒，常覺胸口悶疼而食量日減，嬸母為了關心他的健康，禁止他喝酒，他為了怕她生氣，常背著嬸母把陶器小酒壺放在袖口裡，趁嬸母不留意時藏在一邊偷飲，叔父臥室靠牆的床上牆壁上，訂了四排鐵釘，每個鐵釘上掛著一個陶器酒壺，排列整齊倒掛的酒壺，眞像一幅佈置得別緻的壁畫。他平時想喝而未能盡興，每到家有客人時，就陪客人暢飲，我小時候在家他就是如此，而今他的作風仍與當年無異，我示意琤姐表示接納叔言，使他老人家難得有一次盡興。

鳳蘭（又名雪質）是大我三歲的小學同班同學，也是我家對門的近鄰，小學畢業後，她去離家一四〇華里的淮陽縣讀中學，我去離家五〇華里的沈邱縣讀師範。畢業後，我外出軍中工作，她留在家鄉教書，多年來我倆都有書信往來，彼此相知。她知道我回來了，當天晚上便來家看我，我們聊到半夜雞叫（夜下三點許）。第二天她拜託她大嫂做了一桌豐盛的家鄉菜為我和琤姐接風。還再三挽留我和琤姐去她任教的鄉下（劉金營）參觀，還說她任職的學校正鬧老師慌，如果我能長期在家的話，她要介紹我們去鄉下教書，「玉英回家住幾天，我陪她，但她也得陪我去我的老家汝南，探望我唯一的老娘啊！等我們再回來時，再麻煩你給我們找工作吧！」琤姐沒等我開口，便代我向鳳蘭婉拒了。

回到家沒幾天，至親好友都來看我，一傳十十傳百的，就這樣也傳到了與我有婚約的王家。

記得我回家不到一週，男方託的媒人上門了，他理直氣壯的向我祖母說：「聽說妳家姑娘回來了，王家說兩家兒女都大了，叫我來問問，看什麼時候選個黃道吉日把媳婦娶進門，了了一樁心事。」「那是我老糊塗在小孫女不懂事的幼年做主給她訂的親，她現在長大了，她不同意，現在她就是爲解除這個婚約才回來的，請你回去轉告王家，過兩天我託人就跟他辦這件事。」祖母向媒人回話，琤姐此時由內室出來向媒人自我介紹說：「我是這家姑娘的隊長，這次我是請假特意陪她回來解決這件婚約哩！我帶的有公文，有手槍，我是奉命護送她回家，現在請你轉告王家，看這件婚約，是私了？是官了？私了呢，就是雙方請媒人到場，簽解除婚約的字據，然後把當年那張不合情理的紅帖燒了，以後男婚女嫁，各不相干。公了呢，那就是我要代這個孤女告官，我要當庭告他老不要臉，欺凌人家寡母孤女，到時候不但這張紅帖無效，還要判他有罪坐牢，你請回吧，我要在這聽你的回信。」媒人看琤姐軍服整齊，腰間佩槍，手拿一疊公文紙，說話一派正經的，便不敢多言，立刻出門走了。

一位遠親表兄李君，開了一家武術館，專教年輕小夥子拳脚武術，暗中卻拉一支數千名的游擊隊，一邊抗日，一邊打八路（共軍），並私下在地方上籌糧餉，因無紀律，善良百姓常遭欺凌，他這一支隊伍，就在反共抗日的夾縫中討生活，被中央軍收編，他也閑在家裡開了一個武術館，而私下仍有散兵游民跟隨。這位李表哥每逢來家拜訪奶奶（我祖母與其祖母是堂姊妹），總是有三四位穿便衣的帶槍跟班相隨，後經奶奶堅拒他如此作風，他才收斂一些。知家中有我和琤姐在，他先以接風爲名請我倆吃館子，看地方戲，而後每當飯前必帶菜來與我們共餐，我們鎮上出名的燒雞、牛、羊鹹肉，天天是他招待我們的主菜，吃飯聊天的主題，大都是聽他在游擊隊任職的英雄事蹟，他說他自己曾經與日兵和共軍週旋時親手殺了多少敵人，奪回了多少戰利品，在地方上籌糧餉、柴草、馬匹的能力有多強，有時我們陪奶奶站在大門口乘涼時他來了，便向我們表現他的武術高強，從街心便縱身一躍跳過我家離地兩丈多的圍牆，在他，是表現他年輕有爲，但在我們的感覺裡，他是一個不可接近的危險人物。每逢他來，總是談天說地，沒完沒了的坐著不肯走，他知道我正鬧解除婚約的事，常向我說：「表妹，這件事交給我辦，王家再土霸，他也怕我三分，只要我出面找他，沒有辦不成的事。」他每次建議都被奶奶正色堅拒了。他百般討好我和琤姐，但我們對他都懷有戒心。

有一天晚上九點多鐘時，琤姐去離我家不遠的一家雜貨店買東西，本來十分鐘之內便可往返，但這次已出門半個多小時還不見回來，我急了去找她，剛出門，便見門口三五成群的老少男女向雜貨店方向跑，有的說「走哇！看熱鬧去。」有的說「揍這個外來的女兵……」天黑漆漆的，只有公安局門口、土地廟門旁的雜貨店才有一些燭光，我膽怯怯的隨街上行人往前走，誰也沒注意我是誰，遠遠便聽見琤姐厲聲說：「有話，就光明正大的站出來說，背地裡說閑話，侮辱人全是小人，誰說玉英是個壞女人，誰說她叔把她賣給大官做小老婆了，我是她現在在軍中工作的隊長，這次我陪她回來，就是要澄清惡霸造的謠言，現在我們面前就是公安局，公安局長就是我們地方上的父母官，剛才那幾個咀舌根的狗男女給我站出來，我們一起到公安局說理去，有種的快點出來。」我偷偷的站在人群中窺視琤姐，她正站在雜貨店門口，手裡還拿著剛買的東西，正在向街心的一群圍觀的人高聲氣憤的講話，只見有兩位老人走近她說：「姑娘，請回去吧，別生氣，蕭家在槐店集是幾代書香人家，她奶奶于大姑娘，是我們槐店集上的首戶，知書達理，那些小人背後亂講話，誰會相信？再怎麼說，還是清水一邊，混水一邊，清者自清，混者自混哪。」就在此時公安局裡走出來兩位警察，一邊吆嚇著圍觀的群衆快點散去，一邊勸琤姐「快點回去，有我們在，不會有事的。」琤姐向勸她的老人和警察道謝後離去，我沒敢在人群中出現，回家的路上，我抓緊了琤姐的手，眼淚忍不住湧流。

王家在地方上是個土財主，是個惡霸，在這個地方他的爪牙太多，我唯恐婚約未解除反而遭了他的暗算，因而我向琤姐表明我立刻離家去她家汝南的決心，琤姐回答是：「那妳奶奶怎麼捨得，伯母怎麼會願意，我又怎麼向妳叔嬸說？我答應妳的家人至少要在家住一個月，現在還不到半個月，那能說走就走呢？」「叔嬸對我在家多住、少住是無所謂，奶奶是明理的人，話好說，只有我娘，但她爲了愛我也不會不答應，我希望住妳家一段時期，等對方撒手答應退帖，我們再回來教書，使家鄉人知道我在外面這幾年是工作，並沒給人家當小老婆，並沒在外邊鬼混，能洗刷我的冤枉，也能使我光明正大的走在街上，使我們家長輩抬得起頭來。」聽了我的由衷之言，琤姐不得不點頭答應，只有我娘哭成了淚人，她泣不成聲的說：「小杏呵！妳走這四整年，五個年頭裡，我整天燒香許願，到各大小廟抽籤，到大小攤子上給你算命，所有的算命先生都一口咬定妳十九歲時會有一場『災難』難以度過，算命先生叫我想辦法給妳化解，我花了幾塊現大洋，給妳紮了一個少女型的紙人，寫上妳的年齡，姓名，生時，八字，在妳十九歲那年的生日（八月初三午後一點半許）出生的時辰，叫我在院子裡正中間劃個圓圈，圓圈裡再劃個十字，把紮好的紙人放到十字正中央，用火柴點著焚燒，等紙人全著火時，叫我一直喊著妳的名字，一直喊到紙人著盡，妳就會消災沒事了。小杏呵！妳的生命比我的命還重要，妳知不知道？妳以後在外邊生活要好好愛護妳自己，做什麼事都別忘了妳娘在家裡對妳日思夜盼啊……」我撲向娘懷裡大哭一場，對娘百般安慰，承諾，娘不得不忍痛答應我離家。

久別重逢，親人相擁喜極而泣的場面剛剛過去，而兩週後卻又來個與我親愛的祖母、母親等道別，大家都知道是短暫的分開，但仍難免離情依依，我孤獨無依的老母親在淚流滿面中送我出了家門。

雇了兩輛小土車，我和琤姐踏上了由槐店到汝南的陽關大道，路上顛簸兩天，第三天下午，到達了汝南縣北門裡唐巷口九號琤姐的老家。這是一所破落的庭院，只有三間破舊的住屋，一間用茅草搭成屋頂的廚房。琤姐同我一樣早年喪父，家中只有老母弱妹，一位已出嫁的姐姐，是其母的養女。院子裡雜草叢生，大門已快倒塌，一看就知道家庭生活的清苦。她母親是一位和藹可親的老人，看到久別重逢的愛女，再看到愛女常在家書中介紹過的好友時，那種殷勤的招待，與我家長輩們對琤姐無異。看到她的小妹因家清寒而失學在家的情景，實在令人憐惜。到她家的第二天，我就成了她小妹的義務家教，教她讀書，寫日記，寫作文，以期望她努力向上，能在自修中有應事的能力。

琤姐有幾位中學同學、至親，有的在鄉下教書，有的加入了地方抗日組織的文宣隊。她有一位鄉親是汝南縣政府巡迴教育宣傳隊的隊長王忠憲，知道我倆是在軍中政工隊工作的職員時，便力邀我倆參加他目前的文宣隊，我們以探親時間短暫無法長期工作爲由拒絕，他還是向縣長推荐，送兩份聘書到琤姐家，並邀請縣長的私人秘書，在汝南縣最大的餐館裡爲我倆接風。這位王隊長一再向我們保證，只要去他隊上工作一段時間，隨時可以離開。看他們誠懇的作爲，我們也就勉強答應，反正琤姐家境困難，我們手頭也緊，有收入總是一件好事。

我擔任了巡迴文宣隊的抗戰歌曲教唱，琤姐暫兼了話劇組的組長。記得當時正流行唱歌劇中的小調「一根扁擔」，此時，不論軍隊、學校，大街、小巷裡都有人哼唱這支曲子，所以我第一支歌教的便是「一根扁擔」，全隊的男女隊員有廿多位，大家對我當時的教唱，表現了無比的尊重和合作。

這個隊以河南曲子，墜子、梆子等戲爲主，因爲該隊常在附近鄰縣巡迴演出。琤姐曾先向隊長建議，我主要參加歌唱、壁報、話劇外，對於戲劇類的工作，一概拒演，唯恐被家鄉人誤以爲我又當了戲子討生活，惹出謠言滿天飛。因爲我喜歡曲子，對琤姐的限制很起反感，事後思之，還眞有道理。

琤姐曾帶我去她出嫁姐姐家玩了一個禮拜。她姐姐住在離城卅里的小河灣鄉下，一字不識，丈夫是位忠厚老誠的農夫，有一個三歲大的男孩，她們過著日出而作、日入而息的田園生活。那時正是甜瓜、西瓜結得滿地的季節。每天一早我倆隨其姐一家下田，人家辛苦的澆水、鋤地、施肥，累得氣喘汗流，而我們在田野瓜棚裡揮扇、吃瓜，逗他們三歲的小孩玩，享受她姐姐一天三餐的殷勤招待，這一段寧靜的鄉村生活，令我一生難忘。

惡夢初醒——終於解除婚約

收到了一封超大信封的雙掛號家信，我以爲長輩們那個有意外的訃文，我顫抖地拆開它，只見是一張大紅紙，上面寫著工整的毛筆正楷字：「王××同蕭××婚約解除證明書。」內容是說「雙方年齡幼小無知，父母當家訂婚無效。」下面是一行小的毛筆字，雙方家長和媒人二人的簽名，蓋印。另有一紙家書，上面寫著：「玉英！妳的婚約已經人調解解除，證人都是本鎮地方上有頭有臉的人，絕無後患，望見信後速回。工作不成問題，家中有三份小學聘書希望妳同郭琤一起回來。祖母字。」看完家信，我忍不住喜極而泣。「走！我們在這裡已工作了兩個多月，我們講好的隨時可以離職，我明天就向隊長說明一切，遞辭呈請長假。我眞爲妳高興，妳終於獲得自由了。我陪妳回去工作一段時間，叫那些嚼舌根的小人看看，妳是不是當了大官的小老婆？妳是不是如她們所說胡來的爛女人。妳哭什麼？我們應該開懷大笑啊！」琤姐握緊我的手，爲我當時做了決定。坐在我們身旁她的母妹聞言，馬上熱淚湧流。我和琤姐不得不馬上想盡方法，來安慰即將要分別的親人。「媽！不出一年，我要回來接妳跟我一起生活。」琤姐摟住她母親堅定的說。「錦春！接妳出來的責任，包在我的身上，我說話一定負責，我會同妳姐合力把妳和伯母接出來。」我拉著她的妹妹對她誠懇的說。三天後，我們又離開了琤姐的故鄉——汝南。

我家住的槐店鎮，是一個相當大的集鎮，分東、中、南三區，每區有區長一人，小學一所，全鎮有一所中學。有一所公安局，設在中區，管三區。我家屬於中區，鳳蘭是我的好同學，她極力推荐我到她的小學教書，中區小學的黃校長，也給我家送來了聘書，另外一張聘書是那位遠親李表哥的介紹

——田老家小學。在這些親情、友情的促使下，奶奶替我作了決定。她叫琤姐去鳳蘭教書的小學任教，因那個學校在離鎮八里的鄉村。叫我去鎮中區的崇實小學，以慰她和母親多年的分離之苦。

我和琤姐把頭髮留長，並且都換穿了當時女教員最流行的陰丹士林藍色布的旗袍，還有母親為我保存多年的一塊綠色絲綢，經奶奶裁剪，母親縫製，為我增添了一件新裝。還有一件白色的杭紡布料，母親送給了琤姐，也由兩位老人家裁剪、縫製。我們穿上合身的便服，已與那套女兵軍服完全成了兩個形象。每到週六，鳳蘭、琤姐回家，我們三個坐在院子裡乘涼，吹口琴、唱老歌。週日我們去中區我任教的小學打籃球、逛街。三位女老師走在一起，常惹人背後指指點點，有的以羨慕的口吻說：「恁看看現在的姑娘，跟男人一樣的在外邊工作，當女老師多好啊！」有些人說些難聽的：「恁看看世道變了。男不男，女不女的在大街亂逛，也不嫌臉紅。」更有的老遠就拉著她們的小孩向我們打招呼說：「恁看看這三位老師多漂亮，我的孩子那時候能長的像你們一樣啊……」我們每次外出，總聽到一些路人、鄰人，對我們不同的評論，令我們啼笑皆非。

小弟幹臣當年十歲，是我班上四年級的學生，他認為他的級任老師是姐姐而有所包容，規定要第二天背的書，他總是貪玩不肯唸書，他自認在家奶奶寵他，姐姐絕不敢在校打他。結果因他一個字也背不出來，我當著全班同學狠狠的用教鞭打了他十下手心，原本班上幾個不乖的同學，看他都照打不誤，他們也因此收斂了許多。每天放學時，小弟總是拉著我的手蹦蹦跳跳的跑進家門，被打手心後，他一放學便丟下我飛奔回家，等我回到家時奶奶笑問我說：「玉英啊！你是姐姐，打弟弟總得有個『向正』啊！（向情，是偏袒的意思。）」這我才知道小弟已經向奶奶告狀了。我馬上鄭重的告訴他：「正因爲你是我的小弟，我是你的老師，你才該比別人更會背書，那姐姐才比較有面子。以後你的功課比別人差了，我打你要比現在打的更厲害，你要記得啊！」小弟自尊心很強，自此以後他讀書比以前用功了。

還有一位學生是本鎮公安局局長的小孩，基於他的身份特殊，老師對他大都客氣，同學們凡事都讓他三分，因而養成他的驕縱個性，功課、品性一塌糊塗。其母頗爲明理，在一次家庭訪問中，她曾再三拜託我，叫我以級任老師的職權，對其子嚴加管教，必要時體罰，只要功課有進步，她會非常感激。因而我對他特別督導，也曾經修理他過兩次，他因此收斂了很多，功課也有了明顯的進步。

就在我因努力整頓好這一班學生而心情頗爲愉快時，又發生了一件意想不到的事：有位年輕的男同事，知道我解除了婚約，不斷的向我示好，在我的教科書內，常發現夾有問好的便條，在我休息室的茶杯邊放些點心，校門外小弟吃零食時，他搶先付錢。偶爾週末，假日，我同鳳蘭、琤姐去鎮上戲園看戲時，他總叫茶房送些瓜子、點心倒在我們座位前的桌子上，琤姐看在眼裡，又擔心我會受到感情上的傷害，而對我千叮百囑。我的心情才稍微平靜，沒想到在家鄉工作又遇到這種事，我怕家鄉風氣未開，謠言嚇人，我回去向奶奶、娘說這些又想離職，奶奶百般摯意挽留我，她老人家說：「去年黃水過來淹的莊稼全泡在水裡（黃河氾濫，我家住在黃河沿線），今年又逢天旱五穀不收，害得這一帶的人餓死、凍死的很多，恁叔沒一點生意，恁大弟在外混事不顧家，要不是妳今年回家來撐著這個家，你小弟那還能上學（當時教員待遇：每個月麥子八十斤、雜糧一二〇斤、燒柴一八〇斤），我們家就難維持生活了，妳千萬別辭職，在家幫恁叔度過這一年難關好不好？」我看著祖母泣不成聲的說話，便向她說：「奶奶！您放心，我好不容易長大，一定負起養家的責任，我就是在這裡辭職了，到外頭還是會找工作哩，以後我絕不會叫您老人家再爲生活爲難了，我走到那裡，也會按月向家寄錢。」奶奶聽我說了這段話後，把我摟在她的懷裡，忍不住哭出聲來說：「小杏！妳太仿妳爸爸，妳說這些話全是妳爸生前向我說的話。我相信妳有這份孝心，也相信妳有這個能力，但現在的世道太亂呵！要是打起仗來，路不通了，奶奶在家凍死，餓死妳也顧不了啊！」「奶奶！我不辭職了，我聽奶奶的話。」我摟緊了祖母，爲她擦眼淚。

寒假到了，我不再與學生們天天週旋在一起了，整月在家陪著奶奶和娘，叔父常叫嬸母買些鮮魚、活蝦，我天天扯著奶奶的手，提著菜籃去市場買菜，十歲的小弟天天跟隨在我左右嬉戲，娘站在大門外迎接我們，奶奶和娘天天頓頓做些我愛吃的麵食，這段時間，我享盡了家庭的溫馨快樂。琤姐寒假回汝南住了一個禮拜就回來了，她一進我家門便笑向我們說：「我回家便把我的薪水袋全部交給了媽媽，我把我妹妹、媽媽都送到我姐姐家中了。我覺著在妳家比在我家溫暖，所以我決定在這裡過年了，不知妳們歡不歡迎我啊！」「我歡迎還來不及哩，只要妳不嫌棄我們窮，我待妳跟玉英絕不會兩樣。」奶奶向琤姐熱情的說，母親頻頻點頭，我和琤姐相擁大笑。

汝南巡迴教育宣傳隊，終於巡迴到我的家鄉槐店鎮上來了，大街、小巷貼滿了海報。公安局門前的空場上搭建好了戲台，公演了三個晚上，都是隊長自編自導由自己主演的抗戰話劇、曲子、梆子，劇情通俗，演員陣容堅強，又合乎時代潮流，三晚上的演出，在槐店集轟動一時。

三天後，這個隊便到離我家卅華里的水寨鎮公演，因爲時值寒假，我和琤姐在隊長力邀下，一起隨隊去了水寨。十歲的小弟哭著非跟姐姐不可，也只有帶他一起去了。

記得到水寨的當天晚上，小弟鬧著要跟姐姐睡，被琤姐訓了一頓，他氣的把身上琤姐親手給他做的衣服扔到院子裡的地上，後經一位男隊員悉心的照顧，才睡到男隊員室，第二天小弟便在大家的鼓勵、教導下，學會了幾段曲子，第三天便充任了三娘教子劇中的「雪倪哥」角色的演出，而且演的相當精采。從此小弟成了這個文宣隊的寵兒。

我因爲參加話劇的演出，也因爲同領隊在舞台上合唱幾支抗戰歌曲，又經文宣隊長叫我在台上報幕，使在水寨集上開設書店的耿老師，坐在觀衆席上發現了我，她馬上跑到後台來找我，她驚喜的說：「妳是不是蕭玉鳳？（剛入小學時，是她給我起的學名，後又改名玉英。）妳九歲入學，是我勸妳奶奶跟妳娘妳才得上學，在我印象裡，妳還是個天眞可愛的小女孩，而今妳竟是長得這麼漂亮的少女了，我眞高興，能在這裡看到妳。我是妳的耿老師呀，妳還認識我嗎？」「我當然認識，老師並沒有變樣，只是臉上增加一點皺紋而已，耿老師，我多年也沒忘過妳，妳現在住在那裡？」我欣喜若狂的拉緊了她的手說。「我就住在縣政府那條街，走吧！今晚就住在我家。」看耿老師對我如此熱情，我馬上介紹她跟琤姐、小弟認識，她立刻力邀琤姐同往。

「我開這個書店很賺錢，只是有時候我一個人實在顧不過來，僱了一個幫忙的，她不識字，只能打雜，卻不能分門別類助我編排這些書。我老了，已感精神不濟，我正想著關門算了，今天巧遇二位，不知道妳們對我這個生意有沒有興趣？如果有興趣的話，我拿本錢，出房租，妳二位來經營，利潤我們三人平分，妳們覺得怎麼樣？還有，水寨鎮上民衆教育館附屬小學裡眼前缺一位老師，他們下聘給我，我還正在猶豫，妳們誰有興趣教書，我可以介紹。」耿老師當天晚上一見面便先向我們說了這一大段話，琤姐一向就不願放棄賺錢的機會，她沒向我商量便立刻向耿老師說：「我有心幫忙耿老師經營這個書店，利潤隨便，只要每個月我能給我媽寄點生活費回家就好了。玉英喜歡教書，叫她每天有課上課，沒課就回來幫忙生意好了。」琤姐的回答，我們三個人都欣然同意，第二天一早，我便把小弟送回家了。我向奶奶和娘說明我要跟隨耿老師工作，二位老人家對我離情依依，但她們知道我跟的是我的啓蒙老師，也就放心的答應了，因爲水寨離我家僅卅華里，我每到週末都可以步行三個小時回家。

在這段日子裡，我一連從叔父手中收到邵科長的三封信（琤姐不知道），信的內容大致向我強調：離開數月，他無片刻忘記過我，並強調三個月之內他會辦理離婚，最主要的是勸我爲了個人的終身幸福，不要受制於女友，如果對他有誠意的話，要設法早日離開女友，速同他聯絡，他會立刻接我外出工作，他表白個人對我的一片赤誠，難以容忍女友對我的無理霸道作風等。他叫我速速回信，以安他心。我一來難忘西安的毅青，二來我更難離開同我患難與共的琤姐，我又不願叫對我赤誠的邵苦戀虛等，立刻回邵數語，大意是說我的婚約未解，家長已早為我安排了未來結婚對象，我今生難與我情超手足的女友離開，希望他能諒解我的苦衷，這封回信投郵後，以後邵的音訊便石沉大海了。

民國卅二年，也就是我在水寨任教的這一年，因為黃河氾濫，居住在黃河沿線的幾個縣，被水淹的房倒屋塌，寸草不生，二層樓房的屋頂都埋在水裡，掛千頃牌的居民都逃生在外，災民們扶老攜幼，用扁擔、竹籃挑著行李、鍋碗，逃往收成較好的大西北各縣。街上常有賣妻賣兒女的，還有把出生三五月大的嬰兒，或一兩歲大的小兒女，既走不動路，又無奶餵活，便用爛布包著，用草繩綁在水寨集一家名為「救濟院」的大鐵門上，希望慈善機關裡的善心人收留，最可憐是一些年老重病且無謀生的孤獨老人，一旦鐵門打開，有院內工作人員進出時，他們便爭先恐後的往門裡爬行，因院方規定只收容小孩，不收容老人，守門的人把好不容易擠到門裡的老人，再用力的把他們拖拉出來，有的寧死不出，有的撞牆頭破血流，這種慘相天天發生，但人人自顧不暇，也只有視若無睹。

有一天中午我放學路經該院門口時，見一位皺紋滿面的老太太，臉上全是擦撞的血口，她流著眼淚，聲嘶力竭的叫喊著：「我三天沒喝一口水啦，救救我吧，給我一口飯吃吧！為啥光救小孩不救老人哩？難道人老了就沒人要了嗎？」她說著說著一直不停的用頭撞牆，以致休克了倒在鐵門邊的地上，路人看看過去了，誰也不問一聲，因為這種事常常發生，早習以為常，而我看了實在忍不住，趨前用脚大力踢門，為老人向門裡傳達室高聲呼救，看傳達室人影晃動，但卻無人應聲，因而我大聲罵：「你們是做善事？是在作惡？簡直沒有人性，門外出了人命了，你們知不知道？」我的幾句不平的怒罵，終於有了回應。一位五十多歲的傳達先生走出了傳達室，他站在鐵門裡兇巴巴的回答我說：「善門難開啊，妳知不知道，院長的經費只能養幾十個小孩，現在已收容了快五百個了，一個饃，本來可以餵飽一個小孩，現在人越來越多，一個小孩分一口饃也不夠妳知不知道？妳小小孩兒家，不知天高地厚，還開口罵人，妳有善心，妳把她救到妳家裡去好了。」他把話說完轉身回傳達室裡去了，我聽得既清楚又明白，我不敢再多說一句話，便向附近鄰人要了一碗熱開水，用湯匙餵了幾口給老人，想不到老人居然慢慢甦醒過來說：「我餓，我餓啊……」我又向鄰人要了一塊高粱麵饃，把饃用手撕成小塊餵她，饃塞到她口裡又掉出來，她張著口，雙目直瞪著我，已不能言語，我用湯匙餵她水時，水馬上流了出來，我用手擱到她鼻口試探，才知她已經沒有了呼吸，可憐的老人啊！她就這樣離開了人間。我忍不住淚如泉湧，就在此刻，又陸續來了一群老人、小孩，還有男女年輕人挑著逃荒的衣物、餐具，他們不知情的扒著鐵門向內大聲呼喊、哭叫，對於地上躺著的那個死屍，視而不見，我不忍再看這種慘況，在愛莫能助的心情下，只有含著眼淚走向住處。

每天在住處吃飯的時候，總要有三五個乞丐尾隨我擠進家門，如果是年輕人，我低著頭吃飯裝著看不見他們，如果是老人和小孩，任憑只吃半飽，我也要把饃飯分給他們吃。誰知一傳十，十傳百，只要我一放學回家，我身後遠遠便尾隨著三五成群的乞丐，嚇得我快步進家門，關緊大門，任憑他們怎麼喊叫、敲門，也咬緊牙關硬著心腸不敢開門。「善門難開」這句話，此刻我才深深體會。最叫我難受的，就是沒等我關上大門他們硬擠進門來，我吃著飯，他們的小孩們叫哭著要吃，如果是我自己的家，我一定不吃這頓飯，也要先盛飯給小孩們吃，但偏偏我是同耿老師、琤姐，還有一位煮飯的婦人在一起吃飯，菜飯四人份，大人小孩五六個，我實在愛莫能助，也只有硬著心腸，在他們聲聲「給俺小孩盛點飯吧！老奶奶，大姑娘行行好吧！」的哀號中嚥下這頓飯，然後把吃過的剩飯菜，徵得了耿老師的同意後，才一一分配給站在屋門外的討飯乞丐。更使人感到難以應付的，就是當街行搶的乞丐，路人扯著小孩在街上行走，只要手上拿著包子、糕餅或燒餅、饅頭正吃時，冷不防的便有一隻粗黑的大手把你或小孩手上正吃著、拿著的食物搶走就跑，大人嚇的魂飛魄散，小孩嚇的鬼叫大哭，如果你快步追上他時，他會猛力吐口痰在食物上，你氣憤的說「不要了。」他馬上拿起吐痰的食物便狼吞虎嚥的吃著跑了。

有天上午我正在教室內教學生唱歌時，一隻野狗忽然跑到教室外臥倒，嘴裡咔嚓、咔嚓好像正在啃食骨頭，我怕牠的出現會影響學生們的上課，跨出教室門檻，大聲嚇退了牠，只見地上有一隻人的手，手掌啃了大半，指頭五個完整無缺，嚇的我大聲喊來校工收拾，立刻關上了教室的門，告訴學生門外邊地上有一堆狗大便，怕臭氣進入了教室，關上教室門唱歌，此事嚇得我心驚肉跳。事後知是野外凍死、餓死的飢民，被狗拉回當食物充飢了，聽說飢民在餓極的情況下，只要找到棄屍沒有臭味時，也會在郊外樹林中架起柴火乾燒或煮食，這是民國卅二年鬧飢荒的眞實情況，那年多虧上天保佑，我能回到家鄉工作，收入雖不多，但起碼可以維持住我一家數口的溫飽。

破鏡難圓

我和琤姐因生活在軍中，在南北居無定所的日子裡，一年四季過著撐不死、餓不著的生活，有時在戰況吃緊的情況下，吃些半生不熟的各種肉類食物，喝些溝渠、小河的生水汚水解渴，以致天長日久，我倆肚子裡都生了無勾滌蟲，有時隨大便出來一隻約尺長或三五尺長如麵條似的白色滌蟲，是一節寸長連一節寸長的會活動的蟲。有時不隨大便，牠會一節一節的自動由肛門爬出來在褲襠裡蠕動，你把一節或一長條滌蟲抖落在放清水的盆裡，牠會在水中慢慢蠕動，能活一個對時還在動，看到沒頭沒尾狀似麵條會在水中蠕動的一大條蟲時，常使我嚇得面無人色。有時我正站在講台上課，覺得肛門奇癢無比，感覺牠已由肛門爬出來動，便告訴學生們說我這幾天拉肚子要上廁所了，叫他們先自修，我脫下褲子一抖，牠便掉到糞池裡，而且還在蠕動，有時一長條約丈餘，就在糞池裡像蚯蚓似的蠕動。同人說話，走在街上，一個人在室內睡覺時，隨時都在準備牠的出現，弄得我天天寢食難安，我倆看遍各大小醫院，也吃過無數中藥西藥，但都無效。有一天遇到一位八旬以上的老太太，我向她請教有關這種病的治療法時，她說她有個單方，一吃就有效，而且該病會根除，她說：「花生油半斤，大韮菜一斤，把半斤油倒在炒菜鍋裡，等油燒得滾熱時，把這一斤大韮菜倒在油裡，這時患者張開大口，對著油鍋上冒的熱氣猛吸一會，吸得鍋內熱煙味已全沒有了時，才能閉上口，患者最好空腹時才用這個法子，滌蟲在肚子裡聞到韮菜油香味，會拚命的向外爬，不是由口內全吐出來，就是由肛門裡全爬出來，牠會絲毫不留在體內，一次就治癒了。琤姐和我都依這位老太太的法子做了，琤姐一下子嘔吐出來長約丈餘的滌蟲，還有一節節寸長的、尺許長的，琤姐自此以後再也沒發現過這種滌蟲，而我卻仍然受該蟲的困擾，而無片刻的安靜。直到民國卅三年初，在長榮多方的打聽下，一位老西醫開了一樣藥吃了後，才把肚子裡的滌蟲根除。

雖說年景不好，但我和琤姐在耿老師大力的支持之下，書店的生意還算收入不錯，因水寨公家機關多，學校多，所以購書、租書的大人、小孩絡繹不絕，尤其週末、假日，我們幾感人手不夠，縣政府的錢姓金庫主任，是耿老師的舊識，因爲生意上的關係，他們已早有往來（前文提過曾經請小弟吃飯，給小弟紅包的人），在我和琤姐經營這個書店後，他來得更勤，建議耿老師要擴大門面三間，一頭是書店，一頭是文具店，中間是客廳，他說他要投資，要聯絡水寨的中、小學合作社都到這裡批發，生意一定會比以前更好，利潤他分四分之一就好，耿老師欣然接納，琤姐和我也覺合情合理，我們就以賺錢養家的心態，展開書店擴張的計劃。

錢主任常常在公餘之暇來店裡談生意，請我們看電影、吃館子，有時我們婉拒外出，他總是叫館子裡的菜送到家裡。他百般現殷勤的表現，已超出一個生意上投資人應有的作風，我和琤姐心理上都有了準備，而耿老師在我跟前時常介紹這位主任的家世、學歷、年齡以及家產及他個人的積蓄等，更進一步要琤姐問我對他的印象如何，只要我同意，她願意親自向我祖母和娘提親等。因爲耿老師是我的啓蒙老師，我便直言回絕，並告訴她我早已對三叔給我安排許昌的教書工作有了承諾，因祖母說附近常有皇協軍（漢奸隊）、土八路出沒，王家的爪牙太多，唯恐那天我會受到暗算。她老人家不希望我在家鄉久留，以免遭到意外，她說許昌離三叔防地近，我在那工作，比較有人照應，耿老師看我堅決拒絕，也就沒加勉強，耿老師是位明理人，因而她也沒接納投資和搬遷的計劃。

記得我剛下了第一節課，正在教員休息室看報時，校工跑來告訴我說：「蕭老師！有位男士客人，他留在會客室坐著要見妳。」我以為是那位無聊的投資人，叫校工轉達說有事等我中午回去再說，但校工馬上又轉身說：「他說他是遠道專誠來看望妳的一定現在見妳。」我有點納悶，但馬上便隨校工去會客室，一個高大的身影、一張熟悉的面孔，出現在我眼前，是毅青由軍中遙遠的防地來槐店老家看我。他說昨晚就到了我家，才知道我現在的所在，所以今天一大早便步行卅里來看我。毅青這突如其來的出現，令我措手不及，使我禁不住情緒激動，千頭萬緒不知如何處理。「這裡太亂，我們出去走走……」我邊說邊同他出了校門，信步走向學校附近一個民衆常去作運動的空場裡，我們蓆地而坐，久久都在沉默中。「我實在不明白，為什麼兩年前妳會不辭而別？我終於接納了妳的鼓勵，咬緊牙關熬到了一張七分校十七期的畢業證書，也分發到一個野戰部隊裡任下級軍官，開始妳所希望的正統軍中工作，妳對我一聲不響地離棄了將近三年。三年來我打聽不到妳詳細住址，好不容易我從豫西請假到這裡來看妳，今天請妳給我說個明白好嗎？」毅青終於打破了沉默向我說了這一段話。「我掙脫不了封建家庭的枷鎖，我扭不過親情的安排，時間可以沖淡感情，時間可以證明一切，過去的我已經死了，現在的我已經不是過去的我了，我無話可說……」我恨他欺騙了我的感情而今還來繼續欺騙我，好不容易我克服了脆弱的情感熬到今天，我不能接納他突如其來的再次以虛僞矇騙，我不願多加辯解，我要他深思反省。好不容易我築好的感情防線，不能在此一刻迸崩瓦解，我寧可叫他認爲我無情和不可理諭，也不能再陷進他的感情漩渦而沒頂終生，對不起關心我的家人。我咬緊牙關，堅持己見，以沉默來回答他的問話，「妳要爲妳自己活著，妳不能再受制於家人，尤其不該受制於妳的朋友郭琤，她將來也要嫁人，妳難道跟她過一輩子不成嗎？妳爲什麼沒有妳自己，妳有勇氣少小離家大江南北的奔波生活，爲什麼沒有勇氣安排妳自己的終身大事？妳到底打算怎麼處置我？妳好好想想，我來的太突然，給妳了猛不防的打擊，現在妳什麼也不要回答我，待會我在水寨找個旅社住一晚，明天上午，還是這個時間，我就坐在這裡等，明天來校上課時，我們就約在這個地方談談好嗎，我給你一個長時間的考慮。」毅青很沉著有理性的一段談話，我默默點頭接納了。「下一節課我沒請假，我要去上課了。」我就此將錯就錯的離開毅青而直奔學校，至於毅青要住那家旅社，要怎麼度過這漫長等待的時間，我不敢向下想。

回到住處，關上住屋的房間，我把白天的這段奇遇告訴了琤姐，她把毅青送給我的一面天天擺在床頭桌上要用的鏡子拿在手上，用雙手舉得高高向我說：「妳聽著，妳看著，……」她把這面我視如珍寶的一面厚厚的玻璃磚鏡向室內洋灰地上用力摔碎，她聲淚俱下地向我說：「你跟毅青，就像這面鏡子一樣，絕不能破鏡重圓，爲了挽救妳這個感情受害的朋友，我不顧學業、事業地緊緊跟著妳，護著妳，而今毅青來了，妳又拿不定主意，不一口回絕他，而且明天還要準時和他約會，難道妳還想破鏡重圓嗎?那又何必苦苦的熬這三年哩?明天上午妳準時同他見面,我站在遠處看著妳,只限妳十分鐘回絕他,不然我會出現對妳不客氣,我爲朋友兩肋插刀,不惜一切的個性妳是明白的……」琤姐這種突如其來的狂暴舉動、一段理直氣壯的肺腑之言,令我悲憤欲絕,我全身發抖,同她拚命大吵,這一夜我痛哭到天亮。

當我如約來到舊地時,毅青忙從地上站起來迎接我說:「經過一夜的考慮,該給我一個明確的回答了吧!」「你聽著:我還是那句老話『時間可以沖淡情感,也可以證明一切。我是一個獨女,我不能讓我娘太失望,我要盡孝,就不能再爲感情犧牲了,你趕快回到隊上去吧!我還有事……」我沒等到毅青對我的話有什麼反應,我說完這幾句話後就匆匆離去了,任憑毅青在我背後追喊,我也沒回過頭看他一眼,直奔回我的住處關緊了大門。這一場久別重逢,使我悔恨至今。

我和郭琤都改變了命運

感情的創傷使我一時難以平復,水寨書店這位投資人又朝夕在我眼前獻殷勤,我不願再週旋其間應付,心灰意冷、心亂如麻,也不願再繼續教書的工作,我私自拜託一向重視我、愛護我的耿老師,請他爲我代課到學期終,要回家陪伴奶奶和娘一段時間,我決心去許昌工作。耿老師已決心歇業休息,所以就答應了我的請求。我以祖母重病爲由,向水寨民衆教育館的小學負責人請了長假,和琤姐離開了耿老師,又回到我那溫馨可愛又可怕的家。過了一段同家人朝夕相聚的生活。

不久，便收到了在軍中政工隊的隊長李子奇的來信，他已向琤姐表明了求婚，來信主旨是趁目前隊伍正在豫南一帶整訓期間，想請假專誠來我家看她，也願這次能接她一同前往隊伍駐地，完成他們的終身大事，專等候琤姐回信，他好馬上行動。琤姐立刻寫了回信，大意是說她不忍心丟下我而去結婚，她說礙難照辦等。我看了她的覆信後，便向她鄭重的說了我的看法和想法：「妳的決定莫名其妙，妳已廿四歲，這是有關妳一生的婚姻大事，怎麼可以說怕閨中友人孤零而拒絕婚姻。妳們已認識很久，妳欣賞他的為人，妳了解他是一個很早逃出家鄉的流亡學生，知道他家中只有寡母一人，妳們倆已有了感情基礎，相聚時就談到婚嫁，今天人家實行了對妳的諾言，妳怎麼可以用這個理由來回絕？我現在有長輩們愛，會孤零嗎？再說我也打算出去工作，妳先同他結婚，再給我物色合適的工作來接我出去不行嗎？」「好！我先出去鋪路，然後再來接妳，我出去也不一定先跟他馬上結婚，我看有什麼合適的工作，把妳接出去再說。」琤姐立即另寫信投郵，就此決定了她的未來命運。

農曆五月底時，李子奇來到了我家，因李假期有限，第二天便由我家啓程了。因為他們要路經水寨，我也想多送琤姐一程，順道再去探望一下耿老師，所以我們雇了三輛小土車，祖母、娘、叔嬸送到大門外，十歲的小弟哭著要跟姐姐，一位遠親表哥騎腳踏車來我家玩，看著小弟哭成了淚人大喊著「我要跟姐姐，我要跟姐姐……」使得送行的長輩們，也忍不住都在擦眼淚，連一向笑口常開的嬸母，也流著眼淚向這位堂哥示意叫他用腳踏車帶他隨我們逛一圈後，再哄他回家，因長輩們都知道這次遠走的是琤姐而不是我，所以大家並沒感到離別的痛苦。

從槐店到水寨，卅華里的路程，坐小土車兩個小時就到了。在鎮上小館子裡吃頓午飯，聊了一會，琤姐便隨李去了。我獨自一個人，站在寨門外的土崗上，看著琤姐他們的背影，漸漸的消失在遠處的樹叢中時，忍不住流下了眼淚。在動盪不安的時代，誰知這是暫別？抑是永別？

回到家，我那位開武館的表兄，知道琤姐走了，便對我猛下手追擊，常常買些吃的、用的，「這個表妹一定愛吃，那個表妹一定愛穿。」他常常坐到我家深夜不走，把他的胡琴拿到我家，把他的留聲機也拿到我家，說是琤姐走了解我寂寞，祖母和娘都是圍坐我身旁，陪客到他走，他有時苦笑著說：「姨奶奶，表伯母（他的祖母同我祖母是堂姐妹），妳們先睡去吧！我坐一會就走，我還能把表妹吃了嗎……」祖母總是笑著回答他：「白天我沒事睡了一天啦，夜裡睡不著，小孫女好多年不在家，你也是稀客不常來，我高興陪你們年輕人聊天，難道你嫌棄我們老人嗎？」奶奶的話，他只有哈哈大笑，等到夜深他走時，我們祖孫再很客氣的送他到大門外，天天如此，我可眞厭惡透了。

正當我心情煩亂時，收到了三叔的一封雙掛號信，並附信寄了一張陌生軍人的半身照片，信中向我介紹：高長榮，廿八歲，上尉連長，籍貫河南泌陽，未婚，父母雙亡，有田產，有積蓄，是個婚姻的好對象，如我同意，他可一切做主，並立即徵求祖母的同意，早日結婚，好把我娘接出來一起生活，時局一夕數變，不要再拖延了，以免我終日在外奔波，令長輩們擔心，要我速速回信等。祖母拆閱三叔信後，喜極而泣，摟住我泣不成聲的說：「小杏呵！只要恁三叔說的媒是『青頭絲』（即未婚的男人，當地土話），他又沒有父母，恁娘馬上可以跟妳生活在一起，恁母女只要有了依靠，我死也瞑目了。妳就聽妳三叔的話吧！他不會騙你哩。」祖母的話未完，娘便向我面前撲通一聲雙膝跪下了，淚流滿面的抓著我的手說：「小杏呵！妳是不是心裡頭還掛在那個姓張的人身上啊！他來咱家了，人是不錯，可他有妻有兒，可不能胡塗嫁給他呀！當小老婆，一輩子抬不起頭來妳知不知道？妳聽妳奶奶的話吧！快點給妳三叔回信，妳就答應了這門親事吧……」娘突如其來的動作，眞把我嚇呆了，我忙扶起娘，向祖母說：「奶奶！我一定聽您的話，馬上給三叔回信好不好！妳們兩個不要哭了好不好？」

多年來流浪在外的生活，我也實在過夠了，對祖母終日思念，對寡母牽腸掛肚的日子，我已不願再受煎熬，只要能給叔嬸月月寄錢養家，只要能與老母朝夕相處生活，只要對方厚待我娘，嫁陌生人也可慢慢培養感情，人生短暫，我又何必堅持而自討苦吃呢？在兩位老人家的哭聲中我屈服了，我接納了這個意想不到的婚事。

不久，三叔由軍中回家探親，徵得了祖母和娘的同意，帶著我離開了家鄉，臨行前祖母一再叮囑三叔：「看在你大哥生前對你照顧的份上，你要好好的照顧你的姪女，我把她交給你了啊！」「奶奶！您放心，我會聽三叔的話，娘！等住吧！我答應結婚唯一的條件，就是一結婚，就得先接回我娘，您等著吧！我很快就會接您出去。」我的話，使兩位老人都含淚笑了。出家門時我又向叔嬸承諾，我會按月寄生活費，並拉著小弟承諾會常給他寄學用品，就這樣，我隨著三叔向家人含淚一一握別了。

許昌教育館附屬的小學一共六班，分三個教室，一二年級，三四年級，五六年級，一共有百餘名學生，除校長外，有三位男老師和兩位女老師——那就是我和趙青蓮。青蓮是河南扶溝人，是我在軍中政工隊的女同事，她是毅青同縣的同鄉，他們都住在扶溝城內，曾經跟毅青和我在政工隊共作息了一段時間，不知甚麼原因，她不久便離職回鄉了。她大我兩歲，個性憨厚，為人和氣，跟我在一起時相處平淡而融洽，當我進該校看到她也在這裡工作時，感到很欣慰，雖離鄉背景，我已覺得這裡並不陌生了。我和她住一個房間，書桌、床各一，我教音樂，國語，她教歷史、常識，我倆相處和睦，合作無間，就因為她是毅青的小同鄉，我對她倍感親切，只是我們在軍中分開後，我同毅青去西安的一段聚散史，她絲毫不知，我們雖在一起作息，我也從來沒向她傾訴。該校廚師是當地人，北方菜相當拿手，尤其晚餐的饅頭、麵湯，更是可口，每晚我和青蓮都是吃到飽和點，再相偕在校園散步、逛街，然後再回到住處，各自坐書桌改作業，這段生活我倆都感到平靜而愉快。

有一天三叔的傳令兵出現在校園，他告訴我：「明天禮拜六晚上，副團長家中請客，請妳一定要到，他叫我明天晚飯前來接妳，他還交待叫妳一個人去。」我想立刻回絕，但又怕三叔生氣。我明白，目前平靜的生活又將會起風波。

週六五點多，我隨傳令兵到達了三叔的住處，當我走到院子裡時，一向對我擺架子的三嬸，已走出客廳迎了出來，並含笑的向我耳語：「高連長來了，昨晚到的，今天一大早他便在我家等妳，妳三叔現在正陪他在客房說話，來！我給你們介紹。」這樣的安排早在我預料之中，但不知道會這麼快，我有點不知所措，既生氣又尷尬的跨進了屋門。主人，客人都站起來，三叔說：「這就是高連長，他的隊伍正在黃河沿岸守河防，他為了妳們的婚事，特意請假來的，這是我的侄女，現在在許昌小學教書。」客人向我點點頭，那副嚴肅的表情、欲言又止的樣子，一眼就看出他是個老實人。「今天妳們見個面，彼此認識了，如果雙方印象不錯的話，我們就可以往下談了。」三嬸自說自話，沒人答一腔。「本來我今晚要在家請客，後來高連長說在家太麻煩，他說大家出去吃比較好，這頓飯應該他請。」三叔接著向我說。「待會有位孟團長要來，他是這一頓飯要請的主客，他是高連長的長官，也是我的好朋友，更是妳們牽線的大媒人。」三叔高興的向我說。此刻我覺得像在演戲，想哭又想笑，只有默默含笑的聽三叔說話，對方坐姿，站姿都是侷促，嚴肅而不敢多接一句話。「高連長在前防作戰英勇，在後方整訓期間成績又好，上個月師長還頒發他一個『模範連』連長的獎狀（在上峰糧餉發不出來，士兵天熱到如夏日時還穿著棉軍裝，別的連內官兵皆叫苦連天，而他卻自拿個人薪餉和私蓄，買軍糧，購買軍服，全連官兵吃、穿出衆，因而師長鼓勵他的作風，而給了一紙獎狀，號稱全師模範連。這是我婚後才知的實情。）這個獎狀就掛在連部辦公室，這是師長當衆頒獎，全師都轟動的事。」三叔當面誇獎他，也是介紹給我聽的。三叔等我坐定了以後又接著說：「高連長是個驍勇善戰的年輕軍官，他由小兵幹起，可以說是拿生命、鮮血換取前程。我是他學兵連的連長，他十幾歲便跟著我，在後方受訓練，他的學術科都是前幾名，尤其攀槓第一（單手抓著木架橫木，雙手攀著橫木做運動……）在前方作戰，他是有名的不要命的戰將，從班長、排長，到連長，他在火線上受過幾次重傷，所幸沒有大礙。他這個連長可是拚命升上來的。一個年輕軍官忠於國家，他必然也會忠於他自己的家，因爲我對他的爲人有信心，所以今天我介紹妳同高連長認識。」三叔再向高連長介紹我：「我這個侄女，師範畢業後，在家教書，因爲家鄉太亂，又讀軍事學校在軍中政治部工作，現在兵慌馬亂，一個女孩子到處過流浪的生活也太使人擔心，能早日有了歸宿，我們當長輩的也了了一樁心事，看妳們有沒有緣份吧……」高連長，在三叔面前連聲應著「是、是、不是……」看他侷促難安的表情，我也不知該接什麼話，場面一時尷尬，好在三嬸此刻殷勤招待，端茶、拿瓜子、糖菓頻頻讓我們吃，也和緩了一些氣氛。自己相識、相知，有情有義的人，只因他早婚有妻兒不能同他結合，今天竟與一位陌生男人打算過一生，這種荒唐的安排，像是叫我演一幕悲劇，而且這並不是劇，而是我即將面臨的眞實人生，我不知將怎麼自處？我那有心情見什麼大媒人，又那有胃口吃這一頓令我啼笑皆非的飯，我考慮了一會，便向三叔說：「三叔！今晚八點學校要開校務會議，這是上週就已公佈的，我是剛到的新老師，第一次開會就缺席不太好，我還是不去吃這頓飯比較好。我的事一切由三叔作主好了，我沒意見。」三叔看我去意甚堅，便命他的傳令兵送我回學校了。

三叔知道我同他的小太太相處不來，第二天下午四點半專誠來學校看我，我同他在校園邊走邊談，三叔再三追問我：「聽說妳在西安同毅青住在一起，還有過小孩，到底有沒有這回事？這次毅青去水寨看妳，又聽說妳同他在水寨旅社裡住過，是眞的嗎？」三叔的話未完，已使我忍不住下淚，「人言可畏，事實勝於雄辯，三叔也不必多問了，我相信我自己沒有對不起我們蕭家人。」我悲憤的以此話回答了三叔。「妳沒有了父親，母親又沒出過門，妳奶奶又再三重託我，我是你的叔父，我一定要負起照顧妳的責任，如果我剛才所問都是謠言中傷的話，我們不必在乎它。我今天只問妳，妳對高連長的印象怎麼樣？妳答應，我就替妳一切作主，妳反對，我就打發他回去。」聽三叔如此誠懇的問話，我感到人言可畏、謠言可怕，我想到這次離家時對娘和全家人的承諾，我想到祖母對我泣不成聲的叮嚀，再想到我今後不知道要面臨什麼難題，再重過顛沛流浪的日子，拿什麼來實行我對家中長輩們的諾言？我又怎麼證明我是淸白無辜的，我如果立刻答應了這門親事，一切的問題就可馬上迎刃而解，中傷我的一些謠言也就可以不攻自破了。我想了一陣，便向三叔回話說：「謠言中傷我太厲害，我也不再辯解，這件婚事，就由三叔作主吧！相信三叔不會推我下火坑哩！」三叔聞言笑向我說：「我根本不相信外邊的傳言，一個女孩家在外邊混事不容易，早點結了婚，把你娘接出來，我相信高連長對你娘絕對會盡孝哩！」三叔接著又向我簡單的說了一些高連長的出身和他奮鬥的過程：高連長家住豫南泌陽縣，父親是位中醫，因心善濟貧，富人吃藥、看病要錢，窮人不要錢，不到五十歲就去世了，家中並無積蓄，他是個末生兒，母親因失去丈夫，悲傷過度，不久也相繼病故，他是跟着姐姐長大的。姐姐結婚幾年沒小孩，姐姐的婆婆嫌他礙事，不喜歡他，常常爲了他同他姐姐生氣，他覺得姐姐天天爲他受氣，於心不忍，他十三歲小學一畢業時，就背著姐姐偷偷的跑到軍中當兵。當時他年幼，身體瘦弱，當兵不夠資格，他苦苦哀求，才補了一個兵名字，給一位將官在家服內勤。以後當傳令兵，當學兵，（軍中調來各部門的年輕士兵輪流上學術科，然後由長官在其中挑選下連內當戰鬥兵。）我就是當學兵連連長認識他的。

說來有一個笑話：凡軍中士兵向我請假回家探親。大都是買吃的、穿的帶給家人，唯有他特別，既不買吃的也不買穿的，他總是買幾條新棉被帶回去。有一次我把他叫跟前，我私下問他爲什麼每次回家都要帶幾條棉被回去，他看我對他像長輩一樣的關懷，便忍不住泣不成聲的告訴我：「我八歲隨姐姐出嫁過去她婆婆家生活，姐姐兩年沒生小孩，姐姐的婆婆怪我不該同姐姐睡。我因爲離不開姐姐，小時候常常尿床。我一個小孩睡到姐姐織布機附近的地上，夜裡尿濕了褥子，不敢驚動別人，偷偷的把織布機一邊堆很多的棉被中拿一條鋪上（姐姐的婆婆爲了賺錢，套了幾十條棉被，出租給村頭上的小客棧旅社客人用。）如果再尿濕了，再換一條，等天亮了，我就把尿濕的棉被壓到乾棉被的下面。久了，棉被生霉發臭，旅社裡人退回棉被不租，姐姐的婆婆打罵她，而且要攆我出去，所以我就出來當兵。我立誓一定要買一百條棉被還她。我大哥也在軍中當連長。大哥叫我去他連上當兵，好方便照顧我，說什麼我也不去大哥那。我誰都不跟了，我立志自力更生靠我自己。」他小小年紀，就很有志氣，所以我非常看重他。我相信他是個年輕有爲的軍官。妳既然答應這件婚事，就不能再拖延了，目前是戰時，他身爲帶兵官，現在正守河防，請一次假並不容易，如果妳沒有問題，我就叫他回去預備，看個好日子，辦了這件喜事也了了長輩們對妳的心願，妳還有什麼條件沒有？」「沒有！只要他待我娘好就行啦！」我回答三叔，「好！那就這麼說定了。」三叔說完便出了校門，我不禁打一個寒顫，就這樣決定了我一生的命運。

第五章：戰火中的婚姻生活

老師要出嫁——我同高長榮連長結婚

婚期定在農曆八月廿三日（民國卅二年），卻沒想到因爲軍中上峰人事上大更動，三叔由在職副團長調爲副員（有薪無權），暫時離開軍隊，而那位即將與我完婚的高連長，又由黃河沿線調往豫西葉縣整訓。上峰有令：「目前非常時期，帶兵官一律不許請假離隊。」三叔迷信，說婚期既定，絕對不能改期，既然打算成一家人，彼此應該配合，排除萬難，如期成婚。三叔同高連長的高級長官、同時是這件婚事的媒人孟團長私交甚深，因此特准私假三天，在許昌舉行婚禮。

結婚是按三叔的安排，穿古裝服飾，行傳統古式婚禮。長榮租了一家最大的旅館，三叔叫人連夜趕工給我做了兩件粉紅、油綠旗袍，買了一雙當時年輕人最流行的翻毛皮鞋等，當天三叔請了一位同事的太太爲我化粧，穿大紅色的古裝禮服，還戴了花冠，想到對我一往情深的人永不相聚，想到我將要同一個陌生的男人廝守終生時，我淚如泉湧、心亂如麻，只聽大門外響起了古式樂器，三叔正命其下人高聲喊道：「不要誤了時辰，新娘按照方向坐椅，紅毯要由閨房鋪到轎門前，新娘扶好，腳千萬不能沾地，要繞路先走陽光大道。」此時此刻我像是在演一幕古裝劇，我像坐在後台化粧，馬上就要走向前台上演一樣，我希望快點演完，快點落幕，我好恢復平日生活的寧靜。一聲「新娘上轎的時間到」的高喊，接著我被人扶持到綁了彩帶的椅子上，再由兩人抬椅子到大門外停放的花轎前，一聲「上轎」，我被扶進轎中的座位上，轎隨著樂器吹吹打打的抬起慢慢前進，只聽轎外人聲嘈雜，我的頭昏腦脹，猶如置身空中，我心碎神傷，潸然淚下……

男主婚人是孟團長，男儐相是長榮的同事，女主婚人是我三叔，女儐相是我的好友趙青蓮，結婚儀式是傳統古禮，只是叩頭以三鞠躬來替代了。

「蕭老師好漂亮啊！」「蕭老師變成了新嫁娘了。」「蕭老師妳還教不教我們唱歌啊！」「蕭老師，蕭老師……」在婚禮進行中，耳邊有熟悉的稚子話語，我睜眼向左右看，才知站在我身旁的大都是男女同事，還有五六年級的男女學生，我感到欣慰，也感到尷尬，原來是校長爲了我中午結婚，提前放學叫大家來觀賞我的婚禮哩……

已是午夜時分，旅館內佈置得花花綠綠的套房中，點燃著粗大的兩枝蠟燭，面對著一位陌生的男人，我的內心充滿了悔恨和惶恐……

按習俗剛出嫁的女兒，第三天娘家要請女兒、女婿吃飯算是「回門酒」，但長榮第三天就要歸隊，第二天三叔就在他家備了一桌菜，算「回門」，也算餞行。第三天我便與長榮回到他的駐軍地——葉縣。

葉縣郭庄，是一個相當大的村子，長榮的第八連連部就住在該村的里長家，我就住在里長的隔壁，一間空曠的房子，放置了一床一桌，兩條木椅，收拾得還算清潔，床上鋪著一條當時最流行的太平洋牌子的床單，上面擱了兩條紅、綠絲織棉被，「這就是我們的家，」當晚高向我介紹。「想不到會跟妳結婚，這兩條絲被面，這一條床單，是給一個黃姓姑娘買的，後來這件婚事吹了，接著咱三叔就接受了孟團長提的媒……」他的一段說話使我啼笑皆非，也更了解他憨直的個性。我告訴自己，不管他的脾氣、為人如何，我都得認命適應，只要他能實行婚前對我的諾言，視我母為他母奉養就行了，別無所求。

「聽三叔說，你有一位最好的朋友郭琤，李子奇是五十九團政治部主任，我這個連屬於五十八團，這兩個團都屬於廿師，不論在前防作戰，在後防整訓，我們都不會離遠的。她現在就住在離我們三里路的李莊，妳如果想她，明天我帶妳去找她好不好？」來到葉縣的第二天，長榮對我說。我第一次感到他善體人意的一面。

我不敢冒然的跟他一起去看郭琤，因為我突然結婚，從頭到尾她完全不知道。我寫了一封信，告訴她我已在三叔的安排下，同他的部屬結了婚。因長榮是一位父母雙亡，自幼在軍中混出來的年輕軍官，有自立自強向上的個性，略有積蓄，所以我自願嫁他，我可以馬上實現接娘出來奉養的諾言，現在就住在離她不遠的郭庄，明天我會去看她。想不到性急的她，一看到我的信，就馬上隨著送信的兵一起回到我住處來了。她一進門便大聲苛責我：「玉英啊！妳的作風眞叫我哭笑不得，他的條件那麼合乎妳的要求嗎？就我短短的離開妳不到三個月，妳跟他相處過嗎？妳對他有多少了解？妳大江南北的跑了這些年，費了九牛二虎之力，才把婚約解除，不該這麼快就和一個陌生人結婚，妳以爲妳在演戲呀？既然已成了事實，我要馬上跟他見個面，我要認識一下高連長。」我告訴琤姐，「他是個老實人，沒有讀過幾天書，妳對他說話不能太重，免得造成誤會。」

不久長榮回來了，還未進屋，就先大聲說：「玉英！我聽傳令兵說客人來了，我買了一隻雞，妳看是紅燒？還是清燉？」只見他邊說邊進屋門，傳令兵提著一隻老母雞跟在他背後，琤姐馬上迎上去說：「這眞是問客殺雞呀！」我馬上向他們彼此介紹。

飯後琤姐要回去，長榮叫傳令兵備馬送她，琤姐馬上說：「只有三里路，十分鐘就走到了，以後我會常來，何必這麼麻煩，我希望你們送我一程，我們邊走邊聊好啦！」我們順著琤姐的話走出村子，在村盡頭琤姐站定了，鄭重的向長榮說：「高連長！我告訴你，玉英嫁給你可眞太委屈她了，你知不知道？你知道有多少比你階級高、條件好的人追求她她都沒有答應，她今天選擇了你，就是因爲她三叔信任你，說你沒有父母，以後要好好奉養她娘，她才答應你知不知道？今後你若有半點對不起她，我就不會饒你，我是說眞的，不是同你開玩笑，以後我會三天兩頭來看她，你不會不歡迎吧？」長榮聽了後，指天劃地的向她發誓，絕對不會錯待我，否則不得善終等，等琤姐走了以後，他說：「她好厲害啊，不過她待妳可眞好。」就這樣我和琤姐開始了你來我往的另一種生活。

結婚不久，我才了解軍中基層的腐敗，我想上峰一定更甚，只是我沒深入而已。據我得知一個連的現有編制，官兵總人數是一百八十多個，每連有三個排，三位排長負責，每排有三班，三位班長負責，每班各有副班長一人。連內有一位指導員，負責政工輔導，一位特務長，一位文書，還有兩位傳令兵，隨眷屬在家服勤的是兩位少年兵，是長榮在連內挑選出來的，他們都是志願棄學從軍的練習生，在連上學吹號，服些雜勤等，軍人的待遇低，尤其帶軍眷生活的，多是入不敷出，所以由下級軍官的連營長，到上級軍官的團長等，大都有吃空缺名額薪俸的惡習，連長吃兩個空缺薪資以補助公私開銷，這已經是軍營中公開的祕密，但如果超過兩名的話，那就看你的機智和命運了。

吃空額薪資的風氣由下而上，各部隊大致都無例外，雖上峰常派人到部隊臨檢、點名，但也阻止不了這種風氣。當長榮每次聽到上峰那天要來點名時，總是緊張的叫幹部們作臨時佈局，找附近人家的青年男子充當臨時兵，教他們點名時應具的士兵禮儀，背熟他要頂替張三或李四的姓名、年齡、籍貫等，空額廿多個，要找到全數分派到各班裡面，雖然事前曾經演練多次，但眞正到上峰點名時，仍會出現張三報上李四，李四報上張三的錯誤，甚至有人報了自己的眞實姓名，而竟把頂替姓名忘的一乾二淨，有的點名官睜一隻眼，閉一隻眼過去了，有的卻公事公辦向上級呈報實情，這位倒楣的連長，不是被點名官當衆羞辱一頓，就是報上去撤職查辦。長榮本性憨直，除了吃兩個上級授意的空額薪資之外，一個也不敢多要，因此我比一般連長的家眷生活都苦。長榮同一般連長一樣有將近廿個士兵空額，因為要給營長三四個，團部副官、營部、連部指導員、醫官等都有份。只要誰請他吃頓飯，喝次酒，說幾句拜託求助的話，他便答應人家所求，而按月送上空額薪資，別的連長聰明，自己吃十個八個空額薪資多，人家對上下稍有打點，左右略盡人情便皆大歡喜，他既沒顧到家，還常因分配不當而常得罪人，我曾力勸他多次，叫他自己以身作則，不要吃那麼多個名額缺，也省得每次點名時嚇得面無人色時，他便說：「我不要那兩個空名薪水可以，但我不給上級，不給那些人的話，我在這混事立不住脚你知不知道？因為別的連長都這麼做法，我一個人怎麼扭過全局，我沒辦法呀！」聽著他無奈的解釋，我也只有愛莫能助了。

隊伍整訓中，上峰有令：士兵一律剃光頭，官長可留三分頭，全連官兵一律不許抽菸，違者以軍法論罪。長榮以身作則，第一個先剃光頭，馬上斷煙，全連士兵馬上效法連長，而連上三位排長卻有兩位不聽命，一個四十餘歲的排長，個性老奸巨滑，常以個人資格老目空一切，另一位是軍校剛畢業的學生，紙上談兵比誰都會，沒一點實際帶兵經驗，但個性驕傲無比。他倆當面唯命是從，背地既不剃髮，也不戒煙，長榮常當著全連士兵痛加責備。軍人服從為天職，他們當面不敢違抗，背地卻造成了人事不和，我勸高改變作風，在公事上有階級之分，如果逢年過節由家屬請連內官長來家吃飯時，要有賓主之分的待客之道，長榮都一一接納了我的意見，我與全連官長在家中便飯中，常拜託他們，要多諒解一個憨厚有勇無智的長官，千萬要與連長合作無間，不要讓外界知道我們這個連已潰不成軍，這樣大家都無面子等，每逢週六假日，我便以水餃、炸醬麵請全連官長來家小聚，慢慢化解同連上部屬之間的不愉快。

這個村子裡就長榮的一個連，我因為同鄉居相處融洽，居間給老百姓解決了不少的小問題，譬如誰家的糧草超過時限不交而人暫時被扣，或者某某士兵買了誰家的東西而賬目不清，還有士兵們追求那家女兒而有越軌行為時，我都居間疏通而解決了這些問題，所以這個連在村子裡的軍紀方面沒有一點不良紀錄，偶爾我也到連部坐坐，一進連部辦公室，便看到迎門的後牆壁上，掛著玻璃框裝著的「模範連」的獎狀，還有一個黃緞子的錦旗，上有長榮的姓名，另有兩行用黑絨布剪縫的字「作戰英勇，訓練有術」八個大字，還有年、月、日及師長的姓名，辦公室連部的官長，對我相當禮遇，只要我一進門，他們便馬上起立立正相迎，我感到很有自尊，但我以後再也不敢常去了。

不久，長榮的家鄉親戚來了，一位是他五舅，年約七十歲左右，一位是他的二胞兄，我對這兩位客人殷勤招待，本來客人是在連部同全連官長一桌吃飯，我怕客人言談不慎破壞了我好不容易維持的人際關係，也想好好招待他的家人，以便使他們轉移對我的印象，因為長榮曾向我說他家中親友都以我是外鄉人而排斥，所以我請他們一天三餐來家與我共聚，每天同家中小兵一路去附近市場買魚肉加菜，並親手給他們烙餅，做菜，還親手給他們洗衣服，我想破除他們的「外鄉人」觀念。五舅老人家看我對他恭維有加，招待週到而感動，而他的二胞兄卻對我不睬不理，並且背地裡還常對著連內官兵說一些我的不是。有一天其中一位小兵李東向向我學說：「太太！我跟妳說幾句話，妳可千萬不能叫連長知道，不然他會打斷我哩腿。」「什麼事這麼嚴重，你只管說吧，我一定給你保密。」我向小兵保證的說。「太太！連長的二哥，實在是個沒有良心的人，他不但不知情，還在背地裡侮辱妳，他說連長不該娶一個外鄉女人，他說妳生活浪費，不會過日子，改明一個老鼠也生不下來。他還說……」我沒等小兵學完，便打斷他的話說：「你聽錯了，他不是侮辱我，他是在跟別人說玩笑話。」我不願再聽下去，我氣得發抖，我在豫西一帶住過，那一帶是偏僻的鄉野，知識水準幾乎是零，唯願長榮的水平不要同他家人一樣就好了。

長榮去葉縣城內，參加幹訓班受訓六個禮拜，我因膽子小，就叫小兵李東向住到我同室的外間，我沒把他當成外人，我們一起買菜、做飯、吃飯，有時也一起到郊外散步，他常笑向我說：「太太！人家連長太太好難侍候，妳怎麼這麼好？全連的官長都在誇妳好，連班長也都說連長娶個好太太，只有連長的二哥說妳不好，眞是奇怪。」我教導他以後不許亂傳話，來往傳話的人只有長舌婦，堂堂男子漢絕不可以婆婆媽媽的裡外傳話，以後他很少在我跟前說別人了，我的心也稍感平靜一點。

不速之客

有一天上燈時分，室內出現了一位不速之客，就站在我的眼前，令我不寒而慄，「高夫人，高太太，來到妳府上了，妳不叫我坐下來一會嗎？」「坐呀！請外間坐。」我扭亮了電燈，看到毅青充滿悲憤的臉上，兩眼飽含著淚水，我不知該說什麼好，「我能請妳到外邊走走嗎？我是從遠道來的，而且眼前軍人請假也不容易，妳總不能再像水寨那一次不容我把話說完吧？」聽毅青的話，我忍不住下淚。「這裡耳目衆多，我又剛到一個新環境，人言可怕，我不要跟你到外頭，有話就坐在這屋裡說吧。」我向毅青這樣說。「奇怪！妳一向把婚姻看得那麼重要，我們認識五年了，經過了多少波波折折，妳都謹愼的令我敬重十分，而今離我去水寨見妳不到三個月，妳卻閃電似的同一個一點了解也沒有的陌生男人結了婚，妳拿妳的一生當兒戲，拿妳的終生幸福開玩笑，妳是不是有了神經病？妳是不是已經瘋了？妳是在演戲嗎，這是眞實的人生呵！妳天天關著門同他共渡晨夕，妳會活得快樂嗎？妳到底圖了對方多大的好處？妳三叔把妳送了人情了，妳知不知道？我一百個一萬個問號，我眞有點不服氣，我今天不是情緒衝動，我是誠心誠意的來問妳，妳嫁給這樣的一個男人，妳究竟有什麼隱衷？我要救妳，請妳跟我說實話好不好。」毅青的一片誠摯之言，說得非常有道理，但我已結了婚，想告訴他：「你早婚，你有妻兒在家，你爲什麼還用虛僞來矇騙我的感情？」但我覺得此時此刻我不該再談這個問題，我既嫁給了姓高的，就該對人家憑良心，守婦道，不能再節外生枝了，我向他說：「三叔代表我的生父，他沒強迫我的婚姻，更沒拿我做人情，一切都徵求了我的同意，我跟他有緣份，我願意跟他過一生，我現在已經是人家的太太，請你諒解我，不要再爲難我了好不好？」我泣不成聲的回答了他的問話。「我告訴妳：妳現在後悔還來得及，我愛妳，我支持妳，我等妳。五年、十年，什麼時候妳說妳願意逃出這個牢籠的婚姻，我什麼時候來接妳回到我的身邊來，我隨時等待妳回來，我說的是眞心話，妳要聽淸楚，我會等妳十年……」毅青幾乎痛哭失聲的說完這些話便奪門而出……我不敢追他，也不敢看他，倒在床上痛哭。

第二天琤姐來了，她送來了一張她同李子奇的結婚喜帖，她高興的向我說：「後天禮拜六七點，我在葉縣縣政府大禮堂舉行結婚典禮，二十師師長是證婚人，五十九團團長是主婚人，子奇在本團、本師全撒帖，預計有二十五桌以上，禮堂已佈置好，我特意今晚請妳的大駕同我住一晚，等到明天婚禮舉行完了以後妳再回來好不好？」這是義不容辭的事，當晚我便隨琤姐去向她的住處。

「郭琤，妳給我聽著，妳明天舉行婚禮要小心，我不會叫妳稱心如意哩！曼青，妳也聽著，妳也要小心，只要妳敢參加她的婚禮……」琤姐結婚的前一天晚上，邀我去參觀她佈置得喜氣洋洋的禮堂時，突然從窗外傳出來熟悉的喊話，我和琤姐衝出屋外尋找，但喊話的人已無影蹤，我聽得出是毅青的聲音，琤姐也警覺到是他。琤姐的個性一向多心多疑，今聞婚禮有人搗亂，她緊張的握緊我的手說：「妳明天一直隨我在化粧室別露面，也別參與婚禮任何角色，我叫子奇向團長報備一下，叫他多派幾個人防守禮堂，注意賓客中有沒有人帶武器的人進門。還有最重要的一件事，待會我要陪妳到電信局，給妳家裡打個電報、電報上要寫著沒有妳的親筆信，誰去接妳母親，她都不要跟他出來，我看過三國，曹操想用徐庶，徐堅決不去，後來他派人把徐庶的母親接到曹營，叫他母親寫信叫徐庶回去，萬一毅青為了想報復妳，他連夜回妳家，假借別的理由，把妳母親藏一個地方，然後再挾持妳怎麼辦？到時候妳為了你母親，妳就得聽他擺佈了，走！我陪妳到電信局去。」琤姐一向是想到就做到的脾氣，我也拗不過她。到了電信局我向琤姐說：「我家都是老實人，見了電報說這些莫明奇妙的話，我家人會嚇壞哩！」我說什麼也不願打這通電報，但琤姐還是自己打了。琤姐那天的婚禮，舉行得隆重而順利，沒有什麼人搗亂，毅青只不過恨琤姐從中作梗而發洩一些憤怒而已。

婚後的生活

長榮是五十八團第八連連長，他除了長官部屬的公式生活外，沒有一個眞正同他知心的朋友，有一位二營營長是他的同鄉，私下有點往來，但我在短時間的交往中，已發覺到這位營長城府甚深，營長的太太是三八型的逞能女人，這對夫妻對長榮這一個憨直的人，處處設圈套利用他跳進去。記得第一次請新娘吃飯的就是這對夫妻，一頓豐盛的菜，好像賓主盡歡，而實際上我是最不愉快的，只聽女主人對我招待殷切，男主人同長榮盡情的對飲，「寶寶！叫乾娘，以前是乾爹一個人疼，以後有乾娘了，就變成兩個人疼了……」女主人指著她的小孩向我說。「對對，寶寶長得漂亮，誰見了誰都會疼愛。」我隨口笑答。「他乾爹才眞疼他哩，去年秋天水災，地賣的可便宜，我買了幾十畝地，都是他乾爹借給我哩錢。他乾爹說，買地契約書上只要寫上他乾兒子的名字，他就拿錢，要是寫上我們兩夫妻的名字，他就不拿錢，你看看，他乾爹有多疼愛寶寶呵！」女主人說得口沫橫飛，沒等我接話，又接著說：「寶寶可眞有財運呀！地買了不到半年，地價漲了好幾倍，我還沒還他乾爹錢哩！」「不急，等寶寶長大了，叫他來還我。」長榮在一旁也眉飛色舞的說。「不行，這個錢我已經在籌備了，現在有他乾娘了，他乾娘也要生小孩了，我怎麼不還錢哩？弟妹！妳說是不是？」「營長太太看重我了，我什麼也不懂啊！」我笑答此話，內心像燃著了火，從這一點對話中，便了解到長榮的傻勁，自己拚命流血流汗的錢，不知爲自己置產，卻借給一個不相干的人買地，而等到人家還錢時，錢連一分地也買不到了，這種沒智慧的人，怎麼能在人群中生存。

結婚已半年多了，長榮每個月薪水，仍像他未婚前一樣交給他的貼身傳令兵，他花多少，向該兵要多少，連家中買菜、人情、年節，我都得伸手向該兵手中索取，該兵說錢花完了，就再支下月的薪餉。該兵對錢的收入和支出，既沒個口頭說明，也沒個清單交待，長榮的用錢作風，我實在感到不解和憤恨，我爲了維護我的一份自尊心，對於他的作風，我沒表露出不滿和疑問，因爲我在觀察他，我打算再忍受一段時期，然後另謀工作。

快過農曆年了，琤姐勸我快做兩件像樣的旗袍，說我是個主官的太太，不能太寒酸了，對琤姐我不敢說沒錢，對長榮我不便張口要錢製裝，我在箱底找出了一塊久藏的衣料，有一天長榮由外出操回來，問我快過年了，家裡要添些什麼，我問他過年有什麼客人，他馬上高興的說：「妳怎麼這樣忘事？我們的乾親家那對請妳吃飯的營長夫妻，還有我們的乾兒子呀！營長太太一再叮囑我，年卅晚上，我們要把乾兒子接過來，有錢了，就給小孩打個金碗，沒錢了，就買個銀碗，再沒錢了，就買個銅碗，或者普通吃飯的碗都可以，最主要的是要買套新衣服，打個刻有長命百歲的金鎖鍊，戴在小孩脖子上，連新鞋、新襪咱都得買齊，年卅晚上抱他來咱家過年，年初一一早他們全家來過年，我們年卅可別忘了裝小孩口袋裡一個大紅包啊！那就叫壓歲錢。」聽了長榮的這段話，我眞的快憋氣死了，接著他又說下去：「連部有一個做菜做得非常好的傳令兵，年初一中午我叫他做一桌菜，招待乾兒子一家，妳只管拿錢給傳令兵，別的事妳就不必操心了。」聽長榮這幾句話，眞叫我火冒三丈，我忍不住胸中的悲憤向他說：「我家是窮人，又沒有陪嫁錢，我那有錢招待妳的貴客。」「啊！奇怪？特務長（管全連財政的人），每個月把我的薪水袋沒交給妳呀？」長榮驚訝的問我。「你對我不信任，把你每個月的薪水交給你的傳令兵保管，我那有錢拿出來給你做整桌酒薦招待貴客。」我實在氣不過了，才說出我心中的不滿。「對不起，我眞的沒想到這一點。」長榮向我致歉。

我實在不願看到人家繼續對長榮敲詐、欺騙，但又怕長榮不如此做而會影響了人際關係，我還是忍氣吞聲的照他叮囑而招待了他自認的貴客，我向長榮詢問附近那有裁縫店，我說過年了，要做件衣服，他即刻回答我：「過年是小孩子穿新衣過新年，我們大人還穿什麼新衣服？人長得年輕漂亮，穿補綻衣服也有人愛，人老珠黃時，穿金戴銀也沒人多看她一眼。」高的話令我尷尬而氣結。接著他還給我講個故事說：「我小時候在家趕廟會，戲台前人山人海的都擠著看戲，後來來了一個年輕漂亮的小媳婦，穿了一身補綻衣服，大家都圍來看她，戲也沒人看啦，哈哈哈……」高自說自笑了一陣，我根本沒答理他，不久，從箱底找出的那件旗袍料，由琤姐找裁縫給我做好拿來，過了民國卅三年的舊曆年。

「玉英！妳不是答應要把郭琤的妹妹郭錦春接出來嗎？我看她待妳眞好，現在我可以爲妳做這件事，我連裡有一個老兵，今年五十多歲了，他老實、可靠，已經跟我好多年了，我派他出這趟差，去汝南把她妹妹接出來住一陣子，再帶點錢給她母親生活，接她妹妹的事，先不要跟她講，等她妹妹接出來了，我們再給她一個驚喜，妳說好不好？」長榮的這番話，令我出奇的感動，但他還未等我答話便又接著說：「等我們部隊整訓完了，我再派人回妳老家槐店，把咱娘接出來，跟我們住一起生活好不好？」他終於說出了我期待已久的心事，這兩件事的安排，使我對長榮的印象，有了一八〇度的轉變。

琤姐的妹妹郭錦春來了，琤姐喜出望外，對長榮的幫助感激萬分，對他的爲人厚道，也慢慢有了信任。錦春先在我家住了一陣子，又去姐姐家住幾天，本來我建議叫她續學，卻沒想到中原戰役開始了，琤姐怕其老母無人陪伴而又叫人把其妹送回老家了。不久長榮奉令調往白河一帶守防，我因琤姐快生產而留在她身邊，住在軍中留守處附近的鎮平城郊。

記得一個更深夜靜的晚上，琤姐腹疼如絞，使她忍不住大聲呻吟呼叫，我忙叫醒事先其夫派住守護她的一位職員，進城速請助產士，好不容易等到助產士來了，看她陣疼一陣緊似一陣，便給她立刻注射催生針，我看到琤姐疼痛的聲嘶力竭，面色慘白，嚇得我跪倒外間的神桌前叩頭、燒香，默默許願，以期琤姐速速過關。折騰了三四個小時，孩子才順利生下來，是一個漂亮的女嬰，那就是琤姐第一個女兒——麗君（當時是這個「筠」字。）

天有不測的風雲，怎麼也沒想到長榮所屬的高級將領軍長，師長不知因何故鬧分裂，而將隊伍連夜開拔，一支過了長江到湖北老河口，一支到豫西新野，長榮同李子奇本來都是一團，而今卻分得遙遠南北，而我和琤姐也將隨著兵變而將各自東西。廿多天來我們留守在鎮平的軍眷以及留守人員，都和部隊聯絡不上，而長榮和李子奇也與家斷了聯繫，一時謠言四起，說隊伍某軍軍長拉到敵人後防打游擊戰去了，又說某某師長拉一支隊伍投敵了。勢利眼的老百姓，開始對軍眷不友善，甚至有把軍眷的行李、鋪蓋扔到大門外，叫她們立即滾蛋，所幸我跟琤姐不論住到任何地方，都是同房東相處融洽，房東對我們特別照顧，琤姐一個月的產期算是安然度過，但長榮和李子奇確因軍頭的叛變而分開，李隨軍駐湖北，而高卻隨軍駐新野，我和琤姐也隨夫相距遙遙千里之外了。

長榮隊伍奉命駐新野加緊訓練，不許擾亂當地百姓，如有違紀者，以軍法論罪，記得他連內有一位廿幾歲的年輕班長，因送房東的女兒一盒脂粉被其父告到連部，而他竟集合全連官兵，當衆在大操場棍責一頓。

新野縣離長榮的家鄉泌陽兩百多里，他的舅舅，二哥，還有他胞姐的大兒子（當時僅十二、三歲）有一次來看他，他們低聲細語，狀極詭密，見我走近，便馬上停止談話，如此動作，令人生疑，得空我詢問長榮到底在商量何事，竟把我當外人，他悄聲向我說：「十九舅帶來了一批黑貨，準備拿來這裡銷售，整售太吃虧，他想叫我幫他在軍中零售，又擔心我是軍人受連累，後來二哥想了個兩全其美的辦法。他要在團部附近租個店面開飯館，軍隊裡沒眷屬的人很多，到時候飯館既可賺錢，也可以零售煙泡（把鴉片煙燒成一份份可裝在煙斗裡的叫煙泡）。這樣可以賺一筆大錢，我看這個辦法不錯，就答應了，他們怕妳知道了不同意，所以叫我一定瞞著妳，現在我都講給妳聽了，妳可要保密呵！」他的話說完，氣得我全身發抖，我狠狠的說：「你高長榮眞的傻到極點了，賣鴉片是犯槍斃罪，你身爲帶兵官，竟敢叫你的家人在軍隊裡零售煙泡，你是不是活的不耐煩了？你二哥是殺人不見血的魔王，竟光顧著私利，不管同胞手足的生命、前途，你只要敢叫他們這樣做，我就立刻連你一起檢舉，你趕快叫他們把東西拿回老家賣去。」我的話還正在說，他就撲上前要打我，他的手舉得高高的，但又放下來狠狠的向我說：「我眞想一巴掌揍死妳，妳給我快點閉嘴，別叫俺十九舅、二哥他們聽見了，他們就會說我怕老婆了。這件事妳不要管，又不是叫我去賣，是俺二哥自己一個人幹哪，妳知不知道？」

「我不管你誰幹，只要他們敢在這做違法的生意，我馬上就到團部找團長報告去。」我實在恨透了他的不智作風，大聲的同他吵，他馬上用手指狠狠的點著我的頭說：「蕭玉英，想不到妳人小鬼大，面善心惡，妳再敢跟我大吼，我馬上把你扔到白河裡去。（門外就是通長江的白河）」。天哪！這是上天對我的懲罰，這是我的報應，對我有恩有義的人我遺棄了，而今嫁了這樣是非不分、眞假不知的男人，我怎麼跟他再共同生活下去，我一分鐘也活不下去了。我把桌上的水瓶、茶杯等瘋狂的摔到地上，拿起地上喝剩的半瓶高粱酒一飲而盡，我想醉，我想死，頓時覺得腹內如燃著了火，頭暈目眩，什麼也不知道了。醒來已是深夜，我的內衣已被我自己撕破，臉上、胸前，都在不自覺的情況下抓成了傷痕累累，侍候我的小兵守在我身旁垂淚，他見我醒來，便向我附耳說：「太太！我守了妳大半夜了，妳好可憐啊！太太！妳太好了，妳說的全是理，連長的親戚太壞了，妳看看妳喝成這樣鬧成這樣，大家都聽見了，也看見了，連長怕出事，剛才我聽連長說明早天一亮，就叫他們走了。」聽了小兵的話，我的氣消了大半，但長榮的愚笨作風、野蠻行爲，令我傷透了心，我起身找了隻毛筆和棉紙，在昏暗的豆大清油燈下，給琤姐寫了一封長信，把這一次的遭遇，詳詳細細報告了琤姐，天一亮我便一個人順著大門外的白河沿，走進新野城內的郵局。

一週內看到了琤姐的回信，大意是說：「玉英妹：知道妳離開我很孤獨，寂寞。並知道妳目前的生活詳細，妳才廿四歲，這裡有所學校正在招生，我已給妳報了名，今附信寫上簡章，快作決定。」另外一張是給長榮寫的：「高連長！你常說我像她的親姐姐一樣，她來我這裡讀書，你一定很放心，希望你快點派人把她送來，千萬別誤了報名時間。」看完了這封快信，我明白琤姐的誠意，她是叫我馬上離開這個惡環境，早一天脫離這個婚姻的苦海，我把信拿給長榮看，他信以爲眞的向我說：「時局不穩定，這裡遲早會有戰事，郭琤住的老河口算是後方，妳能在後方讀書，過安定的生活我也省心了，我明天就派人送妳去好了。」長榮的憨厚個性令人同情，同他生活在一起，才慢慢了解到他的身世，三歲喪父，九歲亡母，在姐姐照顧下長到十三歲，因忍受不了姐姐的婆婆苛待，而逃出來當了小兵，好不容易熬到今天，才當了一個軍官，而今剛成了家，再叫他面臨家庭問題，實在於心不忍，我就做個乖女兒，聽從母親對我的家訓吧！遵從「嫁夫從夫，夫死從子」的道理，我要認命的活下去，要早日接出我的寡母奉養，我要做一個賢妻良母，我自勸自慰的下了決心，但我一直不敢給琤姐回信。

「玉英！時局一天比一天吃緊了，妳如果不去郭琤那唸書，我就派人化粧成做小生意哩，進入淪陷區，把咱娘接出來好不好，這樣妳的心也安了，妳在後方有個老人家做伴，我在前防作戰也比較安心，妳放心吧！等咱娘接出來以後，我絕對要對她比妳還孝順哩！」長榮的這段話，說動了我的心，使我覺得我沒去老河口找琤姐還是對的。

把母親由淪陷區接出來

是黃昏時候，夕陽餘輝照紅了半邊天，此刻我同長榮正坐在大門外的白河邊的草地上乘涼，遠遠看到一輛小土車，車上坐著一位包著黑絲頭巾的老太太，後面推車的正是十天前去淪陷區接母親的楊天芳。「啊！那是俺娘，俺娘來啦！」我拍著長榮邊大聲喊邊奔向前迎接土車上的母親。「小杏呵！我可看到你啦……」我和娘忍不住相擁而泣，長榮忙把娘扶下土車，口中聲聲呼喚著娘問好，卻忍不住聲淚俱下。我了解他是想到了他早死的母親。當晚我把娘安置在我隔牆的小房間裡，「小杏呵！你知道一路上經過多少漢奸隊日本兵的盤查啊！楊天芳總是說我是他娘，帶我去那兒走親戚哩，多虧他這一路上會應付，要是有一個關口過不了，把我丟到半路上我就這一輩子見不到妳了……」娘向我說一路上遇到有驚無險的點點滴滴，眞叫我捏一把冷汗。娘向我說祖母送她出門時的一段話：「小杏家娘呵！華堂陣亡時，還有妳領著一對兒女，我還有一點盼望，現在孫子死了，孫女嫁了，妳這一走，華堂這一門親人我再也看不到了，世道這麼亂，我也年紀大了，誰知道我這輩子還能不能再看到妳和小杏呵……」聽娘泣不成聲的說這一段話時，我母女再一次的抱頭痛哭。

娘來了，長榮買了兩隻又肥又大的老母雞招待她，但她卻苦苦阻止，她說她要養牠生蛋大家吃，比她吃雞她還欣慰哩！娘的話是有道理，但她那想到目前時局動亂，我們過的是隨軍移動的流亡生活，怎麼養家禽呢？我不忍心掃娘的興，只有任她過一天算一天的安定日子吧！

長榮前後左右地依偎著娘，不叫勤務兵侍候，只要在家，都親自給娘端菜、端飯，娘若把飯吃剩下了，他便當著娘的面把剩下的飯吃了。記得娘來不久患了感冒高燒不退，他不但伺候娘吃藥，還在她的鋪前打了地鋪，叫我和他睡在娘身邊。他說勤務兵太小，夜裡伺候老年人靠不住，長榮這種作風，不但感動了我娘，也使我對他一向疏離的心變成了對他的誠摯無間。

房東是一位長年在江上夜間釣魚的老翁，他常常把吃不了賣不完的大活魚送給我們，娘把牠拿來清燉或紅燒。那兩隻刀下留生的老母雞，在娘天天細心的追餵下，每天各生一蛋，每天長榮忙完了一天的公務，都有一頓豐盛的消夜，由母親親自做好的清燉魚，沖好的兩碗雞蛋茶，還有兩碗牛肉湯麵，長榮還要喝幾杯白乾，我們像娘的一對兒女，偎在她的身邊吃著、笑著，繪成了一幅天倫之樂的圖畫。

中原戰役

好景不長，有一天晚上我們正邊吃邊聊時，連部傳令兵慌慌張張的跑進門大聲說：「報告連長！營長傳叫各連連長在五分鐘內營部集合，有緊急情況。」長榮聞信也顧不得向娘和我招呼一聲就向外跑了。十分鐘後，只見他匆匆跑回來，緊張的向我說：「玉英，叫咱娘別怕，我一定要派兩個可靠的人照顧你們，目前附近戰況吃緊，日本兵突然迂迴進攻，已包圍了我們，現在只有一條向豫西的大道還在我們國軍的控制中。我們團長有令，本團全團眷屬都指定到鄧縣登豐一帶避難。我叫鄉長派一部馬車（即當時兩輪套騾馬的最快交通工具。）馬上就到，我把咱自己的那兩匹大馬交給了二哥，另外我還派了一個我的老鄉兵，我已經交待二哥，萬一馬車上的馬累了，可以換上咱自己的馬，這樣就不會路上耽擱。快收拾行李上車，扶好咱娘。」長榮進門向我說的話娘在室內全聽見了，她馬上走過來抓著長榮說：「孩子！你把我們都安排好了，那你哩？」「娘！養兵千日，用兵一時，這句話娘該聽說過吧！我是連長，我要帶著一連官兵跟日軍作戰呀！娘！別害怕，日本兵沒有多少，我們很快就把他打跑了，你快跟玉英上車吧！」長榮熱淚盈眶的安慰娘幾句話，便匆匆忙忙的出門了。

我匆忙收拾衣物，勤務兵把東西一一撂到停在大門外的馬車上，娘這時還口中「咕咕咕咕咕的」喊她天天飼養的那兩隻老母雞呢！雞一聽娘喊，便從老遠的地方聞聲跑來，仰頭佇立等娘撒米，我忙催娘說：「娘！妳不要再捨不得雞了，我們人能逃走就夠幸運的了，妳快點上車吧！來！我扶妳。雞就丟到這不要管牠了。」我的話使娘淚下，對雞依依不捨，而雞不見娘餵食而依娘脚前不走，我就趁勢抓起兩隻雞翅膀扔到車廂裡的饃籃子裡，用麻繩綁在馬車上，娘的心才算安些。

馬車快馬加鞭的由家門入了大馬路上眷屬的車陣裡，馬路上橫排四輛眷車，長如龍身，一車挨近一車爭先恐後的向前行駛。眼前遠遠近近的郊區原野上，都是穿著草綠色全副武裝軍隊，有的在行軍中，有的扒在路兩旁的壕溝中，有的正用鐵鏟等工具在挖築工事，那種眞槍實彈隨時備戰的景象，我還是第一次看到。車咕咚咕咚的向前行走，我緊緊摟住老娘，不時回頭向綠色軍隊中看，我想在軍人中發現長榮的蹤影，此刻只聽遠遠有人在呼叫我的名字，我把頭上包的粉紅頭巾向上揚起以作標示，只見一個全副武裝，手提手槍的軍人，由遠而近的出現在我的車旁，只見長榮灰頭土臉、結結巴巴氣喘吁吁的向我說：「玉英！妳在車上快點化粧吧！臉上塗點泥巴，頭髮想辦法挽到後面，妳到羅莊街直找王秋明家落脚，王是我連內班長，他爹不敢對妳不好，妳就住在王家千萬別動，等這一仗過去，我會馬上派人接妳跟娘。玉英！我們團裡前哨已經跟日本兵打上了，妳聽！這機關槍響就是啊！我們這一連馬上就去接應，我走啦……」「你快點歸隊吧！別誤了軍事你會犯臨陣脫逃的罪名啊！」在車的行進中我揮手向長榮道別，他早一溜煙跑的看不到人影了。這時敵機三架一隊的低飛在遠處軍隊所在地，炸彈聲、機槍響、飛機在我們頭頂轟隆轟隆的盤旋聲，使我摟緊娘全身發抖，我擔心長榮的安危，擔心我母女的命運，此時此刻我們身居火線，誰也不知將會面臨什麼危運。只見馬路上擁擠的眷屬車隊，各個車的負責人都用力鞭策拉車的牛馬屁股，力求快速前進，隨車的年輕人還可勉強支撑，有年老的跟車人，因沒飲食，又加緊急趕路，倒在路邊不省人事，令人鼻酸。天近黃昏時，敵機低飛我們上空，發現了我們車隊如鬧市的目標，先用機槍掃射，後投彈亂炸，此時炸彈聲、機槍聲，老幼呼兒喚娘的哀號聲，煙霧瀰漫，天昏地暗的，此刻誰也顧不了誰，照顧我們的什麼二哥、老鄉，早已各顧各的不知何處去了。我扶著全身發抖的娘，逃到離車不遠路邊的壕溝裡。

敵機慢慢飛走了，暮色蒼茫，原野寂靜，剎那間，大批軍眷擁近車陣，只見娘呼兒，兒叫娘的亂成一片，有的兒女慘死，有的雙親死傷，有的車主在混亂中把拉車的馬匹牽走了，有的護送眷屬的兵不見了，這種妻離子散，哀鴻遍野的情景，眞是慘絕人寰，護送眷屬的負責人一聲令下「繼續前進……」

在漆黑一片的原野中，各自設法隨車漸進，所幸長榮事前叫其兄備有兩匹大馬，加套在我們的馬車上，當晚我們便到了長榮介紹的鄧縣羅莊街王秋明家。

見到了王秋明的父親，經自我介紹後，他欣然接納了我們。他向我約法三章說：「連長太太得馬上打扮成跟我的媳婦一樣，頭髮梳個法髻在後面，連長的老太太裝啞巴，不然她說話不像本地人的口音，露出馬脚，我便成了窩藏軍眷罪，你們牽來的那兩匹馬，得交給我由我養到後院屋裡，免得外人見到了麻煩。」我都一一答應了他——這就是民國卅三年的中原戰役。

第二天天還沒亮，王的老父便把我叫醒了，他鄭重向我說：「這裡的情況我得向妳說詳細，這個莊子裡沒住日本兵，可是這個莊子附近的鄰莊，卻駐紮了日本軍隊，我們莊稼人白天下地幹活，大都結伴，不然有日本散兵會到田裡拉年輕的姑娘、媳婦去伺候他們。前天老張的外甥女一個人下田幹活時，就被日本兵抓走了，到現在沒有音信。白天，我們可以在家做飯吃，夜裡一有動靜，就得馬上逃到附近山溝裡去，這裡的山溝，日本兵不敢來，因爲那裡常有本地游擊隊出沒，他們怕被幹掉了。妳帶的貴重東西，可以都交給我，由我來給妳保管，妳們今後的生活由我負全責，這次逃難的日子還長，萬一你帶的東西丟了，被搶了，那以後妳們的生活誰負起這個責任。」王翁是一位老奸巨滑的人，這種作風近乎勒索。「人在人眼下，怎敢不低頭。」我假裝感激，便立刻把我帶的錢和金飾交出了一半，我告訴他這是我的全部，並再三感激的拜託他照顧我們。他馬上安排我和娘跟他的女眷們住在一起，長榮的二哥和那位同鄉兵，跟他的兒子住在前院的牛屋內。我們白天跟著他們全家生活，一天吃兩頓小米粥、窩窩頭（純高糧麵做的）。夜晚大都住在附近山溝裡，反正一切聽命於他，娘是永遠纏著三尺白布條的小腳（直到她六十四歲過世），舉步艱難又長年患氣喘病，每逢夜間有情況逃難時，都是由長榮的那位老鄉兵，把她扶到馬背上，慢慢牽馬前行，馬是經過訓練的，走夜路絕不叫喚一聲，因此我常在萬難中買飼料餵牠。

不久這位王翁又背地向我說：「現在米糧缺又貴，人和牲口開銷太大，現在時局又亂，我們也無法安心種田，我想把我們餵的牲口（他的牛、我的馬）全部賣了，一來生活可以維持久一點，二來也省得人家發現了大馬，發現了我窩藏有軍眷。前村住了一位營長太太，因爲被漢奸向日軍報密，那位營長太太的全家，還有窩藏軍眷的那一家老百姓，全被日兵抓到他的憲兵隊裡處決了，我們防患未然，所以我來跟妳商量。」這明明是在威脅我，沒有了馬，娘怎麼動，我那能捨了老娘而去隨這一家逃難，我緊跟娘又會有何下場，在不得已的情況下，我又把剩下的一點積蓄，全部交給他，並以孝母爲由，婉拒了賣馬的提議。

郭琤冒死找到我

逃到羅莊街第三天的深夜，王翁向全家宣佈：「我得到了可靠的消息，日本兵今夜要攻破羅莊街這條河，守河的是國軍部隊，不會叫日軍順利過河的，現在局勢很緊張，全鎮上大街小巷逃來了好多難民，連咱大門外的那塊空場裡都住滿了大人小孩，我們的大門誰敲也不能開。只要門一閃開，那難民就擠進來啦，到時候我們連水也沒得喝，別說吃飯啦！今夜大媳婦管家，有動靜時跟我講，我去後屋歇一會。」聽到王翁給他兒媳婦下了這道命令後，我那還敢睡。不久，便聽到遠處傳來密集的機關槍聲，還混雜著「殺呀！殺呀！」的似巷戰交鋒的吶喊聲，還有大門外人潮洶湧的呼兒喚媽聲，王翁的大兒媳前後慢步的巡視，我因心不安蹓到大門裡，扒在門縫中向外看，只見黑鴉鴉的人群，像潮水似的在空場裡起伏，還隱隱聽到由遠而近一聲聲熟悉的聲音在呼喚著我的名字，「玉英，玉英！」一聲接一聲，聲音微弱，但聽得清楚，是琤姐的聲音。但我不相信，此時此地會有琤姐的存在，我想著大概是外面的難民走散了，正好與我同名，這聲音越來越近越清楚，就在門外，「玉英！妳住那一家呀？我帶著麗君來了，我和小孩從老河口來新野找妳來的呀！妳在那啊？……」這聲音，這句「麗君，老河口」的報人名、地名，證實了是琤姐無誤時，我也顧不了我身後王翁大兒媳的大聲嚇斥，馬上開大門衝出去，順著喊聲回答：「郭琤，是我，我來接妳了，我是玉英……」一位步履蹣跚、髒兮兮的老太太，一手提著討飯的破竹籃，一手拄了根舊竹桿，背上揹著一個週歲滿臉泥巴的小孩，她扔下籃子和竹棍，一把抱著了我：「玉英！我終於找到妳了……」她泣不成聲的向我介紹站在她身邊，滿臉腮鬍的老翁說：「他叫楊租科，是子奇身邊靠得住的老兵，化粧成這樣，充當小孩的爸爸。」「郭琤！什麼也別說了，快跟我進來再說。」我拉著琤姐，敲開了大門，硬自進來再關緊大門，翁媳怒目相視，琤姐識相，立刻從她破衣袖裡掏出了一疊鈔票塞給了她，這她才和顏悅色地接納了琤姐，琤姐又馬上拜見王翁，並交給王翁一個金手鐲，我才能同琤姐住在一起，度了這段逃難生活。

得空時我問琤姐，在老河口多安全，爲什麼趕在目前兵慌馬亂中來找我？琤姐怨憒的向我說：「妳跟高長榮生氣，給我寫了那封長信以後，也沒下文啦，我因爲太掛念妳，就帶著孩子來看妳，我想馬上接妳到我那長住，我來的時候一點戰況也沒有，沒想到一到新野，軍隊、軍眷全走了，只看到幾個留守的官兵，他們說這裡已經成了火線，叫我馬上回老河口去，既然來了，看不到妳，我那能安心，所以我就化粧成難民，隨著大批人潮來啦！多虧高連部留守人員告訴我妳鐵定住羅庄街，我來到羅庄街已是第二個晚上啦，我在有難民的地方，都是這樣喊法、找法。總算蒼天不負苦心人，找到了妳呀。」聽到琤姐敍述，令我感動得抱著她哭了好久。「好啦！別哭啦，哭能解決問題嗎，我們現在是落難了，妳趕快去跟伯母講，叫她跟任何人都說我是她的大女兒。我帶的錢已經不多，但我帶的金子可多，有兩個鐲子，好多個小戒指，還有一兩重的小金塊兩個，我準備把這些金子在新野賣掉，回老河口帶點能銷的東西，好賺點路費哩，卻沒想到會在這裡遭難。『人在人眼下，怎敢不低頭』就把我那兩塊金子明天送給房東吧，不然他不會收留我。」機警的琤姐，施小惠而得能打入這個家庭裡生存。

羅庄街終於駐滿了日本兵，先是由鄉長出面按戶出糧草，不久由漢奸領著帶武士刀隨時殺人的日本兵，挨家挨戶的搜刮民財、民物，所以不到一個月的工夫，我們這個十多口的大家庭，便到了三餐不濟的時候，房東是個倔強的土老頭子，因爲上街上購糧，經過關卡時未給站崗的日兵行一八〇度的大禮，而挨了頓毒打，他對我們說：「你們打算長期住這裡，糧食就由你們自己想辦法進到羅莊街裡購買，我只負責燒的和吃的青菜。」琤姐既怕她的勤務兵不機警，又怕跟隨我的人應付不得當，她便滿口答應了這份困難的任務，每隔三五天，她便一個人去街上一次，我不放心，總是抱著麗君遠遠的站在曠野裡，望著她佝僂的背影（她化粧成老年人），手拄一個破木棍，走近佈滿鐵絲網的關卡口，向荷槍挎刀的日兵行大禮進去後，我就站在原地等著她揹著半袋米出來後，才放下了心。

麗君患了出痲疹的病，三天三夜高燒不退，房東找了個單方，叫用冰糖煮草藥即可退熱，當時別說冰糖，就連普通的紅、白糖也難買到，草藥味苦，餵食小孩全都吐光，就在我們束手無策之時，日兵卻在夜裡持刀槍入民宅，搜找年輕女孩陪歡，房東聞風命我們速向附近山溝躲避，房東前頭領路，催我們快速緊跟，嚇得老娘全身發抖，上馬數次都因脚發抖踩不穩馬蹬而摔下來，她哭著催我快逃，她寧死也不願拖累我們。而琤姐懷抱著麗君，走到半途因怕野風太大，吹壞了「怕風」的疹子而有生命危險，她要一個人折轉回去，我說：「要死大家一起死，回去就大家一起回去。」琤姐說我化粧的不夠老會受日兵欺凌，她還是硬撐著前進，她把自己的衣襟打開，讓小孩貼著她胸口，再用牙齒緊咬衣襟不讓大風侵襲，琤姐以淚洗面的那幅狼狽相，實在令人睹之鼻酸，但她對孩子付出的母愛，對朋友貞摯的友情，實在令人尊敬難忘。

我們吃的水都是在村頭一口老井裡挑的，一個多月來，誰也不敢燒水洗澡，就連小孩大小便了，也只有拿點髒布擦擦，大人，小孩大便了，既無手紙，也無舊布，只有學村民一樣，就地檢塊石頭一抹而已，內褲髒的成了膠布，地上鋪睡的稻草掀動，虱子亂爬，跳蚤亂蹦，我們猶置身煉獄而不敢作聲。有一天夕陽西下的傍晚，琤姐怕夜裡虱蚤太多而難成眠，把鋪的草蓆拿到大門外用力抖一抖時，卻沒想到竟遭村民謾罵說：「抖床鋪應當在早上，在屋裡抖鋪，這個全家會倒楣，在外頭抖鋪，全村人會遭殃，你們想害死我們全村人是不是？……」嚇的琤姐在村民叫罵聲中一直連連陪不是。老百姓大都知道我們是逃難的軍眷，他們處處刁難，我們天天都得隱忍住滿腹悲憤度日。

有一天深夜，長榮的二哥叫我去他住的牛屋，說有事同我商量，他正色的向我說：「弟妹！我們在這住已經快兩個月了，日本兵給氣受，我們得忍，老百姓給氣受，我們也得受，我看我帶你回咱老家泌陽算啦，這裡離咱家有兩百多里，咱有兩匹馬，妳騎一匹，我騎一匹，兩天就可以到了。」「常聽人家說，路上有漢奸劫路，日本兵抓年輕婦女，既然你弟弟叫你來照顧我，他再三指定我們住到這個村子裡，等他過了這一陣戰事，一靜下來，他就會想辦法來接我們，受氣也不會太長，我們就再忍一陣子吧！」我向他乞求似的說。「土匪、日本兵，要的是黃花大閨女，妳騎著馬，我牽隻馬，誰會希罕要妳？」高的二哥搶白我說話。「那我不顧我娘了？跟你走？」我有點生氣的說。「叫伯母住這裡等妳，我們把兩匹馬送回家再來呀，妳知不知道到咱家一匹馬可以換十畝田哪？兩匹馬可以過一輩子好日子啊……」我的話不被二哥接受，他反而對我氣惱的發脾氣說。「路上太亂，我如果回不來了，那我娘怎麼辦？」「妳的好朋友郭琤在，她能不管嗎？」「你只顧牲口發財，卻不顧我們母女在外地死活，我說什麼也不能聽你的。」「妳跟俺弟弟一樣不成材，我早跟他說把這兩匹馬牽回家他就不聽，現在我已經決定這麼辦了，妳聽也得聽，不聽也得聽。」「笑話，你這種安排，我怎麼會聽你的。」我哭著由牛屋跑向我住的後院，此刻琤姐聞聲由室內衝了出來，她拾起了地上的一個半截磚頭跑到前院扔過去，正好長榮的二哥正拿著牛屋裡的一根棍追我出來而未砸到他，琤姐奪了他手中的棍，用棍指著他的臉說：「高長聚！你給我聽著！要走，明天一早你趕快一個人滾蛋，玉英不會跟你走，兩匹馬你也休想帶走，要活命大家忍住點，不想活的話，走，我們兩個現在就到街上日本憲兵隊裡去投案，怎麼樣決定？你說。」琤姐聲色俱厲對著長榮的二哥說了這段話後，他一言不發的跑進了牛屋關上門了。

第二天一早他同他的同鄉兵一起偷著逃跑了，想不到他受其弟的重託，不但撒手不管，就連一個小兵他也帶走，把我丟在四面日兵包圍的淪陷區裡，他的作風，令人切齒。

千辛萬苦逃出淪陷區

是一個夕陽西沉的黃昏，琤姐揹著她的女兒麗君，提著剛由小河溝洗好的一籃衣服，我一隻手拿著棒捶，一隻手拿著搓板，正要越過崎嶇不平的路上岸時，一位坐在岸邊土墩上，頭戴斗笠，身穿破爛衣褲，身揹錢鎝（清末民初，男的老、壯年出門，身上揹的裝錢和食糧的布袋）手拿長桿煙袋，滿臉滿頭花白鬚髮的老人，站起身來迎上我們，含笑彎腰的低聲說：「妳是不是高大嫂？這位是？……」這聲音很熟悉，但這樣打扮的老人，我一時認不出他是誰？我惶憾的止了步，琤姐也退一步站定了，我倆注視著這位似曾相識的陌生人，我問「你是？……」「我是徐伯鴻啊！是長榮兄叫我來看你們的……」這位老人小心翼翼地向我說話。此刻我才認出他是長榮連內的一位資深排長，他是長榮出生入死、共過無數次戰亂的老弟兄。他沉默寡言，忠實可靠，我驚喜的小聲問他：「你是徐排長，長榮現在在那裡？這位是我的好朋友郭琤，她從老河口來看我，趕上了這場大難。」我向他介紹了琤姐後，再悄聲問他情況，他正色的叮囑我：「太太！別忘了這是淪陷區，以後不管有人、沒人，都不能稱我徐排長。」接著他向我和琤姐說出了他的安排：「我們的隊伍就在白河對岸，我們走路得三天，因爲有老太太，還有小孩子，如果是我們年輕人的話，一天就到了，太太，我以後改稱大嫂好了，這三天的路我們都安排好了，第一晚上住丹莊，那裡有人接、吃、住不成問題，第二天住李寨，那裡鄉長，表面上聽日本兵差遣，實際上他在暗中幫助國軍，第三天晚上便到達我們國軍的營區了，連長會在那派車接我們，不過這三天的路上，都有日本兵的崗哨漢奸的眼睛，我們要特別小心，日本兵看中的是年輕姑娘，你倆化粧老一點，就說我跟郭女士的兵是小孩的爸爸，不就行了嗎？反正忍辱負重，就只有這三天。妳們人能逃出來就好了，什麼東西也別帶，只帶點破破爛爛的衣服，我們就說從這個村到那個村走親戚就行了。只要說是夫妻，還有老有少，沒人注意我們。」聽他說了週詳的安排後，我和琤姐都充滿信心的準備這次冒險的逃亡。

兩匹大馬半賣半送了房東，他只給了我們一點點川資而已。「能平安的脫離了虎口就好，財是身外之物。」娘一再勸我和琤姐，房東資助了我們兩個大的竹簍子，一根竹扁擔，一頭裝我們的破爛衣服（拿我們的時裝，向老百姓換的），和房東給的十幾個高糧麵餅，一頭坐著週歲的麗君，由徐排長和琤姐的兵楊祖科輪流挑擔，我和琤姐攙扶住我瘦弱多病的老娘，在天還未大亮時，我們這一群老少難民便開始上路了。我們不敢走陽關大道，憑徐排長來時的經驗我們專找偏僻的山徑小道，每爬一個山頭，只見老娘氣喘得幾乎窒息，我便用竹簍內裝的破碗（半個碗，故意打破的）接點河溝正潺潺細流的清水給娘喝，娘幾次支持不住，哭著向我說她連累了我。有時徐排長和琤姐的兵，也輪流一個挑擔，一個揹娘，第一天還算順利的到達了目的地——丹莊，這家主人還殺雞、烙餅，招待了我們一頓豐盛的晚餐。

由丹莊到李莊，必需經過日軍佔領區的憲兵隊隊部大門，我們小心裝作若無其事的向前走，憲兵隊大門外站著兩個身披長刀短槍的憲兵，他們像泥態塑相的面對面站著，根本不去留意門外往返的路人，我們拖拖拉拉的老少一群已從從容容走過了憲兵隊大門口幾十步了，卻被迎面而走來的一位紳士打扮的中國中年男人叫著了：「停！妳們要到那裡去？過來，到憲兵隊問話。」一眼便看出來他是一位狗腿子漢奸，娘聽說「憲兵隊問話」這句話，便嚇地撲通雙膝跪地說：「俺是走親戚哩！別難爲她們了，這是我的兩個女兒……」「老東西，妳胡說什麼？妳一開口，我就知道妳不是本地人。妳們是想要逃走的軍眷是不是？走！跟我到憲兵隊去。」這個中年男人，不但不同情地上跪著的老人，還一脚把娘踢倒地上，用他的大手硬拉開我緊扶著娘的雙手，琤姐馬上搶向前向他說：「我身上只有這一隻二兩重的金鐲子了，給你，希望你積個德，行個方便，放過我們，你把我們抓到憲兵隊，我們是死路一條，而你又能得到多大的好處？……」琤姐的一大段話、一個重重的金鐲子，使漢奸想了想後，馬上奪回鐲子，收藏在褲袋裡，說聲「滾吧！」便大搖大擺的走進了憲兵隊的大門。

好不容易過了鬼門關，眼前卻面臨了相當高而曲折蜿蜒的山徑小道，娘仰望著面前陡峭的高山，再低頭看著她走了兩天磨破了鞋底的兩支小脚，再想想那個漢奸對她的羞辱、脚踢，哽咽著對我說：「小杏啊！我太拖累妳啦！我看我怎麼著也難走過這個大山啊？」我摟緊了淚流滿臉、全身顫抖的老娘，再三向她強調：「娘！妳放心，待會挑子扔了，我和琤姐替換著抱麗君，兩個男人輪班揹您上下山，只要翻過這個山頭，山那邊便是我們的隊伍，長榮就在那等著接我們哩。」娘聽了我的話，露出了一絲苦笑對我說：「我還能撐，我們趕快上山吧！」

一開始我和琤姐用力的扶母親爬行上山，兩個大漢輪替著挑擔，小孩在竹簍子裡掙扎著要出來找媽媽，因竹籃兩頭不穩，幾乎要掉到山溝裡，眞叫人心驚肉跳。一陣下來，我們汗流夾背，氣喘吁吁，啃乾饃，喝山溝水，琤姐卻連一口水也沒喝便上山坡上的小樹林裡用饃渣引逗麻雀，結果她抓了一隻，用繩子一頭綁在竹簍邊沿，一頭綁在小孩手腕上，就這樣小孩只顧玩弄小麻雀，挑擔穩當而順利的挑上了山頭，然後他們便再回頭接替著把我母親揹上去，就這樣翻過了這座高山，到達了第二天的預定地——李莊。

李莊的鄉長，派了一位可靠的民兵，送我們離目的地還有一半的路程，站在三叉路口的小山頭，他笑著說：「日本兵佔領區已過了，由這個小山頭，到前面那座高山邊，這一帶都是國軍的防地，聽說國軍守防隊伍也很嚴，老遠發現了可疑的人，可是眞開槍呀，你們千萬要小心。」我們向這位領路人千恩百謝道別後，便很坦然地向前進了。我和琤姐既知這一帶是國軍防地，又知長榮的那一連軍隊就駐在離此不遠的山邊，我們充滿了安全感，信心十足的向前走。

天色漸漸暗了，我們扶老攜幼爬上最後這座大山時，全是抓著岩石爬著前進，正下到山腰時，只見前面的哨兵電燈一亮，接著一聲「口令！」我們不知答什麼好，接著這個哨兵便舉槍向空「砰」的一聲發射一顆子彈，我們心裡都開始緊張，唯恐誤中槍彈，徐排長馬上說：「電燈先亮一下再喊口令，這是我離開連部時，連長臨時規定的，已事先向我講過，這個哨兵，正是我們的連，沒錯。」他邊說邊叮囑我們在這坐著等，他一個人去跟哨兵聯絡。

十分鐘後，長榮來了，他全副武裝，手裡還掂著手槍，後邊跟著兩個兵抬著一個擔架，他走到我們面前，先扶起坐在地上的母親，親切的向娘說：「娘！您睡到擔架上吧！叫他們抬您下山，我已經給妳們收拾好住處。」然後向郭琤驚訝的說：「郭琤啊！妳看著比娘還老，我眞認不出是妳了。來！孩子給我抱。」長榮從琤姐懷中接抱麗君領著我們下山，小孩拚命哭著要找媽媽，琤姐只好揹著她的愛女，再支撐最後的幾分鐘路。

「傳令兵！叫張建其來（連部廚子），先炒幾個簡單的菜吃飯，再把那隻肥母雞殺了燉湯，給他們補補。」聽長榮使喚傳令兵一如平時，看傳令兵對我們殷勤的侍候，我好像進入了另一個世界，我們度過了七十多天奴役的生活，到此刻總算感到安定而幸福了。

對日抗戰勝利，國共內戰又起

我們在連部附近住了三天，長榮對我和琤姐作了妥善的安排，他告訴我：「這個地方屬於均州管，我們駐紮此地的軍隊，是負有作戰任務的，我們隨時聽命備戰。這個軍團的眷屬，大都住在均州附近鄉下的山區裡，我已派人給妳們找好了房子，妳同郭琤，帶著咱娘、小孩趕快到那個地方去住，我馬上拍個電報給子奇，告訴他大人、小孩現在都平安的住在我的防區，等戰局稍一穩定時，我再想辦法送郭琤母女過去，你們在鄉下等我的消息好了。」當晚，我們便搬住在離均州十多里的小村。

一所破舊的大屋，隔成三個房間，我和娘住一頭，琤姐和她女兒住一頭，中間一間是琤姐隨行勤務兵楊祖科住。這裡生活相當清苦，一般居民長年以玉米為主食，玉米粥、玉米餅，南瓜絲當菜，炒菜油成了珍品，一家十多口，油鍋燒熱了，僅滴一點點油，便能炒一大鍋南瓜菜全家圍桌吃，大米、麥子，只有年節時，才能吃上一頓，我們常拿軍米換他們的玉米吃，彼此都很樂意。

這裡的山並不十分高，但卻常有三五成群的野狼出沒，如果一個人單獨走在山徑小道，狼就大膽的走近你，搶你手中的東西吃。在山區住的軍眷，三五歲在村外玩耍的小孩，常有被狼咬或狼拉走的傳聞。但如果你一個人走在山裡時，手裡拿根長棍，邊走邊耍，狼看到你就會遠遠的躲起來，如果軍人帶槍行路，狼也不敢近前，我為了彌補琤姐對我的付出與犧牲，許多家庭瑣碎事我都搶著去做，天還未亮，先把玉米粥燒好，再把她母女頭一天脫下的髒衣、小孩尿布等，去門前河溝裡洗晒。等大家吃過飯後，琤姐便叫我在家看小孩，她一隻手提著菜籃，一支手拄個長棍，一個人走向山區野地摘玉米棒，採野菜。晚飯後，我們便坐在大門外的石凳上，她吹口琴，我唱歌，老娘抱著小孩當聽衆，深夜，我和琤姐關上房門炕麵餅。我們同房東老夫婦共食，房東常向我們感慨的說：「我們只有過八月節的時候，才能買兩斤麥子麵炕個油餅當月餅過節，你們可以天天吃，我們也跟著你們像天天過節一樣，你們走了，我們就再也吃不上了啊！」這裡村民的生活實在太清苦了。

有好長一段時間沒有長榮的來信和接濟了，經驗告訴我，他一定又隨軍作戰了，我開始感到不安。不久，一個下午，聽到村子裡鑼鼓宣天，鞭炮聲接連不斷的響個不停，我以爲是村子裡有人結婚，抱著麗君跑向大門外，遠遠便看到村民三五成群的歡笑、蹦跳，琤姐一向貪玩，便飛奔至人群看個究竟，只見她馬上跑回來，笑得前俯後仰的，她搶過我手中的小孩猛親，再摟住我歡跳大叫的說：「日本投降了，我國勝利了，八年抗戰結束了，城內各報紙都出了『號外』，玉英！我們以後要過太平日子了，以後再也不會逃難了，我們再也不會分開了，我們要回家了。」「眞的嗎？走，我們馬上進城買報去。」我拉著琤姐就要往外走時，迎面走來了房東老先生，他手裡拿著一張中央日報遞給我，並笑向我說：「太太！你看看這上面標題『日本投降……』」我忙唸給母親聽，並摟緊娘說：「娘！我們快回家了，快跟奶奶團聚了。」娘聞言喜極而泣，這眞是一件令全國上下歡欣鼓舞的大好消息。

第二天上午長榮派人送來了一封信：「玉英：日本軍投投了，大戰平息了，値得我們高興，但豫東一帶有一股土八路的共軍又在擾亂，我軍奉命連夜出發圍剿。等我隨軍穩定戰局後，再給妳信，你要緊跟均州留守處，要隨時聽命留守處共進退。」一夜的狂喜，卻在看信後此刻全消了。

琤姐急性子，第二天一早便一個人進均州城找留守處去聯絡了，她回來興高采烈的對我說：「玉英，我跟留守處負責人接洽過了，三天後我們隨留守處離開這裡，一家分一輛四輪牛車，行李跟人第一天得趕到均州留守處，我也打聽了一筆可做的生意，我們的目的地是南陽，全軍眷屬到南陽以後再聽命前進。聽說南陽的牛比均州高一倍以上。均州山區裡牛價便宜，我們看好住在鄉下，可以就地買幾頭便宜的牛，順便叫我們倆的兩個勤務兵牽著牛跟眷車，我們軍眷到了，牛也到了，我們在南陽把牛賣了，可以賺一倍以上的利潤，到時候也好補貼一點我們在淪陷區的損失。」我舉雙手贊成。

當晚在房東的協助下，兩位大兵跑到東山，又跑到西山，一共買了八頭大肥牛，他們各牽四頭，後來聽房東的建議，爲了八頭牛，雇了一支小船，牛拴到船頭甲板上，我們人坐在船的後倉，叫長榮的傳令兵一個人去均州留守處報到領車，我們同一天出發，在不遠的陸路會合，不知是船太破舊，還是水淺難行，一開始還算順利，可以同陸路牛車並進，到了下午，船成了逆水行舟，船家叫我們出錢雇人拉船，在當地雇了四條壯漢，當這四位壯漢上船用粗繩綁船的時候，這八條大牛驚慌的齊蹦亂跳，忽然其中的四條牛掙脫了韁繩，瘋狂的向岸邊人群裡衝撞亂跑，琤姐叫剛雇的人下船捉牛，想不到船上的另外四條牛也狂奔下船，船上、岸上的人越大聲喊，牛跑的越快，頃刻間全然不見了。好不容易在琤姐重賞的情況下，由當地人把這八隻牛都找回來了，我們再也不敢叫牛上船，只有叫兩位大兵，再雇兩位當地壯漢，牽著這支牛群，隨著車慢慢前進，事後聽當地人說：「買牛，要買一個地方的牛，誰叫你們東山買幾條，西山買幾條，牠們落黑，想回家呀！」天哪！我們那曉得牛的習性？

第二天辭去了兩位當地壯漢，由兩位兵緊緊的用繩子牽著這八頭牛，跟著我們的眷車慢慢前進，琤姐貪玩愛吃，車經過集鎮鬧市，總是下車買些吃的、玩的，我說她太浪費，她說我嫌浪費她自己獨吃，我說錢已花了，不吃白不吃，一路上我們邊吃邊笑邊逗著小孩玩，感到無比的輕鬆和愉快。琤姐一直在計算牛的成本多少，到當地可賺利潤多少，當她想到馬上可以賺到一倍以上的錢時，眉飛色舞地向我低聲耳語：「玉英，這次到南陽我要給妳多添幾件漂亮的衣服，把妳打扮得漂漂亮亮的好不好？」沒等我說話，琤姐又接著說：「聽說這次勝利後政府還要給八年抗戰的軍人發放勝利獎金哩。長榮是主官，一定發得很多，我們販牛再賺一筆錢，那眞叫雙喜臨門哪！」

中午，我們便到了離南陽不遠的一個小鎮，只見三五成群的牛隻，由該鎮迎向我們走來，琤姐一向機智，立刻下車問個究竟，不一會她回到車上，一臉的愁苦對我說：「糟了，剛才那幾個趕牛的對我說：『我們是均州人，知道南陽牛價高，我們趕了十幾頭牛到南陽賣，沒想到南陽牛太多了，牛價比均州還便宜好幾倍呢？沒辦法了，我們把這十幾隻牛再趕回均州去。』那我們怎麼辦哪！」「一切聽天由命！」我只有這樣答話。

軍眷奉命由南陽出發到豫東各縣鎮留守，我和琤姐因牛一時賣不出去，而暫找一個小旅館住下，八頭牛寄養在南陽一家相當大的牛行裡，店主管牛吃、住和代銷，因牛價日跌一日，八頭牛售價也買不回在均州時的一頭牛，我們實在無法以如此賤價售出，後來在牛販的建議下，一半賣給屠宰商，一半賤價售出，八頭牛出售的全價，在均州還買不到兩頭牛哩。琤姐的賺錢夢碎，我倆的積蓄淨盡，只有向豫東臨穎軍眷留守處去了。到臨穎城內，先找個小客棧住下，再叫傳令兵去軍中找長榮聯絡，第二天長榮的傳令兵牽了兩匹馬來了，這位傳令兵是長榮的心腹，一看到我便說：「連長太太妳怎麼不早點來呢？現在妳來什麼也不能挽回了。」只見他愁苦滿臉，沒頭沒腦的說這段話，我馬上急問：「連長是不是出事啦？」「連長再三命令我不叫我跟太太說這件事，我覺得這件事早晚太太也會知道，我覺得我還是先跟妳說明白了比較好。太太是有知識的人，知道了對連長一定會有幫助，所以我今天要向太太實話實說，但希望太太一定給我保密，不然連長一定會揍死我。」他的開場白，使我心驚肉跳，經我再三向他保證後，他才向我實說：「十天前，連長領了八十五萬的勝利獎金，可以買一百兩以上的黃金（當時黃金八千元一兩，幾天後漲價萬元……），沒想到領了這筆錢的當天晚上，便有九連連長、七連連長，還有營部副營長，把連長邀去推牌九。三個人聯手暗算他，不到半夜，剛領的八十五萬元全部輸光啦！連長不服氣非撈本不可，命令我回連部找到特務長，拿連部公款廿三萬元，沒到天亮，又全都輸的光光……」他的話說到這裡，我忍不住揷嘴說：「李新慶，你是連長的心腹弟兄，你明明知道這三個人聯手坑連長，爲什麼還回連部拿公款叫他繼續去賭？」他無奈的向我說：「太太：妳是知道的，軍隊裡是階級服從，我一直跟在他身邊，他的命令，我敢回個『不』字嗎？我也騙連長說『找不到特務長，沒有人有鎖匙開箱子，還是回去休息吧！』可是那三個人存心坑他，一定要打到底才能散，連長心想翻本呀！他氣得要揍我，叫我一定要找到特務長拿錢，拿不回來錢就不叫我回來見他，結果我把廿三萬元拿給他，不到一個小時就全輸光了，還倒欠他們好幾萬哩！」聽了這段話，令我全身發抖，我急切的問他「連長現在在那裡？」「太太，這幾天連長不吃不喝，白天夜裡喝得醉醺醺的，看樣子他快活不成了，我怕他一時想不開，一直日夜都守著他，我也十來天沒好好睡覺了，他聽說太太來了，還有妳的好朋友也一起來啦，才起床去理個髮，換換衣服，我來接妳時，他再三命令我不要把他這件事跟妳說了，妳就裝著什麼也不知道好不好？」聽他對長官忠懇的作風，我非常感動，亂世能保命也就罷了，就答應他絕對信守承諾，他才安下心。

兩個大行李駝在馬背上，我由來兵扶著上了駝行李的馬，由他牽馬前行，琤姐抱麗君騎在另一匹馬上，一個多小時便到了離臨穎十多里的營區，長榮一如昔日的笑迎我們，並叫連部廚子做了一大桌菜招待琤姐。這頓久別重逢的團圓飯，表面上大家都還算愉快，其實長榮和我都有狗咬狼兩怕的難言苦經（我把私房錢全給琤姐買牛了），琤姐在這裡與我住了一個禮拜，便被其夫李子奇由老河口派人把她母女接走了，而叔父不久也由家鄉來先把娘接回陪奶奶。

最後一次回家探親

八年的艱苦抗戰苦熬過來了，卻沒想到與共軍的內戰又相繼不斷。第八兵團的隊伍，都分佈在豫、皖邊區，與共軍常有零星激戰，而長榮隨軍調到豫東太康、扶溝一帶守河防，我們大批軍眷，就住在離前防部隊不遠的後方。有一位排長，在連夜與共軍激戰中陣亡，在其家眷的要求下，將屍首運到死者家鄉的太康城內，出殯那天，死者白髮蒼蒼的老父和不滿週歲的幼兒，在其妻的扶持下，跟隨棺材送靈，看這一家老弱痛哭悲慟的悽慘一幕，令圍觀的市民無不辛酸落淚，這與我童年喪父的情景無異，我的淚自始至終湧流不止，跟日軍作戰，是爲了保國衛民，犧牲還算值得，而今跟共軍同是中國人，卻自相殘殺而內戰不休，眞是死得沒代價，但身爲軍人，誰又能躲了這場內戰的橫禍呢？

慈愛的老祖母，是我時時刻刻懷念的親人，對日抗戰既然停止，我又隨軍住離家鄉不遠，母親已先我回家，她老人家一定日夜焦盼早一天看到他大兒子唯一的後代我了，因而我向長榮說要馬上回家探親，他很支持我的想法，唯一感到遺憾的，是他身爲帶兵官，不能請假離營陪我，只有派一位可靠的兵護送我回家。

叔父的生意，由布案已變成了大間門面的布店，爲了方便做生意，已由中排的奎文街十號，搬往到中排熱鬧的西玉街四八號一個大宅院裡，生活水準，也因生意賺而日漸提高，每天三餐都有魚、肉，尤其我多年不回家，叔父特別疼愛我，每天一大早叫嬸母買回來豬肉、羊肉，祖母天天拄著棍，提著菜籃，由我和小弟跟著，到新開闢的市場買新鮮的蔬菜，娘天天爲我做不同的麵食吃，奶奶燒火，娘和嬸掌廚，烙單餅，煎菜盒，包水餃，炸鮮蝦，我在家住了一個多月，全家長輩們對我的疼愛，尤其對我無微不至的娘和奶奶，實在是我有生之年難以忘懷的。

一天夜裡，奶奶的手被牆縫中爬出來的蠍子咬了一口，使她的手和胳膊紅腫得怕人，她疼痛的全身發抖，哀號不止，我一早便去敲街上唯一的一家西醫診所大門，我以高價請大夫出診我家，他給奶奶注射了一針止疼消炎的針後，奶奶馬上就恢復正常，奶奶抓著我的手，熱淚湧流的向我說：「小杏呵！這蠍子咬了我一口，妳就這麼操心，花錢給我治，那妳走了以後，我要是得了重病誰來管我呵？我的小孫女啊！妳的長相，作風，那一點都像妳爸爸生前一樣……」「奶奶！妳放心，跟日本作戰八年，我們勝利了，以後再也不會好幾年不回來，我會常常回來看妳哩！我叫娘先回來陪妳，等眞正沒有內戰了，我會接妳和娘跟我一起去住哩。」經我再三安慰，奶奶才穩定了她的情緒。

收到了長榮的一封雙掛號信，內容大概是：「……戰況吃緊，見信速回，否則，妳會同隊伍失去聯繫，也會同我斷絕信息，內戰不是短時間可能結束的，戰況一日吃緊一日，速歸，否則，路途阻隔，妳就難回來了……」這封信我不敢向長輩們公開唸，只說長榮叫我速回，不然他會生氣等。

長輩們知道我決定明天就要起程離家，祖母和娘立刻抱緊我痛哭失聲，叔父結結巴巴的以恩威並進的口氣向我說：「小杏啊！妳是個最孝順的孩子，妳看看你奶奶，妳娘哭成這個樣子，妳忍心明天就走嗎？離小滿會還有整整十天（小滿會，是家鄉農業社會裡傳統的古城大會），一定得過了小滿會再走，到時候我一定給妳雇車，送妳回去。」看在叔父由衷的勸言上，我答應再住三天，絕不可能再住十天等趕「小滿會」以後再走，這樣長榮會怪我哩！在長輩們傳統觀念裡，女孩嫁夫從夫，夫言如聖旨，絕不可違背，無可奈何，不得不接納我三天後離家的事實。

在我住家裡這一個多月的時間裡，祖母、母親爲了疼愛我，給我趕做了兩雙布油鞋，由祖母細心的熬桐油，抹黑灰，把做好的兩雙布鞋，一天一遍的抹黑、上油，擱太陽下晒，待我要離家的前一天，祖母把黑漆油亮的兩雙鞋拿在我面前，叫我試穿，這內暖外亮的新鞋穿在脚上，眞比鞋店買的尺寸還要合適，兩位愛我如命的長輩，兩眼含滿了淚水欣慰的現出一絲笑意。

隨我一起返鄉探親的小兵楊天芳，給我來了一封信，說他父母重病，他已決心留在家而不願隨我再到軍中去，不得已，母親找上了她的妹妹商量，姨母答應叫她的獨子劉書增護送我，這樣長輩們更爲放心，畢竟他是我的至親，但姨母在我行前特別叮囑我，明年年底，一定要叫他的兒子回家來結婚，因爲她未婚的兒媳婦明年剛滿二十歲。

臨行前夕，祖母和娘哭了一整夜，待我要走出家門時，娘把一包煮熟了的雞蛋和家鄉最有名的特製鹹牛、羊肉的切片交到我手裡，祖母把兩雙油漆得黑亮的鞋，用蔴繩綁好提著，小心翼翼地交待我說：「小杏啊！這雙鞋不能打到行李裡，不能壓皺，免得走樣了，難穿，還難看，妳一定用手提著呵！」當小土車停在大門外，行李搬車上的一刹那，祖母和娘泣不成聲的向我千叮百囑：「小杏啊！妳出門在外，要記著照顧自己，要常常寄信回來，要……」在親人聲聲殷切的關愛叮囑中，我連連點頭，向親愛的祖母、母親以及叔嬸等握別。我跟在小車後面，步行在街的盡頭時，回頭看看我長輩們的身影，還在模糊不清中向我頻頻招手呢！尤其叔父，一直陪我步行跟車，直送到我西寨門外還要繼續再跟，一路上他向我說個沒完：「小杏啊！妳看麥子快熟啦！」叔父指著一望無際的麥田裡被風吹得東搖西擺的青麥穗向我說：「等割完麥還有快兩個月，妳能回來妳可回來呀！恁奶奶快八十歲了啊……」叔父語重心長的哽咽著說，並催我坐上車，他仍隨車送我，我實在不忍心我坐車，他步行的跟車遠送，我堅決的阻止他，他才止住了脚步，再三拜託護送我的表弟要小心照顧我，關照一下推土車的人幾句話，就在一塊油綠及膝的麥田邊，我泣別了叔父。已經步入了另一個村頭了，回頭再望叔父站的地方，一個模糊的黑影仍在原地佇立著，當時只覺是暫別了親人，那知這次與家中親人的歡聚是空前，也是絕後。

第六章：三代情深

大兒子天恩在開封出世

長榮是一個帶兵官，在豫東一帶的守防中，常有與共軍土八路零星的戰況，雖沒有大的激戰傷亡，但我爲他的安全，終日提心吊膽，好在長榮已實現了他的諾言，把琤姐的妹妹郭錦春由汝南的家鄉接來，有她的陪伴我的心情好些。

民國卅五年，農曆五月底，天氣已相當悶熱，大家都睡在院子裡，所謂大家，就是我同錦春，還有一個專門在家支勤的小兵，及一位五十餘歲的老兵老田，他是長榮一入伍當小兵時的班長，當年對長榮頗爲照顧，他很早即棄甲回故里耕田了，妻亡子散找上長榮，長榮念舊，留他在家燒飯，就在這段日子裡，杞縣流傳鬧鬼，不但民間深夜有人正沉睡中跳起來胡言亂語，就連軍營中沉睡的士兵們，也有突如其來的亂蹦亂跳，甚至有一班年輕弟兄們十幾個，都在沉睡中閉上雙目，由室內的床鋪上跳到院子裡，長官命令他們停止，也無一人聽命，蹦跳了一陣後再回原處，這種情況在杞縣城轟動一時。本來膽小的我，就更加害怕了。在這悶熱的天氣中，我開始嘔吐，白天吃不下飯，夜裡睡不著覺，我以爲是中暑了，買了一些消暑藥丸亂吃，但也難止嘔吐，經鄰人介紹，找了一位有名的中醫看，這位年近八旬的老先生向我笑著說：「太太，恭喜妳了，妳要當母親了。」自此以後我又多了一件心事。

老田知道我懷了小孩，常在燒火做飯時，一雙小眼睛眯成了一條縫笑向我說：「等妳生下小孩，我就天天在家給妳抱小孩，到時候老高向我發脾氣，我就有權利打小高出氣啦，哈哈……」他還常叮囑我：「懷了小孩，走路要慢慢地走，不能再像妳現在一樣，走起路來又蹦又跳了。我家裡（稱其妻）當年就是因爲年輕氣旺，什麼也不在乎的小產了，妳可要小心啊！」老田個性純厚，說話幽默而風趣的人，他對長榮一片忠心。

不久，一天夜裡，共軍一股隊伍，與長榮的一個團接觸開火了，師長下令叫駐守在杞縣境內的軍隊，準備即時應戰，因而下令住在杞縣城內外的所有軍眷，一律在當天夜裡撤離，目的地是汴涼城——開封，因爲情況突然，大家都手忙腳亂的找車，公家雖臨時調派有牛車，但因車少人多，眷屬扶老攜幼，擁擠成一團。團長的弟媳婦是我師範的同學程慧英，我倆私交很好，她知道我近來身體不適受不了如此折騰，團長太太有一輛裝貨的大卡車，慧英便助我同錦春坐上了她們的汽車。當汽車慢慢駛離杞縣城時，長榮站在街邊偷偷的向我招手，因爲此刻他的職務是死守杞縣城，車很快的駛向郊區，隱約聽到了零星的炮彈聲、機槍聲，我知道這是與長榮又一次的「生死別」。

當晚我們住在離汴京四十五里的朱仙鎭一家簡陋的民房裡，內心的不安，加上不停的嘔吐，我簡直像患了大病。第二天我們所有的軍眷，便到達了目的地——開封，在留守人員的協助下，我住進了開封北門裡一家民房，北門外便是開封有名的古跡——鐵塔。

我們軍眷離開杞縣的當晚下半夜開始，共軍與我守軍激戰到天亮，長榮在這一場血戰中，右臂受了傷，子彈由右肘穿過，所幸沒傷到骨頭，但他卻成了俘虜，而住進了共軍醫院，而後他機智地由醫院脫逃歸隊，書增表弟在這一場戰役中耳朵震聾，那位在家爲我做飯的老田也在那天夜裡激戰中陣亡，還有一位年輕的排長，也犧牲了。我住在開封北門裡，與長榮也失去了聯絡，天天外出四處打聽，直到三週後隊伍開到開封整訓時，我才看到了長榮，看到他右手肘被子彈穿透的傷疤和那件黏滿血的戰衣，戰爭實在太殘酷了。

在開封住定後，我才按期到河南大學附設的婦產科醫院檢查，最後兩個月，又在友人的建議下，移轉到開封河道街第一省立醫院檢查，因爲這個醫院離我住的北門裡比較近。

在開封北門裡，我住在一個相當大的大雜院裡，一所三間房子，一頭住有一對以苦力維持生活的謝姓夫妻，一頭住我，表弟書增就住在中間。對面一所三間大屋子，住了一家做香的夫婦，一個方形大院子晒滿了香，前面臨街的房子，住了一對姓邵的夫婦，他們是以拉洋車維生。

就在農曆二月（前二月，那年閏二月），十七日的晚上八點，我正在燈下刺繡枕頭時，覺得小腹不時疼痛，我以爲是著了涼，晚飯沒吃，便倒床睡了，一覺睡到夜下一點，又覺腹疼，比晚上疼得厲害，打開箱子，找出卡片檢視，預產期還有一個禮拜，我再忍住疼鑽進被窩，到夜下三點肚子又疼了，我已不敢再睡，起床收拾我準備好的小衣服，我自己換穿的衣裳，還有錢。五點多，開始又疼，而且是有規律的兩小時疼一次，大夫曾經再三告訴我：「要五分鐘一陣疼的時候，才能到醫院，否則，不收。」我一個人痛苦的坐在床上挨時間，快八點時，我的肚子開始劇疼，我痛苦的呻吟聲，使早起的邵嫂聽見，她關心的叫醒外間沉睡著的書增，趕快到街上叫車，並給我做了一碗兩個荷包蛋湯端到我面前，像哄小孩似的勸我快吃，此刻腹疼如絞，一陣緊似一陣，別人穿著厚厚棉衣還感冷的發抖，而我卻腹疼得汗流夾背，那裡能吃下東西。不一會書增把黃包車叫來了，他扶我上了車子，直駛河道街省立第一醫院。

進了醫院大門，穿過中院大廳，才可到達後院的婦產科，大廳有高的石台階，我只上了兩階便腹疼如絞的難以再上，書增見狀，趨前扶我，好不容易找到了婦產科，護士卻阻止我不許進去檢查，非等我辦好住院手續才可安插床位，書增只得丟下我去前院辦手續，此刻我腹疼陣陣，已不支躺在地上了，大約十點許，書增氣急敗壞地向我說：「院方非叫小孩的爸爸親自簽字才肯安排床位，我說小孩的爸爸現在在前防作戰，他說他爸爸的朋友也可以，我說我是女方至親，他說那也不可以，那我怎麼辦？這個醫院怎麼這樣不近情理？」此刻我忽然想到了就住在醫院附近長榮的朋友胡士民，長榮的多年積蓄都交到他手裡經營生意，找到他簽字應無問題了。就在這種緊急關頭，書增順利的找到了他，在午後一點許，我才被扶進了產房。

一陣接一陣的腹疼，因我一天一夜滴水未進，加上體力不支，不知何時我已失去知覺，模模糊糊的知道有好多男女醫護人員，在我周圍晃動，有的灌我藥吃，有的給我注射，我醒來了，在幾陣劇烈的腹疼下，小孩出世了，我看到大夫倒提著一個血淋淋的小孩身體，在他用力的拍打小孩的屁股後，小孩「哇」的一聲哭出聲來了，我睜大了眼睛，看到產床前牆壁上的掛鐘正指向三點。「好啦！順利生產，快點給小孩洗澡，包起來。」一位男大夫笑著向護士說。「恭喜妳呵，妳生了個小少爺。」幾個護士齊聲笑著向我說。此刻我感到輕鬆、欣慰，好像已把先前的痛苦忘到九霄。

在住院期間，每天給我送吃的是書增，他天天給我送幾個紅糖荷包蛋，爲了補充營養，他送多少，我就吃多少。每到週末，來看望我的就只有我的好友余慕蘭，她當時在河南大學農學院讀三年級。與我同室住的產婦大都是十八、十九、二十歲左右的婦女，我當年廿七歲，因我吃的蛋太多，以致便祕的厲害，經過幾次灌腸，也無濟於事，最後大夫給我用什麼油灌腸，才算解決了我十天以上的便祕。每當護士送飯時，護士長怕送錯了，便在室外交待端飯的護士說：「那一份水果多的，是那位住在靠裡面高齡產婦的。」我聽著實在感到尷尬。

娃娃室就在產房的隔壁，不時傳出此唱彼和的嬰兒哭聲，簡直像置身於青蛙坑，每當護士抱小孩來吃母奶時，小孩總是沉睡得不張口吸吮，護士教我叫捏他的鼻子，他才閉上眼吃幾口，護士小姐常笑向我說：「這個小高孩（當時還未命名，新生兒都在嬰兒床頭掛一張父姓牌子。）是嬰兒室裡最乖的一個，他從來沒哭鬧過。」一般的產婦大都住院一週，唯我一住就是廿七天，一來因小孩臍帶一直未掉，二來我個人身體復原很慢。直到我快出院的前幾天，我才學著給小孩換尿布，包小孩，當我第一次打開尿布時，才發現小孩的屁股全紅腫潰爛，我責問護士是怎麼照顧的，她們異口同聲地回答：「我們看誰哭就給誰換尿布，每次給別的小孩換尿布時，小高孩都在沉睡，我們就未打擾他，所以屁股才會這樣。」護士們的謬論，難消我的氣憤，我要找大夫，找院長理論，後來被護士長竭力勸阻，她當面臭罵了所有的護士，她又當衆向我再三賠不是，我也就忍下這口氣出院了，在我回家後日夜細心的照顧下，不到十天，紅腫潰爛便漸漸痊癒了。

小孩滿月，正好長榮的隊伍駐紮離開封不遠的郊區。那天他在一家大的餐廳裡，叫了兩桌菜，請全連的官長和眷屬，以及營團有交往的同事，這個送對銀手鐲，那個送個金鎖片，還有各式各樣帶有金、銀的鈴噹帽子，其中以一個精緻的鍍金娃娃，花波浪鼓最令人喜愛，還有一些花布料、花鞋等，眞是琳瑯滿目，喜氣洋洋，眞叫我有「家生貴子百事樂」的欣慰。剛滿月的小兒，睜著兩眼左顧右盼，好像對這個世界感到十分新奇。

母親由家鄉來

長榮特意派人去家鄉把娘接來，他怕我照顧小孩沒經驗，當娘第一次把小孩抱到懷裡時，先塞一個紅紙袋到小孩懷裡，再叫我把她由家裡帶來的兩個大紅布包打開，一包全是鍍金、白銀的手飾：鍍金脖圈，一對銀手鐲，還有兩頂彩緞帽子，帽子上綴的異禽怪獸的圖象，還有各種不同類型的金銀花和鈴，娘笑容可掬的對我說：「小杏啊！知道妳生了個兒子，可把全家人喜歡透了，恁奶奶拄著拐棍，戴上老花鏡，跑遍了全鎮店鋪，忙著扯綢緞，買金線，自己剪裁、繡花，再綴上鈴噹、彩穗，她忙了好幾個通宵都沒睡覺呀！這些首飾全是妳叔在鎮上買的，另外那個紅布包裡，全是花衣服，全是我跟恁奶奶日夜趕工做好的，還有四雙花鞋，有單的，也有棉的，妳快點把這些東西拿過來給小孩試穿一下。」我邊收拾東西，邊聽娘繼續說話，「為了這兩頂花帽子，可真把我一路上累壞了，花帽子上的花和花穗子，鈴噹，怕被人碰掉了，壓皺了，我坐火車上四五個鐘頭，全是站著，把帽子用手舉得高高的。來！給小孩穿上，戴上，叫我看看，恁奶奶再三交待，小孩子過了百天，一定要抱回去叫她看看。」娘叫我一樣樣、一件件都遞到她手裡，霎時間小孩變成了小神娃似的，他的兩眼炯炯有神的左右轉動，好像很懂事似的。娘笑著親吻他說：「世道變了，以前小孩剛滿月，大都是兩眼閉著，你看這個小孩兩眼睜著，好像要說話似的。」剛為人母的我接過小孩，更喜不自禁的親吻他。

因為戰局不穩定，隊伍調動頻繁，長榮的隊伍要守平漢線重鎮，他這一連由開封郊區移防到離開封不遠的蘭封車站附近，我母子和娘也隨軍眷移到蘭封城內，當時正是個青黃不接的季節（農曆三月四月之間，田野麥子一片青苗，離長成黃穗收割時還長），農人生活三餐不濟，軍糧也時而接濟不上，身為一般軍官的長榮，在量入而出的原則下，我和娘的生活，也隨著老百姓一樣吃高粱麵餓和麵條，我對娘隨我過如此生活，充滿了內疚，其實一般的連長家屬，在丈夫圓通的作風下，生活仍然保持原樣，但我卻與一般眷屬的生活有天地之差。

就在這段艱苦的生活中，還有一件驚險的事情發生：長榮有一次帶了一排官兵，由蘭封乘火車到內黃出公差，眼看快到內黃車站時，他在車窗內便遠遠看到了正要找的人，車正緩緩進站行駛中，他想快步跨越月台時，以致雙脚蹬空而跌落在火車和月台之間的地上，他全身緊靠月台牆壁，軍帽在車輪下壓扁，他的一隻胳臂皮破血流，所幸沒有傷著筋骨，待車慢慢停止後，他的傳令兵才到站台上大聲疾呼「連長出車禍了……」不久，他竟毫髮未損的走進了站台，仍執行他的任務，事後我得知，真是驚嚇極了，感謝上蒼使他得能九死一生。

內戰日趨激烈，各地都有與共軍激戰的消息，長榮不久又隨軍開往山東荷澤縣一帶應戰，眷屬又奉命回原住地開封，這次我住在城內館驛街三道胡同三號，長榮挑選了連內一位十五歲的小兵（自願入營的號兵），在家，為了抱日夜睡顛倒的小兒天恩，還派了一位五十多歲的老兵在家煮飯。

常言「山不會轉，人會碰頭」，在我留住開封不久，琤姐帶著她五歲的大女兒麗君和三歲的二女兒麗芳，由老河口來看我，接著又來了一位分別九年的老友宋景文，帶著她的唯一女兒劉襄，因其夫部隊開往附近也來看我，還有我在軍政治部工作時，一位照顧我如手足的余慕蘭，她也常常來家看我，在烽火連天的二次世界大戰中的工作伙伴，能在久別生死不明中齊聚一堂，眞是倍感親切，但而今人事已非，各有所屬，再也沒有像昔日朝夕相聚一起生活的機會了。

有一天來了一位不速之客邵念慈（就是我在軍中工作時的邵科長），他進門便抱抱恩兒，塞給他一個紅包，然後凝視著我問：「生活還好吧？祝福妳，妳的婚姻是郭琤主的婚嗎？她對妳的安排妳還滿意嗎？」我沒接他的話，便向他問好他的母親，弟弟、妹妹，但卻答非所問。「我早離了婚，正在物色對象，希望我今生能找到長相、個性像你一樣的人就好了……」他邊說邊站起來，小兵端上茶，他一口也沒喝便向我說聲「珍重」就走了。

天恩出生五個月的劫難

恩兒五個月時，我又搬住在開封大南門外、華美醫院附近的一條背街上，堂弟幹國，原來在西安後勤部隊任上尉連長，個性倔強而任性，在軍中稍受挫折，便輕言辦理退役，因當年他僅廿五歲，上級調他成副員，他未辦理副員報到前，先到我在開封的家住閑，同時帶來了兩對他自認結交金蘭的副員夫婦，一所三間的大屋子，我和娘、恩兒住一間，大弟和他的朋友住一間，中間是客廳，也是家中勤務兵的臥室。每天三餐要開兩桌，每天中飯後他們便拉胡琴，唱簧戲，因長榮是開封市內一家醒豫電影院的股東，投資兩年，卻從未分過利潤，所以我常劃整排座位來招待國弟的一群朋友。就在家中最擁擠的時候，長榮的長兄高長興由家鄉來了，他曾任過軍閥時期馮玉祥部隊裡的上尉連長，長榮曾跟隨他從軍，在成長過程中得到他的照顧很多，我了解內情，雖然長榮遠在山東，我仍熱情的招待了這位從未謀面的大哥。可能是血緣關係，連五個多月大的恩兒，也掙脫了大弟的那一群朋友，伸著雙手要大伯抱。大哥因而天天沒事就抱著恩兒到處逛，他爲人厚道、和氣，很快就和大弟我們相處得像一家人。

大哥住了十多天，因長榮在山東荷澤縣同共軍連連作戰，大哥掛念家中妻兒，所以要回去，我給他買了一些衣料、禮品，並給他拿了一些旅費，事後我才得知他在家是經營饅頭生意，我真後悔不該買些不實用的衣物，應該多給他些錢就好了。兩個月後，大弟和他的一群朋友，也去了漯河副員大隊報到，家裡就只剩我老少三個和一個十五歲的小兵路占銀。

在開封，十月的天氣已到了嚴冬，晴天，一早滿院、房頂、樹梢，積滿了厚厚的白霜；雨天、雪天，房頂、樹枝的積雪、結冰，變成了白銀世界，母親給恩兒縫製了厚厚的棉襖、棉鞋，還縫了棉手套，幾個月的小孩，只有臉和屁股露在外面，恩兒的穿戴，眞像廟堂裡的小神童。恩兒瘦弱多病，常因受一點點風寒，便發燒不止，爲了照顧恩兒，我從來就未出過門，而且恩兒睡覺日夜顚倒，白天搖不醒，澈夜不睡覺，特意抱他的小兵，因好玩，只要一接手抱小孩，便用雙手摟緊他的小身體，邊扭屁股，邊口中哼著「哽哽哽，哽哽哽，哽哽哽，哽哽哽，哽」邊抱，邊搖，邊哼的，小孩如騰雲駕霧般的便昏昏沉睡了，但夜裡仍得我支撐著抱小孩到天亮。在長久生活顚倒的情況下，我終於不支病倒，發燒到四十度以上，因而不得不住華美醫院，而以吃母奶爲主食的恩兒，卻在我住院數日內，日夜啼哭，娘雇了好幾位奶媽（我們家大門外空場裡，有很多由山東戰區逃出來的難民，娘請了好幾位正在哺乳的年輕婦女）。恩兒哭鬧著不吃人家的奶水，在我百般無奈下，我給住在鄭州的琤姐打電報，琤姐抱著她的二女兒麗芳連夜趕到，沒想到恩兒抱在琤姐懷裡，邊看著琤姐的臉，邊吸吮著奶水，像在媽媽懷裡無異，這眞不知是那輩子的緣份，娘說她活一大把年紀，還眞沒遇到過這種奇事哩！

我出院不久，恩兒病了，發燒到四十度以上，開封大小醫院我全跑遍了，打退熱針、點滴，一連數日夜，高燒不退，有時雙目瞪著，全身抽搐，所有醫生都檢查不出來到底是什麼病？我也曾把小孩的衣服換穿，檢查過身體，也沒發現火燒水燙，因爲褲子是露屁股的開襠褲，因爲天寒怕脫褲子使他著涼，我曾和娘、小兵相互叮嚀留意，要按時把小孩小便，千萬別叫尿濕褲子。有一次凌晨三點，我實在抱小孩太疲倦支撐不下去了，便叫小兵接力抱一會小孩，我要上床休息一下，我約摸睡幾十分鐘醒來，只見小兵摟著小孩蹲在木炭盆火邊呼呼大睡，我連忙下床接過小孩，發現恩兒的褲子已尿得水濕，我立刻把他的褲子脫下扔了，這才發現恩兒右膝蓋的上方肉上，橫插了一根最粗大的縫棉被的鋼針，嚇的我哇的一聲大叫，隨手把那根針猛的一下拔了下來，使我懷中的小兒疼痛的兩眼翻了上去，久久哭不出聲來，此刻我才明白恩兒這次連續高燒不退的原因。

紮針的大腿肌肉，已變成紫黑色，硬而腫的變成兩條腿的粗細了，我抱著恩兒同小兵飛奔出門，叫了一輛黃包車，直駛離我不遠的華美醫院急疹室，經外科大夫檢查後向我說：「要立刻開刀把潰爛的地方割掉，才能保住性命，不然小孩已沒救了。」我問他：「開刀後小孩會不會殘廢？」他立刻回答：「縫衣針有毒，在肉裡太久，腿肉已腐蝕呈現黑色，非把腿鋸掉，不能保全性命，再繼續高燒下去，小孩不死，也會變成植物人了。」我聽了嚇的魂飛天外，我忍不住向大夫哭訴乞求的說：「請大夫盡量給小孩吃消炎藥，打消炎針，抹消炎膏，死馬當成活馬醫好不好？只要不鋸斷腿，怎麼醫治都可以，萬一性命不保，我絕不會怪罪大夫，我跟你簽字好不好？」「不行，患者家屬不肯跟大夫合作，這是最危險的事，不鋸腿的話，我不敢隨便給小孩治療，那妳另請高明吧。」在絕望之下，我抱著像火爐般高熱的恩兒，再坐車直駛我常抱恩兒看病的小疹所——康平醫院，想不到這裡外科主治大夫檢查後的結論，同華美醫院的大夫答話一模一樣，經我再三懇求後，他態度和緩地說：「我馬上給他注射最好的消炎針，再給你拿一天的消炎藥，我再把小孩的腿塗上消炎藥膏，今天妳回去不論日夜，四小時一次餵藥，從現在算起，十二小時以後，如發燒慢慢減退，妳後天再抱小孩來看，萬一還不退燒的話，妳千萬別把小孩再抱來了。……」我懷著一絲的希望，走回了家門。

回到家便開始灌恩兒吃藥，哭鬧了一會，他便安穩的沉睡了，經過十二小時後，他的體溫已降了許多，只是右腿的青腫硬塊還看不出來消腫，但已不再火熱，經過十多天的吃藥、打針、患處塗藥，兩週後已逐漸消腫，恩兒蹦跳、嘻笑、吃奶等，又變成了一個活潑可愛的正常孩子，我永遠感激康平醫院的外科大夫。

這根要命的針紮到小兒腿肉上有兩種可能：一是娘給恩兒縫棉衣時不小心針丟到棉絮裡了，一是小兵胸前棉軍服上永遠別一根大針，以備衣扣掉了，衣服開縫了隨時用，不管是誰的錯，都是出於無意，而我這個做母親的又顧兒疏忽了責任，才叫我的恩兒受了無妄之災。這件事我一直瞞著長榮，因爲他太愛恩兒了，一旦知道了，不是責怪我娘，就是棍責小兵。

叔父帶小弟逃難亡命開封

有一天黃昏，我正和娘圍爐給恩兒烤尿布時，小兵路占銀飛奔過來向我說：「太太，太太，不好啦！大門外來個老乞丐，還有一個像我這樣大的半大孩子，他說他要找高連長太太，我說他摸錯了門，他用眼瞪著我非進門不行，妳聽！他正大聲喊妳哩名字……」「玉英，玉英，高連長太太，高……」這聲音是我叔的聲音，沒錯，他怎麼會來了呢？我立刻奔向前院，只見叔父穿了一件舊藍布棉袍，破爛的黑布馬褂，手裡提了個破竹籃子，籃子裡放著一把鐮刀。他背後跟著我十五歲的小堂弟幹臣，他一看到我便拉著我的手說：「小杏啊！我可找到妳啦！我以爲妳不認我了哩，我明明打聽到妳就住在這裡，這個小兵看不起我，非要推我出門，說什麼也不讓我進來。」小兵站在一旁忙接口說：「我以爲……」「你以爲我是乞丐對不對？怪不得我下了火車，叫洋車（黃包車）時，車夫仰著臉看看我不理我，他媽的，眞是狗眼看人低。」叔父不等小兵解釋便發了一頓牢騷，我接過叔父手上提的竹籃子，扶著他慢慢的走進了屋內，娘看見叔父和小弟來，高興地迎上他們。我們圍爐取暖，叔父邊吃邊喝邊向我談他這次帶小弟出來的前因後果。「……妳娘走後不到一個月，土八路便時常在咱鎮上、鄉下搶劫，咱家就慢慢沒一點生意了，咱槐店鎮裡頭，也住有一股土八路軍，天天三五成群的到各家抽查、搜索說這家是地主，把家財沒收，人掃地出門，說那家是富農叫出糧草，捐現款，地裡的收成全給了他們，但繳不到所要的數目時，就把人押起來，或者戴高帽子遊街，東排的大傻被拉到西門外砍了頭，西排的李大娘活活用亂棍打死，恁表哥李鈞鼎，前天被拉到西門外槍斃了。槍斃那天，妳問幹臣，我爺兒倆聽見鑼鼓喧天，敲敲打打向我們街這頭過來，我一看到是他，用麻繩五花大綁的，趕快關上了大門從門縫裡朝外看，他到底是咱的親戚，我忍不住掉下淚來。

咱鎮上越來越亂，我嚇的把布店收了，把所有的布疋分鋪在全家每個人的床上，上面再鋪上蓆和褥子，怕他們搜出來，咱就沒活門了，恁奶奶叫我來找妳，她說看看開封能不能找間門面做生意，然後再把全家老少都接過來，前天我就提了這個破竹籃子、籃子裡放了一把鐮刀，我把錢都縫到我這穿在身上的衣褲棉絮裡，帶著恁小弟出了寨門，我告訴寨門上站崗的兵說，我是下鄉割草餵牲口，站崗的不疑惑一點，我們就這樣逃出來了。」叔父一氣說到這裡，已感到疲累不堪，雖然母親端上了飯菜，他還是繼續說下去，「我們出了寨門，一直步行，裝著隨時下地鐽草的樣子，走了兩天才到漯河，好不容易買了兩張從漯河到開封的火車票，我買的是頭等票，誰知亂世裡人吃人，人擠人，車也不分等次，車一來大家沒命的去擠，我跟小臣擠上了裝煤的貨車，既沒有車頂，也沒有座位，誰知雪越下越大，小臣又剛剃個禿光頭，天冷的叫人混身發抖，我怕他凍得受不了，把他摟到懷裡，我用整個身體彎下來給他擋風雪，他沒凍著，我可是感冒了，發燒頭疼，實在支撐不上了，到開封火車站，我拿著妳的信皮叫洋車，沒想到車夫絲毫不理會，沒辦法我跟恁弟走到這裡，好不容易找到你住的地方，這個小兵又擋著不叫我進門，唉！想不到我會落到這步田地……」叔父的話講到這裡已泣不成聲，我才明白我那三縣管轄的家鄉小鎮已遭到如此劫難，開始因掛念我慈祥親愛的祖母而不安。

我摸摸叔父的臉溫度好熱，我以爲他剛感冒，像平日一樣喝熱湯，出點汗就馬上見效了。我知道他愛喝酒，立刻跑向附近市場，買了一大瓶高粱酒，切了一斤牛、羊鹹肉片，又買了半斤紅糖，叔父看到他愛喝的酒和肉時，馬上喜歡的眉開眼笑，邊逗恩兒，邊吃邊喝，剛才凝重的氣氛一掃而空，八個月大的恩兒，伸著頭、手要向外公懷裡鑽，喜得叔父只得抱著小孩喝，恩兒喜得兩手一直抓，兩腳一直擺動。夜深了，習慣夜生活的小兒誰也不叫抱，非叫外公抱不可，叔父高興地向恩兒說：「乖乖，外公得在你家住幾天哩，我明天又不走，我會天天抱你出去玩哩，去找媽媽睡覺吧！」我哄了好一會，才把小孩接過來。恩兒一向不叫陌生人抱，他怎麼會這樣對一位陌生的外公如此依戀呢？

叔父來的第二天一早，便吵著胃疼、胃塞，而且發燒、發冷，一口飯也吃不下，我以爲他是在火車上受了風寒，當天晚上我便陪他去華美醫院內科掛了急診，大夫診後對我說：「病人必須立刻住院，我要爲他徹底檢查。」但個性倔強的叔父，立刻向大夫回話：「我要是有大病的話，根本不會由老家幾百里地跑到開封，只受了一點風寒感冒了，吃點藥、出點汗不就好了嗎？我絕不住院。」我順著叔父的意願求大夫開藥，但大夫馬上權威性地說：「不經過徹底檢查，不確定病因，我無法開藥。」這樣不通人情，一氣之下，我便帶著叔父回家了。

天一亮，我便坐車進城去請開封一位最有名的中醫來家，爲叔父詳細把脈、檢查，經這位大夫非常仔細的把脈、觀察後，他很技巧的向我說：「待會誰跟我去店裡取藥呀？最好是病人的親人。」大夫的話中有話，我馬上說：「大夫是開封省城人人皆知的名醫，一定很忙，我馬上跟去抓藥。我是病人最親的人。」送大夫到大門外，大夫鄭重的向我說：「妳是他的什麼人？」「我是他的侄女。」「那他有沒有兒子？現在在那？」「他有一個小兒子，今年才十五歲，就住在我這裡，他還有一個大兒子，今年廿五歲，現在在漯河。」「我實話實說，妳叔的病已經非常嚴重了，妳趕快打電報叫他大兒子來，妳負不了這個責任。」大夫的一臉嚴肅，一連串肯定的說話，令我不得不信，又非常惑疑地問他：「大夫！他昨天在火車上凍了一夜，有這麼嚴重嗎？」大夫隨即向我忠懇的說：「我回去開藥方，病人吃了這副藥後，如果全身出汗了，他的燒一定會退，明天我會自動來府上給他看病，如果今夜全身不出汗、燒不退的話，妳可千萬不要再來店裡找我，妳就是八抬大轎來請我，我也不會再到府上來了，妳就趕快料理後事吧！」他說完話向我拱手表示再見，便頭也不回的走了。我立刻坐上車進城追他抓藥，但我對叔父的病情仍抱著疑惑的看法。

叔父的胃塞、胃疼，使他翻騰了一夜。他上床想睡，但剛上床，就又疼痛難忍，隨即下床，他向外室走動，他向我房間進進出出，他痛苦呻吟不斷，不懂事的恩兒才八個月大，以爲叔父在逗他玩，他看到叔父上床，下床，走到他屋，又到我屋，他聽到叔父胃疼的大聲呻吟，他以爲叔父在逗他玩耍，他笑地格格響，叔父對他說：「乖乖，等明天我好了，會好好抱你去外頭玩哩！」恩兒聽到了「抱」和「玩」兩個字時，便似懂非懂的伸著兩隻小手叫叔父抱他，弄得叔父有氣無力的苦笑。

外面下著大雪，冷得令人發抖，叔父喝了藥仍然高燒不退，那裡會全身出汗？母親個性懦弱、膽小，她嚇的發抖，一直催著我給大弟發電報，此刻小弟扶著叔父上下床，在房門來回走動，小兵抱著日夜生活顛倒的小兒，深夜我一個人摸到電報局，再去哀求那位中醫大夫，這位大夫在我百般的哀求下，明知不能爲而爲了。他又到我家來檢查叔父的病，他先檢視叔父的大便，又用硬的泥塊在叔父全身肌肉上用力揉搓，叔父一直瞪著兩眼很清楚的向我說：「……我的病是不是很嚴重？是不是治不好了？妳快點跟我說實話啊……」我說：「只是普通的小感冒，你只要全身出了汗，燒就會退的。」叔父聽明白了，他無力的去拉棉被，示意我們給他多蓋棉被，以求出汗退燒，我把所有的棉被都加蓋他的身上，並俯首在叔父被頭，邊安慰他邊勸他多忍耐一會。此刻大夫向我搖搖頭，示意叔父已快不行了，並擺擺手向我示意他要離開，我忍不住痛泣的向大夫以點頭答謝，室內剎那寂靜得可怕。

叔父胃疼地掀開厚重的棉被，示意我扶他坐起來，我和母親用全力扶他，他已坐不起來了，我用棉被圍堆在叔父背後，叔父半坐起向我說：「小杏啊！我看我是不行了，那誰去接恁奶奶？恁嬸呀？幹國會不會回來？他會不會把恁奶奶、恁嬸接出來？咱家變成火坑啦，沒法過啦，天哪！我出來是要辦大事哩，我怎麼會病倒這裡？到現在我還沒看到姪女婿哩！」叔父半躺在床上，流著眼淚，以乞求的眼光瞪視著我，斷斷續續地把他內心的話說到這裡，已胃疼的在床上翻滾、哀號……我摟著叔父的頭，以保證的口吻安慰他：「你一定會好，我一定會想盡辦法叫幹國弟負起接奶奶、嬸子的責任。」

就這樣又挨過了一天，是農曆十月卅的夜晚，長榮派表弟書增帶信回來，說前防戰況吃緊，過幾天他會請假回來看望叔父，我把信唸給叔父聽，他頻頻點頭，表示會意。不一會，琤姐也派了她家的勤務兵由鄭州趕來，給叔帶了一份禮物，我也拿到叔父面前，此刻叔父已胃疼的咬牙切齒，痛苦哀號，他一手拉著他年僅十五歲的小兒，一手拉著我，他好像有千言萬語想說而不能說，我了解叔父的心意，我馬上向他說：「叔！你放心，臣弟才十五歲，我會叫他在開封接著讀初中，我會好好供他唸書。我會把你這次來的目的告訴幹國，我會幫助他把奶奶和嬸子趕快想辦法接出來，你放心好啦！幹國待會就會到了，我已經給他發過電報了。」叔父聽了我的話，苦笑，點頭，眼角流下了淚水，就在此刻，幹國弟進門了，守在叔父身邊的人都大聲嚷著：「幹國來了，幹國來了……」大弟走近床前喊了一聲「爹！」雙膝跪地，雙手摟著叔父，叔父費了僅有的力氣朝向大弟說：「別哭！你回來了就好，一天雲彩散個淨（是說大兒子回來了，一定會接替他，完成接祖母，嬸母的責任）」。叔父的話說到這裡，兩眼瞪著，霎時停止了呼吸，室內響起一片痛哭聲……

因爲家鄉正被土八路鬧得天翻地覆，叔父又是爲救家人偷蹓汴京而病故，我又隨著長榮過著流動性的生活，叔父突然暴斃外鄉，我也無力安葬叔父到家鄉，只能忍悲含痛的進城購買棺木、壽衣，把叔父暫埋開封城外的亂葬崗上。可憐將近八旬的祖母，年近花甲的嬸母，他們只有長期的、永遠的倚門苦等愛兒、丈夫的歸來了。

恩兒週歲時，長榮的隊伍由山東荷澤縣調往開封鄭州一帶整訓，接著往開封守護大南門，我又隨軍搬到大南門里一條背街上的大雜院裡。記得隊伍剛駐進汴京，全連近兩百人都坐在南門裡的大街兩旁休息時，傳令兵李新慶跑來告訴我：「連長叫我來抱小少爺，中午隊伍大街上休息，連長一時不能來家。」我拉起正在大門外玩耍的恩兒，我抱著他隨來兵走向離家不遠的隊伍裡，長榮連內所有排長和副連長等，爭著拍手抱小孩，他嚇哭了，躲在我肩後不敢抬頭。待長榮喊著他的名字要抱他時，他笑著伸出兩隻手叫抱，並去吻長榮風塵僕僕的臉，口中還一直連聲喊「爸爸，爸爸……」看在一群官兵眼裡，他們禁不住拍手叫「好。」我也覺奇怪，長榮全副武裝的打扮，一個週歲多的小孩，竟然一點也不陌生，這難道就是父子天性？

我住在大雜院的上房，左右兩排房子裡，一共住了四戶人家，他們有的爲人幫傭維生，有的拉黃包車顧家計，另外兩家是兩位孤貧老人，一位老翁靠獨女不時接濟，卻仍三餐不濟，一位雙目失明的老太太，天天拄棍向外摸索以乞討過生活，母親每天給那位失明的老太太端飯吃，我常常把吃不完的米、麥送給那位老翁。另兩家靠苦力吃飯的人家，都有三五歲的小孩，他們常常跟恩兒玩，恩兒天天鬧著去門外的雜貨店買糖果，坐在大門外停放的一根大樹幹上玩，並把糖果分給玩伴吃，每到深夜恩兒玩興濃而找不到玩伴時，小兵路占銀便到雜貨店裡買一大包糖果，拿著洗臉的銅盆，用一枝小竹棍，坐在月光下的樹幹上敲一會，便有許多玩伴跑出來，恩兒就把整包糖果分給他們吃，並同一群小孩拍手、扯手跳跳蹦蹦一陣。從此以後，只要扯恩兒，帶糖果，敲銅盆，便不愁沒有玩伴了。

長榮愛恩兒，除叫一個小兵在家專抱他外，還留一位老兵在家做飯，並叫我在相國寺傭工介紹所裡找了一位女傭專給全家做衣服、鞋子，叫我全力照顧小孩。

民國卅七年的秋天，全國各地都有共軍武裝叛亂，大家人心惶惶，富商大都撤往大後方重慶江南一帶，富家都在商討著怎樣能早一天搬往生活安定而有保障的大後方，軍眷也有消息要集體送往江南一帶留守。這時恩兒已實足年齡一週歲半，也就是中國的古算法虛歲三歲了，就在此時我又懷了小孩，天天頭暈、頭疼、嘔吐不止。我有體弱多病的母親，還有剛能舉步正在哺乳的恩兒，生活如此不穩定，如再有了小孩，實在叫我火上加油。母親叫我走路小心，以免發生意外，我天天外出打聽戰況，加倍的蹦蹦跳跳，希望能早一天得到解脫。

有一天我由相國寺購物出來，直覺腹疼如絞，血水順腿流下，我招手叫車，車到家門口時，我以十倍的車資給車夫時，車夫發現了雪白的座墊上全染紅了，他向我點頭示意沒關係，但回到家卻被母親心疼的氣哭了，這件流產的事除母親外，我沒叫任何人知道。

日夜睡顛倒的恩兒，正鬧長榮抱他上大門外玩耍時，因爲夜深了，叫小兵拿銅盆來，父子倆拿一堆銅幣，一替一個扔到盆裡，長榮爲了逗小兒笑，一連扔好多響成一片時，小兒拍手高聲大喊「爸爸！再扔，再扔……」時，長榮大笑向恩兒說「我的兒子會跟我玩了，眞好。」「報告連長，團長有令：叫全團連長集合團部，開緊集會議。」傳令兵一陣緊急報告後，長榮立刻收斂了笑，忙把小兒遞到我手裡，立時跑步出門了。當天夜裡他便隨軍出發到火線應戰了，連向家交待一聲也沒有。

國共開封激戰七晝夜

國軍與共軍在開封附近激戰的大炮聲、機關槍聲徹夜不斷，開封四門封鎖，報載守城官兵要與城池共存亡，國軍的飛機在開封市區低飛喊話：「援軍快到了，要堅守城池。」的聲音清晰可聞，守城的軍士們枕戈待旦，而居民們各個惶恐、緊張，我買了很多鹹菜、罐頭，蒸了很多饅頭，把女工辭去，隨時準備逃難。一天晚上，共軍終於來攻，我因離大南門很近，坐在床上，可以看到機關槍，大炮連發的火光。我緊緊的偎著母親，抱緊恩兒，故做鎮靜的安慰著「娘！城內國軍駐得多，絕對不會被敵人攻破城哩！」「恩兒！有媽媽摟著，別怕，吃奶奶……」我強撐著給老娘端飯，給恩兒餵奶，但我卻一口水也嚥不下。

七天七夜的激戰，援軍並未增一兵一卒，每天打開報紙，便看到醒目的幾行大字標題：「……城內百姓們要鎮靜，國軍奮勇作戰，敵弱我強，很快就可擊潰這一小股共軍……」第七天的夜裡，聽到大門外的廝殺聲響徹雲霄，小兵路占銀嚇地大叫：「太太，這一條街的老百姓，都向城裡親戚家逃了，妳城裡街上有沒有朋友啊？老太太，小少爺不逃不行啊……」這時我不能再猶豫了，我馬上叫小兵扶老娘我抱恩兒，兩人各提著一袋吃的鹹菜和饅頭，便向鼓樓大街的一條小巷子裡，投奔我少女時代跟隨過的馬隊長。我很不願到他家，因當年他曾在我身上下過工夫，遭到我拒絕，因而我很少跟他來往，今天大難臨頭，也顧不了那麼多了，不過，他同他的太太倒很熱情的接納了我們。

「這有一張八仙桌子（桌子是堅固的杉木，桌面黑漆明亮，桌腿刻有八位神仙塑像）。妳抱著小孩跟老太太就鑽到這個桌子下面，萬一大炮轟倒了屋子，妳只要在桌子下面不動，就不會被壓死，這是一個上等木材的結實桌子，我跟我太太還有你這個小兵就躲在前屋，從大門縫裡向外看情況。」馬隊長誠懇的給我們母子妥善的安排後，便向前屋走去。恩兒因平日常拉肚子，我從來沒叫他吃過鹹菜，此刻爲了使他安靜，也只有給他一塊大頭菜叫他拿在手上啃了。他倒在我懷裡，啃著平日想吃而難吃到的鹹菜，聽到外面的大炮聲、機槍聲，看到黑夜中流彈的火光，他開心的笑著「爸爸，媽媽！」與平日無異。

不一會便聽到不遠處傳來刀的撞擊聲、人的嘶殺聲，小兵由前屋跑來告訴我：「太太，敵人打進城裡來了，妳聽，我們巷子裡敵兵正同守城的隊伍肉搏戰哩……」「太太，聽街上大喊『敵人已佔據了省政府。』」「太太，怎麼辦？外面敵人好像在抓老百姓哩！」小兵一趟趟的來後屋向我報告戰況，我摟著發抖的老娘，抱緊正高興啃著鹹菜的小兒，全身抖成了一團，不知該怎麼處理眼前的緊急情況，就在此刻敵人正用槍敲大門，在槍、脚齊擊下大門裡擁進來幾條荷槍跨刀的共軍，一把抓著小兵的手就往外拉，「走！給我領路去……」只聽馬隊長裝著結結巴巴的老人向敵兵哀求的說：「他是我的小兒子，才十五歲，他沒出過門，在城內他路不熟，請你們行行好，不要抓他去領路……」小兵也大聲求饒的說：「我眞的不知道公家機關都在城內那條街呀！你們去外面找大人領路好不好？我……」我把娘推開，抱著小兒向前屋走，敵兵已拉著小兵出了大門，馬隊長還責怪我，在父子都不能相顧的此刻，我不應該出現，所幸沒叫敵兵發現。城中鼓樓因被敵人的大炮擊中而著火，火光猛烈，延燒了三日夜。

第八天的下午，大弟幹國領著醒豫電影院收費員的朋友王慶堂找到了我。他當著我的面，向王跪下嗑了三個響頭說：我把老娘交給你了，你的身高力大，負責揹著老娘，我抱著我的小外甥天恩，我們趕快穿破爛衣服，臉上抹些煤灰，裝著鄉下難民被戰火堵在城裡七天，現在可得急著回自己老家「內簣」附近的莊村了。（內簣，是離汴不遠的平漢線上的小車站。）」看大弟土頭土腦的打扮，在敵軍剛佔領開封橫行霸道的時候潛到淪陷區，這麼有膽識的做法，我感到驚訝而佩服：「幹國！你冒險來救我們，是誰策劃的？」「姐！今天一大早長榮兄便到內簣我住的地方找到我，他叫我化粧成這樣，趕快把你們老少三輩救出來，出了大南門不遠莊村，就是我們國軍的防地，已經給你們找到了房子，出城走五里路，就跟長榮兄的隊伍聯絡上了。」聽大弟這段話後，我眞像注射了一針興奮劑。

大南門裡外駐滿了共軍，守衛森嚴，不過他們爲了拉攏民心，對難民沒存敵意，我們這一群穿著破破爛爛的老少一群，告訴敵兵說我們是十天前進城探親回不去的難民，現在要回城外某村。他們相信了，便允許我們向大南門的方向走。在大弟安排下，王揹著我娘，我抱著恩兒（他哭鬧不叫大弟抱），大弟提著饅頭、衣物，我們奔波於充滿火藥味的開封市區。共軍開始清理市區了，只見兩輛大卡車上，堆滿了橫七豎八血淋淋的屍體，幾個壓車的荷槍士兵得意邊笑邊談：「喂！你們看這有兩個傢伙手上還戴著金戒指哩！」「你們看，這個還鑲著滿嘴金牙哩！」「哈哈！眞是資本主義的作風……」聽見他們用脚踢著，指著我方爲國犧牲弟兄們的談話，令我忍不住流下眼淚。快步行到大南門裡時，沿著城牆邊的一條街心，一塊菜園地裡，躺滿了國軍屍體，他們是奉命與開封共存亡的戰士們，而今豬狗不如的橫屍地上，有的臉朝下，有的側著身子，有的仰著臉睜著眼，有的雙目緊閉，有的屍體旁一攤凝固的鮮血，有的腸子流出肚外一堆。我抱著恩兒，低著頭小心翼翼地由屍體上跨過，每跨過一具屍體，必然身體一躍，雙足抬高才能過去，恩兒以爲我在逗他玩，他笑得手舞足蹈，咯咯大叫。

快走近大南門時，守城站崗的士兵大叫：「大娘，大嫂啊！你們要靠邊走，街心埋的有地雷，出城不遠就有敵人，你們不要朝城外跑呀！」我不住的向他們招手致謝，把編的謊話重說一遍，我們才順利的逃出了敵營。

這次開封一週的敵我血戰，敵軍主要目的就是掠奪財物，重要機關，全都被搶光，一週來，日以繼夜成群結隊的裝貨車，川流不息，共軍任務完成後，便自動棄城而去。長榮的隊伍很快就駐守了開封，報上以頭篇新聞登載著「國軍已收復開封」的新聞，不久便收到了琤姐由武漢發來的快信，她在急切的期盼著我的回音，因爲我陷身於七晝夜激戰中的汴京，她擔心我的安危。（這封信至今我仍保留著。）

第七章：大陸淪陷前的軍眷生活

軍眷奉命移居江南

卅七年冬天，徐州會戰，總統下令疏散南京市民，首都開始混亂，長江以北的軍事據點，明光吃緊，揚州被圍，京滬鐵路數段都在共軍炮火的射程之內，南京眼看就要淪入共軍之手，後方大亂，前防更是人心惶惶，稍有積蓄者，都想逃難到大後方重慶，就在這最緊張的時候，長榮的最高長官劉汝明司令官，也下達命令叫他所屬的軍眷——六八軍、五五軍，一律送往江南一帶留守。

叔父爲了拯救水深火熱中的八旬老母、花甲之年的老妻，才冒險帶著小兒投奔我而亡命汴京，他那臨終前向我乞求的眼神，在他嚥下最後一口氣前我對他的承諾，我若隨大批軍眷到江南避戰火，那怎麼對得起愛我的祖母和叔父？反覆思索，我決定留住在開封，就在這時候，馬隊長告訴我，他也不去南方，爲了將來有個互助的難友，我在馬住家附近找到了一所住處三大間瓦房，先付了一百斤麥子，算是第一個月的房租，長榮又派人拉了一車糧食和木柴，並命令書增表弟留守顧家，我懷著冒險的心情，扶老攜幼脫開了軍眷的團體。

十一月的天氣，陰雨更覺寒意難耐，我摟著恩兒睡在剛租的屋子裡，已是半夜兩點了，聽見有人大聲喊我：「高太太，高太太……」是郭錦春的丈夫齊全堂先生，他以誠懇、警告的口氣向我說：「我聽人家說妳堅決留守開封，我才趕過來找妳，現在是什麼時候了，人人都想攀關係隨軍隊上江南去，妳還搬到這個鬼地方？這附近的鄰居大都是些當地的小混混，我們的軍隊天明就撤離開封，還有最後一班火車直達商邱，接著轉車到南京，妳隨著大批軍眷有吃，有住，有人照應，妳一家住到這裡，等軍隊一走光，妳馬上會被搶，妳要趁軍隊還沒離開開封前走爲上策，我現在就去找高連長，叫他派車來接妳，先搭上這最後一班火車再說。」經他一番善言勸導，我立刻警覺到事態的嚴重，催他趕快同長榮聯絡，我把恩兒交給娘抱，馬上三步併一步的到馬隊長家，只見他室內凌亂不堪，他岳母告訴我他們夫婦一早便去商邱了，我才明白他是在大難中來報復我的當年，我深感自己的愚笨，也感激在我迷途中遇到友情的可貴和協助。

開封火車站停了一列長長的火車，每節車廂裡都擠滿了男女老幼，連兩車相連處的鐵鍊上也站滿了人，車的上蓋鐵皮上也擠得水洩不通，外側也坐滿了黑鴉鴉的人。書增抱著恩兒，扯著我娘，找遍了所有的車廂，也無法安插我們上車，我拉著兩個大行李箱跟隨在後面，跑的喘不過氣來，正站在列車旁無奈時，一節露天的車廂裡，一位大漢伸長了手，把我的兩件行李拉到車裡，再接過書增手裏的恩兒，幫助書增把老娘拉到行李上坐下，又拉我和書增上去。這位大漢笑向我說：「妳陪老太太就坐在自己的行李上，千萬別隨便動，小孩由這位先生（指書增），抱高一點，省得太擠會出意外。」在這位陌生人的協助下，我們終於搭上了由開封開出的最後一班列車。

車開到蘭封車站忽然停了，經過兩個多小時，不見車動，衆說紛紜，誰也不敢下車去問原因。入夜，野風襲人，饑寒、睏倦，大都東倒西歪擠得更令人窒息，恩兒吸吮著奶頭不讓別人抱，娘咳嗽的喘不過氣來，我實在支撐不下去了，我叫書增想辦法，他說離蘭封車站不遠就是長榮的駐軍防地，他去把長榮的汽馬車趕過來，我們換坐汽馬車到商邱後，再搭這輛火車，但就怕火車開走了。後經再三打聽，說到天亮這列車也不會動，因而我叫書增速下車到長榮的軍營中，叫他速去速回，「我半小時之內一定可以趕回來。」書增邊說邊跑步的走出車站，誰知他下車不到十分鐘，這班車就慢慢的開動了。此刻下車找水喝的，找東西吃的，大小便的老少軍眷們，一聽汽笛響，一看車慢慢離站，都忙著奔向火車呼喊、哭叫。有攀車不上掉下來的尖叫聲，有車上急喊聲，車下哭叫聲，生離死別淒厲的呼叫聲剎那趨於寂靜，只有火車急駛過轟隆轟隆的沉重聲，夾雜著車中老幼失兒棄娘的啜泣聲。娘哭著抱怨我不該叫書增中途下車，我抱著恩兒故做鎮靜的安慰著她，心像裂開似的刺疼。

車開得很快，人隨車東倒西歪，擁擠得不知何時已不見了自己的行李，恩兒在我懷中已擠的透不過氣來，「把小孩給我，叫妳娘拉緊妳的衣服，妳抓緊我的皮帶，再擠的厲害，也千萬不要鬆手啊！」在這擠得快要窒息的一剎那，一位高大的便衣壯漢，伸過雙手抱走了恩兒，此刻恩兒正在沉睡，頭枕在他的肩上，安詳的繼續酣睡著，我們母女互相拉緊，我抓結實這位大漢的皮帶，天還未大亮時車到了商邱車站，大家開始下車，這位助我的大漢向我說：「妳去找你們留守的負責人吧！我把小孩還你，我要下車了，再見。」我問他「先生！你貴姓？大名？」「亂世，問也沒用，這小小的一點幫助算不了什麼。」他邊說邊下車，轉眼之間他高大的身影，便消失在人群中了。

我抱著恩兒，扶著老娘，慢慢的下了火車，詢問「那一位是負責帶領軍眷的軍官？」「是我，我姓蘇，叫蘇云峰，你有什麼事？請說出來，我一定幫忙。」我把書增中途失散，行李五件全部遺失的事向他報告一遍，他立刻向大家軍眷宣佈：「請諸位太太注意！有位太太丟了五件行李，老太太，小孩子都在大哭，有那位看到的，撿到的，請向我這裡報告，我是這一團留守負責人。」這位蘇先生馬上帶我到他所帶領的軍眷休息地尋找行李，但一件也沒有找到，行李裡是我老少三代的新舊衣物，丟了可以慢慢再買，使我感到痛心難捨的，是我兩大件行李箱裡裝的是多年來我未曾一天間斷的日記。還好，書增趕著汽馬車一路直奔商邱，當晚便找到了我們。

由開封搭最後開出的一班火車到達商邱後，再隨著大批軍眷輾轉到達了湖北衡陽，在衡陽市區裡，我們住進了一家民宅（不是租的，當時軍人或軍眷，只要是團體行動，不論到任何地，各單位都派有打前站的人，只要看中被分配區域任何一家的房子，都在那家大門或屋門上寫上自己的番號，這就叫「號房子」，這被號了房子的住戶，就得馬上騰出來備用。）我住前院，後院還住了一位辛排長太太。

軍隊在前防與共軍激戰數月後，聽說一直失利，究竟退到什麼地方，我們都不知道，已經好久沒得到補給的軍眷，爲了生活，大家都各自設法謀生，有的把積存的衣料、成衣，用布包著，到市區空地上擺地攤；護送眷屬的士兵們，穿著便衣，站在街頭，以紙幣兌換銀圓，從中取利，書增卻和幾個同事合夥販賣豬肉從甲地到乙地，以賺取差額利潤，而我只有把恩兒出生時娘由家帶出來，祖母手縫的幾頂花帽子、小花鞋，到街上擺攤賣，因爲是精緻的手工藝品，一上市便被人以高價搶購了，它濟助了我的燃眉之急，也使我內心留下了對祖母難以彌補的遺憾。

娘水土不服一直拉肚子、嘔吐像患了霍亂，恩兒又患了小兒痳疹，一連數日夜高燒，辛排長太太的週歲兒子因痳疹受風而喪了命，辛太太和她婆婆日夜爲失兒失孫大聲啼哭，書增爲恩兒四處打聽名醫。一天晚上他請了一位鬚髮雪白，身穿黑袍，年約八旬以上的老翁，把高燒得迷迷糊糊的恩兒，抱到老翁面前，經他細心把脈，觀察氣色後說：「跟我去抓藥，今晚藥熬兩遍，今晚喝一半，明早喝一半，疹子就會由前額、全身，以致手心出到脚心，燒就會完全退了，但要在室內避風七天，才可完全痊癒。」就這樣治好了恩兒。

不久琤姐和她的丈夫李子奇，帶著他們五週歲的麗君，抱著三歲的麗芳來了，還有她的妹妹錦春夫婦，都一起來看望我，琤姐一見我開門見山便說；「玉英！時局一日數變，我們帶著老的老，小的小，跑遍了山南海北，還不知以後會跑到那裡，我今天來就是跟妳商量，我們從現在起都不要再跟團體軍眷走了，我們一起走湘桂路到廣西開小吃店去，不論軍隊開到那裡，我們就不要再跟了，妳看共軍勢如破竹，很快共軍的佔領區就會平定的，等全局平穩了，我們再一起回咱河南的老家過日子，不然我們帶著老娘越跑離家越遠，將來老娘死到外鄉，我們連她們的屍骨也難搬回老家呀！我希望妳拿定主意，不要再跟著隊伍朝前跑了好不好？」琤姐突如其來的話，令我一時難以回答。「軍隊前防作戰已斷了消息，我若跟著妳們去了廣西，那長榮不是找不到我們了嗎？」我的答話使琤姐馬上激動地說：「時局到了什麼時候了，高長榮還正在前防拚命等著升官哩，現在妳也不知道他的生死，我看妳只管跟著我們去廣西，妳給他寫封信交給留守處，他回來了一看信，不就馬上來廣西找我們了嗎？妳怎麼到這個時候還沒有一點主張呢？」「這樣吧，待會我跟表弟劉書增商量一下，看看他的意思怎麼樣？」我的話說到這裡時，書增氣沖沖的由屋外衝進來對我說：「妳不必聽我的意見，妳想跟她去廣西的話，妳帶著妳娘、妳兒去好了，我管不著，我是軍人，我奉命留守，我是不敢脫隊哩！」聽了書增的一段話後，我那敢隨琤姐同行，因為娘和小兒全指望他赤心耿耿的照顧哩！我立刻向琤姐回話：「一路上娘體弱多病，都是由書增揹著，恩兒才出了痲疹不能見風，我決定不跟妳們去廣西了，妳們到了廣西住定後，趕快給我來信，依長榮的部隊番號寫收信地址（當時郵寄信，只要寫清楚部隊番號，隊伍流動性開到那裡，就依番號查投，絕對無誤。）我們千萬別在亂世裡失去聯絡。」我說的很堅定，琤姐無可奈何地接納了。當時琤姐廿九歲，我廿八歲，時為民國卅七年。

長榮由徐蚌火線歸來

在琤姐去廣州的一週後，長榮請假回到了衡陽，一歲半的恩兒，已牙牙學話會叫爸喊媽，且會斷斷斷續續說幾句話「給爸爸酒，媽媽罵……」長榮乍聽之下，喜不自禁抱舉恩兒親吻一陣，他一臉憔悴，向我訴說連月激戰的過程和結果：「……三營營長張旭光陣亡了，我們連陳排長陣亡了，還有連上王排長，平時訓練兵還可以，到實地作戰時，他膽小的拉著一排人後退到山裡不出來了，我那一連二〇〇人，現在只剩下一排人不到，我一個人帶幾十個士兵，邊打邊突圍出來……」他大略說到此，已淚水流下，接著又說：「我實在掛念妳們，我跟副團長請了三天假回來，聽說最近要把所有軍眷統統送到長江以南去，那裡比較安定，聽說軍隊也有渡江作戰的計劃，軍眷會有專用火車，妳千萬要隨著團體行動，不然我會找不到妳們了，萬一我在前防作戰有什麼意外，妳可要好好照顧天恩，一定要把他撫養大，給我高家留一條根。」長榮的一番話，令我辛酸，恩兒在一旁接長榮的話「恩，恩，根，恩，哈哈……」我們忍不住破涕笑了，他拍著兩隻小手也笑了。

長榮走後的第二天一早，我們大批軍眷就搭上了由衡陽開往徐州的專車，然後再由隴海路的徐州站，轉京滬路直達南京渡江留守。

這是第八兵團司令劉汝珍所屬的軍眷專車，所謂專車，也就是官階上校至將官的軍眷福利車，我們校尉級軍官眷屬，僅僅是高官眷屬的陪襯罷了。上校以上的將官軍眷，可以坐、臥，老人和小孩，都有活動的空間，並且有侍衛，老媽子、丫頭侍候茶水飯菜，像我們少校以下的尉級官眷屬，一家老少三五口上下的人家，也只分到箱型或桌型大小的位置，而且不是車廂，還是給師長以上官階眷屬們裝載麵粉、大米的最上面，這些糧米裝得滿滿的超過貨車的週圍鐵欄，也沒用繩子綑綁，我們老少三代，十五歲的臣弟，和照顧我們的表弟書增。老娘抓緊我的衣領，我抱著兩歲不到還在吃奶的恩兒，雙脚踩在車欄的邊沿，車開地飛快，我若稍不小心，老少三代隨時可能變成火車輪下的亡魂，書增站在麵粉袋的最高峰車頂端，用雙手緊拉著十五歲的臣弟，他怕臣弟疏忽而跌下車，他口中像誦經似的一直不停的喊著「幹臣，幹臣，小心，別打瞌睡。」這驚心動魄坐軍眷專車，移防江南的一幕，使我一生難忘。

車抵徐州車站，已是晚上十點，看到火車站燈火通明，賣小吃的亂聲叫賣，我已飢腸轆轆，我正打算要招手叫賣吃的小販時，只聽遠遠有人在大聲呼喚「高太太！高連長太太……」是一位女的在呼喊。「高大嫂！我是楊俊恆啊！高大嫂！妳坐在那輛車上呀！快說呀，我是楊俊恆啊……」這聲聲報名報姓的男音十分熟悉，我確定是在喊我。「我是高太太，我是小天恩的媽媽，我坐在這最高的麵粉袋車頂上，我是……」我大聲的站在車頂上回應。這對男女的聲音由遠而近，慢慢的我看到了他們的身影，那位高大碩壯的男士，正是一年前失業住在長榮的連部，長榮對他敬如上賓，愛如手足的好友楊俊恆（我生恩兒前不久，因跌倒而幾乎小產，是他深夜在開封找名醫開方，他親自煎藥、治癒的，恩兒出生後患百日咳，他鼎力請醫生，餵藥，以後他謀職在徐州結婚……）而那位走在他身旁的女士是誰呢？我正在不解時，他們已雙雙走在我的眼前。「啊！俊恆！這位是？」「大嫂！她是我剛結婚不久的太太，半年前是我的同事，這就是我常向妳講的高連長太太，這就是我最愛的小侄天恩。」經俊恆介紹後，我才釋然。「俊恆！你結婚是件大喜事，爲什麼不通知我哩？」「高大嫂啊！時局這麼亂，又離妳這麼遠，何必給妳添痳煩。」俊恆邊說邊遞給我一大包用報紙包的吃食，並向我說：「我打聽到第八兵團的軍眷專車今晚一定會經過徐州車站換車，再直達南京埔口，所以我們六點鐘就站到這裡，一直等到現在，我給妳買了兩隻燒雞，十個滷蛋，還有廿個豬肉包子，我特意給老闆加錢調餡，沒有放一滴油啊！大嫂一定很喜歡吃。」聽俊恆一段話後，我忍不住大笑。「俊恆啊！眞謝謝你一番美意，你跟我們生活在一起那段日子，我因懷恩兒不願吃油，孩子生下來以後，生活早恢復正常了。」我邊說邊要下車陪他們，被俊恆雙臂堵住我說：「車子隨時會開動，這是由開封開出的最後一班列車，你不可以輕易下車，逃難時脫隊了可是不得了。」看俊恆一片赤誠的作風，我便仍坐車上同他說話，「徐州現在也很亂，我們公司下個月就搬到南京辦公了，住定了我會去信跟長榮聯絡。」我們話說到這裡時，留守負責人高聲喊話：「車上人不許動，車馬上要開了，馬上要轉京滬鐵路到南京了。」我向俊恆夫婦道謝，並催他們趕快離開鐵道，車馬上慢慢啓動，我們互道「珍重，再見。」

車到埔口，已是早上八點時分，只見江輪嗒嗒嗒往返於江心，還有苦力的鄉下人抬著重重一簍簍的青菜、蘿蔔，咦呀嗨，咦呀嗨上了岸邊停的木船上，有人大聲嚷著：「火車馬上輪渡，大人小孩要坐好別亂動，以免發生意外。」頃刻間一隻大輪船已經靠岸了，只聽人嚷，車軌咕咚、咕咚地響了一陣後，火車由大輪船上的鐵道上渡過了彼岸。到了夏館，只見一群人下了火車，就在岸邊的陸地上撐上帳蓬，有人笑叫著：「有位團長太太眞巧，剛剛渡過江小孩就生了。」馬上帳蓬內傳出了嬰兒的哭聲，這是一位上校團長的二太太，生了她的第一胎的女兒。「眞是亂世無奇不有，前天還有一位太太坐在馬背上生了一個白胖小子哩！」聽著軍眷們七嘴八舌的傳聞，眞叫人聽了啼笑皆非。

「軍眷一律住到南京火車站候車室，明天一早八點鐘到京滬車站集合，然後再轉車到武進縣（江蘇常州）。」留守負責人一聲令下，各家都在火車站附近自行尋找住宿地點。書增扶著老娘，提著行李，我抱著恩兒，拎著吃的，隨著書增在候車室找到了一蓆之地，算是我們的臨時住處。我們週圍坐的、睡的，有白人、黑人，灰頭髮、紅鬍子的男女老幼，娘靠近我附耳問說：「洋鬼子說話我不懂，怎麼跟咱長得一樣的人，他們說的話我也不懂哩？這是個啥地方啊？爲什麼會有這麼多的怪人？」「娘！這個地方是南京火車站，世界各國人都經過這裡搭車，妳剛才說洋鬼子，他們是美國人，跟咱長得一樣的人，那是日本人、朝鮮人，他們說的是日本話、韓國話，我們誰也聽不懂，妳老人家光看，別再問了，別人聽見了會笑話咱太土哇。」我向娘小聲回答她的疑問。娘咳嗽、氣喘，一夜要去廁所好幾次，每次我都扶著她。不知何時我沉睡了，當我睜開眼看不到娘時，我以爲她去了廁所，但我在附近廁所，視線可及的地方找不到她時，開始緊張了。我不敢大聲喊，唯恐擾亂了旅客的睡覺，我在附近找遍了，也看不到娘的影子，眞把我急壞了，我叫醒正在沉睡中的書增，我倆分頭去找，在一進門的候車室長凳上，看到娘一個人正坐在那裡喘氣，娘一看到我便兩眼淚汪汪地對我說：「我起來小便哩，不忍心叫醒妳，我在咱住的附近廁所出來迷路了，越走離妳越遠，我走了一大圈子，也找不到你們了，我急得出了一身冷汗，沒辦法啦，我只有坐在這凳子上等妳來找我。」聽了娘這段話後，知道娘是多麼愛我，我母女倆不禁相擁而泣。

軍眷到了江南武進縣（常州）

武進縣，也就是一般人稱的常州，這裡的生活、言語、風俗習慣，與我們北方的老家完全不同，我們被分派在市區大宅院的偏房裡，房東是一位七十餘歲的老婦人，同她的獨子夫婦住在後院，首先感到最困難的是言語溝通，她講了滿口當地方言，我是一嘴的河南土話，恩兒已一歲半了，我同房東共用一個廚廁（軍眷住任何地方，都是與房東共廚廁）。廚房燒柴，每到煮飯時，煙氣嗆人，恩兒有時跑到廚房來，不是學著向火裡加柴，就是在鍋附近的泡碗盆裡洗手，要不就跌倒在門外的儲髒水池邊。尤其令人可怕的是廁所，一個深深的大茅缸，缸口上架幾條狹窄的木條，大小便時或站或蹲在木條上面，木條是活動的，隨時可跌到充滿糞便尿臭的糞缸裡，我每次抱恩兒大小便時，就像過一次關口一樣，最令我爲難的就是房東老太太限制我們用電，每到晚上八點整，她就把電的開關關上了，而恩兒白天叫不醒，深夜還在玩，我得天天買蠟燭點，那時小孩沒有一樣玩具，爲了哄小孩玩，我總留好多大大小小的銅幣和銀幣，不是陪他向銅盆裡一個一個的投著聽響，就是用竹棍敲打著銅盆逗他玩，因此常惹這位房東老太太深夜向我興師問罪，我只有向她小心陪不是，常常端些娘做的北方吃食給她，相處三個月後，我們竟成了好朋友。

出開封時，我們大多數的軍眷們，都將大把大把貶值的法幣買成金子，準備長期逃難用，原先，我把長榮給我的一小箱子的法幣，準備也買成金子，但才買了六兩多金子時，便有人向我建議說：「買金子不如買剛發行的金圓卷，四十元法幣換一元金圓卷，一元金圓卷到後方可以到銀行換一塊銀圓用，這個辦法比買金子保險，而且金圓卷又好攜帶，你看看，我們這幾家全都買成金圓卷了。」聽了人家的一番忠告，我把所有的法幣積蓄，全換成剛發行的淺綠色的嶄新金圓卷，一個新的綠色鐵皮箱子，裝了滿滿的一箱金圓卷，帶著老娘幼兒踏上江南的土地時，我心裡在想，無論我今後逃難到那裡，只要我這個綠箱子不丟，我老少三輩的生活就有保障。

到常州不久，便看到報紙上頭版新聞：「……上海、南京某大廠商因大量儲藏金圓卷，而今貶值得如同廢紙而跳樓自殺……」又見報載「某某軍眷老太太，禁不起金圓卷的貶值而服毒身亡。」還有「常州城內米店老闆，因倉庫米糧銷售一空，所換來的是一些不值一文的金圓卷而關店逃跑。」這時表弟書增慌慌張張問我：「那個綠皮箱子那麼重，那裡邊裝的是不是金圓卷，如果是，趕快把它拿出來換成米吧！不然一文不值了。」不得已，我把滿滿一箱子的金圓卷，在隔壁米店裡，買了一四〇斤半麻袋的白米，可憐長榮多年來一點血汗換來的積蓄，本來出開封時可以買到上百兩的黃金，到最後卻換了半兩黃金不值的白米，「既已破財，萬不可去尋死，因爲我有老娘、幼兒要照顧。」我咬緊牙關，握緊拳頭自勸自慰的告訴我自己，但還是忍不住滿腹的委屈，抱著恩兒痛哭了一場，但我始終瞞著我多病體弱的老娘，我把僅存的六兩金子，像寶貝似的交給了母親，叫她想辦法把金子縫製在她的布鞋底和棉衣裡，以防未來逃難途中遭搶，就在民國卅七年冬天徐蚌會戰雖獲勝利，但我軍傷亡慘重，共軍越淮南下，佔據了長江以北軍事重鎮，明光吃緊，揚州被圍，京滬鐵路有好幾段，都陷於共軍炮火的射程之內，首都南京危在旦夕，總統下令疏散南京市民。我們六八軍的軍眷，在三八年的元旦日，奉命由常州經南京，遷移到蕪湖一帶。

「想不到炸好的雞，還有丸子，蒸好的大白蒸饃，就不能過個大年初一，就得向外逃難……」娘擦著眼淚被書增扶上了火車，她凍的發抖向我說。「姥姥！穿花襖眞好，花棉鞋、坐車車，眞好。」恩兒穿上娘給他做好的過年衣服和鞋子上了火車，他高興的拍著小手哈哈大笑，在沒有棚的貨車上雀躍，當晚住南京車站一個小旅館裡，這裏住滿了軍眷，別說茶水，連一口冷水也找不到，帶的丸子，饅頭，也難以下嚥，這是民國卅八年的大年初一，我們老少三代整整餓了一天一夜，第二天一早便走京蕪路到了蕪湖，經河歷溪住了一晚，第三天便搭汽車到了安徽徽州。

記得由河歷溪到徽州幾個小時的車程裡，在擁擠異常的車廂裡，有一位大兵，他嫌娘擠他、碰他，而不時的指著娘罵：「妳個老東西，妳擠什麼擠？再擠過來，我就揍妳。」恩兒看這個兵兇巴巴的，馬上緊緊的鑽到我懷裡說「媽媽！怕怕……」他聽到了又罵「小傢伙，你吵什麼？再吵我就把你扔出去。」我實在忍不下去了，向他說：「這位先生，你怎麼這大的脾氣？罵了我娘，又罵小孩，你太過份了吧？」「怎麼樣？妳想挨揍是不是？再叫一聲我槍斃妳。」他站起來要打我的樣子，書增這時裝第三者向他說好話：「她是個婦道人家不懂事，請你先生多包涵，多包涵。」這他才收斂一點，而且還狠狠的向我說「你他媽的眞是欠揍……」路上我實在不願與人爭吵，我忍下了這口氣沒有理他。

車到徽州北關，也就是長榮這個連的留守處，當高連部的兩個兵來接我時，書增一聲令下：「快來，車上有個土匪，拉下來給我狠狠的揍一頓，一路上他欺負老太太，小孩……」書增把那個一路上欺人太甚的大兵一把拉下車來（汽車終點站），三個人對著他拳脚齊下，書增還學著他在車上對著我說的一句無理話「槍斃他……」嚇的他跪地求饒，大喊救命。「你以後不要再欺負老弱了……」書增指著他的頭說。因為是終點站全車人陸續下車圍觀，大家都叫「打得好，看他以後還敢不敢再這樣欺負人，惡人食惡果，眞是活該。」我立刻勸阻了書增，讓這個無理的年輕人走了。

太平縣是徽州附近的一個小縣城，大批的軍眷，都奉命住到這裡，這是一個最偏僻，出產農作物最少的地方，連青菜就沒有賣的，想吃頓魚肉，那眞是太難了，老百姓雖家家都種有蔬菜，但絕對不賣，因為他們自己就不夠吃，我們天天生活吃的菜，都是由照顧我們的留守士兵挖些野菜拌飯吃，娘和恩兒，就用醬油，加點痲油吃飯，蕪湖的一般家庭，各個臥室內的床頭都有一個用黑油漆漆得非常漂亮的馬桶，長方型，上面有蓋，我們以為是一個裝衣物的小箱，房東老少都是另外用一個瓷痰盂的便盆解大小便，每次解完，就立刻倒進床頭油漆的馬桶裡，何時裝滿了，何時開始用挑擔一筒一筒挖出來挑到田裡去倒，每次那家倒馬桶時，那眞是方圓幾里路附近的人都得掩鼻。尤有甚者，我曾看到房東老太太，把瓷的便盆拿到客廳，一邊用力大小便，一邊同來訪的男客人談笑聊天，我站在一邊羞紅了臉，她卻一邊用紙擦屁股，一邊談笑風生的向我打招呼，這裡的習俗，是我走遍了大江南北所罕見。

我們在這裡住了一個多月的日子，就又奉命由離該村不遠的屯溪汽車站搭車到杭州。在杭州火車站停了大半天，書增叫我抱著恩兒，跟他一起去杭州有名的西湖看風景，叫娘留在火車上看東西，我深怕再像隴海線上出狀況的一幕我拒絕了，別說我在此時此刻不敢離開老娘一步，就連書增我也不想讓他去玩，我唯恐在他來去的時間裡，再演變成蘭封車站的一幕，但我無權限制他太嚴，只有再三叮囑他快去快回，其實杭州西湖是我多年來嚮往的風景區，但眼前處於非常時期，誰還有心情去玩。

火車由杭州再向前開，便到了貴溪火車站，站上擠滿了端著白米飯的小販，他們大聲在叫賣著「一碗生米換一碗白米飯，一碗生米換一個茶雞蛋。」為了娘和恩兒，我不惜吃虧的換了幾碗白米飯和十多個茶雞蛋，恩兒喜的跳脚說「姥姥，蛋蛋，飯飯……」我們在貴溪火車站吃了一頓飽飯。

火車經過南昌車站，正是大兩傾盆，寒氣凌人的深夜，露天車廂裡的留守官兵淋得發抖，我們蹲在車廂裡，由車窗被風刮進來的雨水，浸透了我的棉衣，我們老少三輩捲縮在濕透了的行李上發抖，就在這時，留守負責的軍官站在露天車上大聲命令的喊話：「今晚火車停在南昌車站，明天一早八點換車，從現在開始，大家各想各的辦法，住在南昌火車站候車室。」書增馬上抱下了老娘，他再揹著恩兒，我扶著娘，踏著泥水，淋著大雨，尾隨著書增，走向燈光昏暗的候車室內。書增把淋得水濕的被單鋪在地上，讓我們老少先坐地上休息，他再外出找草拿回來鋪在濕的被單上，恩兒喜的在草上翻跟斗，他拍著兩個小手大叫「姥姥，媽媽，到家了……」恩兒的話令我和娘娘會意而流淚。

書增這天夜裡，為了在大雨中找鋪草，吃食，不得已偷了巡警的提燈（燃煤油帶玻璃罩的燈）。直到來到台灣，我們還一直保存著它，以作紀念。

記得民國卅八年五月間，我們這批軍眷奉命暫住廣州火車站，當時中央政府已遷往廣州，何應欽將軍任行政院院長，這時報載國共成立聯合政府，國共和談破裂，李宗仁攜款潛逃廣西，再往香港，後又帶領全家美國定居。戰況一天緊張一天，大家都恐怕逃不出共軍的包圍而惶惶終日，我們這些軍眷，一時同前防的親人聯絡不上，好像沒人照顧的孤兒似的，有的睡在火車廂裡，有的在鐵軌旁的碎石子上鋪了被褥，還有的怕露天有小雨，露水，而乾脆在火車底下鋪上了軍毯當住屋，各家都在睡鋪旁用撿來的磚頭或大點的石頭，架上飯鍋、菜鍋、撿點柴，或買點柴燒飯，炒菜，大小便就地解決。離我們不遠，有一個小水坑，那就是我們這批軍眷生活用水的泉源，蒼蠅、蚊子落滿了水面，我們用盆盛水時，都是用雙手把手中的穢物擋著，才可以取一盆淨水，娘總是問「水乾不乾淨？怎麼喝著有一股怪味？」「乾淨的很，南方的水味跟北方不一樣，喝慣了就好啦！」我用肯定的語氣騙娘相信。

流離失所的逃難生活

在廣州車站住了三個禮拜了，大家還勉強可以支撐，後來因為下了幾天的大雨，我們老幼都淋得無法生活，留守人員就又有了新的命令：「各家自己想各家的辦法，就在車站附近各家自己找住處，住定後每家每天要跟留守負責人聯絡一次，以便跟前防親人好取聯繫。」

我們這一個營十多家，找到了一個販賣豬隻的市場棚子住下，白天一早各大小鄉下出售的豬隻，都來這棚子下面集中銷售，買賣主人都齊集這裡，晚上，我們就把被褥攤開這棚子下面的地上睡覺，用磚架鍋在鋪前做飯，一早就把鋪捲起來，坐在鋪捲前看買賣豬的人談生意。廣東話我一句也聽不懂，在住多天後，我聽懂了兩句話，那就是賣主說他的豬是「頂呱呱」，而買主便說賣主的豬是「丫丫五」。剛牙牙學語的三歲恩兒，穿梭於買賣豬隻的商人之間，常用手指人家說「你是丫丫五，我是頂呱呱」，以後大的玩伴總逗恩說「你是個壓壓五」他馬上笑回人家說「你是壓壓五，我是頂呱呱」。在這段時間裡，我們這些老弱軍眷，都是在附近空地裡大小便，連附近國防部大門外的空地上，也都堆滿了大便。

有一次我跟同事的太太到廣州市內購物，順便到黃花崗七十二烈士墓園看看，只見古樹參天，偌大的黃沙丘，寬廣而高大的墓碑上，刻滿了烈士的大名，我站在墓前爲偉大的烈士們默哀致敬。

不久，我們軍眷又奉命移往福建省的石馬鄉下居住，這裡離漳州很近，因爲旅途生活不正常，加上日晒雨淋，一到住地不久，老娘重感冒，幼兒高燒不退，這時長榮的隊伍已開到廈門附近守防，他聽說恩兒重病，附近大小醫院都醫治不好時，向上級請假回來，他一回來便抱著高燒不退、神智不清的恩兒向我說：「聽說軍中已經有兩個小孩因爲高燒不退把腦子燒痴呆了，漳州有個最大的美國協和醫院，明天天一亮我就帶著天恩檢查去，不過那個醫院是貴族的，花費相當貴，在開封我留給妳的錢，妳不是都買成金子了嗎？拿出來變價花呀，給兒子治病妳還捨不得啊？」我忍不住失聲痛哭。「哭什麼？有好醫院，有錢治病，恩兒的病一定會好。」他那知道我沒聽他的建議而把錢全買成金圓卷泡湯了呢？高燒到四十度以上的恩兒，閉著雙目，既不吃喝，也不會叫一聲爸媽，我怕恩兒的病治不好，怕住院費太高而露出了馬脚，這一夜我那裡會睡著，所幸，娘的感冒已痊癒。

在漳州協和醫院經過檢查後，大夫立刻說：「小孩的病相當嚴重，必須立刻住院接受治療。」我們立刻辦了住院手續，我抱著恩兒住進了二等病房，打針、吃藥、注射點滴，我把帶來的兩隻三兩多重的手鐲交給長榮到市上換銀圓，三天後，恩兒的燒完全消退，當長榮再來醫院看他時，他指著長榮第一句話便說「爸爸是丫丫五，我是頂呱呱！」然後摟著爸爸親吻。「值得，值得！爸爸拿黃金買回了你的小命。」三天後我想出院，辦理出院手續時，大夫說：「這種病叫迴歸熱。如果病未完全好而出院時，後果更嚴重，最少得住院一個禮拜。」爲了愛兒子，只有硬撑再住下去。

這次住院一共花了卅多元的銀圓，長榮一個禮拜的假期，算在醫院陪孩子度過，當他上前防臨出門時向我說：「我身上只剩兩塊錢了（銀元），現在還沒關餉，妳只有賣點金子維持家用了……」我不知怎麼接話才好，黃金變金圓卷，金圓卷買半袋米的事，在此時此刻我是不忍也不敢向他說。

軍眷在石碼住有一個多月後，又奉命移往東山島，大批軍眷先由石碼坐小船到深水處的河中心，再換乘大汽船，單身男女，猶如旅遊，而我扶老攜幼的水上移防，猶過層層關卡般的困難。

在大船上，不知怎麼分配，我們基層官的行李，跟軍部一位校官太太的放在一起，坐船難免會彼此挨近，伺候這位太太的傳令兵，是個年約十八九歲的馬屁精，船行一夜天亮才到目的地——東山島。這個小兵說我娘一夜都在擠他的主子，對我娘不但罵而且還用脚踢，我警告他「自己人不要太無理」。他立刻兇巴巴的問我：「妳是那單位的眷屬？我要記下妳先生的名字。」書增看這個小兵蠻橫無理的樣子，便走近對他說：「小老弟，不管怎麼說，你的階級沒有她先生大，軍隊裡講的是階級服從，還輪不到你像審案似的問她。」誰知書增的話未完，他的女主人就站起身來指著書增大罵，這個狗仗人勢的小兵，看主人給他撐腰，出手就打書增兩個耳光，站在書增身旁的一位士兵，眼見不平，就對著這個小兵拳打脚踢，結果三個人打成一團，書增同小兵不小心全掉在船外水裡，幸虧已到目的地，船快靠岸，兩人掉到淺水裡，若是在海心深處，後果就不堪設想了，兩個人在水中扭打，船上人有的拍手，有的叫罵，嚇的恩兒哭喊「舅舅，怕怕……」就在這時，留守在東山島的營部副官來接我們，在他協助下，我們由大船上了小船，再由小船上岸，等書增結束了這場鬧劇後，我們才雇了當地挑夫住進了東山島的村子。

東山島，是屬於福建省的一個小島，居民都靠捕魚維生，地裡除產紅薯外，什麼農作物也沒有，村民男女一早便揹著魚網、魚桿，有的上船遠航捕魚，有的守候海邊釣魚，小孩，婦女大都在沙灘上撿拾貝殼、蝸牛，他們捕捉的有各種不同的水產物，居民一般的早飯、中飯，多以小魚煮紅薯絲爲主食，也有一家老少圍著一盆用清水煮熟的各種類型不同的水產動物沾鹽水吃，有一種像大蝦肉嘟嘟的小動物，當地人稱牠叫「海狗」，恩兒能一下吃好幾個還不夠，只要一覺醒來，便鬧著「媽媽！我要吃海狗。」鄰居常捉些活蹦亂跳的海狗拿給我換米吃，我告訴他們「煮熟的我才要，活的我絕不要。」因而恩兒天天到人家家裡吃飯。在該島住了一個多月，老娘和我因生活不慣而叫苦，而三歲的小兒子，卻過得非常愉快。

離開廈門

由東山島小小的魚村，來到繁華的港口廈門，住在二層樓房的民宅裡，離長榮的營區很近。廈門集結了好多部隊，離廈門十多里的連板正在與共軍激戰中，二弟幹臣是流亡學生，爲了怕他荒廢學業，我把他送到六八軍軍部幹訓團裡，這樣他可以隨軍行動，離我不會太遠，但萬萬想不到來到廈門正逢戰況緊急，軍長下令把幹訓團的全體學生，收編到軍直屬部隊，而且各直屬部隊都得在前防作戰。二弟才十六歲，爲逃難投奔我求學，沒想到現在成了戰鬥兵。

長榮在我們到廈門一週後向我說：「我們這個兵團奉命守廈門，現在的廈門已成爲最前防的戰地，上峰有令：眷屬一律送到台灣去，這樣打起仗來，我們才不會有後顧之憂，劉書增是你的至親，由去年離開封到現在，已經有一年多的時間了，他能同妳共患難，我看就決定由他護送妳們去大後方吧！」一聽要到隔著大海的台灣逃難，我驚惶極了，我不願離遠家鄉，更不願離遠我日思夜掛的友人，尤其去向那隔海遙遠的陌生台灣，更怕長榮在戰鬥中有了不測，我扶老攜幼，隔著汪洋大海，那還有回老家的希望，所以我向他再三表示我寧死不去台灣，長榮氣地跳脚。

除了離廈門不遠的連板附近正和共軍激戰外，大炮也由另一個方向，轟隆、轟隆的一聲接一聲由遠而近，從陽台上向下張望，老百姓扶老攜幼的，挑著衣物、糧食，也由市內向四鄉逃，滿街都是荷槍實彈的軍人，看情勢軍眷是非離開廈門火線不可了。我堅持不去台灣，但內心已屈服於大難中隨團體的觀念，得空還是把長榮重用書增照顧家眷去台灣的計劃告訴他。「妳放心吧！在留守後方期間，不論碰上任何情況，揹著老娘，抱著天恩，我絕對會跟妳共患難到底哩！還是去台灣留守好，那是隔著大海的大後方啊，只要跟隨大批軍眷，跟著總司令的命令走，絕對餓不死哩，趕快收拾行李吧！」書增的一大段話，令我心安了，我立刻叫他去換錢（以黃金換銀圓）。買繩子，準備綑行李，出發去台灣。

大弟幹國，是×軍的副員，駐軍也在廈門附近，正在心情紛亂時他來看我，談到去台灣留守的事，他對我說：「姐！剛才我跟長榮哥談了好久，他說總司令劉汝珍命令：『凡是軍人直系血親的眷屬，才能隨留守處人員去台灣，外姓的傳令兵、勤務兵，一律不能隨軍眷前往，劉書增帶著妳們去台灣，萬一軍糧補濟不上，他也不能做什麼事，在台灣也沒有認識的人，想謀個差事養家就成問題，我看還是我去吧！我總是妳的親弟弟吧！再說台灣我有一個好朋友，他可以給我找份工作，眞到接濟不上的時候，我可以養這一家老少啊。現在我沒有軍務在身，養家活口是我義不容辭的事，姐姐！妳要好好想一想。」大弟一番誠懇的談話，我也覺得相當有理，但我希望大弟能去，書增也能去，畢竟我深知書增是個能共患難的人。我答應大弟等長榮回來再做決定。長榮不久進門了，他堅決的向我說：「上級命令只許一家眷屬去一個男性親人留守，書增要去，幹國就不能去。幹國要去，書增就不能去，這個由妳跟娘來決定吧，我馬上叫連部文書造冊子決定誰的名字了。」「那就決定由我去了，我沒二話可說了。」大弟馬上接著說，我和娘此刻不知接什麼話才適當，直覺大弟來的太突然，沒留給我一點緩衝的機會。

誰知我們商量留守易人的事，早被常在我家走動的長舌婦太太聽見了，她馬上跑到外面找到書增，加油添醋地向他說了，只見書增把剛買的一綑麻繩，由外面扔到屋子裡來，把換的錢進屋塞到我手裡就走了。

「冊子造好了，馬上就往上呈，把你弟弟的名字寫成『高幹國』，說他是我親弟弟，這樣他可以護送你們上船到台灣啦！書增，就叫他跟我在前防作戰了，明天八點，我們全軍眷屬都要到廈門碼頭集合，等一隻可乘坐一萬多人的大輪船『海滰輪』到台灣，妳可不能再跟我唱反調了，廈門隨時就是戰場啊！今夜一定把行李整理好，我們有老的、小的，明天天一亮就得出門，這個大船是不能耽誤一分鐘啊！」當晚長榮由外進門向我鄭重地說，情況如此緊迫，我不敢多說什麼，只有馬上行動了。

十月上旬的深夜，天氣還算涼爽，長榮邊對我緊張的說話，邊助我整理行李，把我裝好一麻袋的紅薯倒了滿地，換裝了一袋白米，他啼笑皆非地說：「這是什麼時候了，到隔著大海的台灣去逃難，不多裝一點米好度日，帶點紅薯幹什麼？」看他說的有理，我沒說什麼，只感到生離的痛苦、離開大陸的痛心而忍不住下淚。我把我手上戴的兩錢重的戒指戴在他手上，叫他以備不時之需，把娘專爲他做的一件短夾襖，從箱底扒出來叫他穿在軍服裡面，並給了他七塊現洋，叫他貼補自己，他抱起正沉睡中的恩兒，忍不住聲淚俱下地說：「孩子，明天一早你就離開爸爸了，爸爸得好久不能抱你了，你要聽媽媽的話哦！」這不知是生離抑或死別，實在令人心碎。

海岸邊驚險、悽慘的一幕

天還沒亮，長榮便把隔壁沉睡中的書增叫醒，叫他到外面叫車，一輛人力拉的大板車，坐上我老少三代已裝不下行李，兩個用灰軍毯包的是被褥和衣服，另外一個大皮箱和一個綠鐵皮箱，裝的全是我在抗戰八年中僅存的日記和幾本我最愛的戰前和戰爭中的歌曲，至於一些臨時用的和吃的，另外又裝了兩個大痲袋，這些東西都由書增另找兩位苦力用扁擔挑著，長榮是隨車步行，一支拖拖拉拉不整齊的隊伍，快一個小時，才到達廈門海邊的碼頭，這裡已擠滿了等船的軍眷，黑鴉鴉一片片人海，一堆堆積得如山的行李，大人吵，小孩哭，每個人的表情都是嚴肅而凝重。這時聽到留守負責人大聲廣播：「請大家軍眷注意：船下午四點鐘開，大家千萬不要離開碼頭，有事要隨時跟留守人員聯絡，下午兩點鐘準時上船，現在空檔的時間，你們可以自由運用，敵人隨時會發射冷炮過來，萬一大家正上船有炮打過來時，大家千萬別驚慌亂跑，一定要立刻趴下，一定要保持冷靜。」聽到擴音機裡的廣播，才知道廈門眞的已成最前線。

看看徹夜咳聲不斷的老娘，看看我剛滿三歲的恩兒，再看看即將分離留在最前線與共軍作生死戰的丈夫，我再也止不住眼淚。此刻軍眷們已開始把即將要裝船的行李，慢慢的向江岸搬移，大人，小孩各隨各的行李也慢慢蠕動，就在這關鍵時間，我發現書增已不在身邊，我問長榮「幹國怎麼到現在還沒來？」「我已派人通知他開船時間，他馬上就會來的。」長榮肯定的回答我。已經下午一點了，廣播已開始催隨船留守眷屬的人注意上船時間了，我還在東張西望找不到照顧我們老少三代的人哩，長榮急了，借一輛脚踏車親自去找，不久高回來氣急的向我說：「不要去找了，我派去找他的人回來了，說幹國肺病犯了，大量吐血已經住院了，看情形幹國是沒法跟你們去台灣了，我覺得我還是叫書增跟著照顧你們好啦！你們在這等著別動，我去找書增來。」

書增自從我們突然決定換幹國後，他對我們全家老少的大小事已全不過問，但基於軍人階級服從，他還是隨長榮待命左右，但長榮叫他再次照顧我們來台時，他堅定地一口回絕了。只見離我不遠的海岸邊，長榮和書增兩人激動的說話，再看到長榮對他拳打脚踢，並從腰間拔起手槍對準書增我嚇壞了，我馬上拉著娘，扯著恩兒跑上前解圍，娘撲通跪到書增面前說：「書增！爲我這條老命，給我留點面子吧！還像從前一樣我們一起逃難吧！」書增忙扶起娘，忍不住痛哭失聲的說：「你們對我三拿三放，跟恁同甘共苦好幾年，你們卻聽信幾句不負責任的空話，就立刻把我甩啦，今天要不是爲姨母可憐，你槍斃我我也不會去。」長榮看書增接納了隨眷來台，便向他馬上道歉，並再三叮嚀：「我把老娘，小孩都交給你了，你要好好照顧她們，這是一場大劫難，只要我們大家能平安的度過，我以後絕對把你當成我自己的親弟弟一樣看待。」書增馬上扶著娘，長榮抱起恩兒，我們開始移搬行李到岸邊等船。

「開始上船了，大家千萬不要擠，海水深，海風大，大船無法靠岸，我們在大船上搭有浮梯，兩點開始，大家要自動上船。」留守人員再一次用擴大器廣播，這時不知從那個方向傳來轟隆轟隆的大炮聲，偶爾還有大炮彈落在大船附近的水裡，只聽撲通一聲，浪花四濺，令人驚心動魄，這時誰不願早早上船找到一個避身的位置呢？此刻眼前一個小販，拿著一個漂亮的洋娃娃，一按鈕會發出「爸爸」的叫聲還會笑著眨眼睛，他把洋娃娃拿到恩兒眼前搖晃，恩兒哭鬧著要買，我問問價錢，小販答「現大洋三圓」。平時也不過八角左右，而今竟高漲數倍，我拒絕了，恩兒卻哭鬧不停，長榮馬上從他褲袋裡掏出三塊銀圓買了，恩兒含著眼淚接過小販手中的洋娃娃，長榮抱起兒子親吻著，這時只見大批軍眷扶老攜幼爭先恐後的，由岸邊扶梯蜂擁上大船，扶梯負荷不了從中間喀嚓一聲斷了，扶梯上的老幼立刻掉到海裡，年輕力壯的人攀著岸邊的東西一躍而跳到岸上，會游泳的人不久游上來了，但年老、年幼、不嗜水性的婦女，都隨波逐流飄向無邊無際的海心，岸邊響起一片驚叫聲、痛哭聲，喊奶奶叫爺爺，哭爸叫媽，喊兒呼女的淒厲聲、吶喊聲，令人肝腸寸斷。有的喊船家以重金懸賞救人，但風大浪急當數支小船出動迎救時，落水的人已飄得無影無蹤了。

岸邊的大人、小孩哭聲震天，繼續等著上船的人都在流眼淚，驚惶失措地擁擠著，混亂著，等待著新扶梯搭好。此刻留守負責人，站在扶梯兩邊命令著，吆喝著，「大家要小心，一排（橫排）可站四人一起上，安全第一……」書增抱著恩兒，提著一件大行李排第一排，我扶著娘，長榮在我背後，揹著兩件行李隨著上，娘拿在手上書增的一件外衣，被她身旁的人碰掉了，她去彎腰撿衣時，被她後排正行進中的人一腳踩上而跌倒了，嚇得我驚叫而馬上用力扶起她。書增也邊抱恩兒，邊接手把娘一把拉上大船，這時已三點半，輪船上的汽笛已長鳴兩次，輪船上的馬達已嗒嗒嗒的開始發動，書增再下扶梯去拿岸上未拿完的行李，我的一大箱日記簿、歌曲等書籍，就是在此刻被書增扔到海裡去了，我責問他爲什麼扔我的箱子時，他理直氣壯的說：「保命要緊，帶那些破書、爛本子有什麼用？也不能吃喝。」我只有忍痛不再多言了。

上了大船，長榮再抱抱恩兒，親吻了一陣，恩兒只顧玩他心愛的洋娃娃，那曉得此刻是與爸爸作生死別？「船四點整啓航，船就要開了，送客的先生、女士們趕快下船吧……」最後的大聲廣播完後，長榮緊握著我的手說：「好好照顧咱娘跟我們的天恩，我得下船了，隊伍今晚還有任務，晚上便要同共軍激戰了。妳要多保重。」目送長榮的身影消失在岸邊人群中時，我忍不住熱淚湧流。

就在此刻，書增發現了站在岸邊人群裡的二弟幹臣：「妳看，那個正在甩著麻袋，搖著手大喊的人不是幹臣嗎？……」書增指著岸上遠遠的一個人影叫我看，書增大聲呼喊：「幹臣，幹臣……」遠處的人影飛奔到岸邊，我才清楚地看到穿著軍服整齊的小兵臣弟：「姐，書增，我今天請假來看俺姐哩，房東說你們一大早便來碼頭等大輪船，所以我馬上就趕來看看，沒想到你們這麼快上船了，大娘呢？」幹臣的話還未完，只見船家已來抽扶梯準備開船，書增下扶梯一把拉臣弟上了船，臣弟情急色變，立刻要下船回營，船在第三聲汽笛長鳴聲中啓航了，只聽船上岸邊失去親人的痛哭聲，看到汪洋大海中飄流的衣物、屍體，眞是令人心碎神傷，遠處射來不斷的大炮，落在大船前後不遠的海裡，我們老幼趴在船上行李夾縫中一動不敢動，爲了安全，書增帶我們穿過人山人海的上層，到船倉中找了一蓆之地，只容下我們老少三個，書增和臣弟就踡縮在離我們不遠處的一個角落裡，娘嚷著「不吃東西還能忍受，不喝水實在難熬，不大便還能過，不小便眞叫人忍不下去了。」恩兒也在叫「媽媽！餅乾，喝水……」我從身旁的水瓶裡倒出來一口涼開水，被恩兒一口喝完，娘忍著。

我們這群生長在北方的老少眷屬，大都暈船，加上風大浪急，船身晃動得厲害，海水越過船身像下小雨般的，潑濕了我們全身，拉上一條棉被蒙上，不久棉被也被水濕透了，我害怕船出了毛病會沉。貼近老娘，抱緊恩兒，閉上雙眼，聽候命運的安排。

上「海漳輪」到台灣

十月的天氣，輪船行駛在海上，本應涼爽宜人，但因滿船上下，全軍眷屬老幼已擠成了沙丁魚，汗臭味、尿騷味，令人掩鼻生嘔。我扶著娘，抱著恩兒，好不容易跨過人身，找到廁所，但誰知廁所門裡門外，馬桶內外，全堆滿了大便，因馬桶堵塞，廁所門外的地方，尿水流得黃黃的稠汁，臭氣四溢，令人窒息，既然如此也只有不顧羞恥蹲下就地方便了。我們擠得汗流夾背，有的老太太、老先生們，熱得難熬，竟都光著膀子，搖著紙扇。尤其老太太們，兩個乳房當著這麼多人垂到胸前，眞是生平所罕見，天快亮時，已無風浪，船慢慢平穩的向前航行，我的心也稍覺平靜。

「大姐！上岸來看看吧！前面一片燈光，好亮，那大概就是台灣吧？」幹臣拉我到甲板上，書增抱著恩兒，環望無邊無際的大海，看著前面快到的陌生地——台灣。茫然，回頭再望望遙遠的大陸，憂心。船漸漸的航行到了台灣港口，看見了岸上了事物，待我們下船時，已是早上八點，只見憲兵結隊站在下船的出口處，檢查我們的行李。

下船後，我們大批軍眷習慣性的在岸邊劃地爲家，一家家把行李打開休息，只見穿著花花綠綠的老幼婦女，光著背的老翁、小伙子，全打赤脚，穿木屐，他們全都偎近我們圍觀，指指點點，露出好奇、同情、惶恐的眼神，我問她們：「那裡可以找到水喝？」她們異口同聲的回答：「你港話，我聽不。」我再用手比劃喝水，吃東西的地方在那裡？她們再答「我沒怎樣？」天哪！都是黃皮膚的同胞，怎麼張口講話像外國話無異，我爲未來的生活感到惶恐而痛苦。

「大家想辦法弄吃的，十二點後就有大卡車接你們，到你們分配指定的地方。」留守負責人又在大聲向我們用擴音器說話，我們與兩個弟弟結伴到港口裡邊的小店裡，買了麵包和水，解決了吃飯問題。有的竟一下船，便在海邊撿石頭墊鐵鍋，生火煮飯，但都被憲兵強行制止了，有的不聽制止與憲兵大吵，還有的衝上前要打憲兵，致使憲兵惱火用脚踢翻了他們用石頭墊的飯鍋，一位憲兵趾高氣揚地向一位要打他的軍眷說：「不要把對待大陸老百姓的作風拿到台灣來，我們不會吃你們那一套哩。」「台灣人也得講道理呀，我們老老少少，一天一夜沒喝一口水了，你知不知道？」被踢倒鍋的太太大哭大鬧，結果還是憲兵贏了。

十二點半，我們全團的軍眷，被分配坐滿了兩輛十輪大卡車，駛往上峰分配給我們的居住地——桃園縣境內的各鄉鎭。傍晚，我們這個全團眷屬，到達了桃園，因爲臨時找不到住處，我們就在火車站月台上，各家都張開自己的被褥，以一蓆地爲一家的居住範圍。就這樣，我們算有了新家，在這裡，可以買到吃的、喝的，雖住在公共場所，總比在大輪船上要強得多，恩兒在鋪上玩著他的洋娃娃，蹦蹦跳跳像回到了自己的家。

夜裡火車班次還少，我們的地鋪可以不必移動，但自清晨五點半第一班車到站開始，車的班次大約每隔半小時，或頂多一小時便陸續不斷，上下車的旅客，一批批的擁上我們的鋪位。旅客的行李、箱子跨過我們人身向車上擠，我們天未亮就各自鋪蓋捲成行李，人坐在行李上像旅客等車似的坐滿了月台。

「今晚各家想各家的辦法吧。你們自行找住處，住定後隨時跟留守處聯絡，留守處現在在車站附近的一間倉庫裡。」留守負責人又向眷屬下了命令，大家分頭去找，黃昏時分，我們十多家找到離火車站不遠的一個公路局汽車場，大家又各自佔一蓆之地攤上了地鋪，這裡上有頂棚，周圍有欄杆，大家臉上都現出了一絲苦笑。

誰知早上六時天剛亮，汽車就開始一輛接一輛的開進來，穿著木屐的男女老幼、青年學生，都排成長龍隊伍，一個個相繼踩著我們的鋪位向前蠕動，有的竟脚踩枕頭、棉被，還有人踩著了正沉睡中的小孩，弄得小孩哭大人吵的，這裡跟火車站月台大同小異。在這裡又等了一天，當黑夜來臨時，誰也沒有勇氣再把行李打開。後來各處查看、尋找，大家商量的結果，發現桃園市內東西大街上的走廊相當寬，經留守人同意，兩個弟弟，一個抱恩兒，一個拉行李，我扶著娘，在一家銀行外面的走廊地上攤開了鋪位。誰也沒想到半夜裡下了一陣傾盆大雨，把熟睡中的我們淋醒，我們全身水濕，被褥像掉在水裡撈出似的，多虧兩個弟弟扶著老娘，抱起小兒，我們蹲在銀行外的高台階上等到天亮。

「好啦！今天下午我們就有地方住啦！離這裡卅多里的龍潭鄉大平村、三坑村，已經找好了住處，吃了中飯，就各自想辦法拉行李自己去，這是留守處剛才通知我們的。」聽書增從外回來向我們說。「有個住處就好了，只要我們不跑散，活到一塊就好了。」娘苦笑著向我說。「媽媽！到家了，我要找爸爸……」恩兒的話令我和娘忍不住又傷心了一陣。

我們全團的眷屬有廿多家，一半住三坑村，一半住距三坑村三里路的大平村，我就隨著這十多家，住到大平村裡一個破破爛爛古老建築的茶葉大樓上（每年到茶季烘茶葉的大樓）。這是個二層樓的建築，樓上樓下都沒隔間，用木板隔上下二樓。因年久失修，樓板已損毀，洞縫很多，一不小心，腳便會插在洞縫中扭傷、跌倒。樓上八家，各家佔一蓆之地，用布單掛在鐵絲上當圍牆，我的左鄰是一位丈夫在徐蚌會戰中陣亡的李太太和兩個稚齡女兒，右鄰是一位留守負責人蘇先生夫婦帶著兩個稚齡兒女。樓下四家，佔用大樓前後牆分成四個搭鋪位；樓中間空位是我們樓上下十二家煮飯用地，各家用三塊磚墊鍋爲界。每到煮飯時，各家都燒木柴、雜草，煙氣燻人，尤其陰雨天，柴濕煙濃，嗆得人鼻涕、眼淚直流，令人幾乎窒息。娘有氣喘病，每當大家煮飯時，她像在過生死關似地難以支撐。娘愛喝茶，一碗茶沒喝完，常被從樓板縫中人走動的沙土落了滿碗。

最使人傷腦筋的一件事，就是一進茶葉大樓的牆根，住了一位某營長的太太，常常因爲一點點芝麻小事，就用竹棍木條打她丈夫前妻的八歲女兒，動不動就不給她飯吃，娘常偷偷的給她吃點飯，對方不但不領情，還終日指桑罵槐地向娘和我挑戰，有時我忍無可忍，我便同她針鋒相對。小女孩因經常不洗澡，加之跟一頭牛爲鄰，牛尿牛屎常常會洒到她的鋪位上，因而她生了一身疥瘡。村中老百姓看她可憐，不但給她洗澡、抹藥，還餵她吃飯。

因爲前防親人跟我們斷了消息，留守人員又一時申領不到眷補，我們這群軍眷開始了自立更生的生活。我跟幾個比較談得來的太太小姐們，天天結伴下田野撿柴，枯枝落葉，都成了搶手貨，野菜、蕃薯葉，也成了我們最佳的菜餚。那位丈夫在徐蚌會戰中陣亡的李太太，帶著兩個稚齡女兒，與我住鋪僅一布之隔，她經常摟著女兒痛哭，我們跟她同病相憐，因而相處的很好。我跟她一起下地，娘在家不但照顧恩兒，也照顧她的兩個女兒，她出身農家，下地幹活是一流的，我們倆下地上山撿柴，她忙一天夠十天燒火用不完，而我撿了一天，卻連兩頓飯都不夠燒。

當時還沒有美援，當地米四角五分一斤，全團的眷屬都是吃米配野菜，我不忍心叫病中的老母親連她基本飯——饅頭也吃不到，雖當時一錢金子（三十三元新台幣）只能買到一袋麵粉，我卻始終未中斷過蒸饅頭。在逃難期中，誰肯吃比米貴十倍以上的麵粉呢？蒸饅頭又是最費柴火的，爲了孝順娘，我咬著牙撐勁，有人諒解我對娘的孝心，有人說我官階小還窮騷包。娘還愛喝水，我家是一天廿四小時不斷開水的。大多數的眷屬都有休息的時候，而我不論颳風下雨，總是在村子裡撿柴、買柴燒。

最使我感到尷尬的一件事，那就是每當我蒸好饅頭而由鍋裡向外拿的那一刻，左鄰一布之隔的李太太兩個女兒跟我前後，我必須給她們一人一個，而我右鄰一布之隔的蘇太太的五歲小兒子，也少不了要給他一個，而當我端到娘面前吃時，這三個小孩又當著他們的媽媽問我：「高嬸，奶奶吃不完了，再把剩下的給我吃一個好不好？」娘聞言總是搶著再給他們每人一個。一鍋總共蒸十個不到的饅頭，外人便吃了三分之二，我仍然支撐著沒有間斷過。由於饅頭的關係，我同蘇太太、李太太也就成了一生的患難之交。不久，書增便隨所有留守軍官向高雄鳳山軍官隊報到去了。

大陸淪陷，長榮沒有消息

「廈門失守了，我們軍隊傷亡慘重，受傷的、被俘的很多，昨天由廈門到高雄來了兩支登陸艇，聽說上面有六八軍退下的官兵，還有軍眷，誰願意去高雄看看，就大夥結伴明天一早自費從這裡去桃園搭火車。」本團的留守負責人晚飯後向我們宣佈了這件消息，嚇得我魂飛天外，全身發抖，留在廈門火線上的長榮，生死如何？停在高雄由廈門來的登陸艦艇上是否有他？正好書增由高雄回來，我叫他明天一早帶我和恩兒去，但他極力反對我和孩子去，他說：「如果他爸爸平平安安隨登陸艇到了高雄，我明天就立刻帶他一起回來，萬一這兩支艦艇上沒有他，妳帶著小孩該有多難過啊。」「舅舅！我要爸爸，我找爸爸……」當書增同大夥一起出茶葉樓的大門時，恩兒伸出雙手追趕著書增哭喊著時，我忍不住一陣傷心。

恩兒與同齡的幾個小孩，蹲在樓梯口玩，又到了午睡的時間了，他的玩伴習慣性的在媽媽的喊聲中走開了，而恩兒卻偏偏反常的不聽我的呼喚去睡，我問他今天爲什麼不午睡，他用高興而肯定的口氣向我說：「我要等爸爸，我要等爸爸回來抱我睡。」我把他抱在懷裡，我告訴他：「來吧！躺在我懷裡，我陪你坐在這裡等。」等到他睡沉了後，我才把他抱回我的地鋪上。

「兩支登陸艇我上上下下找遍了，也沒找到他爸爸，但我卻看到幹國了，他是跟他一位同事一家三口一起上了登陸艇，他告訴我在廈門火線上他看到了副營長，他受傷被俘住院了，反正他沒死，沒死就有見面的希望，妳不必難過，幹國說他住穩了再來看你們。」當天深夜書增由高雄回來，聽了他這段話後，實令我茫然心碎。娘由眼前不幸的遭遇，想到她當年的喪夫之痛，忍不住抱著我痛哭失聲，唯怕驚醒了沉睡中的恩兒和同室的數家鄰人，我母女都強忍著。

自此以後，再也得不到長榮的消息，只聽說在我們大批軍眷來台的那天夜裡，部隊便與共軍開始了浴血戰，不久整個大陸淪陷了，還聽說被俘的官兵都遣返到他們的原藉。從此我們這批軍眷，大多數都成了遺眷，過著一段無人問管的放逐生活。有點積蓄的，因爲斷了接濟，也只有省吃儉用，光靠每月支薪過活的眷屬們，已馬上開始了捉襟見肘的赤貧生活，當時，大多數人都不敢吃乾飯，只從地裡挖一些野菜煮鹹稀飯吃，我和小弟幹臣也不例外，反正台灣的鹽便宜。娘已六十多歲，不但氣喘多年，而且近日癆病犯了，時而吐血，徹夜咳嗽不止，這起碼的基本主食——饅頭，我總不能因逃難而令她老人家斷炊，所以在大樓上下十多家的生活中，只有我一家不斷麵粉，不缺饅頭，但我從來沒嚐過一口，這看在慈母眼裡，使她時刻難安，有一天娘哭著向我說：「娘兒倆還吃兩樣飯，妳叫我怎麼忍心？以後我要跟妳吃一樣，不然我可不吃了。」娘雖這樣說，但我那忍心讓她跟著我挨餓呢？

鐲子兩個已賣完花光，十多個戒指也一個個賣完，在這裡住了十多個月，記得最後賣娘一對金耳環時，她老人家竟哭了好幾天。這時候有兩位單身眷屬，到台北經傭工介紹所找到了一份爲人幫傭的工作，其中一位馬太太說叫臣弟跟她一起去台北，她說有一位在省政府任職的單身漢想找一個在家爲他看門打雜的年輕人，她向人家說她有位胞弟失學在家，下次她會帶他來。生活正面臨無助的我們，小弟能找份工作維持個人，也是一件求之不得的事，所以我答應叫小弟跟著這位馬太太去台北了。小弟臨出門時，馬太太一再叮囑他說：「我可是向人家介紹你是我的親弟弟，人家要問你時，你可一定說我是你的親姐姐，你可說你的姓名是馬幹臣哦！」小弟個性憨厚，當年僅十七歲，他揹了一個他在開封讀中學時的舊書包，裡邊裝的是他隨身換洗的衣物，穿了一件他哥哥繡了姓名「高幹國」三個字的軍服，狼狽不堪的難民相，令我睹之心酸。

一個偏僻的鄉村裡，一幢多年失修陳舊不堪的大茶葉樓上下層，住了我們十多家像孤兒似的軍眷，這個小團體裡的生活，形形色色，千奇百怪的事層出不窮。張太太的錢丟了，到處亂翻亂找，找不到就胡猜亂罵。李太太當衆賭咒，表明心跡，張太太說李太太「沒事生非」。兩家從此不再講話，而兩家小孩卻仍玩在一起，小孩們誰被打了，哭訴大人，大人說是有人教唆、報復，然後戰火又起，先罵後打，這家跟那家傳話加油添醋，那家對這家調撥離間，因燒火煮飯煙氣燻人大罵，因柴米油鹽少了大罵，爲小孩爭吃喝、爭玩具大鬧，爲誰對誰指桑罵槐對罵，對打，總而言之，大樓上下幾十口大人和小孩，可以說日無寧時。

更有甚者，有一家老少三代，其中老奶奶當年五十多歲，常常在更深夜靜的黑夜裡，披散著她拖到地的長髮，裝神弄鬼的活躍於樓下空的一蓆之地，她說她是什麼仙女下凡，她看到了妖魔鬼怪附到小孩身上了，所以這個小孩才會發燒生病，她說她是天神化身，可以使用法術治病，也可以下仙藥治病。說也奇怪，她的孫子白天發高燒衆所週知，等她夜裡瘋狂了一陣後，第二天她的孫兒便燒退復健了。有的說她擾亂大家，裝瘋賣傻，有的信她服她還求她給大人、小孩看病，在那段不尋常的日子裡，什麼事都見怪不怪。

第八章：大批軍眷湧向台灣

身分證的惡夢

留守負責人有一天抱了一個很大的牛皮紙袋，到了我們的住地，一進門便吹哨子向大家宣佈：「大家都來領身份證啊！每人一張身份證，每家一份戶口名簿，快來，拿印章才能領到哦。」大家手忙脚亂的取回身份證和戶口名簿後，接著就是一場大吵大鬧。原因是留守負責人辦事馬虎，並且又不尊重眷屬，他們事前不詳細調查眷屬的籍貫、姓名、年齡，就亂編造的瞎寫一通，然後集體造冊後呈上當地戶政機關，尤其把眷屬父母親姓名編的百家姓也難找到的姓氏，名字更爲不雅，大家看到自己的身份證大都火冒三丈，一時吵翻了天。像我當年實際年齡廿九歲，而身份證卻塡寫四十歲，我學歷師範，卻塡個不識字，最令人切齒者，竟把我父親的姓名寫成「厶小三」，而後幾經遷移，不知是那位辦公者的筆誤，竟又把我父親的「厶」姓右邊又加添了一撇，而變成了「公」姓，從此我的戶口就一直錯下去，造冊者的可惡行爲，實在罪不可恕，當時我拿著身份證去問他們，請他們爲我更正，他們不但不認錯，反而理直氣壯的向大家解釋說：「拿到身份證，對的，也別高興，錯的，也別生氣，這個身份證是臨時性的，爲了大家逃難方便，各人拿個身份證好辦事，過了這個逃難大關，不是廢紙一張，大家全是軍眷，誰還用得著身份證？」這一番應付大家的謊言算平息了發放身份證後的一場風波。

第二天有人去台北時，我把剛發的身份證，託人給小弟帶去了，因爲我知道有了身份證後，小弟就方便一個人回來看我們了，當初在廈門上輪船前，因決定大弟隨眷入台，所以把他的姓名「高幹國」造冊呈上。而這次依冊申請的身份證下來後，也只有充當小弟的身份證了。

有一天我收到了一封快信，發信地點是「台北遊民散兵收容所」。而且是小弟的筆跡，我嚇呆了，連忙打開信看「姐！快來救我，妳把身份證託人帶來後，我便請假回來看妳，沒想到一到台北，憲兵便把我抓起來了，現在我被關在散兵游民收容所，妳快點設法救我出去。」我立刻向娘說明事實眞相，我叫她看著恩兒我去台北，恩兒知道爸爸不見了，舅舅也走了，他天天寸步不離媽媽，一聽說我要出門，他拚命的抱著我的兩腿不放，還大聲哭喊著「媽媽帶我一起去，我要跟媽媽……」天哪，台北在那？記得我來大平村的茶樓不久，我和同樓的太太們去過龍潭一次，要步行兩三個小時才到，聽說去台北，要到龍潭才可搭汽車，或到桃園搭火車，這對我來說，都是遙不可及，況且還要帶著一個三歲的小孩。在這種情況之下，娘和我都相對無語的落淚，最後我還是決定帶著恩兒出門了。

我揹著恩兒，氣喘吁吁地走在崎嶇不平的石子路上，在出村不遠的路上，遇見了一輛滿載醃菜、包心菜的大卡車，剛慢慢啓動，開車的是位廿多歲的年輕人，他看我揹著小孩，狼狽地擦車而過，他用半台灣話半國語地問我要到那裡去，我說我要去龍潭，他說他要去台北，經過龍潭，叫我坐他的車，順便帶我去。我向他說明了要到台北去的事時，他非常同情我的遭遇，他說他也去台北，可以順便送我到目的地，感謝上天的安排，在我最危難中出了奇蹟。

台北附近的郊區，遠遠便看到了像營房似的大門外牆上，掛著一個漆著藍漆，寫著白字的木牌「遊民，散兵收容所，」經門崗傳達後，我進去了所長辦公室，我把小弟是流亡學生的痛苦遭遇，向他詳細的敍述一遍後，他立刻把小弟從裡邊叫出來，啼笑皆非的向我說：「請妳看看他當天進所內的口供，我正打算今天把他移送到法院偵辦哩，幸好妳今天來了，昨天我親自問他：他說他叫蕭幹臣，我不信，我叫他一定要說實話，他說他姓馬，他叫馬幹臣，可是他軍服口袋上面卻繡著『蕭幹國』三個字，我問他到底是誰時，他一口咬定他叫蕭幹臣，我叫他拿出身份證來看時，身份證又是蕭幹國，妳說這個人可疑的成份有多大，今天經妳詳細的說明來龍去脈，我非常同情，妳們就請回吧！」我向這位深明大義的所長致謝後，小弟抱起恩兒，恩兒喊著二舅，在夕陽西沉時，我們走出了遊民散兵收容所。

在這個茶樓上下，住了十多家軍眷裡，有一半的男主人都上了登陸艦艇來台，並到高雄鳳山儲訓隊報到，他們逢國定假日，都回來與家人團聚，每次回來便帶些糖果玩具給自己的小孩，當人家的小孩呼爸叫媽時，恩兒總拉著我問：「媽媽！我爸爸什麼時候回來？叫他回來也帶糖給我吃啊！」恩兒問話以及他渴望的眼神，常使我和娘摟著他流淚。還好，我的表弟書增，他一個月回來一次，每到月初他關餉的那個禮拜六，一定會回來，並且也給恩兒買糖果餅乾，而且背上還揹了一袋十四公斤的麵粉，週日晚上，再由桃園搭去高雄的慢車，那時由桃園到高雄的慢車，要開十一個多小時才可到達，他常常笑著對我和娘說：「在車上睡一夜，不耽誤禮拜一八點回營區參加晨操點名。」書增的中尉薪水全數拿家，也難維持我們老少三輩的生活。

我們成了被世人遺忘的一群，看不到報紙，聽不到新聞，也聽不到長榮生死的消息，我天天一早侍候了老娘和恩兒吃飽了飯後，便提著竹籃下地採野菜，撿樹枝，掃落葉，中午到家不休息片刻，便提著小水桶到附近小河溝洗菜、提水、煮飯，週而復始的如此忙碌，也僅能維持我老少三口人的溫飽而已。

在這個大樓裡住的軍眷，都在各自設法謀生。有的隨丈夫走了，有的隨至親好友移動了，有的去台北幫傭了，也有的天天去台北找由大陸來的高官、富商眷屬們家乞討去了。有一位同事的太太建議我：「我們每到一家大樓裡向她們哭訴丈夫在前防爲國犧牲了，家裡有老幼生活沒辦法時，她們不是給幾塊現大洋，就是給半袋白米，妳在這鄉間野地忙一個月，也不如我們跑台北去一家要的多，妳不信跟我去一趟試試看……」我婉謝這位太太的好意。爲了改善生活，書增和小弟到處奔波打聽，我們決定離開這個偏僻閉塞的大平村，到有大小工廠、交通比較方便的桃園縣城。

記得那天是個晴朗的天氣，書增、幹臣用竹棍挑著我們的行李，我邊抱邊牽著恩兒，娘拄根棍慢慢跟隨在我的背後，我們這一群老少難民，又開始了流動生活。

在桃園火車站不遠的一家大門外走廊下，我們放下了所有的行李，娘步行了快一整天，早累的撐不下去了，書增便打開行李，鋪上軍毯，叫娘躺下來休息。此刻正是午後四點半左右，學生放學、工人下班的時間，大家目睹我們這種逃難異鄉的狼狽相，都駐足圍觀，眞所謂「屋漏偏逢連陰雨」，不久，天竟然變得陰暗，霎時雷雨交加，我們只有捲起鋪蓋，退縮在牆根，但全身還是被雨水淋濕，尤其娘的那雙纏著三尺白布的小脚，也浸在泥水裡，眞是慘不忍睹。

一對慈祥的老夫婦，男的撐著傘，女的提了一盒飯菜，他們雙雙打著赤脚、穿著木屐呱嗒呱嗒的走到我們跟前，雖然他們說的話我一句也聽不懂，但他們的善意我可以體會。他們以手示意說剛才經過這裡，看到了我們的情形，所以就回家拿飯菜，叫老的、小的先吃，並再三請我去他們家問話。

他們就住在火車站前右邊一座二層樓房裡，他們的媳婦、女兒是桃園國小的老師，他們有兩個孫子是國小學生，他們下一代全會講國語。經他們的媳婦翻譯，問我們詳細情況後，男的說他可以在附近給我們找住處，女的說只要我能吃苦，她可以教我繡花，做出口的童裝，他們似神仙般的救助了我們的生活。

「這一間小屋給你們住，一個月你們要給房東十二斤白米。」這位張老先生，領我去火車站不遠的一戶人家，在一個滿種竹子的空曠園子裡的一角，搭建的半間小屋前停下來後對我說。我進屋看看，這個靠牆的半間屋子，既沒有窗子，也沒有房門，一進屋便聞到一股令人窒息的臭味，原來屋的後牆根，是一個爬滿蛆蟲的糞坑，房東一家數口的大小便、牛糞、雞犬糞便，天天都往裡邊倒。在舉目無親生活無助的異鄉，若非遇到這對仁慈的老人，我們這一家老少五口人，又那有立錐之地呢？我滿懷感激地接納了這間難得的小屋。

書增在木材行裡買了兩綑木柴、大的木片，用釘子定成了像雙人床長寬的木板，在附近撿了幾塊碎磚頭做床脚，把釘好的木板擺在上面，我們老少三個便睡在上面，小弟就睡在我們床前的地上，書增睡在門外的牆邊。不久，書增又買了一大綑粗竹桿，在竹林裡的空地上，搭建了一間小竹屋，小弟和他從此有了屬於他倆的房間，因爲恩兒習慣在睡覺前到床上蹦蹦跳跳，翻跟斗，這個用薄木片、碎磚頭墊起的床板，時常不是床角踩蹋到地上，就是床中間被踩個大洞，使娘常常摔到地上。不得已情況下書增和幹臣又用竹子，貼著原來屋子的外牆，搭建了半間小屋，又買了一張單人竹床，叫娘一個人睡上面，我和恩兒仍睡在原處。爲了貼補生活，我天天去火車站前的張家，在張老太太的細心教導下，做外銷童裝上的各種刺繡。

我當了紡紗廠的女工

我原本不會做針線活，加上又是刺繡，所以雖然一天忙到晚，也只能賺到新台幣三塊五毛錢左右，當時白米是六角五分錢一斤。後來經一位王太太的介紹，我又進入了一個私人開的小型織布工廠。這個工廠的老闆是山東人，只有兩台紡紗機、兩台織布機，我和王太太看的是紡紗機，就是把做好的棉紗，在機器上做成織布機上用的小紗筒，我倆面對面工作，中午在一起各吃各的便當，因爲這裡老闆、織布工、廚師，全是山東人，說話、生活習慣，很像在家鄉無異，雖工作很累，但精神卻非常愉快。這裡有一位經紗師傅，閑聊中知他在抗戰期間是一位政工隊長，他把當年在軍中工作時的男女同事的團體照叫大家看，當他知道我以前也在軍中工作過時，特別看重我，也在我生活的細節上加以照顧，譬如他天天端杯茶放在我看的機器上，把我放在機器上的冷便當蒸熱了再放回原處（當時我們是臨時工，都不蒸便當）。有時我遇到難以分解的紗時他即時給我解開，有時下班回家時突然下了大雨，他忙把他的雨傘借我使用等，這星星點點的關懷，使我覺得很親切，便自然地禮尚往來，有時我把娘蒸的包子、水餃，也帶到工廠裡叫大家吃，特別多給他兩個，以作人情上的回報，卻沒想到看另外一台機器的一位太太，竟在一旁冷嘲熱諷起來。有一次老闆嫌她天天回家午餐而遲到，說她以後不可以常常如此，她卻答：「我不習慣吃冷便當，如果有人肯天天把便當給我蒸熱時，你叫我天天回家跑路吃飯我也不回去。」老闆說她常常遲到早退，工作量比別人相對減少時，她又答：「紗難做，又沒人肯來幫我的忙，當然出產量比不上別人。」老闆說「有解不開的紗，可以求助織工幫忙，大家在一起工作，互助是非常重要的。」她卻又回答：「我長的臉蛋不漂亮，誰肯來幫醜人的忙啊！」老闆嫌她三八的離譜，以後也就不再理會她了，但與我同看一台機的王太太，她走到我跟前向我低語：「你知道她是誰嗎？她說她在東山島大輪船上跟妳吵過架，護送妳們兩家的留守兵，因爲打架還打落到海裡，她說她一定要向妳找碴報仇，妳只要敢接她的話，她便馬上跟妳打架。」經王太太一說，我再仔細觀察她的長相，這才明白她近日來的話鋒是針對我，眞是山難改，性難移，而今落難成女工，她還是當年那副蠻相。我可不願爲了月賺百元工資，天天跟這種潑婦爲伍，所以決心離開這個山東人開的工廠。

當時書增已憑身高體健考進了火車站前一家規模相當大的紡織工廠漿紗部當工人，月薪百餘元，而幹臣也考進了一家小型染織廠當工人，生活雖苦，總算大致上安定了。有一天書增下了班向我說：「工廠現在正在招考女工，限定小學畢業，會認識阿拉伯字的12345到10這幾個簡單的字就行了，年齡是十五歲以上，二十五歲以下，妳雖超過二十五歲（我當年二十九歲），可是妳長相跟二十五歲差不多，而且又是師範畢業，一定會考上哩，妳明天上午去報名去。」聽了他的建議，第二天一早八點鐘，我便到了這家工廠，我向大門外站崗的警衛說明了我的來意，他指著裡面一幢高大的樓房向我說：「妳看，那邊報名的女工排長龍了，妳趕快去排隊吧！」我按照警衛的指示，站立在約有百餘人的隊尾，快十二點時，才輪到我挨近了報名的辦公桌，一位穿著相當時髦，而長得像南非人的小姐，拿起了我擺在桌子上的身份證看時，不屑一顧的把它又扔到桌子上面說：「四十歲了不識字，那你還有資格當女工？這個牌子你認識嗎？」她伸手摸起一個寫著阿拉伯數目字的紙牌扔過來叫我看，我說那是「一個從1到20的阿拉伯字。」她馬上看了我一眼說：「不錯嗎？妳能認識這幾個數目字，就可以認識機器。」她接著又問我說：「妳認識妳自己的姓名嗎？」「認識，我寫給妳看。」我抓著機會來證明一下我身份證上的「不識字」。我拿起辦公桌上的一枝紅藍鉛筆，寫「蕭玉英」三個字在一張白紙上叫她看，她意外地看了我一眼說：「寫得還好，妳錄取了，明天一早就來上班，早上六點，工廠大門上的紅燈一亮就得進廠，遲到五分鐘不準進門，記著沒有？」她像戲中的閻王爺跟跪在地上的小鬼說話口氣無異，我點頭稱是，但我內心充滿了悲憤和喜悅，至少從今以後，我有了一份可以養家活口的女工收入了。

出了工廠大門，穿過一條街，越過火車的平交道，掩著鼻子，經過蛆窩奇臭的小屋後牆，便看到了我年邁的老娘，正在用乾枯的碎竹片燃焦炭準備做午飯，站在她身旁跳脚叫餓的，正是我三歲的恩兒。因室內不通風，滿屋煙氣瀰漫，她有氣喘咳嗽病在濃煙炙嗆的情況下，扶著沒有門的土牆邊，正拚命地咳嗽，也顧不了身邊的小孩叫鬧，我叫了一聲「娘。」恩兒立刻跑向我摟住腿叫抱：「媽！我肚子好餓，有沒有錢，我去小鋪買餅乾，姥姥不給我。」我順手由褲袋裡掏給他兩個銅子（一角大的硬幣），他雀躍的撒腿就朝外跑。「一個上午他花了好幾個一角了，叫他買餅乾，他不聽話，光買糖買冰吃，小孩好氣人，這個炭我一直沒點著，要是在老家燒柴火，早把飯做好了。」娘經過一陣劇烈咳嗽後向我說。我催娘趕快休息，馬上開始生火煮飯（當時燒的是焦炭，像鐵般的黑硬塊，得先用火柴引著碎紙，紙再引著剖得像竹筷粗細大小的竹枝，竹枝再引著焦炭……）我邊做飯，邊向娘說明我已找到附近一家紗廠女工的工作，明天一早六點準時進廠工作時，娘忍不住泣不成聲地向我說：「孩子！妳從小到大都是讀書，工作全是拿筆桿子，現在成了看機器的女工，萬一不小心被機器碰著了怎辦呀！妳讀十幾年書，就不能找個抄抄寫寫的工作嗎？我眞的不放心呀！」經我解說了好一會，才通過了娘的這一關。

「媽！妳上班了我怎麼吃奶呀？」當晚我摟住恩兒上床睡覺時，我附他耳邊輕聲告訴他：「恩兒乖乖，明天一早我就去上班了，姥姥會做飯餵你，也會給你錢買餅乾，買冰棒，摟你睡午覺，等你午睡起來以後，你就去後門院子裡等媽媽（一個空曠的竹園，前面是一條馬路，後面是鐵路，附近鄰居誰願走捷徑時，大都穿過鐵路，從我住的竹園小屋前經過。）媽媽回來給你帶吃的。」恩兒聽了我的這段話後，茫然無知地看我，我再進一步的向他解說：「你已經四歲了，長大了，一天吃兩次奶就好了，明天一早吃一次，下午我下了班你再吃一次好不好？媽媽賺錢給你買肉肉吃。」「好！我跟姥姥一起吃……」就這樣我也通過了小兒子這一關。

凌晨四點半，我便悄悄下床，把一個重約廿多斤的泥塑煤炭爐子，抱到屋外空園子中生火，先把水燒開灌滿熱水瓶，再接著蒸飯、炒菜，裝三個便當盒，一個是表弟書增的，一個是堂弟幹臣的，一個是我的，然後再給娘蒸饅頭、燒稀飯。等所有的事大致弄好後，我才又上床，摟緊正沉睡中的恩兒，他習慣性的吃開奶了，等他再迷糊的入睡後，我拿起自己的便當，便向娘招手示意，叫她睡恩兒身旁，我三步併一步的向後門跑去，因爲我牢記著「六點紅燈一亮就上工，超過五分鐘就不能進廠」的命令（紗廠大門頂上有一個大紅燈泡，全廠數百員工上班的標誌。）

進到紡紗工廠大門，便聞到一股難聞的鐵銹味，當我隨著女領班頭，向我分配的「大筒子機器工作房」走去時，先經過做細紗的童工機器操作房（因機器矮，必須用十一、二歲的男女童工），一股蒸籠的炙人熱氣，像進入了大烤箱，看著機器兩邊分別站立操作的童工，滿頭滿臉黏滿棉絮揮汗如雨專注工作的樣子，我覺著這裡已不是人間。再往裡走，是做併條的機器工作房，因爲這是鬆軟的棉絮剛變成棉條時，機器兩旁操作的女工，滿臉滿頭滿身已成了棉花人，根本看不到鼻眼了，這種情景，是我有生以來第一次看到，我實在感到惶恐。

最後，才到了我分配到的大筒子機器旁，領班的是位卅歲許的本省女子，個子不高，兩個黑眼珠相擠於大眼角（鬥雞眼），臉皮繃得緊緊的，那副不可一世的權威相，令人看了生懼，當她一走近廠房時，所有正在機器旁操作的女工，都爲之精神一振。只見每台機器兩旁各站了一個身穿白色工作服，圍著白圍裙，腰間掛著一個鋒利的剪刀，她們正雙目聚精會神的、向機器上一排雪白正滾動得讓人頭暈目眩的紗輪，用雙手接合後放在腰間刀刃上割斷，那種雙手隨紗筒轉的熟練快速程度，眞令人看得眼花繚亂。我心裡在想要到何時才能學會像她們一樣的技巧啊！「喂！蕭玉英！妳看到了沒？她們全是熟手，她們的工作不是論天論月，她們的收入是論件計酬，誰做的多誰每個月領的工資就多，誰做的少，領的工資就少，但如果做的少而達不到最低標準的話，是要被除名的！妳分配的就是這部機器，她現在做的是日班，妳現在跟著日班見習，到下個禮拜天的晚上做夜班，日班的時間妳記著了，就像今天一樣，五點半下班。上夜班時間，是晚上五點半上班，早上六點鐘下班，這個車的號碼妳認識嗎？」這位領班的小姐，以命令式的口吻，教導了我一大段話後，再喊著我的姓名問我面前機器上漆的紅字「7」字，「那是個7字。」當我馬上回答了她後，她笑了笑說：「很好，妳雖然四十多歲了，不認識字，還認識車號，夠格。」我一陣辛酸，忍不住落下眼淚。「蕭玉英！妳過來。妳現在算『養成工』，也就是『生手』，妳到那邊去，那邊有位張小姐，她是你們的老師，她專教『養成工』，跟她用心的學啊！」領班喊我的姓名，指向機器旁，堆滿紗筒、爛線的角落，那裡有一位穿著工作服，約有十六七歲的小姐，正在同圍在她身旁的十多個新來的女工說教。開頭她先教我們學接線頭，看誰接的快，看誰接的不會脫、斷，就這樣，我們每天站十個多小時來學。三天後，我的腰間掛上了剪刀，像一般看機器的女工一樣，由慢而快而熟練的去接、剪線頭。每當我下午五點半到家時，恩兒總是站在後院，雀躍的撲向我懷裡，那份親熱相，似久別重逢的母子，而娘總是在屋外已生著了火，而且把煮好冷涼的綠豆湯端給我，還向我慈祥的說：「小杏呀！妳睡覺太少了，火氣大，先把這碗綠豆湯喝下去，然後再忙做家事好不好？」然後娘又向我問不完的話：諸如「看機器有沒有危險啦，在工廠十幾個鐘頭是站著工作，還是坐著工作啦，有沒有開水喝等等」，我都是向娘編織一片美麗的謊言，使她老人家放心。

一個禮拜很快的過去了，第二個禮拜天晚上，輪到我做夜班，當我向娘說明天早上六點鐘我才可以到家時，娘馬上就泣不成聲地向我說：「小恩白天在院子裡玩玩，睡個午覺妳就回來了。但夜裡他還吃奶，床上看不到媽媽，他會鬧死我呀！妳能不能不上夜班光上白班啊？」「機器一台兩個女工看，機器日夜運轉不停，兩個人日夜輪流看，誰也不能請假，誰也不能隨便變班，非這樣不行啊！」我向娘解釋的話，被站在我面前的恩兒聽明白後，他抱著我的腿大哭說：「媽媽！帶我去，我跟媽媽一起去。」我編了好多謊言騙他說：「只要你聽話，明天我會買好多糖果給你吃，我還給你帶幾個你喜歡吃的香瓜回來。」「媽媽！真的嗎？可是不能騙我哦！」我看恩兒天天同鄰居的小孩在街口水果攤前玩，天天哭鬧著叫我給他買水果的落空可憐樣，在此刻不得已的情況下，向他開出了支票，看他態度有點緩和時，就馬上抱他，哄他，餵了他一小碗飯後，拿起便當，挾起工人服，便親親他的小臉向外跑。「媽媽！妳別走那麼早啊！我還沒吃奶哩，媽媽……」我由前門走出去，爲的想經過火車站前水果攤買兩個香瓜，準備明天一早下班回來時好跟恩兒兌現，卻沒想到他跑在我背後追著大喊，還哭著說：「媽媽，妳走錯路了，該從後門走啊……」看看腕錶五點十分，我再轉身回到門裡的竹根上坐下來，摟著恩兒吃一會奶，五點二十分了，我把恩兒交給娘，直向街頭奔去，「媽媽呀！妳回來呀！再給我吃一口奶再走，媽媽！我要跟妳去……」我一氣跑到街盡頭的轉角處回頭望，只見娘和恩兒還佇立街心呢！

懷著滿腔辛酸，含著滿眶淚水，看著工廠大門頂上血紅的燈光，我三步併一步的奔向我要去的大筒子機器房「第一天上班妳就遲到了，知道嗎？」我剛進廁所換上工作服走到機器旁，便聽到領班的頭子在斥責我，我木然的站立著聽訓，不敢多發一言。「下次可不許再遲到！聽到了沒？」「聽到了。」我唯唯是從。我看看錶，此刻是五點卅五分，這張臉像廟上閻王奶奶的塑相，她那副威風凜凜的模樣，令人看了窒息，聽說她是由童工慢慢熬到今天。我自己在警告我自己，「不要發楞，快點站到屬於妳的第七台機器旁開始工作吧！這一排的筒子都在空空的滾動著，妳還不快去工作。」就在此刻，班長開口了：「夜裡三點半，有男工『來落紗』（即男工推著四個小鐵輪的木車，把機器上做好的大紗筒，一個一個的摘下來，就叫「落紗」。）他會記著妳的七號車，然後推到前邊過磅，好知道妳今天一共做了多少磅紗，好！現在我開始開車了，妳馬上要開始做！」班長一聲令下，全室機器幾十台立刻震耳欲聾地響起，班長站在我身邊，我膽怯慢慢的開始用手結紗，再用腰剪剪斷，一個個接好，再回原地結頭、剪斷，我隨著快速的機器，這頭跑那頭那頭跑這頭，班長笑向我說：「妳做的又快又好，像『熟手』，根本不像『養成工』。」聽到閻王班長對我的讚美，我由衷的安心了。不管錢賺多少，只要不受氣，我就可繼續工作下去了。

當我五點半進廠時，還看到滿院陽光，六點十分時，從機器房的窗戶上，還看到外面的光亮，我想著這漫漫長夜多難熬啊！六點半，外面暗了，我知道天已黑，我想像到在那荒涼竹園一角的小黑屋裡，燃著一盞豆大的煤油燈（剛住下來，房東不叫按裝電燈）。不懂事的稚子正躺在娘懷裡哭鬧著要找媽媽，問媽媽何時回來，很可能再問娘爸爸何時回來，受感傷的老娘，會抱緊小外孫泣不成聲的回答，我想著，想著，我不斷的在隨著機器的運轉跑來跑去的工作，不知何時我竟跑到八號機器上接線、剪線，把八號機器的紗筒做得滿滿的，大大的。看八號車的女工是老手，到十二點後看班長不注意時便去一邊偷睡，打盹去了，直到她回來拍著我大聲說「謝謝！你幫我做這麼多紗」時，我才如夢初醒，看看我的七號機器上，所有的紗全斷了線，而且比八號車少了一半的紗，我只有自嘆倒楣，向八號女工苦笑笑，馬上去七號車上趕工，此刻已半夜一點，我振作精神分秒必爭的隨機器運轉工作，到四點過磅時，重量並不比鄰車太差，原因是他們又偷睡了一覺，這一夜眞把我累垮了。在下班排隊出工廠大門接受女警人員檢查（常有女工在空便當盒裡，在鞋內底子上、襪筒裡、褲襠裡等挾帶細紗、白布，檢查有偷盜行爲，會立刻開除。），我差一點沒有暈倒。

表弟書增，堂弟幹臣，還有我，三個工人的收入來維持這五口之家，還勉強能過，夏天單衣，拖鞋鋪蓆睡板還可湊合著度日，但一到秋末、冬初，我們就窮相畢露了。大家都沒棉被、冬衣，還沒鞋襪，我們的生活捉襟見肘。不過兩個弟弟合作無間，小弟聽話，每天他撿柴、剖柴，書增每天去房東家的老井裡挑水，屋外一個大水缸，水總是滿滿的。我不論日班、夜班，只要一下班，就是負責給全家老少燒水做飯，去遠處河溝裡洗全家的衣服，然後去菜場買菜，至於米、麵購買的事，全由書增一個人包辦，生活還可以勉強維持。

就在這個時候，大弟幹國由高雄來了，他因同友人在南部合開洗衣店，因夥計難處，生意失敗而來找我。爲了維持現實生活，國弟也進了這家紗廠任臨時工，他因個性懶散慣了，日夜班輪值他已感吃不消了，所以在吃飯、洗衣上，我侍候他相當週到，他既不劈柴也不挑水，家中室內外的打掃也很少幹。這樣一來，書增對他的舊恨新仇加起來，已成了水火難容，以後家中慢慢的更髒亂，水缸裡常常空空的，白天，我還可以到井邊提水，而到半夜三四點我摸黑做飯便覺束手無策了。

吃飯時他們倆也常常起爭執。幹國不吃麵食，每餐主食是乾飯，而書增一頓乾飯也不吃，每天吃饅頭，在這段艱苦的生活中，我眞是主婦難爲，而最困難的就是天天要裝四個便當。

在茶葉樓上那段患難的日子裡，我和蘇雲峰夫婦，還有丈夫在徐蚌會戰陣亡的李連長太太，已成了共財共事的好朋友。她們搬桃園後雖然住處離我相當遠，但卻常在週末假日抽空來家看望我和娘，每次來總是帶著他們三歲到六七歲的小兒小女，恩兒一看到他多天不見的玩友，雀躍異常，幾個小孩聚在一起，眞是吵翻了天。我和娘是熱情招待，表弟和小弟也表示歡迎，唯有大弟幹國，在日、夜班交替下，在狹窄屋子的擁擠下，一向非靜難眠的他，那經得起如此鬧騰，他耐不著性嚇阻小孩喧鬧，因此常使心眼較小的蘇太太拉著小孩便走了，在那段生活裡，實在煎熬難耐。

爲了探詢長榮的下落，我到處託人打聽，人人都說非託在香港久居的親友轉信才可向大陸發信，但我在台舉目無親，在港更不認識一人，不得已，我只有冒然投信到大陸，貼上平信郵票，投到國際郵筒裡。眞是蒼天不負苦心人，有一天竟收到了長榮由大陸河南泌陽的家信，我眞是喜出望外，大呼老娘、幼兒聽我唸信：「玉英！我目前住在姐姐家裡，收到妳由台灣的來信，知道你們母子平安，咱娘健康，我就安心了，姐姐正準備給我賣兩頭牛湊路費，我就設法去台灣，望妳們安心生活，我一切尙好，勿念，長榮上。」知道他平安在老家，並正準備來台時，我內心感到十分欣慰。

我催書增去台北找長榮的兵團司令劉汝明，憑這封來信速辦理「入台證」。當時第八兵團滯留大陸的官兵，時常由大陸經香港入台，也有的早由大陸到香港因入台證辦不妥而長期住香港「調景嶺」難民營的，所以我積極的憑信爭取時間爲長榮辦理「入台證」。還算幸運，民國卅九年九月在中秋節前便給長榮的「入台證」辦好了。

不久接到了一封香港調景嶺的來信，不是長榮的，是他在軍中的一位老同事林希君的信，信上說他已到香港半年了，因沒有辦好入台證，一直住到客棧裡，由家鄉帶來的盤纏早已花盡，在無法可想的情況下，經鄉親介紹，住進了「調景嶺」，他還幽默的寫了一句話：「這裡住的大都是由大陸逃出來的難民、離隊軍人，這裡人口擁擠，生活困苦，這裡名爲『調景嶺』，在我的感覺中它已是『吊頸嶺』了，眞覺人生乏味極了。」在當時最赤貧的情況下，我還拿工資換了五元的港幣，以平信寄給了他，雖錢少得可憐，但我已盡了力，他收到錢後，很感動，並同我通了一個時間的信。

中秋節後不久，有一位同住桃園眷村的太太轉給我一封信，是他丈夫由大陸輾轉到香港調景嶺，遇到了長榮，所以長榮給我寫了一封信由她剛入台的丈夫轉來。那封信是這樣寫著：「玉英，我已到香港十多天了，我決定九月十日乘由港開往台灣的客輪，於十日下午兩點可抵達基隆港，希望那天妳帶著恩兒來接我，我們基隆港口見，長榮。」這封信給我帶來無限希望和興奮，我情不自禁地抱起我的恩兒，我高興告訴他說：「孩子！明天下午你就看到你爸爸了，從今以後，你就跟你的小朋友一樣有爸爸抱你了。」當我從懷中放下恩兒時，他便一溜煙的跑向大門外找他的玩伴大叫：「我爸爸明天就回來了，我爸爸明天就抱我跟你們一起玩了……」在恩兒的興奮呼喊下，跟在他後面的一群小孩都擁進了我屋外的竹園。

長榮由大陸來台

記得是禮拜一的早上，我和書增都向工廠請了一天假，小弟還照常上班，就娘一個人留在家裡，我們帶著恩兒，搭上由桃園開往台北的一班慢車，大約十二點許才到了台北，再搭上由台北到基隆，下午兩點多才到達了基隆港口。我們站在基隆海岸上四下張望，並沒看到有大的客輪靠岸，也沒有看到有接親友的人群，只見小型汽船、帆船，三三兩兩行駛在海心，岸邊經商的小販，稀稀疏疏的，生意十分冷清，恩兒東張西望了一陣後，失望地問我：「媽媽！下午兩點還要等好久哇？」我告訴他兩點早到了，現在已到了下午三點了，他「哇」的一聲大哭起來：「媽媽爲什麼騙我，說爸爸下午兩點會到？」我也急的不知該怎麼回答恩兒，後經書增到處打聽，才知這隻客輪臨時改了時間，上午十一點前就到了，船上的客人十二點前就進入市區了。書增抱起恩兒，我們再到火車站搭車回去。

回到家已是晚上七點，長榮同娘正坐在小屋裡的矮凳子上邊吃邊聊，娘一看到我便笑著說：「不知是誰把加煤油燈的煤油裝到小酒壺裡，我給長榮煎了一盤雞蛋，一盤豆腐，他看我把菜一端到小桌上，拿起桌上的小酒壺便端著喝了一口，誰知道喝了一大口的洋油（煤油俗稱洋油，火柴俗稱洋火）。他嘔吐了好一陣，現在才好一點。」長榮看到我們進門，一把便把恩兒拉到他懷裡痛哭失聲的說：「小恩，爸爸想死你了，就爲了你，爸爸才千辛萬苦的來到台灣啊！」恩兒像躺在陌生人懷裡，他用奇異的眼光，上下打量，並拚命的掙脫大叫「媽媽抱我，媽媽抱我……」此刻長榮警覺到他這身難民的打扮，使孩子太陌生，他馬上叫我給他找一套軍服，喚回恩兒同他分別時的記憶，當他一身軍服整齊地由臥室走出來再喊恩兒時，恩兒果然撲向他懷裡，一直親吻著他的臉連聲喊：「爸爸……爸爸……這些天你到那裡去了？你可不可以天天抱著我玩……」這聲聲呼喚，惹得我們老少都流下眼淚。

在大陸，長榮任職軍中，家中親友穿流不息的往來長住也沒感覺到生活的壓力，而目前靠有限的工資維持生活，增加了長榮一個人的吃飯，在稱斤輪兩購買米糧的精況下，眞感到了日子的艱辛，長榮住閑了兩個多月，現實使我們久別重逢的一家團聚，並沒有帶來多大歡樂，眞所謂「貧賤夫妻百事哀」了。

在台北有位長榮的老長官伊光軍，比他早來台灣一年，因稍有積蓄，加上靠人事關係，謀得相當豐富的月收入，他有妻兒相隨，生活過得中上等，伊光軍當年曾落魄一時，長榮對他全家生活鼎力相助過，長榮來台面臨困境，不得不去台北登門求助於他。伊光軍還算念舊，答應爲長榮盡力謀職，而女主人卻是一位趨炎附勢的小人，不論誰去找其夫幫忙，她總是藉機敲詐，連過去曾經鼎力幫助她家生活解困的長榮，她也不會放過。每次長榮由台北回來，總是叫我設法備錢買大的活蝦和貴的鯉魚，還要買田雞（家中飼養的牛蛙，是中餐館一道名菜）等禮物送給伊光軍，長榮說這是伊光軍太太指定叫他下次再去時一定要帶的，我曾向長榮說我們去台北第一次已經給他送了一份相當重的禮物了，我們目前吃飯都成問題，到那裡去借錢給她常常買禮物呢？長榮總是無奈的回答我說：「伊光軍怕老婆，他常常不在家，什麼事他總是聽他老婆說，她既然開口叫我下次去她家一定要帶這些東西，我如果不照辦的話，我再去她家別說不管我吃飯、喝水，恐怕連叫我坐等伊光軍回來見面也不叫，我再去了按門鈴也不會開門，人在人眼下，怎敢不低頭呢？家裡已經三餐不濟了，我難道不知道嗎……」聽他這段如泣如訴的話後，我也只得向左鄰右舍談得來的人張口借錢來張羅禮物了。

「工作有了眉目了，拿我自己的軍職證件，由伊光軍出具證明，向警察局介紹，再由警察局呈到警務處，等警務處批下來以後，我便成了正式警察，可以由警察局分派到公私營工廠任駐衛警，因爲我們家住桃園，我是申請到桃園市內工廠的駐衛警，等派令一下來，我就算有了正當的職業，可以報全家的眷糧，再加上月薪，到時候我就可以養家，我們的生活就不會成問題了。」長榮最後一趟由台北回來，向我說了這一大段話後，我的心算比較安了。

民國四十年元月一號，長榮終於接到了警務處下達桃園警察局的派令，任職桃園大秦紡織工廠的駐衛警察。

那時的工資每個月是台幣九十元左右，而駐衛警的月薪也不過一三〇多元而已，在長榮沒來台之前，生活全由表弟書增和小弟幹臣二人負責，自從長榮有了工作之後，他主動向兩個弟弟婉拒他們全薪養家，只叫他們各自出點伙食費，自此以後生活由我們夫婦合力支撐，困苦的日子不但沒有改善，反而比以前的生活更苦，只不過長榮在身邊，恩兒多了一份父愛，我心理上增添點安全感而已。

娘的身體日漸衰弱，徹夜咳嗽得不能沉睡，還不斷吐血，因爲吃飯都成問題，那有餘錢給娘看病，只有我以工人身份到工廠醫務室給娘要點藥吃，以略盡心意，但那能根治。有一次我清晨下夜班回來，不見娘在屋外生火，當我走進小屋時並沒一點動靜，我以爲娘夜裡咳累了而熟睡，當我走近娘床邊給她拉被蓋時，卻發現她滿臉是血，我驚叫「不好了，有人殺了我娘……」時，正摟著恩兒沉睡中的長榮，馬上跑出來抱起娘大喊，這時我才發現娘床前地上的白磁痰盂裡已滿滿的全是血水，原來娘是吐血噴了她自己一臉而昏過去了。經我們慢慢喊了一陣後，她才甦醒過來，經我洗刷以後，立刻生火做飯，餵了娘半碗麵湯，娘才穩著了病情，長榮馬上奔跑到工廠醫務室向大夫要藥，因爲他是門警，工廠大夫、護士都對他相當禮遇，不到看病時間，也會給予方便。

娘病重，生活不能自理，更無法照顧恩兒，我請了十天假，十天下來，娘的病不但沒有減輕，且瘦得成了骨架，兩眼凹陷，坐臥都得人扶侍，而我就在這時也感到頭暈目眩，且常常嘔吐，我自覺勞累過度所致，但到工廠看病後，經大夫把脈、觀察，他說：「妳懷孕了，不能亂吃藥了。」這眞是雪上加霜，使我哭笑不得，不得已，我向工廠辭了工作。

雖然以後的日子只有長榮一個人的薪水支撐，生活比以前更艱苦，但娘不再操心照顧恩兒，也不再擔心我日夜班看機器的危險，在我細心的服侍下過了一段日子後，她的身體慢慢好轉了，娘知道我又懷了小孩，便又開始爲我張羅，譬如把舊衣服大改小，再用她存的花布給未出世的小孩縫製衣褲，圍肚、鞋子，再把破爛柔軟的內衣撕成方片縫成尿布等。她白天夜裡都爲我忙，我怕她重病未癒累出病來，她卻說：「現在不準備，臨時到那裡抓呀，又沒有錢買現成的。」

四十一年七月廿三日的晚上，我腹疼如絞，我催長榮拿檢查證到縣衛生院聯絡，深夜十一點許，衛生院來了一位值班女助產士，因爲天氣太熱，恩兒在兩個弟弟的照顧下睡到竹園的竹屋裡，娘奉護士小姐之命在院中燒水，長榮在漆黑的小屋裡端著一盞豆大的煤油燈，我躺在破木板床上，雙手抓著床頭的兩邊床欄掙扎，娘急的在外室跪地叩響頭求神許願，我咬緊牙關支撐著，直到小兒——我的二兒天林呱呱出世，我聽到娘在外面祈禱：「救苦救難的天地諸神，謝謝你保佑我女兒母子平安，三天後我給你燒香，上供。」慈母的愛啊，令我永生難忘。

母親逝世

二兒天林在半歲之內，總是睡眠日夜顛倒，白天既不吃奶，也不大小便，他總是沉睡得搗他鼻子也弄不醒。家中安靜得好像沒生這個小孩一樣，所以我白天仍照常買菜、做飯，到井邊提水，到河溝洗衣服，侍候娘和照顧全家的生活起居，但到更深夜靜，他卻開始哭鬧不息，給他餵奶餵水、換尿布，抱他到處走走才能小睡片刻，就這樣每晚由十點多開始直鬧到第二天十點多，他才又沉沉的睡去。週而復始，弄得我疲憊不堪，一天到晚精神恍忽像患了大病，但爲了老少一大家的生活，只有咬緊牙關，娘有時因疼愛我，半夜裡拄著棍到竹園裡找到我來替我抱小孩，叫我進屋睡一會。

有一次在臘月深冬夜裡，娘接替我抱天林在竹林裡，我因才睡了三個多小時，娘不忍心叫我，深夜冷風襲人，娘的咳病、氣喘病加劇，當晚便吐了好多血，嚇得我以後再也不讓她代我看小孩了。

眼看快過年了，娘卻因重感冒而轉成肺炎以致高燒不退，且咳嗽、氣喘，徹夜難眠，長榮從工廠要的藥給娘一天按四小時吃一次，一點也不見效，娘的神智也開始不清了。記得有天黃昏兩個弟弟和長榮剛上夜班走後，五歲的恩兒在室內玩，七個月大的林兒還正沉睡，我正在煮飯時，只見娘指著屋門外說：「玉英！妳看他們好幾個人都站在門外邊跟我說話，他們講的話我一句也聽不懂，妳快點來問問他們講的什麼話……」我馬上跑向娘床前，看她用手指向門外對我說，我跑到屋外看看，一個人影也沒有，膽小的我，立刻感到毛髮悚然，我馬上去關房門，娘馬上阻止我說：「玉英！別關門了，他們全進屋來啦，妳快點搬板凳叫他們坐呀……」聽了娘的這些話，我發現他的神智不清了，我忙扶她睡下，「娘！您累了，躺下來睡著一會吧！」娘經我安扶到床上，閉上眼睛慢慢的迷糊了，我知道娘是多天來發燒太厲害才會這樣。但眼前吃飯就成問題，那有餘錢給娘看病呢？我坐在娘床前看著她滿面皺紋、已瘦得只見骨架的可憐相，只有俯首在娘身邊默默的淌眼淚。「娘！原諒您獨女的不孝吧！在這舉目無親的海外，我們過著三餐不濟的生活，我眼前告貸無門，只有眼睜睜的看著您老人家，慢慢地等待著生命的消失。」我緊握著娘乾枯如柴的手，只有滿腹悲痛內疚，自怨自嘆地以淚洗面。

等到天亮，弟弟們和長榮下了夜班後，我告訴他們娘的病已到了難以挽回的程度時，書增立刻痛哭了。因爲自民國卅六年恩兒出生之日起，直到現在林兒已半歲足足五整年，娘疼他如已出，他也日夜伴隨娘，猶如母子無異，他急得到處向鄰人打聽那有名醫，不久，一位年約卅餘歲白胖健壯的西醫（是桃園中正路口開「源芳診所」的大夫），由書增領進了門，經他仔細給娘聽診看視後，他向我悄聲說：「她已經不行了，妳想不想叫她陪你們過個年？我可以隔一天給她來打一針，這樣她還可以維持幾天，最多只能維持一個禮拜，別的我就無能爲力了。」在娘神智不清時，大夫向我說了這些話後，我心如刀割，泣不成聲地向他致謝，請他盡力而爲吧！他立刻給娘注射了一針，三分鐘後娘清醒了，她叫我扶她坐起來，說想喝點麵湯，繼而向我說：「玉英！把針線盒遞給我，把我的眼鏡遞給我，就快過年了，小林已經七個月了，我給他做的那條新棉褲還沒縫上帶子和扣子哩，快拿來我給他縫好，妳也不會做針線。」娘以爲她的病輕了，只要精神上能支撐一點，她就先想到女兒和外孫，我忍不住淚猶泉湧，看著娘一針一線的精心縫她快完成的衣服。

第二天上午，娘又虛弱的雙目閉上，疲倦的像是多天沒沉睡過似的，就這樣昏昏不省人事，一直撐到隔日上午，我再叫書增把這位大夫請來，他又給她注射一針，娘又慢慢醒來，又接續著做她未完成的小兒棉衣，我滿懷哀傷的看著我即將離世的老娘，在老花鏡下，用她顫抖的手，一針一線地做活。逢舊曆年關，娘的主食是饅頭，但我此刻卻窮得連一袋麵粉的錢也湊不出來，當娘問我「玉英，明天就年卅了，我們到現在怎麼還沒蒸過年饅頭」時，我只有向她說：「因爲我守著妳照顧妳，沒有時間去蒸饅頭啊！我給妳買的有饅頭，就放在枕頭旁邊啦！」

在家家戶戶敬神拜祖炮竹震耳的除夕晚上，書增又把那位大夫請到家來給娘注射，我送大夫出門時他對我說：「自從明天起我不再來給她打針了，就是再打針也沒有用了，她陪你們過了這個年也就夠了，我對她確實已無能爲力了。」這位大夫究竟給娘注射的是什麼針呢？我根本不知道。

年初一的早上，娘好像病全好了似的，她一早吃了十多個水餃，還把她的私蓄一大把一元的銅幣裝在一個紅紙袋裡，高興的把恩兒叫到她的床前說：「天恩！快來給姥姥拜年，你看姥姥給你裝了好多壓歲錢，趕快裝進你的口袋裡留著『壓歲』（在我的上代長輩們，除夕晚上吃了團圓飯，叫『辭歲飯』，飯後給子孫紅包，必須把紅包放在床上衣服內或枕頭下，叫做『壓歲』，是保你來年一年生命安全，身體健康的意思，這是傳統習俗。）明天夠你買好多糖果，餅乾哩！」恩兒給姥姥叩頭接過紅包後又馬上問：「姥姥！我把這錢花完了，妳還有沒有錢再給我？」娘馬上笑向恩兒說：「有，有，姥姥放的錢可多吧，夠你一年花不完的。」聽著他們祖孫的對話，如果是往年，我一定非常開心，但我明知這是藥針的效力才使娘清醒一陣，而且這是娘今生最後的迴光返照，我的心如刀絞，淚猶泉湧。

年初二的夜裡，當娘聽到林兒啼哭不止時，她還喊著我「玉英！把小孩給我，過年哩，我怎麼沒看到妳吃飯？叫我抱他妳快點去吃飯吧！」我把林兒交到她手裡，她親吻著孩子的小臉說：「林兒，等姥姥身子硬朗了以後，我還抱你在院子裡玩，別鬧你媽媽了，來！把我給他做的新棉褲換上吧！」「早就給他換上了，他尿濕了，現在掛在院子裡吹風哩。」我邊回話，邊把孩子接回手裡抱，我深知娘已到了人生旅途的末站，我怕她立刻會垮下來。

年初三，娘已不能坐起身來，精神開始恍恍忽忽，不吃東西，也不喝水，連眼也不睜了，我坐在她床前不敢離開一會，幸好是年假，書增和小弟全在家，他們可以替代我看顧一會，我明白娘隨時會離我而去，我珍惜同娘相聚的每一秒鐘，不到不得已我絕不肯離她半步，「娘，娘，您怎麼不睜眼啊！我就坐在你身邊啊！」我握緊娘的手問話。「嗯……」她哼了一聲，卻沒有回我一句話，我再問：「您不跟我說話，是不是您太睏了想睡？」「嗯！瞌睡。」這就是我守候了她兩天兩夜娘向我說的一句含糊不清的話，也就是她離世前向我說的最後的一句話。

年初四一大早，娘在床上翻轉掙扎，好像要起床而實在無能為力，我叫書增扶她坐起來，我把娘的尿盆端到床上，她好像意識清楚似的，馬上尿了好多，但她立刻示意要睡，中午長榮去工廠上下午班，小弟外出應徵工作，大弟回到部隊報到去了，書增坐在床上，叫娘依靠在他懷裡坐起來，恩兒此刻好像很懂事的站在床前，我大聲喊「娘」，她立刻回應一聲「嗯！」我向娘說：「我給你燉碗雞蛋糕吃吧？」「嗯！」娘不知是回應我的問話，也不知是長嘆一口氣。我叫書增小心照顧她，我到院子裡剖柴生火，當我把雞蛋糕做好端到她面前時，正是下午整整四點。「娘！吃點雞蛋糕吧！」當我邊喊娘，邊用勺餵到娘口中時，雞蛋糕全部從口中流了出來，我再大聲喊娘，再也沒有反應。我多想娘再回應一聲「嗯……」，但我喊娘聲嘶力竭，怎麼也沒有了回應。娘走了，她永遠的離開了她唯一可憐的獨女了。我大聲痛哭，握著娘的手，由溫暖到冰冷，書增用手在娘鼻口試摸久久，知已斷氣，就輕輕把娘放床上平躺著，蓋上了她的棉被，然後他跪到床前俯屍大哭，恩兒此刻也雙脚大跳著哭「姥姥，姥姥……」然後他又推著我的背問：「媽媽，姥姥還會不會醒過來呀？」聽到稚子的問話，使我丟下娘冰冷的手，抱起恩兒大哭地說：「恩兒！姥死了，從今以後再也不會醒過來了，你常常去工廠一個人打針，現在你姥姥死了，媽媽走不開，你會不會一個人跑到工廠叫你爸爸回來，你告訴他姥姥死了，你認識路不認識？」恩兒聽說有任務，一向好逞強的五週歲恩兒，哭著由後門跑了，要經過田埂，穿過鐵路，經過平交道，才能到達工廠。平時他去工廠醫務室打針，我總是千叮萬囑的教他怎麼過平交道，此刻他慌慌張張出門會不會小心通過鐵軌？平交道啊？我正想起這些開始著急時，僅十分鐘的時間，只見恩兒牽著他爸爸的手回來了。娘隨我們奔波，在海外台灣去世，誰不悲傷，長榮拉著小兒跪娘身邊大哭，就在這時，外出謀職的小弟手上拿著一把麵條進門打算吃飯，見此情景，立刻撲向室內跪地失聲痛哭。

大弟幹國在軍中接到電話，知娘去世，即向長官請假，當夜便趕到家中，帶回了長官、同事急捐的一千二百元台幣（合長榮全年的薪水），這筆數目不大的錢，解決了我們家的燃眉之急。

「屋子確實太小，再放一口棺材，人進出都擠得要命，再說嫂夫人見棺材更加傷心，不如早點把老太太埋葬出去算了。」長榮在他老同事林希君的建議下，決定在娘去世的第二天出殯。一連下了好幾天的雨，院子裡擺了娘的靈位桌子，長榮和三個弟弟，還有我，每當有人來祭弔時，我們隨著哀樂，跪在大雨滂沱中的泥水裡叩頭，淚水和著泥水滿身，好不淒涼悲慘。

看好的埋葬地是桃園西門里的亂葬崗上，我們在家中祭奠以後，接著抬棺出殯，我們穿著蔴衣，戴著蔴帽，拄著哀杖，隨著哀樂，跟在棺材後面，淋著大雨，踏著泥水，痛哭流涕的慢慢前進，不久便到達了目的地，娘的棺木便下葬在積滿雨水的墓穴裡。我跪在墓坑前，看到我同甘共苦、相依爲命的親娘被濕泥一鏟鏟的埋到地下時，我已悲痛得昏厥了，娘從今以後就成了異鄉孤魂。

第九章：

我同恩兒互相砥礪的艱苦生活

家搬到桃園西門里

娘去世的那段日子裡，我簡直悲痛得活不下去了。想想她熬寡盼我成人成器，在赤貧中她受盡折磨、煎熬，而今花甲之年，隨我過著顛沛流離的逃難生活，最後又落難到海外台灣，在貧病交加中，當女兒的眼睜睜看著自己的親娘，飽受病的侵蝕而到死不曾籌到分文錢爲她醫治，死後又因屋狹漏雨，未經廿四小時後便下葬在低凹的亂葬崗水坑裡，想到一生對娘的虧欠，我只有天天流淚。

西門里亂葬崗附近，有一片空曠的土地，六八軍留守在桃園的軍眷們，用竹桿插成屋子和院子的大小，再買些竹子劈成條，圍成籬笆牆，有的竟用竹子蓋成了小屋，除自己住居外，餘屋還出租給別人。我花了八百多元的台幣，買了人家用竹子插好的圍牆，再蓋好了一間小屋。這間房子，緊靠馬路邊，屋內是人家剛挖走了一具棺木而填平的地，腳踩上去土還是鬆軟的。初搬進去那些天，睡在床上總覺得床下是墓穴而膽怯，住久了也就勉強適應了，慢慢的也學鄰居，在屋後的空地上，請工人搭建了一間竹屋，這樣，我的兩個弟弟（大弟又回到軍中）也有了地方容身。

恩兒因爲身份證上誤報大了一歲，所以他五週歲便上了桃園小學一年級。記得第一學期結束後，他揹著書包，手裡拿著成績單，離我家還有一大段路時，他一眼看到我在馬路邊等他，他便大聲高興的叫：「媽媽！我考了五十五名，妳聽到了沒有？」我追上去抱起他來，他親吻著我的臉又說：「他們有的只考到第一名，第二名，我考到五十五名，我比他們都棒對不對？」我才知道恩兒的觀念錯了，我忍不住大笑，爲了改正稚子的錯誤觀念，我不得不打消了他的高興而加以解釋，糾正。「哦！媽媽，我明白了，以後我也要考第一名。」生性好強的恩兒，立刻向媽媽發了誓願。

西門里這塊空曠的墳園地，數月之內已住滿了人，全是貧困的軍眷。竹屋，竹牆，住了幾十家，都無一點隱蔽，連深夜睡在床上，還可以跟鄰居聊天，大家很快的都變成了好朋友，也有的很快的就變成了仇人。因爲小孩在一起玩，難免打架、吵嘴，有的父母護短，恕己責人，而致大人大打出手，而後變成了寃家，眷村裡的老老少少常因一點小事，紛爭吵鬧個沒完沒了。記得有一次張大媽的小雞，被王大媽不小心用脚踩死了，她說她故意的，她說她爲什麼不把雞看好，兩人各自不讓，以致雙方打起架來，兩個女人撕打到馬路上，王大娘的兒子回家拿了一個養小雞竹編的雞罩，她從兒子手中接過來罩到張大媽的頭上並用力的壓下去，張大媽被壓到脖子大喊救命，在雞罩內大力掙扎而使手臉被破了的竹片割傷好多傷口而流血，後來張家告到法院，站在大門外看熱鬧的鄰居，她們還一口咬定是見證人，也被傳喚到法院，像這樣因小孩鬧氣的事而層出不窮。我的左鄰一家夫婦信佛，有一個獨子，已上了高中，右鄰一家信基督，這對夫婦有兩兒兩女，男主人同長榮在一個工廠做工，女主人是位沉默寡言、克勤克儉的年輕人，因收入少生活苦，常閉上門爲人織毛衣以貼補家用，爲了免除是非，她常年把兒女關在斗室中不許出門，我很慶幸，選擇了這兩家篤信宗教的鄰居。

生大女兒靜華中獎壹萬元

我們的生活全靠長榮的一點微薄薪水，加上我和恩兒的一份半眷糧——我的一大口廿八斤糙米，恩兒的一小口減半，而規定軍眷在台出生的小孩不許再報眷補，我的大女兒靜華，三兒子天純，就在這艱苦的生活中相繼出世。我和長榮爲了一家的生活溫飽，被壓得喘不過氣來。

記得生大女兒那一年，蒙上天保佑，期期都買愛國獎券的長榮，中了新台幣一萬元的獎，那年黃金價格是兩千元一兩。這個萬元數目，對貧苦的我們不無小補。不過對個性憨厚、大而化之的長榮，當時便被工廠的一個無賴同事說家有急難求助，而將萬元借給他一半，說一個月後奉還，到後來一文沒還，最後還因討債生氣而變成了仇人。不過這餘下的五千元，也給我們生活上有了很大的補助。

長榮認爲這個意外大獎是大女兒帶來的幸運，所以特別疼愛她，出生未滿月，一下班便抱不釋手。她生性聰明，出生滿月便認人，除了叫我和長榮抱外，任何人抱她都哭得厲害，爲了疼愛這個女兒，我和長榮日夜輪流抱她，捨不得讓她哭一聲，這時候我已是三個小孩的媽媽，又有兩個弟弟同住一起。

洗衣，得到遠處水溝，做飯，得捧著泥爐到馬路邊生火，做什麼都得揹著女兒，二兒子跟在後面，所以我天天累的腰疼腿酸，當大女兒路還未走穩時，我的三兒子天純出世了，生活壓力和忙碌更加倍於前。

二兒天林出了車禍

二兒六週歲那年（民國四十六年）的十一月卅日傍晚，長榮上夜班剛剛出門不久，大約是六點許，我正抱著三兒子吃奶時，只聽門外馬路有急剎車怪異的響聲，接著有路人大聲喊「輾死小孩了⋯」立刻又聽到鄰人大聲喊「來喜，來喜⋯⋯」（小狗）。我眼在室內搜索，看不到剛才在室內玩彈珠的林兒，我抱著三兒便向屋外馬路邊跑著大聲喊「天林，小林⋯⋯」這時我聽到鄰人說：「那輾死的小孩好像是高家小林啊⋯⋯」我魂飛天外，抱著三兒擠到離家門不遠馬路中心的人群內，一眼看到穿著夾克外套的林兒，正趴在地上一攤血跡上面，我把懷中的三兒，遞給了站在我跟前的鄰居，彎腰去抱躺在地上的林兒，這時一向跟我相處很好的王先生，搶上去拉著我說：「弟妹！千萬別動小孩，要保持現場，有人給警察打電話報案去了。」我沒聽他的忠告，「救人要緊，快幫我叫車。」我瘋狂地抱起滿臉血淋淋的林兒，我右鄰那位信基督教的男主人，已叫來了一輛人力車拉到我跟前，我立刻抱著兒子上了車，催他說：「快拉我到附近外科醫院。」「附近有彭外科醫院，是桃園市內最有名的。」聽車夫好心的向我介紹，經大夫檢查後向我說：「還有呼吸，脈搏還動，要等廿四小時後，才能脫離危險期，我現在給他打一針，包紮了傷口，妳就耐心地守著他觀察吧！」經檢查的結果，車子並沒輾著他，車輪掛上了他的外衣，拖拉著他的身體，把臉和全身擦破，滿臉肌肉裂傷，牙碰掉一顆，不久長榮和兩個弟弟趕過來，大家都流著淚，守候著這個如僵屍般的小孩。

因爲沒有內傷，廿四小時以後，林兒眞的甦醒過來了，他睜眼看看圍著他的家人，再看看病房四週，第一句話便說：「媽媽，我們怎麼在這裡？這裡是樓房，乾淨、漂亮，我們是不是搬到這裡了？」當我回答他因爲車禍才住院時，他說：「媽媽！我長大賺錢，一定要買一個跟這房子一樣漂亮的搬來住。」聽到稚子的話，我只能流淚。「林！你還記得媽媽前天帶你看的一場電影嗎？」「我記得，是月落烏啼霜滿天。」當我得知林兒經此車禍而腦子沒有受到損害時，我高興得熱淚湧流。

左鄰信佛的一家以養雞出售維持生活，卻偏偏遭到雞瘟，幾十隻肥雞，數天之內死光，生活苦不堪言。他們想經營饅頭生意，卻又苦無資本，我一向認爲近鄰比遠親重要，正趕上我們家中獎的錢還沒花完，便拿出了幾百元給他做資本，男女主人對我的幫助，表示了無限的謝意，他們立刻買了幾袋麵粉（當時一袋麵粉是六十元）。還買了紅豆，糖，以及蒸籠、大鍋等傢俱，他們的饅頭店馬上開張了，我再利用剩餘的錢，在自己後屋前的牆角挖了一口水井，附近十多家鄰居，都不再跑遠處擔水，而天天在我家提水，尤其這位左鄰，因賣饅頭、豆沙包，深夜還叫醒我開門提水用，他們夫婦因信佛吃素，我就常端些我們做的肉類食物水餃、包子、雞魚肉等，給他們讀高中的獨子吃，在這個階段我們兩家還算相處得和好。

誰知住久了，才知這家的女主人是標準的長舌婦，常常在鄰居之間搬弄是非。每當她丈夫外出賣了一天的饅頭回到家還未休息，饅頭箱子還未放到地上時，她便先開口向他說鄰居的張家長李家短，而他對其妻無一不言聽計從，立刻跑到屋外的馬路邊，對著街坊近鄰罵，而引起被罵的一方亦不示弱，而致雙方對罵、對打，長榮看不慣，常叫我去勸解，我已慢慢了解到這對夫婦的個性、為人，而漸漸疏遠他們。

有一天十二點半，長榮正要出門上班時。左鄰的男主人，汗流滿面，氣喘吁吁的肩扛饅頭箱子，還未進屋，其妻便在馬路邊，學說鄰居的是非，長榮視他們為近鄰好友，怕因小鬧大，便剎住他已啓動的老爺脚踏車，善意的勸說：「妳做個賢慧太太吧！妳看妳丈夫累了一個上午了，氣還未喘哩，妳先叫他生氣，有必要這樣嗎？」誰知她馬上破口大罵說：「你以為你太太賢慧呀！她是啞吧蚊子咬死人，裝賢慧。」長榮聞言眞的動氣了，馬上質問她說：「我太太對妳全家這樣好，妳怎麼去侮辱她？」長榮的話還未說完，她便撲向他用頭撞去，大聲罵說：「你以為你的女人是好人哪！她也不是什麼好貨，你知不知道？」我看她的說話、行動實在不可理喻，便催長榮立刻上班，長榮看他無緣無故扯上我而心生不平的說：「玉英，妳把小孩遞給我抱，去揍她兩個耳光，問她為什麼胡言亂語。」長榮的話說到此，可惹火了她，她卻先下手為強的拉著我要打，嚇的我懷中抱的三兒哇哇大哭。「×太太我不敢惹妳，請妳別生氣，我先生不好，我向妳對不起……」我邊向這位潑婦致歉，邊催長榮趕快上班，這場風波才暫時平息。她的丈夫馬上走向我說：「高太太，妳的丈夫是不是太過份了，一個大男人應該處處給自己太太撐腰，才是大丈夫作風，他幹麼要管人家的太太？人總要講個道理呀對不對，要不是你待我們一家不錯，剛才我就揍他了。」聽了這一段不可理喻的話，我忍不住向他說：「不是一家人，不進一家門。你們眞是天作之合，難怪你太太氣勢兇兇，原來她有你這位好丈夫在撐腰啊！」我的話說完，便抱著小孩回家了。

「家」，僅僅與鄰人隔一道竹籬笆牆，只聽他們夫婦你一言我一語的聽的清清楚楚：「妳這個不要臉的女人，還替妳男人說話哩，妳男人這樣不講理，以後我的日子可怎麼過下去呀？」「他敢再對你有一點無理，我就跟他拚命。」這對夫婦的對話，令我全身發抖。「妳個不要臉的女人，今晚妳男人回來了，要是再對我無理的話，我絕饒不了妳。」這位長年拜佛的人，怎麼竟如此沒有人味，我抱著孩子，坐在後屋，聽著鄰人的辱罵，不知該躲到那裡去。不久，她讀高中的兒子回來了，她大哭著說：「兒呵！娘叫人快欺負死了，我差一點沒被人打啊，你知不知道？」經過他們小聲一陣議論後，不久，她的兒子，竟猛用脚踢我屋門，並憤怒的高聲大罵：「他媽的，有種的快點出來，看我饒不了你們……」我聽到是她兒子的聲音，心想此刻該是我解釋的機會，立刻抱著小孩開門，只見這個年輕小夥子，穿著學生制服，拿著一把切菜刀進門了，他父親深恐兒子惹禍上身拚命的進我屋拉退了他的獨子，這時我才理解了這一家人的可怕。我把孩子交給了鄰人，我向站在馬路邊看熱鬧的鄰人、過路人報備一聲說：「像這種高中程度的學生，不分情理的因小事動刀子的行爲，我若不制服他，我就無法在這裡生存了，我要去報警。」大夥都異口同聲地向我說：「妳快點去吧！我們站原地不動，都會替妳作證。」

派出所的主管來了，刑事組的組長也來了，他們一聽有動刀殺人的案子，都相當重視，當他們的汽車一停到我家門前，大夥都隨著下車的警官們一擁而上齊來作證，刑事組組長看大夥都異口同聲作證時，他立刻問我：「妳是願意私了？還是公了？」我請他加以說明，他說：「私了，叫拿刀的當事人，當面向妳道歉，並當面叫他寫悔過書存案，如果今後再有犯行，馬上偵辦。」「官了，就把凶手立刻抓走偵辦，凶刀沒收，有兩位以上的證人作證。」男主人怕獨子行為遭到法辦入獄，向辦案人鞠一八〇度的躬希望私了，而女主人還正在大門外高聲辱罵我：「……妳仗著妳長的漂亮，年輕，有本錢，搬動官府的人了，妳……」我向辦案的人說：「你們聽聽，他的媽媽在大門外又在高聲辱罵人了！」我馬上再向男主人說：「我為了你兒子的學業，我接受『私了』，但你得保證你的夫人，不能再無緣無故的罵人，你的兒子不能再隨便掂刀，如果再有這些不合情理的野蠻行為，我一定要告到法院，這些一定要都寫在悔過書上。」辦案人依我意命令其子向我當面口頭道歉，再親筆寫悔過書存檔，這場風波算告平息了，從此我們兩家再也不來往了。

波米拉颱風

民國四十七年，本省來了最大的「波米拉」颱風，兩個弟弟都相繼結婚另住，那天正值長榮是夜班，風雨由傍晚開始加大，我叮囑恩兒（十二歲）帶著二兒天林（七歲）趕快去後屋關上房門上床睡覺（後屋是竹牆，外塗水泥，屋頂已塗水泥，蓋上磚頭，鋪上瓦），以免風雨再加大會停電，我知道孩子們只要沉睡了，再大的震動，也不會吵醒他們。我把大女兒靜華和三兒子天純分別哄睡在我身邊的左右，以方便深夜風雨大停電時好照顧他們。大約夜下一點時，狂風呼嘯，大雨傾盆，只覺得天搖地動，克難屋頂的磚瓦在空中飛舞，只聽到震耳欲聾的磚頭、瓦片撞擊聲，塑膠板的防水屋簷，也「涮」的一聲颳到遠處，外面風雨的威力，像要吞蝕了這個世界。我摟著身體兩旁熟睡中的一對小兒女，在七漏八淌漆黑的斗室裡嚇得全身發抖。此刻後屋的牆撲通一聲好像倒塌了，我大聲喊著「天恩，天林」的名字，不聽應聲，我怕屋倒砸死兩個稚子，不管外面的風沙走石，正要起身準備探望孩子時，「涮」的一聲，我這間屋頂掀走了，我用身體遮擋著風雨護著沉睡中的孩子，床上已成了水泥坑了，最可怕的與左鄰隔間的竹牆，從上面傾斜到我房這邊有三分之一，兩個小孩被冰冷的雨水淋醒大叫，我披蓋著一條濕棉被，摟緊哭叫發抖的兩個小孩，也顧不了後屋塌牆生死未卜的一對兒子了。

天快亮時，風弱雨小，兩個小孩又慢慢沉睡時，我才脫身跨過後院的磚瓦碎片，到後屋去看看我那兩個可憐的兒子，只見恩兒摟著林兒，蜷縮在牆角。「媽！我一直摟著小林，叫他不要動，不要開屋門，你看咱的後屋後牆堆下來成了一堆泥了，好在我倆都在前牆的床上，屋頂也沒塌下來，媽！前屋怎麼樣了？」想不到我剛十二歲的大兒子，遇事竟如此鎮定，我摟著我兩個像落湯雞的兒子，忍不著痛哭一陣。

風災過後的重建工作，真壓得我喘不過氣來，籌錢雖是意料中事，但沒想到在我前屋與左鄰共用的牆，卻發生了問題。當我們全西門里的軍眷們都改換磚牆時，我也同左鄰協商好了，把原來的竹牆拆掉，換成磚牆，工人是左鄰找的，女主人殷勤的招待工人豆沙包、饅頭，我也慌著招待工人茶水、香煙。我因爲照顧四個小孩無空監工，一切由左鄰看管。我像平日一樣，把小孩哄睡後到菜場買菜，僅一個小時的時間，工人已開始疊了三四層磚的根基，那根基起碼向我的住屋推進了兩尺以上，我發現後叫工人馬上停工，我建議工人依原來竹牆根齊疊磚，沒想到女主人雙手叉腰，兇巴巴的撲向我說：「叫工人看竹牆上邊的傾斜印子疊的，誰敢叫停工？」「那上面是風颳竹牆倒我這邊後的印子，要以根齊，那能依上面印子疊牆？工一定得停。」我的話工人不聽，男主人走近我，比他太太更兇地向我說：「看那個敢叫停工？」並向正在繼續疊牆的工人說：「你們只管做你們的工，出事了由我一個人負責任。」這對不講道理、不憑天良的夫妻，眞把我氣得快昏了過去。

我們屋臨馬路邊，也就是縱貫公路，往來車輛、行人川流不息，我們兩家的爭吵，一下子圍觀的人成了看猴戲似的，我們爭吵著，他們夫婦邊熱情的招待工人，邊督催工人快快疊牆，不一會工夫，已疊得快一人高了，氣得我眞想再跑到警察局去跟他們理論，但我再想想，在異鄉死人頭上爭地盤，實在可恥，可憐，不得已，我只有認倒楣了。牆疊好後，原來放置的大床已安置不下，我只有請工人來家另量尺寸訂做新床了。

好像是一個國定紀念日，管區警員挨家挨戶通知，叫住戶一定懸掛國旗，否則，受罰。我請了附近會做木工已經退休的老鄰居，在門外隔間的磚牆上，釘一個木架插國旗。當三角架正釘時，左鄰的女主人又兇巴巴地出來大罵：「不能在我的牆上釘東西，不然釘好了，我也用斧頭把它砍掉。」我不得不理直氣壯地回她話：「牆是兩家公用的，妳的旗架已定在你門的那一邊，這個牆空著，我為什麼不可以釘一個旗架？」我的話等於零，她仍用雙手推這位正在釘木架的老鄰居，還擠在牆邊站著說：「要釘，你釘我好了……」看在一位鄰人長者的眼裡，實在看著不平向我建議說：「高太太，妳還是跑警察局一趟吧！這種女人不治她一下，妳是沒法過下去的。」在無可奈何的情況下，我接納了鄰人的建議，最後由警員施壓，算釘上了這個可以插國旗的三角木架，她當著警察的面，還是大聲侮辱我說：「還是長得漂亮，年輕的女人好辦事。」想不到吃長齋，跪拜佛前，燒香，敲木魚的佛教徒，竟然如此無理。

在捉襟見肘的生活中，我又懷胎了，我決心偷偷的要除掉這個小生命，當我向桃園一家相當有名的婦產科求診後，我告訴了大夫我的意願，他說：「妳懷胎不到兩個月，拿掉胎兒絕無危險，但妳必須叫妳丈夫來我診所簽個字，我才能動手術。」不得已，我只有向長榮求助，那知他非常堅定地說：「在戰場上殺敵人，那是軍人的職責，打胎，是殺自己的小孩，我不願這麼做。」我只有無奈的流眼淚，此刻我想到了小時候祖母常常說的話：「一片樹葉，一滴露珠，死不了樹，也餓不死人。」這是我幼年時祖母在艱困生活中，常常引用的一句俗話，而今回憶祖母喪子之後，再撫育孫兒們時仍堅強撐家的這句話，給了我莫大的啓示，我決心不打胎了，相信孩子出世後，不會餓死他的。

在西門里眷村中，除了同左鄰那對信佛的夫妻相處的如仇人外，大多數的鄰居們，都成了好朋友，有的遷居到台北：像趙懿豪、胡寶訓夫婦，蘇雲峯、宋文玉夫婦，唐曉初夫婦，吳懋喜夫婦，趙鈞志夫婦，他們每逢週末、假日，逢年過節時，都會在百忙中抽空來桃園看望我們，他們日後都變成了與我們共財共事的異鄉親人。

尤其難能可貴的是在我們赤貧中獲得的一份友情：是恩兒在台大外文系讀書期間，以一篇「前夕」的文章，發表在中央日報上不久，便收到了住在板橋莒光一村二十號毛雨玫女士的一封信，大意是寫由那篇文章中得知恩兒在半工半讀到「研究生兼助教」，而且還鼎力拉拔弟弟、妹妹讀書，他對恩兒的作風非常欣賞，因而常給恩兒寫信，鼓勵他上進，並常邀他去她家吃飯，還有時送學費、學用品給我們，這份雪中送炭的友情，我將永遠不會忘記。

事後才知道她是陳培雄中將的夫人，她以中將的月薪供養五個兒女讀書，生活並不富裕，但她生活克勤克儉，稍有節餘，便幫助遠近，或孤兒院兒童，她的爲人厚道，是鄰里、屬下所稱道的。

民國四十八年九月廿八日的晚上十點半，在桃園市衛生院裡，生下了老五，靜秋小女兒，那時長榮在警察局入的公保，我住院享受了公保福利，得能清閑的住了一個禮拜的院。

記得長榮帶著八歲的二兒天林，五歲的大女靜華，三歲的么兒天純，來衛生院接我和靜秋出院時，院方的護士小姐向長榮開玩笑的說：「你們家的小孩可以編隊了，你可以任孩子隊的隊長了。」長榮苦笑的抱著靜秋，我扯著三孩，拉著四孩，二孩在我背後跟著，衛生院大門外長榮叫了一輛三輪車，車夫等我們一家大小上了車後，他邊踩車輪邊回頭向我們說：「這個車成了娃娃山啦！」長榮苦笑的向車夫說：「我家大孩還未來哩，如果他來了的話，你的車就變成了高山啦！」

天恩考上建國中學

因爲長榮的月薪入不敷出，生活已到了三餐不繼，我因產後虛弱、勞累，缺乏營養，以致奶水稀薄而漸漸一滴奶水也沒有了。秋兒出生後沒哺乳十天，就餓得日夜啼哭，不得已只有買奶粉貼補，當年一磅重的罐裝克寧奶粉是新台幣卅三元，不久又漲到卅七、八元，一個月需喝數罐，這個家又增加了沉重的負擔。

有一天長榮從台北回來，向我商量要把秋兒送給住在台北的伊太太，我堅決不答應，和他爭吵了一陣：「要活活在一起，要死死在一塊，我的女兒絕不給人家當養女。」「那連買奶粉的錢都沒有怎麼叫小孩活下去？」「我自己想辦法，說什麼我不能因爲目前窮而讓骨肉分散。」在爭辯一場後，我獲勝了。

當年我續了黨績（民國廿七年我在湖北一二二師政治部工作時便入了國民黨），在鄰里的推荐下我任了小組幹事，小組長是吳惠芳女士，黨員大都是西門里的婦女，我們兩個禮拜開一次小組會議，大家聚會閑聊中，知道報載政府有令（我既沒訂報，也沒買過報紙），可以憑證件更改年齡、學歷，謀求教職，並可以報領直系血親的眷糧，我感到了「絕處逢生」的快樂，因爲我是師範畢業，相信可以任個小學教員，能夠報領子女的眷糧，以後就不會再爲三餐煩惱了。

我的師範畢業證書，在民國廿八年隨軍駐紮河南扶溝縣城內時，因時局不穩定，女同事趙青蓮家挖地洞埋藏東西時，我把它裝到一個鐵盒裡，拜託她的家人一併埋藏起來了，等到戰亂平息後謀教職時才用得著，沒想到來台定居而用到時卻沒辦法了。不過我在大陸教書的聘書還存有幾張，還有師範畢業時的師生團體照，再加上我的一份申訴書，相信不會有大的問題。那知兩個月以後，與我同時呈上去的本組黨員何太太，她批准了教職，分發到國小執教，而我卻因沒畢業證書而落了空，我簡直失望得痛不欲生，後來聽說新上任的舊識縣議員林希君，可以介紹他國中沒畢業的女兒到縣議會任雇員工作，所以我便託他看看能否也代我找一份臨時雇員的差事，他當面承諾不成問題，但一等再等，幾個月過去了，卻沒得到下文，從此，我再不敢妄想謀公職了。

離我家不遠的中山巷裡，住著兩位退役軍人，他們早晨在市場賣菜，並且在家裡養了幾條豬，賣菜相當賺錢，養豬的收入比賣菜還好，我常常到他們家走動，觀摩。賣菜，半夜就得到批發市場買，再到市場賣，回到家時已中午十二點，我帶著五個上學、吃奶的小孩，這個工作不適合我，但養豬是在家辛勞的工作，我一定可以咬緊牙關硬撐下去，我和長榮說明我要以養豬爲副業時，他極力不贊成：「妳平常看見一個蟑螂就大叫，看見一個死老鼠就嚇得沒命的跑，妳敢養豬嗎？那小豬娃肉嘟嘟的十來斤重，牠吃食時會啃你哩脚，咬妳哩腿，妳敢餵嗎？一隻豬至少要長到兩三百斤重，妳敢摸嗎？豬要每天大小便，打溺，妳會收拾嗎？咱這前後只兩間小矮房，七口人就不夠住了，那有地方養豬？這件事我絕對不答應。」「爲了賺錢維持小孩的生活、讀書、買奶粉，我什麼都能幹，什麼都不怕。把小孩們都擠到前屋裡，後邊一間小房中間疊一道磚牆，一間叫恩讀書，能擺下一張床、一個書桌就好了，一間養豬，我就這樣決定了，誰也改變不了。」我堅決要做的事，長榮也只有隨著做了，我在想，凡是人家能做的事，我為什麼不能做，只要能改善生活，再苦我也不怕。

買了六隻十多斤重的小豬娃，放在剛修好的豬圈裡，當我燒好了稠稀飯，裡邊加上豬的營養品──「歐羅肥」粉末後，六隻小豬爭搶著吃，牠們眞如長榮所說用嘴啃我的脚跟、小腿，我咬緊牙關，硬撐著勁，自己壯膽鼓勵自己「不能怕、不能怕，怕了就中途而廢，怕了就血本無歸啊！」就這樣我硬著頭皮支撐下去。養豬，還眞不是一件簡單的事，每天得去菜場買新鮮的紅薯梗，切碎，煮熟後冷涼，每天得去市場買那最便宜的臭魚煮湯，這些東西拌米飯，拌豬的營養劑「歐羅肥」粉末，得一天三餐的按時餵牠，這樣牠才會很快健康的長大。

「媽！我要參加北區聯考，我要考上北區的第一志願建國中學，來報答妳為家的日夜辛勞。」恩兒在桃園武陵初中一年級時，因貪看武俠小說而留了一級，看到媽媽如此辛苦而感動得向我不只一次的這樣說。在台北高中聯考的前夕，我一再向恩兒強調：「你只要知道用功，我再苦也是值得的，考上那個學校都沒關係，只要你盡力就好了。」我希望恩兒分秒必爭的讀書，但又擔心他瘦弱的身體吃不消，但在升學激烈的競爭下，家長、學生，都是相當無奈。

蒼天不負苦心人，恩兒果然考上了他第一志願的建國中學，當放榜那天，從收音機裡聽到廣播建國中學榜上有「高天恩」的姓名時，我母子不禁相擁而泣。

恩兒開學前註冊，我可眞爲難，記得學費是新台幣三百多元，長榮向他服務的工廠只借到了一半，另外的一半是表弟書增向他新婚的太太借了一個戒指變賣，才解決了恩兒第一個學期的學費，下學期的學費怎麼辦？以後上學所有的費用呢？我寄託在養豬的副業上。

養豬的悽慘情況

我每天早上四點鐘便開始起床劈柴，燃著焦炭，先燒好一鍋稀飯，煎兩個荷包蛋，再蒸一鍋乾飯，接著炒菜，五點鐘叫醒恩兒，他匆匆忙忙喝了稀飯，帶著裝好的便當，五點半便準時出家門，快步奔跑，去火車站趕第一班六點鐘準時開往台北的慢車。

打發了恩兒和林兒上學走後，把靜華和天純送進幼稚園，再把小女兒靜秋餵奶後，我便開始奔向菜場，再匆匆趕回家門，開始了餵豬的一連串工作，好在家裡有一口井，不然得到村外挑水，那就更苦了，但臭魚湯、豬糞尿，使家中蒼蠅、蚊子滿天，臭腥味令人幾乎窒息。

恩兒下午五點半便由台北學校趕回來了，他爲了節省時間讀書，一進家門把書包放下，拿著當天的功課就到縣立圖書館佔位置讀書去了，直到九點圖書館關門後，他才回家吃飯，接著便坐在與豬一牆之隔的斗室中繼續做功課，直到深夜十二點左右，實在疲累不堪時，才倒在與豬一牆之隔不到一台尺的木板床上睡覺。對於家中養豬造成的髒亂、臭味，恩兒從未說過一句難以忍受的怨言。

十個多月的時間，六隻豬已都漲到百斤以上，半間屋的豬圈已難容下，每次餵食，和豬擠撞一起，弄得滿身全是豬食、豬糞。據養豬有經驗的人告訴我：「豬要漲到兩百斤以上再賣，才可以多賺錢。」因爲我家地方太小，而且年關將近，這一年拉欠的大小賬，要在年卅以前還淸，再說年關一過，就又要繳第二學期的學費，我等不及豬漲到兩百斤以上，非想辦法出售不行。

一個禮拜天的晚上七點多鐘，我找了一個豬販商來家，他說豬隻光澤美麗肨壯，又是百斤以上，正合乎他買豬的標準，他滿意的給了我五十元訂金，講定了下個週末凌晨三點來抓豬時再銀貨兩淸。

那天夜裡，我等全家大小都熟睡後，一個人靜靜的在算豬賬，算的結果，除了淸還這一年的所有欠賬，繳了下學期子女的學費，還可以再買一群小豬飼養外，還有一部份剩餘，足夠給小女兒買奶粉和貼補家用。那天夜裡，我因爲太興奮了，根本沒上床睡覺。當夜色正濃的早晨，我站在屋外的馬路邊上，目送恩兒揹著書包的背影消失在街盡頭的拐彎處時，我心中默默的在想：「恩兒，好好用功讀書吧，以後你通車上學的生活，我也會慢慢的改善的，飯盒裡的菜，我不會再像目前一樣僅裝幾片肉絲和一撮空心菜了……」

禮拜四晚上，離豬售出還有兩天時，當我去餵豬，發現六隻大豬不像平日爭先恐後的擠著去吃，一半慢吞吞的走到食槽邊像聞似吃非吃，一半像沉睡不醒的樣子，我用手推牠們一下就哼一聲，不推不動也不叫。我知道豬有了病，馬上叫剛下班的長榮，騎著他的老爺脚踏車，請獸醫來看，經獸醫仔細觀察後，他搖頭嘆息的向我說：「不好了，這三隻豬患了猩紅熱的傳染病，最好的處理辦法，是把另外三隻豬趕快隔離，這種病傳染的厲害，而且傳染的非常快速，我先給牠打針，另外三隻豬餵藥吃。」

聽大夫說話，我幾乎快昏倒了，天哪！那有地方隔離，誰會給豬餵藥，我再三拜託獸醫助長榮給豬餵藥，三隻豬拒喝藥水，在獸醫和長榮合力的餵藥時，豬的慘烈叫聲，驚動了附近鄰居，和門外縱貫馬路上的行人駐居圍觀。當晚，把小孩們哄睡後，我坐在豬舍門檻上，守到天亮。

第二天是週五，情況更糟，六隻豬全部睡倒，不吃不動不叫了，我咬緊牙關，壯著膽子，扶著豬頭，一隻豬一隻豬的餵牠們水喝，我默默地向上天祈禱：「願上天保佑我們這個赤貧的七口之家吧！能使這六隻百斤以上的大豬病情好轉，明天週六夜裡便可全部銷售，我家一切的困難問題都可迎刃而解了，願上天大發慈悲。」夜深人靜，我一個人跪地向天無聲的默禱……

是週末下半夜兩點半許，一個手拿三結電棒燈，另外兩個手拿一綑粗麻繩和長桿秤進門了，三條大漢到了豬舍，立刻出來向我說；「這六隻豬全都病了，三隻還能動，另外三隻已經快斷氣了，對不起，請妳退還我五十元的訂金，我不能再要了。」我再三向豬販懇求的說；「你們現在把豬抓回去，也是到附近殺豬場馬上殺掉，我算你們便宜點好不好？」一位老的豬販決定性的口吻向我說：「那不會動的三隻，我絕對不要，另外會動的三隻半價，可以，我馬上過秤，不可以，我統統不要。」豬商如此斬釘截鐵的說話，令我沒有迴旋的餘地。但我仍向他們苦苦商量：「這是夜裡，誰也不會知道我的豬病了，這六隻豬全賣給你們，都以半價算好不好，希望你們發發慈悲，幫個忙，不然我可賠慘了。」在我苦苦的央求下，豬商心軟而答應了，但誰知最後稱的一隻病豬已斷了氣，且豬體冰冷僵硬了，那位老的豬販向我說：「妳來摸摸看看，這隻豬我能要嗎？」我向他再三拜託，五隻豬以半價售出，另外一隻死豬拜託他們拖到郊區丟棄。這次養豬的結果，給了我一個慘痛的教訓。

我做了「油炸餅」的副業

大本錢的生意我無力再做，但我絞盡腦汁，用麵粉來研究炸東西，用發粉、白糖，和到麵粉裡，揉成大小均勻的小小麵塊，放到滾油鍋裡去炸，會變成圓圓鼓鼓金黃色球狀型，我的小孩都搶著吃，以後再加上芝麻、豆沙，更爲可口，一個小孩可以吃三兩個還不夠，因而我做了幾十個，叫長榮到附近中小學合作社試銷，並叫恩兒到他學校福利社也試試看，父子倆向合作社、豆漿店接洽好，每天等孩子們都沉睡後，我開始了我的油炸工作。天快亮時，我把炸好的一百多個油炸餅，分裝到兩個鐵筒裡，一筒叫長榮一早送到附近的中、小學豆漿店試銷，一筒綁在恩兒上學的破舊腳踏車後座，晚上長榮下班時收賬，天恩也由他學校的合作社收回了錢。這對父子回到家向我異口同聲地說：「去收賬時老闆說，送去的油炸餅，又大又便宜，希望以後一次多送一點。」這眞給予我莫大的鼓勵，以後我每夜要做兩三百個，天天銷售一空，家中的生活也因而寬裕了一點。

不久天氣漸漸炎熱了，五花八門的冷飲，充斥了各中、小學的合作社，每天除了一早送到豆漿店的賣完外，學校合作社的大都退了回來，每當我看到他們父子倆，皺著眉頭，把那重重鐵筒放到地上時，我的心便感到撕裂地疼，油炸餅初炸出來時，好看好吃，但經過一天的時間，卻皺縮得連自己就不想看它了。一開始把賣不完的送給鄰居小孩吃，以後送多了，他們就堅拒了。

東西銷售困難，本錢週轉不開，在無奈的情況下，我仍舊由半夜做到天亮，一早把炸好的東西分裝到兩個鐵筒裡，因爲夜夜通宵不睡，白天家務照做，僅靠下午睡三個多小時，但還得給八個多月大的小女兒餵奶，換尿布，在不得已的情況下，我把她送到長榮服務工廠的托兒所裡。每當他上早班時，破舊的脚踏車前座鐵槓上，揷上一個竹編的娃娃小椅子，把睡得沉沉的小女兒抱上去，後座用粗繩綁上一個裝滿油炸餅的舊鐵筒，當我聽到吱哇、吱哇的老爺車的聲音消失後，看著恩兒綁著鐵筒的破脚踏車消失在街口的轉彎處後，站在屋門外的馬路邊，懷著滿腔的辛酸，也抱著滿腔的希望。

「玉英！我跟工廠福利中心的負責人交涉好了，全廠幼稚園的大、小班一共一百卅多個學生，加上老師、保母和工作人員，自從明天起，他們靠得住一早要一百五十個，但要一半甜的，一半鹹的，我看妳得費事弄兩種餡了，妳覺得妳幹得了嗎？」有一天長榮向我說了這段話後，我立刻答應了，這樣我才可以有穩定的收入，再忙，再苦，只要兒女們的生活能改善一點，我便可支撑下去。

眼看恩兒就要高中畢業，大專聯考迫在眉睫，但他只有一條制服褲子，每到禮拜六晚上十點後我才能給他洗，週日晒乾，週一再穿，上身制服還可湊合，而褲子兩個膝蓋和臀部兩邊全破爛不堪，我只有每天等他上床後，才能用針線給它縫，再破了，就在破爛地方的內部加上一塊布，用縫級機像納襪底似的縫補，因破的太厲害了，就不敢一個禮拜洗一次了，因而恩兒在建中三年的清潔檢查中，總是最低分。但由於他分秒必爭的用功讀書，高中三年的功課平均分數，都在九十分以上，他每學年都拿了學校的獎狀，每學期都得到導師的私人贈品。

二兒天林考上了桃園省立武陵初中，大女兒已上了小學四年級，三兒子二年級，小女兒一年級，由於大兒子品學兼優，弟妹們各個都以大哥爲榜樣，大家都認眞做功課，一個違章建築的泥巴牆上，貼滿了兒女們的獎狀，我雖比鄰里間的媽媽們赤貧、辛勞，但我在五個兒女們身上，也獲得了無限的欣慰。

「媽！我需要辦三個月的火車票，明天是最後一天交錢的日子了，今晚非給我三百元不可。」已經到睡覺的十一點前時，恩兒站在我工作的廚房門口對我說。「你爲什麼不早說，我現在做油炸餅的材料，全是你爸爸晚上上班前在熟人那張羅的，這麼晚的時間了，你叫我到那裡去借？」我滿懷辛酸的抱怨。「因爲我投了中央日報一篇文章〈前夕〉報社總編緝孫如陵給我親筆回一封信，他說不但要登我的文章，還寫了好多鼓勵我的話，文章已登了兩天啦，我滿以爲拿我的稿費繳車票費，就省得向妳開口了，但卻沒想到領稿費還得幾天，明天是繳車費最後一天的限期，我不得不跟妳說了。」聽了恩兒的話，我既難過又欣慰，馬上停下廚房的工作，去敲好鄰居闞銘軒、朱秋鳳夫婦的大門。

「媽！我的外套破了，同學們都在笑我，妳也沒時間給我縫補。」一向善體人意的大女兒，指著她外套肘處的破洞叫我看。「媽！我的鞋露出了大拇指頭了，妳說等到爸爸開錢了給我買，廿五號開錢的日子早過了，媽媽爲什麼說話失信。」三兒子聽姐姐說衣服破，他也指著露脚指的鞋子叫我看。「媽！他們都不重要，老師明天叫我一定買一本參考書，這個問題好解決吧！我上學常常淋雨，同學們都有雨傘，我連一件雨衣，雨鞋都沒有……」一向沉默不多話的二兒也在此刻開口了，如果有錢的話，孩子們急待解決的需求都正當，但在赤貧的我家，可都成了我沉重的負擔。

離我家不遠的呂姓鄰居，他們因養牛蛙很賺錢，只要有一池水，從一盆幾十個的蝌蚪養起，三個月後便可長成半斤到一斤重的大蛙，但一開始，牠們要吃人的大便，而且要吃人剛解下來的新鮮大便最適合，而且也生長得最快，能長到四兩或半斤，最大的也可長到一斤重，大餐廳有一道最有名的菜叫田雞，就是家中飼養的這種青蛙，又叫牛蛙。眼看兒女們漸漸長大，隨著年級上升的學費以及學用品，也逐年增加，做油炸餅賺錢已難夠家用，因而我想學養成本不高的牛蛙，我拜託表弟書增，買了一百多個磚，十幾斤洋灰，在後屋前牆跟壘了一個半圓型的池子，裡邊裝滿了清水，我向這位養蛙鄰居買了幾十個蝌蚪，把每天早上孩子們的大便放進水池裡，用竹棍攪拌一下，小小黑黑的蝌蚪便爭搶著吃，約有一個月的時間，都變成了滿池的小小青蛙，每天深夜要換一次水，不然臭氣難聞，也怕青蛙生病，因爲每天用水量太多，院子裡水井裡的水已乾涸了，不得已，我同孩子們天天到對面桃園中學的水井裡提水，家中日用水到外面提，還隔一條車輛川流不息的縱貫線的馬路，已經夠累人的了，再加上牛蛙池天天換水，簡直叫我們一家大小累的喘不過氣來。

三個月後，牛蛙已長到半斤以上，一半以上是一斤重的，日夜此叫彼和，叫聲吵得人無片刻安靜，左鄰的唐太太，常常無奈的笑問我：「妳的一池子牛蛙甚麼時候賣掉？我也能睡個好覺。」我以十分的歉意回答她：「快了，快了，我明天就去大餐廳接洽銷售，實在抱歉。」「光叫還能忍耐，臭氣眞叫人受不了……」唐太太的這句話，更令我感到內疚。剛好不久呂姓鄰居牛蛙要出售，我順便叫餐館老闆來我家看看，他看後對我說：「妳這一池牛蛙肥大，勻稱（即大小差別不大），妳說個價錢，到禮拜天我來過秤全要，今天先交給你訂金。」我告訴他「依呂姓鄰家的售價就好。」就這樣我接受了他的訂金百元，我懷著滿腔希望，深夜做油炸餅更加起勁。

誰知過了兩天，大小牛蛙都潛伏在水底，不吃不動也不叫了，撒上的飼料都飄浮在水面，各個牛蛙，都比三天前人家交訂金時大了一倍，原來這一池活力充沛的牛蛙，全患了腫病，潛在池底一堆堆的，已奄奄一息了，當週日餐館如期來秤時，我只有自動的退還了訂金。養牛蛙的下場，與養豬的結果一樣，我只有自嘆命運不幸，在無奈的情況下，只有拆除池子，永遠斷絕養生物為副業的念頭。

天恩考上台大外文系兼五份家教

我們家實在太小了，佔地僅十三坪半，前後一共兩個小房間，臨街的一間挨近馬路邊，靠後牆鋪了一張大床，已佔了全屋面積的三分之二，三兒和兩個女兒分睡我的左右側，後屋和前屋大小相同，長榮睡在靠後牆鋪的單人床上，大兒和二兒睡靠前牆鋪的雙人床，在兩床中間的牆壁窗前擱了一張長方型的木桌，是書增表弟買的木板拼湊的，只有桌面，沒有抽屜，是讀大學的大兒，和讀中學的二兒共同的書桌。

至於吃飯的地方，就是一張正方型的小木桌，擱在我前屋的床前，每當吃飯時，全家人坐小板凳，圍坐這張小方桌，只見我的五個兒女們，照著有肉絲炒菜的盤子爭搶，最小的五女夠不到挾菜，站到小凳上撿肉吃，常被大她兩歲的三哥用筷子打哭，我坐在一邊觀戰，不自覺的便流下淚水。

讀書時更困難了，大兒不讓二兒出聲，二兒又嫌大兒讀英文太吵，而大女兒呢，一直等到大家吃完了飯，把油膩的小桌收拾乾淨後，鋪上報紙，坐在我床前的小凳上讀書，而三兒和小女兒，就坐在我的大床上，各人面前放一個小板凳寫課題，有時我不在一旁監督，兩個小兄妹便在床上打打鬧鬧，哭哭笑笑哩，每到月考時，大女兒總被弟妹們吵鬧的氣哭。

大學聯考的前幾個禮拜，大兒嫌家中太吵，從台北放學到家不喝一口水，便拿著書去縣立圖書館佔位置，直到九點圖書館關門後，才回家吃飯，但因廚房在前，後屋的中間，燒的是焦炭和煤球，而煤球是日夜廿四小時不熄火的，冬天還馬馬虎虎能過得去，到了夏天，屋小人多而髒亂，我們全家猶如置身在烤箱裡。聯考的前兩個禮拜，大兒幾乎徹夜不眠的讀書，而我是經年通宵不寐的做油炸餅。我們這個家的生活，靠長榮微薄的月薪吃米就不夠，更別談吃菜和孩子們讀書了，我雖拚命做家庭副業貼補，也難維持收支。更深夜靜一群小兒女們都睡沉後，這個家裡便出現了大兒的讀書聲伴著我做油炸餅的桿麵聲，我心疼兒子，兒子憐惜媽媽，母子倆相依爲命地砥礪和支持。

「媽！告訴妳個好消息，昨天我去圖書館的路上，遇見了我的小學同學林君（即我前面介紹的長榮同事林希君的大兒子），他邀我去他爸服務的縣議會裡的辦公室讀書，縣議會裡有一個小房間，一張大的書桌，就我們兩個人，還有開水喝，他叫我今後天天七點到他那跟他一起溫習功課，我已經跟他說定了今晚就準時到，以後我不再趕著去圖書館佔位置了，因爲目前正逢聯考期間，大家都向圖書館去，那裡已經不是靜地方了，離聯考還有十多天，天保佑，使我在這最緊要的時刻，找到了一塊淨土，媽！您放心吧！我會好好利用這個難得的清靜地方，好好的衝刺，我一定要考上我的第一志願——台灣大學外文系，媽！我吃了飯便去，今晚我要讀到十二點才回來，您可別掛念我哦！」有一天恩兒由台北放學後，破例的邊吃晚飯邊向我興奮的說了話後就拿著書出門了，我爲大兒子有幸找到一個讀書的地方而高興。誰知一個小時後恩兒便回來了，他告訴我昨天縣議會旁邊的那間小屋已上了鎖，連電燈也沒有亮，他一直守候到現在，也沒等到他同學的影子，他說他這位小學同學個性憨厚，心地善良，不像個不守信的人，爲什麼會這樣，他很納悶。聯考以後他曾碰到這位同學，他告訴恩兒是他向他爸爸說今後天天約恩兒一起讀書，他爸爸反對，所以才又給他另外安排了地方，以便甩掉恩兒。長榮的這位老同事，爲人冷酷無情，實在令我寒心，他不念與長榮的同事之情，也該念及他在香港調景嶺時，我以女工的微薄月薪換港幣接濟他異鄉貧困的一點情份。

蒼天不負苦心人，大兒子以最高分考上了他的第一志願台大外文系，當我聽到中廣公司播報到「台大外文系高天恩」的名字時，母子倆再次的相擁而泣，長榮同一群小兒女們，都在收音機前拍手歡呼，感謝蒼天，爲這個陰暗的家，增添了一線光亮。

放榜的那一天，同我一個小組的何太太，一早便敲我家門對我說：「恭喜妳啊，妳的大兒子考上了台大，我的兒子只考上了中興大學。」「能在公立大學上了榜，都是苦讀出來的好孩子，分數的差別有限，謝謝妳給予我們的鼓勵。」我是由衷的感激她一早進我家報喜，接著是我們的近鄰趙君，他用一個大長竹桿，挑了一串相當長的鞭炮，就在我屋門外的馬路邊高聲大喊：「高太太！恭喜妳啊！妳的大兒子考上了北部最有名的好大學……」鞭炮一連串的響聲，喚來了附近好多鄰居的大人，小孩們，都蜂擁擠進了我們髒亂的家，把我們家一扇破木板門也擠得零散了，門外縱貫路上往來的車輛和行人，也都駐足朝我家觀望，弄得恩兒窘迫的避到後屋關緊了房門，我只有出面向致賀我的鄰人道謝。

旋風似的一大陣過後，面對的是我們這個赤貧家庭的學費問題。「媽！這一個月的暑假過去，就到了開學註冊學費的大關了，最少也得千把元，這一大筆錢在那裡？」恩兒提出了這個嚴重的問題，我一時難有具體的回答，面對著我刻苦上進的愛子，我只有硬撐勁地說：「你只管用功唸你的書，學費我會想辦法。」但善體人意的大兒子，對媽媽的承諾並不敢依賴，他馬上誠懇地向我說：「媽！妳趕快去中山巷找找妳小組組長黃媽媽，她是位爲民服務的好里長，妳就說我拜託她的，請她給我多找兩份家教，我會好好盡責教小孩功課，我要在開學前的這個月裡，賺夠我要交的學費。」當天下午恩兒向我要了廿多元，他告訴我他聯考剛過想輕鬆一下，買幾份雜誌看看，晚上會早點回來的。

深夜快十二點時，恩兒才坐最後一班火車回到家。「媽！我一個下午跑了八個家教中心，我全登記了，我塡的是台大外文系，我登記的是專教英文一科，家教中心叫我留電話，我那有電話，我留的是咱家地址，這兩天妳留意台北的信啊！」恩兒的積極個性，負責精神，善體人意的行爲，使我聞言欣慰而下淚。

第三天台北有了三份家教的通知快信，長榮服務工廠的張姓主管，知道他兒子考上了台大外文系，特意拜託長榮叫天恩任他讀專科女兒的家教，另外桃園市區內一家志誠補習班的負責人，也特意到我家向恩兒商量，並即時帶來一份寫好的聘書，要恩兒一週兼三個晚上的英文課，每次兩個鐘點，不是光限於暑假，平常也要按時，爲了拼湊學費，天恩全照單收了，這五份家教的工作，月收至少一千五百元，足夠交台大的學費了，但恩兒除了教別人外，那還有屬於他個人的讀書時間，我只有淚向肚子流……

「媽！苦不了幾年啦！四年以後，只要我大學畢業，我一邊找個白天的工作，晚上我教補習班，我當家教，我會把養家的擔子挑起來，到那個時候妳就不要再熬夜做油炸餅了，妳就可以像人家的媽媽一樣過清閒的日子了。」恩兒在教課之餘，只要有一點空，便偎在我身邊勸慰我，我也因爲大兒子的刻苦上進，對家盡心盡力，而工作的比以前更有勁。

志誠補習班對授課老師有一樣優待，那就是可以帶一個自己家中的小孩免費補習，那年二兒天林剛考上桃園市內武陵中學，恩兒每晚騎著脚踏車上課時，後座上總是載著二弟，當我站在屋外的馬路邊，看到兒子騎的那輛破脚踏車，消失在馬路上的人群裡後，我的內心充滿了無比的酸痛。

一個學期過後，大兒子在台大外文系的成績，雖平均分數在九十分以上，但他往返於台北、桃園火車走讀，實在太消耗體力，加上課業和工作的壓力太重，因而他常感到精神不支，在迫不得已的情況下，他辭去了桃園的補習班和家教兩份工作，而向校方申請，住進了台大宿舍。

爲孩子的學費做零工

恩兒在台北的三份家教，只能維持他自己求學的學雜費和生活費用，但他每逢假日回家時，還給所有弟妹買學用品和吃的，有好的中外電影上映時，還常帶著弟妹去看，有好的文藝國片，還要買票請我以及與我相交頗厚的鄰人闞太太。每次他週日晚飯後要離家回台北時，還清除了他褲袋裡的餘錢塞給我，叫我貼補家用，每次我母子倆總是臨別依依，爲給錢爭拖得相對落淚，就因爲他平日傾囊付出，所以到下一個學期繳學費的問題，便成了我沉重的負擔。

記得他讀台大第二個學期的學費，我可眞爲難，長榮服務的工廠，舊欠沒扣完時，再借絕不可以，而鄰居都是大貧、小貧，感情不夠的也難開口借貸，在不得已的情況下，我想到了一個變通的辦法，那就是二兒六歲車禍人家賠償的一點醫藥費（二兒住院的醫療費用，是長榮以他服務的勞保單扣交的），我曾給林兒訂購了兩錢重的金牌，上面刻有「林兒再生紀念」的字，我決心到金店變價，來解決學費問題，當我拿出來交給長榮正要出門時，剛好鄰人闞太太走進來，她看到這種情形，馬上阻止，並誠懇的向我說：「我放有兩錢金子的戒指給你去變價，這個金牌由我來保存，等天林長大了，我再物歸原主，以免造成對孩子的遺憾。」她這份厚情，令我和長榮由衷的感激。

眼看二兒天林就要初中畢業，成績平均都在九十分以上，校長曾幾次叫他拿單子給家長簽字，留他在母校免考，直升高中，他卻苦苦向我哀求，一定要步大哥後塵，參加北聯高中考試，叫我絕對拒絕簽字，看他酷似大哥當年讀書的情形，我也不願屈他的志而依了他。

我的大女兒靜華，也以最優異的分數，考上了桃園省立中學初中部，她也同兩個哥哥一樣的用功讀書。我的三兒子天純讀三年級，他的個性頑皮，有時把玩伴的球扔到對面桃中外的水溝裡，有時把玩伴的一隻拖鞋扔到屋頂上，只要他一放學，便不斷有大人、小孩找上門來，我常常為了他向鄰人道歉，我因而常常抓起皮帶狠狠的揍他，但他的智慧好，各門功課在我嚴厲的督導下，大都在九十五分以上，而且他以左手打棒球，在各縣集中北區的比賽中，給學校得了冠軍，而個人還獲得了一面縣長獎的錦旗，在班上他是級長，放學後，他擔任路隊長。小女兒靜秋當時是一年級，天真活潑，聰明可愛，讀書認真，我每次教她寫字，不小心在她作業簿劃上一點黑點時，她便大哭，她天天把鉛筆、課本都有次序的放到書包裡扣好後才睡覺，而三兒不愛讀書，更討厭寫字，但他就喜歡用鉛筆刀削鉛筆，我每次給這對小兄妹每人買五枝新鉛筆放在鉛筆盒裡，三兒子不到一天，便把這五支鉛筆削成了五枝已無法再寫字的鉛筆頭了，三兒的頑皮個性，常氣得我不知怎麼管教才好。

吃飯就成問題的我家，沒有錢給孩子添製衣服、鞋襪，連小孩的學用品就買不起，那有錢買水果吃，小兒女常因為想吃碗冰在我跟前哭鬧。記得小女兒有一天放了下午學，興匆匆的先到家告訴我說：「小三（本來我叫秋兒喊三兒三哥，但他卻打著妹妹不許叫三哥，只許叫名字。）在路上撿了一個人家丟棄的橘子吃了，他是個路隊長，他不許同學在路上吃東西，但他卻犯了學校的紀律，媽媽，妳要用皮帶好好的揍他啊！」待三回來後，我訓斥了他一頓，他知道是妹妹報告他了，非討回公道不可。

過了幾天後的晚上，我正和鄰居站在屋外的馬路邊聊天，三兒突然大聲的向我說：「媽媽，妳要打小秋啊！剛才我們在雜貨店門口玩，老闆娘不小心把錢筒打翻了，零錢撒了滿地，我們都圍在門外看，她竟用脚踩上一塊滾出來的錢不叫人家看見，現在她買了一碗冰淇淋正走著吃著哩。」膽小的秋兒知哥哥回來一定會向媽媽報告，便跟在哥哥後面邊走邊哭，我看著我八歲、十歲的這對小兒女，淚向肚裡流，但當著鄰人的面，我不得不苛責小女兒的行爲不當，想不到小兒子趁此機會，竟把妹妹手裡拿著的一碗冰淇淋吃完了，這種因家境窮苦而令稚子受的委屈事難以計算，思之眞令人辛酸。

住在我們眷村後排的有一家鄰居，她經營外銷毛衣繡花的生意，一件二十八朵的毛衣花，快手可以一天繡一件，像我百忙中抽空，拚了命也只能兩天繡一件，只要在我可能範圍內能做的工作，我都不放棄，不管收入多少，只要能補助點生活就行，雖然熬了一夜做油炸餅，覺得精神還能支撐時，我便去拿毛衣來做，直到實在睏倦得無法時，才倒床上睡一會，大女兒一向乖巧，只要她一放學，便幫媽媽把繡好的毛衣花外面的貼紙撕乾淨，再把一團亂七八糟的各色毛線整理好，才去吃飯，做功課，以後她得空便學著幫我繡花，還教導讀一年級的小妹，做她以前撕紙、理線的工作，她見讀三年級的弟弟，只知貪玩不幫助媽媽到外面提水時而訓他，頑皮的弟弟不服大他兩歲姐姐的管敎而還同姐姐打架，看著因家貧而佔小孩讀書的時間時，我眞感到無奈和心疼。

生活面對現實，我已把繡花的收入，列入了我支出的預算，誰知眷村做毛衣花的人越來越多，在這僧多粥少的情況下，我常常撲空而拿不到毛衣繡。離我家不遠的一家小型棉花廠，專收買廢棄的舊棉被裡的棉花，用機器彈鬆軟了，以最低的工資，叫人撿乾淨，論斤計酬。黑灰色的棉絮裡，夾雜著碎石爛草，得把它撿乾淨，再弄得一片片的，這種工作費時又臭又髒，所得有限。鄰人徐太太，她在工廠看機器，論月計薪，她看我實在做的太少，她常在老闆不注意時，偷偷的撿幾把棉花遞給我，幫助有限，但這點溫情我是由衷的感激。有時撿棉花的工作中斷了，我還在這家小工廠裡縫軍被，縫一條軍棉被一塊錢，會做針線活的老手，一天可以縫卅條，我拚了命的工作，也只能縫廿條。她們白天忙完了，可以早點上床休息，而我還得徹夜做油炸餅，有時我睏倦得倒在棉被上睡著了，卻不小心把手中掐的大針刺破手疼醒而再繼續縫，雖然如此辛苦，但日子還是過得捉襟見肘。

「高太太！我建議妳做蘿蔔乾賣吧！妳可以每天到批發店買人家醃好的蘿蔔乾，再回來加上辣椒、痲油、五香，用小塑膠袋分裝好，自己到各菜市場推銷，一包五塊錢，準有人買，一天能銷五十包，至少賺百十元，要比妳縫棉被，撿棉花賺錢多，妳趕快試試看。」在小組長吳惠芳善意的建議下，我接納了推銷蘿蔔乾的工作。

每天一早，我帶著一菜籃包裝得相當精緻的蘿蔔乾，一連跑了三個桃園市內的大菜市場，問了好多攤位和店鋪，有的說：「我們鹹菜的種類已經很多了，不要，不要。」有的說：「妳放這幾包我們賣賣看，賣完了以後再給妳錢，剩下了妳再收回去。」我整整跑了一個多月，終於找到了四家攤販代銷，這四家代銷商卻分別在三個市場內，每天早上把徹夜未眠做好的油炸餅分裝鐵筒交給上班、上學的父子後，再把上學的小兒女打發走，便提著滿裝蘿蔔乾的菜籃，奔波三個菜市場，直到午後我才能上床睡兩個多小時，這段日子眞叫我跑得好辛苦。

有一天長榮領了一位賣紅豆冰的鄭姓攤販來家，長榮向我介紹他是吃紅豆冰認識的，曾向他領教做怎樣做紅豆冰生意，這位姓鄭的今天來，不但要教會我怎麼做紅豆冰，並且還有一套賣冰的傢俱以廉價出售給我們，並答應我如果學會，他可以把他攤位對面的佔有地供我們暫時擺攤用，夏天冰生意做三個月，保證夠生活費用。聽說又有了生財之道，我感到「山窮水盡自有路」的徵兆，我便接納建議，並討教做法，當天晚上鄭姓攤販便送來了賣冰應用的東西——包括冰櫃、勺子、碗等。

把一大鍋紅豆煮得爛爛的，用白糖絞拌後冷涼，再倒在冰櫃的鋼鐵筒裡，冰櫃裡裝滿了長榮由外面買的碎冰塊，冰櫃旁邊擱置了幾十個小碗和湯匙，長榮把警察裝換穿上便服，我叫他先把冰櫃推到離我家不遠的十字街口空地上，因爲這裡離大同電影院很近，是電影散場後觀衆必經之地，長榮把冰車放妥後便回家換裝去上夜班。

我和二兒天林坐在冰車的兩邊木凳上，往返路人三三兩兩的來吃冰，不到一刻鐘的工夫，就賣了十多碗紅豆冰，我希望待會電影散場後，會有好收入，誰知當蜂擁的人群經過我們眼前時，我怕熟人看見了我，移凳坐在冰櫃的後面把頭埋藏起來，叮囑天林守候有人買冰時叫我，一陣人潮過後，我才恢復了情緒的緊張，我問林「怎麼沒有一個人買冰？」「媽媽怕熟人看見了躲在冰櫃後面，我也怕被老師、同學們看到了，我躲在人家大門裡才出來，冰攤上沒有人，誰會來買冰。」想不到林兒小小年紀，也感到做攤販的尷尬，我對經營攤販拉不下臉來感到悲哀，長榮十二點下班後來推冰車回家時，冰櫃的紅豆冰還是滿滿的，但我的一群小兒女可過了冰癮。

第二天我們的冰車推放在離家相當遠的「和樂眼鏡店」附近的十字街口，同老鄭的冰攤隔一條馬路寬的距離，不一會的工夫，老鄭紅豆冰賣得空空，而我冰攤的吃冰客人聊聊無幾。只見老鄭一會到我冰櫃裡盛冰，一會來我這邊搬板凳，拿小碗，他寧願隔條馬路穿梭似的奔波，卻捨不得將吃冰的客人介紹到我這邊吃冰，小販的奸商心態，實在可怕，但我也只有莫可奈何的煎熬下去。

雖說生意不好，但既已花了本錢，我也要用小兒女放學後和睡覺前的這段時間做做看。有一次恩兒由台北回來了，發現了我又擺了冰攤，家中還堆了毛衣花和大堆的蘿蔔乾，他激動地向我說：「媽！這樣下去會累垮妳的，我明年暑假前大學就畢業了，如果考上預官，我的薪水一毛也不花全寄到家，我要利用服役這一年的時間翻譯一本書（當時大專兵服役期是一年）。這是朱立民系主任推荐的，這部書譯好後，可以拿到七千五百元的稿費，媽！明年也只有一年的時間就到了，妳能拉就拉點賬吧！以後我會想辦法還賬哩，如果妳的身體弄垮了，我們的家可就完了啊；弟妹們還小，這個攤販的生意妳不勝任，我看趕快收攤吧！再說爸爸是警察公務員的身份，他推冰車子也不雅觀，人家知道了會不容許他這麼做的。」經恩兒一片大道理的誠懇勸言，我立刻收了兩個禮拜的冰攤生意。

第十章：我患了絶症

我不能死

二兒天林懷著無比的信心，參加了北聯的高中聯考，想不到因一分之差而落榜，他失望喪氣的不敢出家門一步，恩兒和我支持他明年重考，要他分秒必爭，以期明年能考上第一志願建國中學。

冰攤是收了，但夜裡做油炸餅的生意，和白天推銷蘿蔔乾的工作，卻從未間斷過。二兒要求上補習班，因經濟太緊我拒絕了，與他同齡的附近鄰居小孩，經常來找他玩，有時去對面中學的操場打籃球，深夜才回，我怕他結交了壞朋友，嚴格的規定他外出不得超過兩小時，就在這半年不到的日子裡，鄰家與他同齡的小孩，有的在外徹夜不歸，有的打傷了別人，有的被別人打傷，還有的組織了什麼藍鷹幫，我擔心失學的二兒學壞嚴禁他外出，因而得罪了一些不諒情的鄰居。

記得是民國五十六年十月十二號的早上，我做好了油炸餅，先伺候長榮吃早點送油炸餅，接著送走在家的四個兒女，我因趕時間未吃一點東西，便提著菜籃子到菜市場送蘿蔔乾，一直到十二點多才進家門，吃了兩個昨天沒賣完的油炸餅後，我便開始弄發粉和麵，準備今夜要給長榮工廠的幼稚園，趕定明早要送的兩百個油酥餅點心，接著我坐下休息時，便戴上老花鏡，趕做晚上要交貨的毛衣花。從下午一點多開始，我發現我斷了兩年以上的月經，突然間來了，而且還特別多，血水、血塊一直流出，我立刻收拾好它，仍繼續邊繡花邊準備晚飯，長榮下班見狀，馬上騎著脚踏車找大夫要藥，我吃了藥，仍難止血，就在此刻，鄰人徐太太代我領了兩百元的繡花錢送來了，我才敢勉強支撐著步行到離家不遠的八一二軍醫院看病，因血水、血塊不停的流，大夫給我注射了止血針，還拿了一大包止血藥丸，並再三叮囑我回家按時服用，切記多休息，等血止了叫我再去檢查。

血流到夜下三點多，才緩慢下來，床上、地上、尿盆裡，全是鮮血淋淋，我看著一灘灘的鮮血，看著前後屋睡的四個兒女，想著在台大三年級拚命工作、讀書的大兒子，再想想我這個無隔宿之糧的家，我的心碎了。

由於打針、吃藥，血已止的像平日有月經時一樣的，我的情緒又暫時穩定了，當夜我還是把長榮工廠幼稚園訂做的兩百個油酥餅做好了，因爲這個收入是固定的。

就這樣又工作了兩個月，是十二月十二日那天一早，我把油炸餅裝好打發長榮送走後，我的小腹開始陣陣疼痛，又像兩個月前一樣的流血，無可奈何的，我放棄了送蘿蔔乾的工作，一個人支撐著走進衛生院婦科部掛號，當醫生給我檢查時，我注意他的面部表情驚訝、疑慮，並和在場實習的護士們交頭接耳細語，好像怕我聽見的樣子。我警覺到我的病情嚴重，我再三追問醫生，他才向我說：「妳的子宮內積滿了血塊，很可能裡邊生了東西，妳要趕快去台北大醫院徹底檢查，像妳這種年齡（四十六歲），沒病也得按期接受檢查，更何況妳的病並不輕啊！」大夫檢查後的結論眞嚇壞了我，我不是怕死，我可憐我的五個無助的兒女們。

回到家看到我失學在家的二兒子，我更加傷心，因爲長榮沒主見，常常接納三姑六婆的建言，勸我要把天林送到工廠裡做工，尤其附近幾家短視的鄰居們，說我太不量力，家中窮成這樣，爲什麼這麼多小孩不把他們都送到工廠工作賺錢。二兒是一個品學兼優的好學生，參加北聯落榜，做父母的沒有錢給他補習已經夠內疚了，那忍心毀了他讀書的大好前程，叫他小小年紀去賺錢呢？如今我患了重病，萬一是不治的癌症，我的二兒只有提前入營了，另外三個讀小學的，也只有送孤兒院了。就在這時，讀一、三年級的小兒女放學回來了，三兒吵著褲子破了，沒辦法參加明天學校舉辦的演講會，怕上台演講時同學會笑他。小女兒說：「媽媽！快過年了，給我添不添新衣服？」我摟著我的一對小兒女，再也控制不住我激動的情緒，我泣不成聲地向他們說：「孩子！媽媽的病又犯了，明天我去台北檢查，如果不是很嚴重的話，你們倆的問題我都會解決，如果是重病，我就要住院了……」二兒聞言，抱著我的頭痛哭失聲，兩個小兒女也倒在我懷裡大哭起來。就在此時，大女兒也放學回來，她聲淚俱下的向我說：「媽媽，妳明天去檢查吧！一定不是大病，看妳天天幹活這個樣子。我同學的媽媽一有病就倒在床上什麼也不做了，那像妳像個鐵打的人一樣。媽！妳別急，明天我到學校請假，把妳拿人家的花繡完，學校叫每個人明天交七十元做外套，我看我也不要交了……」善體人意的大女兒，邊安慰我，邊掏出她的手帕給我擦眼淚。長榮下班了，看此情景，沒吃一口飯便騎著他那輛破脚踏車，到處奔波去借錢去了，生意只有暫時停掉，決定去台北榮民醫院檢查。

十二月十三日的早晨四點，我便起床給孩子們弄早飯裝便當，把所有的髒衣服都洗好晾上。這天細雨霏霏，寒氣凌人，當我六點多離開家門時，我的一群小孩站在門裡送我，只聽「媽媽再見，媽媽早點回來」。我淚眼糢糊得不敢回頭看他們。

一位年約四十歲的婦產科女大夫，給我仔細的檢查、切片後向我說：「妳非開刀治療不可，我憑經驗用肉眼已看得出妳子宮裡長了東西，是癌？是瘤？到下個禮拜三才可化驗成結果，妳趕快作住院開刀的準備吧！」聽了大夫的話，我知道我已患了人們所最害怕的絕症——癌。

當我到候診室向長榮說大夫給我檢查的結果時，他馬上激動的大哭說：「妳今天怎麼會得了人人怕的絕症，孩子還這麼小，妳要是有個三長兩短叫我怎麼辦啊！我有高血壓，還有心臟病，妳要好不了，我也活不成，全家的生活全靠妳來維持，我們又沒有一點餘錢，我們家完了……」由於長榮情緒激動，候診室的男女老少見狀都圍隴了過來，有的勸慰，有的陪淚，使我尷尬地無地自容。

回家途中，我想到了在台大大三拚命讀書的大兒子，前天還收到他一封信，說他忙家教，忙給學校雜誌寫文章，忙期中考試，他暫時沒空回家，他叮囑弟妹們用功，聽話，多幫助媽媽做家事，並分配二、三兒提水家用，大小妹洗碗、掃地，還說元旦快到了，他要在這三天假期中請弟妹多看兩場電影，他要多和雙親歡聚暢敍。可憐的大兒子，他還正做著回家樂敍天倫的夢，他那知他一向最關心的媽媽，卻患了人人懼怕的癌症呢？我想到羅斯福路的台大男生第八宿舍看看我日思夜想的恩兒，但我怎捨得實話實告的影響他半工半讀的安靜生活呢？

在家專等榮總大夫住院通知的心情實在痛苦極了，我把裝油炸餅的幾個鐵筒和油鍋等涮洗乾淨，把四個兒女們換洗的衣服都整理出來，每人的內、外衣物裝了一個麵粉袋，袋子外面都用粗的黑筆寫上名字，以備我一旦住院了他們好各自找衣服換替，另外長榮的，我用一個大的床單包了一個大包袱，這些東西整理好後，都把它放到衣櫥內。待兒女們各個都睡沉後的夜深，我又一氣寫了五封遺書，分別給我的五個兒女們，我不知這次我住院開刀後的結果怎樣，像長榮的同事馬先生的太太，就因子宮瘤在徐千田大夫的診所開刀亡命，撇下五個幼小的子女，令人睹之心酸。像附近中山巷的胖李太太，在榮總經過二次開刀後不久去世，桃園市分局長的太太，也因該症開刀不久死亡，這種種活生生的例子擺在眼前，我不能不有壞的打算。五封遺書，一字一淚的完成後，第二天一早我便把它交給了我的好鄰居闞太太——朱秋鳳女士。

我向她開口借五千元，我說：「如果我住院開刀後好了，這份借款等我出院了，一定設法如數奉還，如果我不幸一命嗚呼的話，我在信上已交待了大兒子天恩，叫他大學畢業以後賺錢了加倍奉還。」由於滿腹的悲痛，我已泣不成聲。「大嫂！妳放心吧！我在收支組存的還有點錢，明天我就去取回來五千元給妳，如果妳不夠用，我會立刻再取，錢上絕不叫你爲難。」男主人闞銘軒先生搶上前的答話，像給我注射了一針強心劑，接著闕太太流著眼淚說：「妳接到醫院通知後，只管安心治病，這四個小孩的生活，全交給我，他們的爸爸在家時我不管，如果上班了，吃飯、洗衣服、裝便當，我絕對負責到底，妳的病會好的，老天有眼，會保佑妳沒事的，這樣的一個好媽媽怎麼說死就死呢？」闕太太的一段話，更使我像吃了定心丸。

我們的里長，也是我相處多年的小組長吳惠芳女士，一向對里民的大小事都鼎力而爲，尤其我的大兒子，在中學、大學時代，每一學期的成績單平均分數都在九十五分左右，她期期爲他爭取地方獎助學金，這次知我患了癌症，更各方爲我奔走，在短短幾天的時間，也給我捐助了三千五百元，住院費的問題就此解決了。

十二月廿一日晚上八點多，榮總以電話通知（我留的是近鄰的電話），叫我速辦住院手續。當晚我向闕銘軒夫婦再三拜託，泣別了四個兒女，同長榮坐了計程車，直駛台北石牌榮民總院。

掛急診、辦住院手續，院方立刻叫我換上住院病患的服裝，我住進了廿一病房十八床，經大夫檢查後，說我下下個禮拜才能開刀，住院日期需兩個月的時間，院方催陪伴我的長榮馬上離開病房，叫他在家等候我開刀的通知後再來陪我，開刀期間家屬可以陪病人一個禮拜，這是院方的規定。

窗外風聲呼呼，夜深人靜，同室三位病友睡得香甜而安詳，隔壁病室內傳出來痛苦的呻吟聲，那是剛動過手術的病患，我雖睡在彈簧床上，卻如躺在針氈上的不安。

住院一個多禮拜了，經大夫詳細的檢查，藥物的控制，下部出血已逐漸減少，想到漫長的住院時間，開刀後是否能挽回我的生命，萬一我不幸離世，我五個兒女的命運，操縱在多病而軟弱的長榮身上時，我便忍不住蒙著被子痛淚。主治大夫見狀，一再安慰我：「妳下禮拜四一定開刀，把子宮切除後，再住院兩個禮拜就可以出院了。」聽了大夫的話，我內心又燃起了無限期望。

已經十二月廿八號了，離民國五十七年的元旦還有三天，離我開刀的時間也只有六天，我如果再不通知我的大兒子住院的事時，元旦假日他懷著興奮之情進門找不到媽媽時，會感到意外的打擊，而開刀是動大手術，如果不讓他知道，也會造成難以彌補的遺憾。在經過一番掙扎和考慮後，當晚我便寫了一封信給恩兒，以限時信投郵。

恩兒在第二天下午便來榮總看我，他提了一小籃大橘子，還帶了很多書刊，他一看到我便說：「昨天我一收到妳的信，我就先回家了，我給小林買了很多參考書，我擔心小林不用功，不聽話，我看小三還跟平常一樣的在外邊玩，小秋也沒鬧，小妞（大女兒小名）在家很乖、讀書，做家事，我給妳帶來好幾本刊物，妳住院打發時間可以看看，你現在可有空了，妳可以天天寫寫妳的日記了，我一知道妳有病，家教的工作已經委託我的胡同學代理了，班上準備元旦公演的話劇有我的角色，我也已經辭退了，下禮拜四妳開刀的時間，正是我期中考的開始，要到元月十號才能考完，我已請過假，準備補考了，還有一部我已經接受翻譯的劇本，我也另委託了別人，我現在讀書也讀不進去，工作也無法安心，一切的事都等到妳動過手術再開始吧！」聽完了恩兒這一段話後，我的內心充滿了辛酸和欣慰。

就從這天開始，恩兒是天天從台大到榮民總院，穿梭似的往返奔波，每天上午十點前到，陪我到七點半榮總規定的訪客必需離院時才走。週末、假日，榮總規定晚上十點訪客要離開時，恩兒才坐最後的一班公車回去。

「從今天起，妳每晚必需灌腸一次，開刀前你要先輸兩千CC的血，這是一張輸血的繳費單，你要先交兩千CC的血費後輸完血才能開刀。」護士長在十二月卅日的下午，交給我一張繳血費的單子，並向我再三的叮囑，聽後，我感到十分震驚，鄰近十七床的彭太太，是禮拜三開刀，她只繳血費一千三百元，而我卻是她的四倍，對面床上一位中興大學教授的太太，前天才開的刀，卻沒交一毛錢的血費，由此可知我的體質和病情了。

開刀，是切除病根的利器，一想到「開刀」二字，心裡便難免緊張，雖自勸自慰的來鎮靜自己，但除了惶恐和難過之外，什麼書刊也看不下去。

坐在病床上，無意中翻一下恩兒的書袋時，我看到了一張精緻的紅色請帖，上面寫著「中央日報社三號招待中副作者會」，也看到「高天恩」三個字的紅條，在我的追問之下，才知道恩兒剛由中央日報社開完會來看我。「主編孫如陵同我握手時，再三鼓勵我常常投稿，說我有寫作潛力，前途大有可為的一些話，我沉默得一言未發，我現在什麼也無心做了，只等媽媽開了刀再說吧！」聽了恩兒的這段話，我只有默默的流眼淚。一個苦讀上進的大兒子，眼看就要大學畢業了，卻遭遇到他至愛的媽媽，患了人人懼怕的癌症，萬一我不幸被病魔奪走了生命，這將給他帶來了多大的打擊，而家中赤貧無助，還有四個需人照顧的弟和妹，這個家將會因我的病變，而頓時淪為破碎，看著床邊守候著我的恩兒，眞感到肝腸寸斷。

這天十一點許，長榮由桃園坐了末一班公車來到榮總，他告訴我說：「闞太太叫我轉達你要安心治病，她會好好的照顧我們四個小孩，闞銘軒說明天一早七點以前他會趕到榮總，蘇雲峰說明天妳動手術時，他一定到榮總來陪我。」還有長榮在大陸時的老同事呂寶慶先生，在我住院這些天，也常常來看我，並給我多方幫助，眞所謂患難見眞情。

深夜，護士小姐在我左右胳臂上，以皮下注射兩針藥水，蒸餾水，測驗我能否接納盤尼西林的消炎針，再徹底檢查下部出血情形，並給我吃四粒消炎片，還叫我喝了一杯蓖麻油，又給我灌了腸，還再三叮囑我明天早上八點鐘準時開刀。

吳主任、楊主治大夫，幾天前便向我說：「妳是子宮癌二期下，三期上，妳禮拜一排定的開刀，萬一開刀時發現腸子上有癌細胞的話，一定要把腸子剪斷，從肚子上開一個肛門，我們一定要那麼做，不然等於沒有開刀，開刀前妳一定要簽字。」因爲明天一早要開刀，所以今晚我便親自簽了字。

「十八床病患請注意：因爲開刀的機械不全，給妳又排到禮拜四開刀。」院方的這突如其來的改變，眞給我這苦難的一家，開了一個意外的大玩笑。

在鬼門關口

民國五十七年元月七日，開刀的前一天下午三點半，我開始先輸五〇〇ＣＣ血漿，直到晚上快九點才輸完，這將近五個小時輸血的過程中，恩兒坐在我身旁寸步不離，直到長榮由桃園趕來後，才稍作休息，因爲明天一早開刀，可憐的父子倆都捨不得離開病房。

深夜，大夫給我吃了一顆安眠藥，我恍恍忽忽的睡去，不到七點，護士小姐便給我灌腸，接著又有護士小姐給我插上尿管，此刻有男護士在病房外大聲說：「快給十八床插上胃管，待會手術室的車子就推來了。」我的心開始跳動的厲害，我像即將行刑的犯人，靜靜的聽候發落。「玉英，別怕，我在外面等妳。」「媽媽！妳要心理上鎭靜，榮總是東南亞最好的醫院。」父子倆站在我的床前，緊緊的握著我的手異口同聲的向我說。「高大嫂！我們都來了，都在門外邊等妳。」是闞銘軒和蘇雲峰兩位的聲音，親情、友情的溫馨，使我熱淚湧流，醫護人員把父子攆出病房外，接著實習大夫拿著胃管向我右鼻管裡插，經過了喉管要我向肚裡呑，好不容易的插進了喉管，他說「插的不對了，插到氣管裡去了。」一把胃管抽出來重插，我盡量忍著痛苦，接受他的重插。一位頭戴綠巾、穿著綠色工作服的人，推著鋪著綠色被單的床進了病房，一直嚷著快點，快點，此刻替我插胃管的大夫插進，拔出，再插，再拔，連續七八次，嘴裡鹹鹹的，覺著滿嘴都是鮮血，弄得同室的三位病友不勝唏噓，最後終於插對了。我忍著極大的痛苦，咬緊牙關，握緊拳頭的移到手術車上，全身發抖，手術車推到病房門外時，護士小姐給我注射了一針，車子骨碌碌的推我到開刀房。「我們全在門外等你，別害怕。」門外響起了親友的說話，我好像到了行刑場似的。

充滿暖氣的手術房，看到了好多熟悉的面孔，都是婦產科的大夫、助理、護士，他們全換穿了綠衣、綠帽、綠頭巾、綠口罩，我被抬上了手術台，台的右上方，是我從未看過的大電燈，又似一面大大的鏡子，一張張和藹可親的面孔，都走近我說：「別怕，我們好多人給你治病。」一位護士小姐握緊我的右手，另一位護士小姐在我的左肩上注射了一針，接著我聽到好像是動手術的器具在乒乓作響，便沒有了知覺。

「媽媽！妳的手術非常成功，妳已經安全的過了這一個手術大關。」「玉英，妳腸子上沒有癌細胞，肚子上沒有給你開人工肛門，感謝上天保佑我們這一家。」是上燈時分，我好像大夢初醒後睜眼張望，坐在我床前的恩兒父子，疲倦的臉上露出了一絲微笑，兩人異口同聲的在我耳邊說，我摸摸肚臍以下，貼著一條長長的紗布，才恍然大悟，我已動過了大手術，由於麻醉藥還未散完，此刻並沒有感到刀口的疼痛，只覺全身無力費了好大的氣力，也說不出話來，「媽！別動，妳的氧氣管還未拔掉，妳千萬別說話，也別動，妳動了五個半小時的手術，一切順利。」恩兒善體人意的告訴我。

表弟書增當晚由桃園趕來，他摯意叫長榮父子找地方休息，他說這一夜由他値夜看護我，我也怕他們父子倆累病了而表示同意的點點頭。深夜，我的刀口疼痛，大量的嘔吐，護士小姐給我注射兩針止疼劑，但陪病人的書增，卻因爲白天做了一天的重工，此刻在我床前的椅子上，沉睡得搖喊都不會醒，致使我的頭、臉、鼻眼，以及滿床，全是我嘔吐的穢物。

第二天一早六點多恩兒便來替換班，他坐在病床前，用棉花棒沾水，時時塗抹我乾裂的嘴唇，用棉花球給我擦臉，俯首在我耳邊，悄聲向我說盡了安慰我的話，並不時檢視床下的尿袋，和床上掛的點滴藥水瓶，並不斷請教大夫和護士小姐，我什麼時候才能喝水，什麼時候才能進食，孝順而善體人意的恩兒看顧我，眞使我由衷的欣慰。大夫和護士小姐回答所問說：「什麼時候病人排氣了，才能開始餵病人喝水，才能餵病人流質的食物，隔壁病房前些時有一位七歲的小孩因病開刀，他爸爸由台中跑到醫院來看他，因為疼愛孩子，不聽大夫和護士的忠告，竟給小病人喝了一杯冷飲，不到二十四小時，便高燒不退，小命嗚呼哀哉了，所以家屬看顧病人，一定要聽大夫的話。」經查病房的大夫答復了恩兒的問話後，我隱忍著滿腔烈火般的乾渴，等著大夫所指示的「排氣」關口早早度過。

夜來了，長榮來接班，在我數次的催促中，恩兒才離開了病房，臨走還一再向我說明天一早七點前他準時來接替爸爸。睡到病床上，一閉眼便想到了家中四個可憐的小兒女，既沒有媽媽悉心的照顧，也失去了爸爸的陪伴，他們的起居飲食，全靠好心的鄰居闞銘軒朱秋鳳夫婦了，他們夫婦對我們一家大小在難中的相助，在我有生之年，絕不能忘記。萬一我因這場病失去了生命，初中剛畢業的二兒，長榮一定送他去工廠做工，以下三個小兒女，不知淪落何處，想到這裡，我忍不住蒙頭痛泣，這一夜在刀口疼痛、心情愁苦中煎熬過去。

在大夫的指示下，恩兒扶我下床走動，還得替我提著尿袋，這眞是猶囚犯戴刑具無異，我感到既難過又尷尬。一個禮拜過去了，院方已不準許家屬陪伴，長榮的十天假期已滿，恩兒也該恢復上課了，更該為我耽誤的期中考準備補考，我的病情也逐漸好轉，為了使他們父子放心，我三分好七分裝的樣子，好讓關心我的親人各就各的崗位。他們父子走了，我一個人留在病院裡，每天自己提著尿管、尿袋走動，下部時時感到有刺疼的難過，尤其掛念家中四個無助的孩子，更使我寢食難安。

在住院這段期間，住在桃園，搬到台北的鄰居、鄉親差不多天天都有人來看我。最使我一生難忘的，就是由南部高雄調到台北上班的闞銘軒先生，他由台北下班趕回桃園的家後，再由桃園分批帶著我的兒女們來醫院看我。尤其家住內壢的老鄉郭廣佑、陳玉華這對年輕夫妻，在生活最清苦的時候，在我住院前塞給我口袋裡一張千元大鈔，還買了當年五十元一個的一籃大蘋果，還有好多種書刊。最令我感動的是他第一次來醫院看我時，他伸開胳膊叫護士小姐抽血，告訴我他的血型是O，輸給任何血型的人都適合，雖然被我堅拒，但這份赤誠的友情，令我畢生難忘。

「自從今天起（五十七年元月廿四日），妳開始要接受照鈷六〇以放射性治療，起碼要照六千。」當一位穿著深藍色衣服的護士小姐，把我領到另一個病房空屋子裡時，叫我躺到像手術台的床上，一座大機器的頭懸掛在手術台的中央，男大夫把機器頭定位在離我身體有尺許的距離，只見他一幌出了房門，機器嗚隆隆的響起，約十分鐘後，大夫在門外大喊「妳可以出來了。」這從來未經過的電療方式，嚇得我出了一身冷汗。

「電療，不一定要住院，妳可以出院了，只要每天來門診電療一次就好了。」聽到了孟主任權威性的通知，我於元月廿六日（農曆臘月廿八日），由長榮代我辦理了出院手續後，當晚便坐計程車回到了家，「媽！妳回來啦，我好想妳哦，過年有媽媽在，多幸福哦！」大女兒第一個跑到我跟前親吻著我的臉說。「媽！我的小枕頭已經放到你床上啦，今晚我要跟媽媽睡。」小女兒坐在我懷裡摟緊了我說，林和三兒站在我跟前笑不合口。「我可鬆了一口氣，你們的媽媽出院了。」長榮坐在一旁高興的說，家中雖一貧如洗，滿屋卻充滿了親情的愛。

鄰居陳太太白桂梅女士，給我蒸了幾十個饅頭，闞太太送來了一塊燻肉，表弟殺了三隻雞，長榮買了一些青菜，就這樣我們度過了一個一生難忘的團圓春節。

二月三號，也正是農曆年初五的下午，和恩兒商量的結果，決定暫住他在台大附近的租屋，好方便我每天去榮總電療，當我在家門口坐上計程車後，只聽站在屋門外的一群小兒女們：「妳怎麼這麼快就要走哇？」「媽媽再見。」「媽媽什麼時候回來？」「媽媽！妳轉回頭來讓我再看看妳。」兒女們的道別，使我滿腹辛酸的離開了家門。

恩兒住在羅斯福路三段二一九巷四二號二樓的一間小閣樓裡，收拾得清靜雅潔，因我暫住看病，他的室友鄭培凱禮讓而移住別處，我感到非常內疚而不安。

因爲從台北到榮總，搭公車我路不熟，恩兒已不能再耽誤上課和補考，所以我每天上午去醫院電療，都由住在台北安東街的好友蘇雲峰夫婦的兒女們輪流陪伴我。不知是什麼原因，開始電療的第二天開始，便像中暑般的有了大病、頭暈、胃滿、嘔吐、便祕，且日益嚴重，多虧蘇太太宋文玉在飲食上照顧週到，使我在六個禮拜的電療期間，得能勉強的支撐而未倒下，尤其恩兒，在那段日子裡不論功課有多忙，課餘家教的工作有多繁重，他總是一大早陪我到蘇家，晚上的家教上完了，再到蘇家來接我回到他的住處。我因電療而便祕日趨嚴重，半夜裡他冒著風雨到處給我買藥，知我白天因過份嘔吐怕我身體吃不消，晚上總要到外邊小吃店給我買點麵食。恩兒在半工半讀的情況下，給予我無微不至的照顧，在我度生死關的重病中，他的堅毅給了我最大的支撐。

生活又恢復了病前

民國五十八年，二兒在北聯考試中考上了他的第二志願成功高中，離第一志願的建國中學只差六分，他爲放棄直升武陵中學高中部，第一年落榜在家失學一年而難過了好久，但也只有接受現實。大女兒期考成績均在九十五分以上，已升上了初三，三兒上了國中一年級，小女兒靜秋也升上了五年級，在這無隔宿之糧的赤貧生活裡，要維持一家七口的生活，要負擔五個兒女的學費，眞是一件最艱難困苦的事。好在大兒天恩即將畢業，他兼了四份家教，除去個人的生活開支外，每月至少有五六百元來貼補家用。長榮的月薪不足千元，全家光吃白米也不夠維持，因而我只有重操舊業——繡毛衣花和外出打零工，但再怎麼勞累的工作，也難維持兒女們各個層次不同的學用品和衣食等的需要，我還想再做油炸餅，但被恩兒一口否決了。

平日的生活尚難維持，每到開學時，大、中、小學五個兒女們的學費，全憑長榮和我向親友鄰人借貸，由於大兒子讀的是全國一流的大學，而且又是品學兼優的好學生，附近的鄰居大都由於他而肯幫忙爲我借錢，轉兩分到三分的高利貸，才得通過一關關的學費大關。我由於剛動過大手術，不但得不到充份的營養，連充份休息的時間也沒有，爲了貼補家用，除家中繁忙的家事照做外，每天外出做零工，每晚繡毛衣花到夜下兩三點，如此奔波、疲勞，月收也只不過五六百元，但我一天到晚總感到頭暈目眩，視力也逐漸減退，而倒眼毛的毛病，也日趨嚴重，但我爲了兒女們，從來沒有想到身體上種種不適。

看著各個兒女們，都相當聰明、用功，而且成績都是前幾名，尤其我的小女兒靜秋，在小學、國中，品學兼優，都是全校第一名，國中的文化走廊上，校方爲了鼓勵全校同學的上進，給秋放大了一張照片，懸掛在走廊牆壁的正中央，相片週圍有幾個醒目的大字「全校模範生高靜秋」。我們這一家，雖然吃穿不如人，但由於兒女們的用功讀書，鄰里老幼，大都很看重我們。但也有幾家在背後批評我的作風，說我家窮成這樣，應該把兒女們都送到工廠做工，那能拿高利貸供小孩讀書，實在自不量力，遲早會後悔莫及的。但我實在不忍心爲了家貧而荒廢了兒女們的學業，但看到大兒子大學即將畢業，還穿著我爲他千補百納的褲子，小兒女們，這個褲子爛的沒法補了，那個鞋子露出了脚趾頭，二兒天天日晒雨淋的通車上學，既沒有雨傘，也沒有雨衣；在卅六、七度的炎夏，我的兒女們卻吃不上一碗五角錢的清冰，有時我情緒到了低潮，眞想與我可憐的兒女們同歸於盡，但每次都由於大兒子奮鬥的光和熱帶進了赤貧的家門，而又使我頹喪的情緒，變成了與惡運抗爭的勇氣。

記得是恩兒即將大學畢業的前兩天，在我最感無望時，收到他一封家信：「爸，媽！下午五點半，我到長安東路二段二一〇巷一〇號『美生會』領到三千元獎學金，今寄上兩千元貼補家用，我用一千元足夠了，兩千元可還一部份緊賬，千萬別想著給我做什麼西裝褲子，我已考上本系外文系研究所，而且是第一名，我也考上了軍中教官，也是第一名，我被分發到陸軍官校外文系教官。我是以第一名在外文系畢業了，而且我這次在全校英語演講比賽中，我又獲得了冠軍，即將服役當兵的我，根本不需要做什麼衣服，等退役讀研究所時再做不遲，媽對我關心有餘，了解不足，妳還以爲我是大一時代嗎？這近兩年來，我的心境變化和成熟，妳竟一點也不知道，我的人生觀完全改變了，我對人生看透了，也想開了。如今我是以笑臉面對人生，以遊戲人間的態度接物處事，讀書時拚命讀書，玩時痛快淋漓，樂時手舞足蹈，同學們都看出了我的改變。有個女同學說，她大一時根本不敢向我打招呼，因爲我的臉孔陰沉，態度冷漠，而現在可以跟我大開玩笑了，她認爲這是我的成熟和轉機，而且漸漸得到許多友誼。很多女生今年八月就要赴美，我並不羨慕她們，因爲我有我的計劃，一個新的計劃，外文系研究所畢業後，一面教英文，一面再入中文研究所兩年，以英文、中文碩士，可申請獎學金到美國修比較文學，得到博士學位後，可以在美國教中國文學，或回國在本校任教授，那時我可以把弟妹們一個一個拉拔上來，只要他們肯幹。

「希望媽媽不要氣餒，學學妳的大兒子，我讀了一些哲學書、宗教書，再加上我對人生的觀察，似乎一下子頓悟了一些道理，今後再大的災害嚇唬不了我，天大的快樂也不會沖昏了我的頭，我像跌進萬丈深谷而復爬出，以後再也不怕災難了。我能昂首闊步的面對人生，普天之下沒有一個人讓我低頭，沒有一件事能叫我怯步，正因爲媽媽常常說我們家就缺少了一個『錢』字，所以兒便產生了一個『志』。可能就是這樣『徹』『悟』以後的人生觀，能使我站在『國際學舍』上參加演講比賽，慷慨直言，毫不畏縮，又使我在『國立藝術館』舞台上，飾演一個滑稽角色，使盡混身解數，令觀衆捧腹大笑。我的達觀，我的上進，我在學問上的一絲不苟，對朋友的日漸重視，這一切都是我今後成功、成器的保障。我有自信，成功時我會牢記當年貧窮之苦，失敗時我能面對現實，從廢墟中重建樂土。總之，命運打不倒我，環境不能屈服我，困難也嚇不了我，假如人生是個舞台，我一定盡力扮演我份內的角色，乞丐也好，王子也好，只要我演得像，今生就值得。

「爸，媽！你們應該以我爲慰，以我爲榮，因爲我在分秒必爭的前進，願媽媽向我看齊，爲兒女對身體多多保重，我會把光和熱帶回家。二弟天林已是成功高中的學生，兩年後咱家又增添了一個大學生，大妹靜華已是初中三年級，她聰明、用功，成績均在九十分以上，三弟、小妹活潑、聰慧，兩個都是全班最優秀者，媽媽！不幾年咱家就熬出來了，希望媽媽勇敢堅強的面對現實，將來你會有五個戴方帽子的兒女撐家，希望媽媽由衷的面帶微笑，看著我們五兄妹往上爬而加油吧……」看完了大兒子的一封長信，使我振奮，使我辛酸，恩兒如此苦讀上進，我若有自毀而毀家的念頭，豈不等於毀了我愛兒的前途，也葬送了我所有的兒女。我要在黑暗中掙扎，帶著小兒女，跟著大兒子，一步一趨的向前邁進。

民國五十八年，大兒子在高雄鳳山陸軍官校外文系任英文教官，並兼任官校圖書館管理圖書，少尉薪資七百多元，每個月他鐵定寄家五百元，我又開始了在家附近做零工的工作，但隨著兒女們的成長，學費的增加，我們的生活更是日趨艱苦。

「蒸包子供學校福利社」，我有了新的計劃後，叫秋兒向她的導師提議，再拜託她導師向學校福利社交涉，由於她是全校模範生，經老師溝通後，福利社老闆允許每天早上七點前送熱包子五十個，我除了繡毛衣花外，又開始天天蒸兩種餡的包子（豬肉，豆沙），每天半夜開始，在早上六點前，我要蒸出來五十個熱騰騰的兩種包子，分裝成兩個塑膠袋裝好，一袋卅個，由秋自己提著，另一袋廿個，拜託鄰家小鳳順道天天找秋一路上學時提著，每天秋放學回家，總是笑嘻嘻的把從福利社收的錢如數交給我。日子久了，小鳳不再找她一起上學了，她告訴秋，她媽媽不願叫她天天提包子去學校，那樣太不雅觀，秋再三向我強調：「媽媽！自己的事，自己應該去做，不應該依賴別人，兩袋包子，我提得動，書包我可以挎在肩上。」每天清晨，我看著小女兒白衫黑裙，肩上揹著一個厚重的書包，兩手提著兩大袋子的熱包子，飛快的步出家門時，我的汗和淚便止不住的順腮流下。

蒸包子賣有一半以上的利潤，生活上得到很大的補助，只是恩兒知道了極力反對，他怕我體力透支又犯了病，不到一百天，便在他百般的阻撓下而歇業了。

天恩考上台大外文研究所兼助教

民國五十九年，恩兒一年的服役期滿後，便回到台大讀外文系研究所，並在外文系擔任助教，記得他第一個月的薪水，便趕上了過中秋節，匯錢到家時他寫了一封信：

「爸，媽！發薪水了，今寄上八百元希望全家過個愉快的中秋節吧！

兒目前發現研究所中『競敵』甚多，幾乎人人都有兩下子，我若想出人頭地，就必須一反往日自滿之態，應從新痛下苦功，恢復投考高中時的精神和雄心。助教辦公室，是另一個截然不同的天地，忙碌，但是愉快，一團和氣，而且一腔希望，教授之間，同事之間，學生之間的枝枝葉葉，事事物物，使我開了不少眼界，長了不少見識，我正在學做人，相形之下，我倒沒有多少時間做學問了，更何況每週一、三、五晚上我還有家教，另外有本新書已開始翻譯，今年十一月底要繳卷。

我是一個遊戲人間的心態，我的計劃是『走遍世界，看盡人生』，請爸媽放心，我了解我自己的缺點和優點，我會安排我今後的生活方式，軍中一年，我兢兢業業，如今在辦公室，我也是事事認真，四年大學，像一陣輕煙，軍中生活像一次戰鬥，如今我的精神煥發，鬥志高昂，請爸媽放心。

中秋節我要參加有同學組織的月光晚會，咱家不是一個太守舊的家，爸媽不會在意當天我不回去過節吧？祝全家愉快，兒天恩叩、五十九・九・十二。」

這個中秋佳節，在恩兒的支撐下，全家算是愉快的度過。

天恩有了出國留學的念頭

大兒子的薪水，靠得住每個月寄家一半以上（當年月薪一千八百元，加上另外兩百元的津貼，也只有兩千元），但家中開銷大，生活仍感艱苦不堪，二兒子讀成功高中即將畢業，大專聯考迫在眉睫，他想在台北參加聯考前的補習，又想租房暫住台北，以節省下通車的時間來讀書。在我家來說，這又是一筆可觀的開銷，答應兒子的要求，實在無能爲力，拒絕了，又覺爲人父母者對孩子正當的要求辦不到感到內疚。就在這時，恰巧開雜貨店的陳太太向我說：「有一對年輕的夫妻，兩個人都上班，他們拜託我找一個有愛心的人家，替他們日夜照顧小孩，月薪一千元，我馬上想到了妳，因爲妳對小孩子有愛心，妳家也需要錢供孩子讀書。」在我急需解決問題的節骨眼上我答應考慮，立刻給在台北的大兒子寫封信，告訴他有件顧小孩的工作，比外出做零工輕鬆，希望徵得他的同意。第二天的晚上，恩兒便來了一封限時信：

「爸，媽！我翻譯的劇本，到現在還沒有印出來，但是稿費五千元卻已領到，今寫此信通知，叫天林明天放了學以後，可以到我住處來拿四千元回去，一部份還緊賬，一部份貼補家用，至於另一本小說，我已找別人代譯了，我自己功課太重，實在不能勝任，到底還是功課重要。譯書，賺錢，以後有的是機會，對不對？

如今我的讀書情緒很高昂，鬥志也強，看來前途大有可爲，等著吧！

趁著目前手頭寬餘，媽定個日子到榮總爲妳檢查病吧，星期一和五，我都整天有空，希速來信告知確切日期，暫定十月十二日（週一）如何？如果可以，我就前一天回家，陪媽來台北。

天林應全力以付了，距聯考還有幾個月，而應讀書當在卅本以上，能不『拚』嗎？能不『專』嗎？

靜華的讀書精神和毅力要持之以恆，妳如果自覺有實力，可以轉學（板中）或插班，我支持妳。

天純聰明是夠，就是不用功，我認爲五兄妹中，以他天資最好，也以他最不用功，希望他改變作風，開始鞭策自己，向建中、台大、留美的康莊大道邁進。

靜秋，飯要多吃，不可挑嘴，字寫得好，固然可喜，但要顧及功課的內容，不要以爲妳品學兼優而自滿，妳要再接再勵，以求更上一層樓，來，向大哥看齊。

爸爸抽煙太兇，對一個有高血壓的老年人實在不利，希望今後少抽煙，每天吃兩個蛋如何？三枝長壽煙，便值一個荷包蛋呵！

至於媽媽要找工作一事，我絕對不通過，不管工作有多輕鬆，最重要的，也是我最希望的，希望媽媽能在這四千元中抽出數百元，爲妳自己買雙皮鞋，做件出門的衣服，不要刻薄妳自己太厲害了，媽！妳目前穿的太寒傖了……以後我會每個月靠得住寄家一千元，欠的賬，我以後會慢慢設法還。

我心情非常好，工作環境也好，同事之間相處極爲融洽，媽媽可以放一百個心了，明天天林來，如果我不在，一定要等我，祝全家愉快，兒天恩敬上，五十九・十・三。」

看完了大兒子的信，我由衷的感到欣慰，我當即答應了二兒子的要求，但我知道大兒子的心理，他一向隱藏內心的痛苦，承擔著沉重的壓力，把個人生活最好的一面，剖白給最關心他的雙親，尤其是要給患了癌症的媽媽，精神和金錢上的鼎力支撐。爲了減輕大兒子經濟上的負擔，爲人照顧小孩的工作，我硬著頭皮接納了，但在恩兒一再的反對下，我顧了不到三個月便結束了。

台大學生出國留學的風氣很盛，聽恩兒講他外文系的男女同學，多數都已出國了，有些應屆畢業的女同學，成績比他還差的，都快拿到了碩士學位，因而他感到很氣餒。他在建中讀書時，一位最欣賞他的趙國治老師，最近曾同他碰面，非常鼓勵他出國，還有台大的一位老師，也建議他向美國學校申請獎學金，也願在可能範圍內資助他，因而他有了出國深造的念頭。

亦父亦兄，天恩手足情深

因爲二兒天林堅持要搬往台北，大兒把他同一位顏同學合租的房子，讓給了二弟住，自己又另租了別處房子，按當時的生活程度來計算，無形中每月又加添大兒一千元的負擔。

對剛滿廿五歲的大兒子，我深深感到內疚，得空便給他寫信，探詢他的負擔會不會透支，萬一負擔不了的話，我考慮叫林兒高中一畢業就提前入營服兵役，或叫馬上要升高三的大女兒休學做工，等他研究所畢業了，能找份適當的工作後，再叫他們復學。我的信剛發走不到三天，恩兒便給我回信了：

「爸，媽，來信收到，下月的配給票隨信寄上，這個月的薪水，只能寄回去八百元了，因爲天林住這數月，我欠的賬要繼續還，媽談叫弟弟妹妹休學，做工，提前入營等，這都免談，我有能力支撐，望媽媽放一百個心好啦，天塌了，由我頂著，別發愁。

暑假，我參加閱卷和圈內工作，至少可得五千元，純文學連載兩期，我的譯作稿費兩千元。八月間學校爲大一英文不及格的僑生開班補習一個月，我擔任文法部份，起碼有一千元，這八千元除了還我在台北的兩千元賬之外，剩下的六千元全拿回家，如果天林考上大學的話，這筆錢可留著給他交學費，我自己還有薪水和家教費，可維持我自己，剩下的再寄回家，貼補生活費用。

我的譯作『神女瑪琪（上）』已經在本期（七月號）純文學刊出，桃園任何一家書店都可買到，我打算等雜誌社寄贈給我時我再轉寄到家，媽如果等不及，就到街上買一本吧！

眞的，我像一頭頗具潛力的健馬，在人生的賽程上，偶爾會脫穎而出，只是我太有惰性，需要常常有人用馬刺刺我屁股，才會醒過來猛跑一陣，貧困的家是個馬刺，個人的野心也是一支馬刺，心理的創傷也是，爲民族爲國家留下一點有價值的東西的宏願，也是一支馬刺，對這些馬刺，我是多多益善。我只求能跑得快，不再計較跑的目的和方向了，除了死亡，此外沒有東西，沒有人能使我倒下，災難、苦痛，是我心理的營養劑和振奮劑，奮鬥、苦幹，是我的理想人生，用不著叫弟妹去做工，四個人加起來一個月能賺兩千元嗎？犧牲了弟妹的學業，實在不值得，還是我一肩挑下吧！我有這份能耐，也有這份義務。同時，我也正爲我個人的前途開展而努力。

本期《純文學》的「作者，讀者，編者」一欄內，有一段話我抄錄於後：

司蒂汾·克瑞思〈神女瑪琪〉一篇很有份量的一篇小說，本刊因下期有一篇朱立民先生翻譯的有關該書的批評文章，爲恐讀者感到隔膜生疏起見，特別請高天恩先生，將原本趕譯出來，在本期先刊一部份，做爲配合，下期將全部刊完，請讀者注意。

媽媽！朱立民先生，高天恩先生，相提並論了吔，在全國第一流的文學刊物上，而我的年齡，恰好是文學院朱院長的一半，今後廿五年，我會加倍努力的往上爬哩，媽！妳要好好保重身體，看我成人成器，弟妹們跟我來，五匹快馬向前奔跑吧！爸媽！請拭目以待兒女的凱旋吧！」

看完了恩兒的這封信，實在令我感動和內疚。爲長兒的大兒子，不忍心弟妹在學業上受一點委屈，爲雙親，手足教育的重擔獨挑，我爲人母者更應該咬緊牙關撐下去。就這樣我在大兒子的鼎力扶助下，又硬著頭皮艱苦的與命運搏鬥。

二兒天林聯考前的劫難

六月廿日的中午是禮拜天，除恩兒一個人在台北外，讀高、初中的四個兒女都在家，家中熱得像一個大火爐。即將大學聯考的二兒，差不多日以繼夜的讀書，全家就廚房外面的牆跟，也就是我們全家人進、出門必經的中門旁邊，安裝了一個自來水龍頭，二兒不論白天、深夜，只要讀書讀累了時，總是蹲在水龍頭下沖個澡或洗把臉。已經快十一點了，兩個女兒因夜讀遲睡，此刻還在睡夢中，我因急趕毛衣花等著要交貨，三兒因外出玩，跑了一個上午而肚子餓了，他一聲不響的打開煤球爐下了一鍋麵條，只聽二兒一聲慘烈的大叫「媽呀！」跑進了我的身邊狂喊狂跳著叫媽，嚇得我猛然站起，看見只穿內褲光著身子的二兒由背部到臀部皮全脫了，現出了鮮紅的血肉，嚇得我快昏倒了，只見二兒一邊慘叫，一邊向後屋指著也說不出話來，這時只見三兒兩手還端著一個煮麵的空鍋蹲在水龍頭的牆邊，我才明白二兒在低頭沖澡時，三兒正從廚房兩手端一鍋剛煮好的滾燙的熱麵，一聲不響的經過二兒的背後，二兒一抬頭，撞翻了三兒的一鍋麵，熱湯從二兒的脖子以下，背上臀部，大腿全燙成了重傷。我立刻到大門外叫了一輛三輪車，並向鄰人借了錢，立刻送二兒住進了火車站附近的莊外科診所，醫師當即給他塗藥打針，用紗布把天林包的像個植物人似的，看著即將參加大學聯考的二兒遭此不幸，我的心快裂開了。

深夜，二兒清醒了，忍不住大哭：「媽！別責罰小三，他不是故意傷害我，他大概也嚇壞了，媽！離聯考還有十天，妳拜託大夫，請他給我用最好的藥，不管怎麼樣，我一定要參加大學聯考。」二兒的心願我非常了解，但大夫已經向我說過，最快也得三個禮拜，眼前這三天都是危險期，如果體溫增高時，那就更麻煩了，我不敢向二兒說實話，只有安慰他「三天就忍著疼了，一個禮拜就可以出院了。」「媽你回家把我的書全拿來吧，我該總複習了。」聽著二兒忍痛的向我說話，我只有默默飲泣。

二兒發了三天三夜的高燒，抓著我的手緊緊不放，聲聲吵著頭疼、傷疼，痛苦萬狀。

這是一筆可觀的醫藥費，我不忍心向大兒子開口，因爲這非他能力所及，我已向鄰人拿了高利貸一萬元（月息三分），爲了減少大兒操煩，我沒有立刻通知他家中出了事。記得第四天，二兒的燒退了，也可吃點流質的食物時，小女兒來醫院看二兒，她一看到我高興地說：「媽！今天上午我返校了，老師說我這個學期得兩個大獎，一個是全班成績第一名的，一個是獅子會獎，老師說有兩個獎狀，兩個獎加起來可以得到四百元的獎金，等領回來了全給你留著家用，但媽媽要給我十五元，我要看場電影。剛才我收到了一封大哥寄來的限時信，是報値掛號，媽媽！妳高不高興？」秋把話說完，把恩兒的信交到我手裡以後，她才去跟林說話，但林卻沒理秋，他忍著傷疼，從我手裡搶過去看恩的來信：「爸，媽！寄上一千元，還有下個月的糧票，距聯考只有六天了，要特別注意天林的飲食和睡眠，最後三天，千萬別開夜車，要保持身心的均衡狀態，大致將史地的重點，走馬觀花的瀏覽，三民主義牢記千篇一律的答案，以不變應萬變，英文，可讀些輕鬆的文章，宜將片語囫圇吞棗一番，數學，將最容易的最有把握的部份複習一下，其餘艱難的，一概踢開，言盡於此，祝他旗開得勝，馬到成功。冷靜，鎮靜，沉著。聯考當天，只怕我見不到天林了，除非他剛好也分到台大考區，因爲我自己也是監考委員之一，必需在台大監考，只能在考堂上走來走去，看考生受苦，但如果天林也在台大的考場，那我可在下課時去看他，因此希望天林將他考場，考區，座號，速以限時信寄到我的住處。很忙，不多寫，即祝天林勝利。天恩上，六十一・六・二十六。」

林兒看完信，正好大夫來給他換藥，他激動的抓著大夫的手，問他五天後可不可以參加大學聯考，當大夫向他說明實情後，他躺在床上抱頭失聲痛哭。家境困苦到這種地步，想不到又遭此意外，我們只有聽從命運的安排了。所幸，三兒天純考上了建中夜校，小女兒考上了北二女中，這給黑暗期中的家，又帶進了一絲光亮。

記得恩兒閱完了聯考考卷後，林兒也出院回到家休養，大家的情緒都恢復了平靜。是八月中旬的晚上，恩兒由台北回到家，首先給林兒擬定一個讀書計劃，叫他先找附近的高中寄讀，以便與高三學生有個競爭考試的機會，然後下半年再進個補習班，來個聯考前總複習，以免明年敗陣，最後才向我談到了他自己。「媽！我出國已經有了八成的希望，朱炎教授向夏威夷大學寫的推荐信我沒有看見，只有系主任顏元叔寫的一封信我看見了。他寫的太好了，說我四年大學的成績全班領先，說我參加校內活動多而表現得成績好，說我在研究所選他的一門功課成績最好，說他每逢叫我給他寫封英文信後，他看到文詞的寫法都使他驚訝，說我翻譯了不少外國名著，說我在校的服務熱誠認眞，寫的太好啦！看樣子這次申請，一定會有八成希望，不過還有口試、托福，要到明年四月裡，我才知道准和不準。」聽到了恩兒申請出國留學有八成把握後，我既喜且悲，一時控制不住我自己的情緒，忍不著在笑中淌下了眼淚。「媽！現在我在台北讀研究所，一個月也不過寄一千元到家而已，如果我到夏威夷讀書，每個月照樣可以從我兩百元獎學金裡，省下來五十元寄回家，不也可換台幣一千元嗎？美國給的生活費，是要叫你過美國人的生活，別人在美國吃最便宜的狗罐頭，我爲什麼不能？我盡量節省，我相信每個月省下來五十元寄回家，絕不成問題，等兩年得個碩士學位回來了，就可以在台北任講師，每個月有萬把元的收入，等天林大學畢業工作了，我再出國修個博士，只要弟弟，妹妹們力爭上游，我們一個拉一個攜手向前，咱家馬上就可以把貧窮消滅了。媽！別發愁，妳和爸爸好好的保重身體，看我們有希望的第二代吧！」

聽了恩兒的一悉話後，我想到有希望的未來，便馬上釋然了。

六十年的大專聯考，二兒天林考上了台中逢甲大學經濟系，六十二年，大女兒靜華考上了文化大學影劇系，這對兒女相繼考上私立大學，一般高收入的公務員也吃不消，更何況我們寅吃卯糧的赤貧之家。大兒叫我盡量拉會、週轉，他說不管他在國內作事，或在國外求學，他都會爲這個家鼎力而爲，就這樣我們家有兩個讀私立大學的學生，還有兩個通車讀台北的高中學生，生活的艱苦，非外人所能想像。長榮的薪水，僅能維持生活，每到開學時的學費，全靠我在鄰里間拉高利貸及民間互助會。爲了不失信於幫助我的好鄰居，在鄰里間我總是挖東補西，新賬堵舊欠。西門里的鄰居，都知道我守信用，大都願把私蓄借給我生利息，如此下去，年復一年，我的兒女們的學費關，才能一期期的度過去，但也有極少數的一兩家鄰居，因對我拉賬、拿高利貸供孩子讀書不以爲然，已經借給我萬元，我也月月按時交利，但她們卻在我正苦不堪言時逼我立刻還本。其中有兩位好鄰居爲了我一時拿不出錢來從中斡旋，情願雙雙寫保證書具結也沒通過。記得我剛起鄰人一個兩千元的互助會，第一次我便出標一千二百元得會，我含淚陪笑分別奉還了她們的高利本金一萬元，不知情的人說我神經上有毛病，知底細的兩位好鄰居，卻爲我不得已而爲之的處境難過。

遷墓記

就在這苦不堪言的困境中，意想不到的事又發生了。西門里我們的住屋，本來搭建在一大塊台灣原住民的亂葬崗上，我們由大陸隨軍來的軍眷，有老人故世的，大都在我們住家不遠的空地上挖坑土葬，至今已廿多年，卻沒想到市公所竟在附近住屋的牆壁上張貼廣告：「該地埋墳限二十天內遷葬，否則公家以無名墳挖掘處理，目前該地準備實行都市計劃，建築大樓，不久縣政府、警察局遷移此地。」我想到寡母生前養我育我的艱辛，亡命異鄉的可憐，目前又遭受如此慘境時，忍不住痛哭，立刻寫兩張條子，張貼在老母的墓碑上：「希求公家不要挖掘該墓，我正積急設法尋求遷葬。」長榮在他同事家借了四分月息高利貸五千元，在桃園市少年感化院附近的一塊墓地上，買了一塊能容下棺木，立上墓碑的空地，算解決了當前的問題。

民國六十二年元月七號，天氣陰冷，雨聲淅瀝，當扒墓工人坐客廳談馬上到墓上開工時，我的心已感到痛苦萬分。廿年前正月初四日，那是一個淒風苦雨的黃昏，母親在貧病交加的小矮屋子裡與世長辭了，永別了她唯一的獨生女兒，長榮剛由大陸輾轉入台，苦熬了一年多的失業之苦，才謀到了一個糊口的工作，母親便離世了，在親友和堂弟幹國的鼎力之下，買了一口便宜的棺木，找了這塊亂葬崗的空地，下葬在積滿雨水的墓穴裡。當我想到寡母隨我顛沛流離的過著三餐不濟的生活而無錢治病，任憑她受盡病中折磨致死，再看到她的棺木在大雨傾盆中下葬在泥坑裡時，我眞悲慟欲絕。

我想著她生前我做女兒的虧欠她太多，來日等我家境稍微好時，再爲她隆重的移靈，想不到她逝世廿年後的今天，我仍然過著告貸的生活，而公家竟迫我限期扒墓，今天又逢大風大雨，實在感到上天在捉弄窮人，當長榮帶領著工人在墓地搭蓆棚時，我擺上了祭亡母的供品——瘦肉、饅頭、橘子等，點上香，燃著紙，放了一大掛鞭炮，我抱著與母久別重逢的心情，由長榮伴我跪在墓前，他忍不住聲淚俱下的說：「……窮人眞寒酸，人家的祭品都是整雞整鴨，看看我們的祭品有多寒酸……」我把瘦肉和饅頭撕成一小塊一小塊的扔進著火的冥紙裡，我默默的在祈禱：「娘！起來收錢吧！瘦肉、大橘子，都是妳臨終那段日子裡，想吃而吃不到的東西，如果妳有靈的話，妳應該看著妳的愛女欣慰的同你歡聚。」看著紙灰飛揚，我的腦海中像電影般的映演著我的過去……看著母親的墓碑，看著紙灰火光前的祭品，老母的一生苦況一幕幕的在我腦中出現，我忍不住放聲大哭。

長榮爲了上班提前離開墓地，我身邊站著三兒子和小女兒，我們站在寒風凜冽、冷雨淅瀝的布棚外，兩眼注視著扒墓工人正一鏟鏟的挖出了如破棉絮一樣的棺材朽木，眼看已挖到棺木的底層深度，我趕快踏著脚下的泥水，走進了布棚裡，跪在剛挖出的黃土堆上，聚精會神地俯首探視墓穴內的骨骸，我感到久別重逢的悲歡，我怕小女兒膽小看到屍骸害怕，我叫她走出棚外，她因想照顧我不願離開，因而我們都趴下來注視著；工人異口同聲的說：「我們已經挖到底了，爲什麼還看不到一點骨骸呢？」我拜託他們再慢慢地挖找，我的心驚疑萬分。「眞的一點骨頭也沒有了，年代久了，棺木太壞，骨頭都變成泥了。」工人邊用鐵鏟探索邊同情地向我說。我的心疼欲裂，我的熱淚湧流，一雙小兒女用雙手，在剛挖出的泥土裡細細摸索，我摸到了牙齒三顆，腐朽的骨頭約兩寸長，只有半片，我再仔細摸了一會，發現母親陪葬的小圓鏡一個，瓷茶杯一個，因爲這些東西，是母親生前天天要用的，已經廿年了，它仍完整無缺，而她老人家的屍骨卻與棺木泥土共朽了。我手拿著三顆牙齒，半片朽骨，抓著娘骨骸、遺物附近的泥土，我忍不住失聲痛哭，我在無言的吶喊著：「娘！女兒不孝，妳一生守寡撫育我長大成人，在艱辛赤貧的環境中妳供我師範畢業，妳以爲妳可以隨我安度餘年，卻沒想到妳苦苦熬過了烽火連天的八年對日抗戰，卻死於內戰有家歸不得的異鄉，又正逢女兒赤貧如洗，廿年前以捐款下葬，廿年後以借利挖墳，滿以爲將妳的遺骨能安葬於爲你購買的墓地，希望我有生之年能把妳帶回家鄉，卻沒想到妳的屍身與棺木共朽於泥土已無影蹤。」我看著老母躺了廿年的墓穴，實在痛心，我和兩個女兒、小兒子，用手把墓穴裡的黃土，一把一把的捧著裝到骨罈裡，再把唯一的半片朽骨放在骨罈泥土的最上層，然後把隨她廿年的小鏡子，瓷杯也放進去，再蓋上罈蓋，然後請工人合力抬上木板車上，在傾盆大雨中，我和兩個小兒女坐上一輛三輪車，直駛桃園市區內少年感化院附近的第一公墓。

第十一章：苦盡甘來

我的五個兒女都完成了大學教育

在大兒子天恩勤讀苦幹下，民國六十二年，他以台大外文系優秀的成績單，在老師的推荐下，申請進入了美國夏威夷的一所大學，兩年期滿他獲得了碩士學位後，即回國工作，任台大外文系講師，兼政大西洋語文學系講師，並在亞洲聯合會任主任祕書職。兩年後，再以留美修碩士的成績，申請到美國學校的博士班，四年獲得了博士學位後，再回台大任副教授、教授職；任台大外文系教授，兼台大視聽館館長，並兼中華民國筆會祕書長。在他留學期間，每月以他自己應得的獎學金一半，按時寄家。學成回國後，以全薪所得養家，所以他以下的四個弟妹們，在他竭盡全力的支撐下，在他多方的鼓勵教導下，各個都完成了大學教育。天恩目前受中華民國國科會及美國傅爾布萊特基金會之贊助，現在美國波士頓哈佛大學研究。攜妻女暫居美國，擔心我年邁禁不起兒子的長期遠離，差不多天天都有電話問好。

欣見藍天白雲

二兒天林逢甲大學經濟系畢業，現在大陸福州一家台商的食品工廠任職，有一個小兒子。三兒子天純，台大歷史系畢業，現在天津美商鞋業公司任職，有兩個女兒。他們的工作、家庭均和樂、幸福。他們爲關心媽媽，經常都有電話問候。

大女兒靜華，畢業於文化大學影劇系，現任職台北學者公司，有兩男一女，丈夫張乾原，宜蘭人士，機械系畢業，從事飼料機械生意，工廠在羅東，公司在台北，在東南亞各地均有投資。但靜華卻不忘媽媽苦心栽培，不願在家養尊處優，仍希望有個人成就，以慰親心。由於大女兒對媽至孝，女婿也隨着，對我盡了半子之孝。他爲了達到女兒照顧我的心願，買下了與我同幢公寓的第十二層樓房，並爲我請了菲籍女傭，既可晨昏定省，也可把他們三個小孩由我照顧，陪伴我的寂寞。

每逢週末假日、出國旅遊時，他總是力邀我同行，並悉心扶持我。我近年去了兩趟大陸，探訪我當年在對日抗戰中的女友時，他同靜華不僅陪伴我前往，並耐心的爲我錄影，留下了永遠可以紀念的畫面。要說女婿半子，對他來說，也已盡到了兒子應盡的孝道。

小女兒靜秋唸的是淡江企管，現在新店一家電腦公司服務，丈夫郗家駿，是留美法律系碩士，任職司法院。夫妻倆皆篤信佛教，喜歡研究佛學，參加佛教密宗法會。他們住家離我徒步五分鐘的路程，由於小女兒對媽貼心，身為女婿的他，更經常修法唸經廻向我。夫妻倆看電影時，也常邀我前往。

大女兒常笑向我說：「媽媽在教育兒女上，交出了一張漂亮的成績單。」其實都由於大兒天恩刻苦上進，對雙親至孝，對手足情深全力付出，才使我的五個兒女得能如願的自力更生，服務社會。

兒女們給予我無微不至的關懷和照顧，已屆七六高齡的我，深覺欣慰和滿足。回首前塵往事，如夢如煙的逝去，什麼親情、友情、愛情，都隨時光流失，變成了迎風泡影。由於一生歷盡屈辱和磨難，才造就了我個性的堅強，才能逼使我有毅力的向惡劣命運戰鬥，最後終於走出了一條生路，使我的五個兒女們，從泥沼中掙扎出來，得能欣見藍天白雲。

人生如戲，見老友恍如隔世

外子高長榮，因高血壓心臟病，於民國七十九年元月二十日，逝世於台北石牌榮民總醫院，最為遺憾未能一圓返鄉探姐的心願，享年七十六歲。表弟劉書增，因患腎癌，亦於民國八十四年元月病逝，兒女四人均卓然出衆。同我在襄陽一二二師政治部認識的女分隊長宋景文，在民國卅七年夏，國共兩軍血戰開封一週後，她曾帶着她十歲的女兒，專誠由她駐軍防地湖北老河口來看望過我一次。但自我來台，大陸淪陷後，我和她已失去聯絡。當年我在廿師政治部工作時的女分隊長余慕蘭，在大戰結束後，她又續讀了開封河南大學農學院。畢業後分發到河南信陽農牧局任研究員，與一位西北聯大畢業的魏姓男士結婚，因在信陽農牧局工作至今，現已雙雙退休。還有副分隊長王佩榮，也就是當年與我一起從軍中開小差被抓回的那位女同志，她以後考上西北聯大，畢業後同聯大李姓學長結了婚，以後兩人都任職於信陽第一中學，而今都已退休。另一位我結婚時的好友女賓相趙青蓮，她同一位李姓男士結了婚，已定居於湖北武昌市，隨其獨女生活。這三位好友老年生活都尚稱美滿。

自從海峽兩岸路通後，我都同她們取上了聯繫，且於九三年由兒女陪伴我去看望過她們。當年在軍中活躍的伙伴，而今都已白髮蒼蒼、皺紋滿面、齒牙動搖、行動遲緩，我們久別乍逢，猶如隔世的陌生之感，當我們定睛相認後，忍不住緊緊相擁痛泣。

在西安幹訓團結識的那位當年人稱花木蘭的教練班長郭琤——同生共死的至友，我在兩岸路通後的九〇年，好不容易打聽到她的下落——住夫家李子奇河北省定州市西城村的偏僻鄉下。九〇年元月我由大兒天恩、小女靜秋陪同去看望她時，她已半身不遂多年，右邊自右臂起，脚手向內彎曲、僵硬，不能動彈、不能言語，但還有智慧。她的生活起居，全由其夫李子奇及她的五個兒女們輪流侍候。據其對雙親至孝的大女兒向我學說：文革期間，其父勞改十年，受盡屈辱、欺凌，其母郭琤同子女被打入黑五類，她以乞討維生。平反後每人分得一畝二分田，她自耕自食，在三餐不濟中，把兒女們拉拔長大成人，而她也患了重病多年。當她看到我時，傻楞楞逼視我久久，才以能動的左手，緊緊摟着我的頭，咦咦呀呀痛哭失聲……而其夫李子奇君，已是瘦弱農夫的老翁扮相，且已患了喉癌重症，見我們來看望他時，只有老淚湧流，沉痛不語，只有命其兒女們熱情招待我們。李君已於當年八月因喉癌去世。九三年，我又由大女兒靜華、小女兒靜秋，再看望郭琤一次。當靜華鼓勵我再一次高唱流亡三部曲時，琤姐還用脚打拍子，隨曲哼吟，令親友驚嘆原來友情也是可以地久天長的。去年十月她已與世長辭，享年七十六歲。

至於我在二次大戰的烽火中相識、相知、相愛的男友張毅青，已證實當年他並未結婚、生子，純是謠言中傷。直到民國卅七年，他才在別人的介紹下，與一位基督徒的女醫生結婚，在卅八年他才有第一個女兒出生。兩岸路通後，在各方打聽下，才知道他已携眷移民到新疆烏魯木齊的山區定居。我們分別半個世紀以上，直到這次取上聯繫後，他才了解當年我在西安對他不辭而別的眞正原因。對此，我深感內疚和遺恨。

附錄：

傳記園地裡的一朵奇葩

——蕭曼青女士自傳讀後

余玉照

這是一本非常成功感人的自傳。我要向作者——蕭曼青女士，好友高天恩教授的母親——致上由衷的賀忱與敬意，同時爲我國傳記文學園地裡能長出一朵如此清純亮麗的奇葩而深深慶幸！

這是作者邁入古稀之年才完成的第一本書，世人必將大爲驚奇，並給予熱烈讚賞！「疾風勁草」（**編按：「疾風勁草」是原定書名，後改爲《像我這樣的母親》**）四字傳達出來的鮮明意象，恰當地突顯出作者畢生堅持理想與逆境搏鬪到底的歷程是何等艱辛，但是同樣重要的，這個意象也明白指涉了作者歷盡滄桑的故事背後，所代表的發人深省的道德意義。

在高家不畏疾風苦雨始終堅強挺進的不凡事蹟中，我們看到一個動亂大時代的縮影，這是本書在題材佈局上的巧妙可貴處。然而，最難得的是我們從亂世一位中國女性的奮鬥史中，認識到她憑靠慈愛、敦厚、勤勞、樂觀、堅毅等美德而得以克服無數困厄打擊的高貴情操——她以樸實無華的文筆，襯托出她眞誠平實而又嚴肅的處世風格，深信單憑這點，此書就足以引起廣大讀者的共鳴！如果有關單位須給她一份「傳記文學創作獎」以及「模範母親獎」，我認爲都是她當之無愧的殊榮！

又一章：探望我的好友郭琤
——為紀念郭琤而寫

探望分別四十一年的琤姐

自從民國七十六年政府開放大陸探親以來，我日夜都在想探望分別了四十一年的好友郭琤。經由國際紅十字會數次轉信到她的故鄉——河南汝南縣舊址尋覓，收到的回信都是「查無此人。」再經過各方至親好友投信尋找，答覆都是千篇一律的令我失望。

民國七十八年秋，我因跌倒傷及脊椎骨，住榮民總院動大手術期間，由香港友人處轉來了大陸河南汝南的一封來信，陪我住院的小女兒靜秋，如獲至寶似的拿信給我看，她以爲在我重病中能尋到故友是我一大值得欣慰的事，那知當我看了信後，不禁俯枕痛哭。這封信既不是琤姐的筆跡，也沒談到琤姐的下落，只是一位與她同姓名的女性，爲了同情我懷念老友而願與我常通信，以慰我海外遊子的心。

我出院後，骨科大夫叫我戴上鋼製的架子半年到一年，待脊椎骨完全復原後才能取下來。

我出院不到三天，外子便患了中風，左半邊身不能動彈，智慧奇差，隨即送他住了榮民總院。他原本在十五年前因車禍而致雙腿骨折，不良於行，但家居生活，還可勉強自理，自中風後，雖及時住院，但病卻日趨嚴重，智慧減退，右手亂抓，全身皮膚只要他右手能抓到的地方，全是血紋斑斑，我和我的五個兒女們日夜輪流照顧。經住院兩個月後，醫師宣佈外子病已無救，叫即時出院，回家休養。

兒女們都要上班，我又剛動過大手術，且背上還揹著特製鋼架，如外子回到家，我實在無力侍候，經過全家商議結果，決定在榮民醫院附近，找到一家規模相當大且設備很完善、二十四小時服務病人的療養院，月費兩萬元。兒女們仍舊輪流去照顧他，我更是風雨無阻的每天穿梭於新店與北投（療養院）之間，直到傍晚有兒女接班時，我才搭公車離去。

有一天下午五點許，我剛由療養院回到家，站在家的二樓陽台上休息時，只見一位男士，正站在我家的大門外仰臉向我張望，並不時左顧右盼，口中喃喃自語的說：「高長榮的家是哪個門呢？蕭玉英是住哪個地方呢？」他先小聲，後竟高聲大喊「高長榮先生，蕭玉英女士……」我聽得清楚，便問他貴性、大名、爲什麼要找這兩個姓名的人？他因急欲想找到我們，就馬上鄭重的向我自我介紹：「我姓李，我叫李蔭槐，是個退役軍人，我叔是李子奇，我嬸是郭琤，跟高長榮夫婦是好朋友，我是奉我叔所託，在國防部人事室用電腦才查到這個地址，所以……」我沒等他再說下去，便下樓迎接、熱情的招待他了。從此我便同我的好友郭琤取上了聯繫。但知琤姐已患了中風症，既癱且啞，右半邊身體已僵硬沒有知覺，唯腦子還清醒。以後往返的連絡信件，都是由其夫李子奇先生，也就是我和琤姐在政治部隨軍工作時，我們的隊長李子奇君執筆。

當時大兒子在美國哥倫比亞大學以及加州柏克萊大學訪問進修一年，即將結業回台。他得知我連絡到了好友郭琤，他為了完成我多年的心願，立刻來信、來電話，叫我趕快辦理出國手續，由小女兒靜秋請假護送我到香港，他再由美國直飛香港接我，陪我去河北省定州縣西城村郭琤目前的居住地探望她。

護照很快辦好了，機票也買好了，準備六月十七日搭機赴香港與大兒天恩會合。卻沒想到北京城正鬧民運，因為六月三、四日共軍以坦克、大砲血洗天安門，槍殺了成千上萬的爭民主爭自由的學生和百姓，以至陸、空交通斷絕，地方混亂，因而我只得取消了這次的大陸行。不久我收到了琤姐夫婿李君的來信說：「……你的琤姐日思夜盼，你沒如期來，她已哭病了，她既癱且啞，她不吃不喝，她天天拿著你的信看著你的照片痛哭，何時再決定來，快點來信告訴我們。」該信其中一段最令我感動的是：「我和你的琤姐，為了紀念你，我們的兩個兒子，都依你大兒子的名字天恩，命名天寶、天成。這一點說明了我們的友情，也是歷史的見證。唯一難比的是你的兒子天恩，今天是美國的博士學位，而我的兒子卻是因打入黑五類而無權受教育、卻成了目不識丁的自耕農終生，每人分得了一畝二分田。」

大兒在台大教書，只有利用寒暑假才能有空陪我，小女兒也只有利用春節假期與我同行，所以我們又安排農曆年初四上午的飛機出國。我安排留在台灣的三個兒女，在我出國十天內，輪流照顧外子，我也私自拜託療養院裡的兩位護士，要特別細心照顧外子，並給琤姐即時去了信，要她在家快樂的等著我一起同她過「小年下」（也就是農曆年所謂的「破五」）。

民國七十九年元月二十日的早上，外子於五點鐘病逝。離農曆年不到十天，我們一家在悲傷的氣氛中，爲外子安排後事：佛堂誦經，佛寺超渡亡魂，舉行佛教家祭，請西藏喇嘛到家中設的靈堂主持祭拜。遺體停放殯儀館，希望將外子安葬後再去看琤姐。誰知一來趕到年節，二來這段期間進殯儀館的死者太多，外子依序排名在二月廿三才能舉行安葬儀式。負責葬儀事宜的老友吳懋喜君知情向我建議，叫我如期探友，回來再辦理喪事不遲，千萬不要因延期探友而再造成難以彌補的遺憾。

民國七十九年元月三十日，也就是農曆正月初四，我在大兒與小女的陪同下，搭上了九點由桃園機場起飛的華航班機。看到飛機慢慢升空，看到藍天白雲呈現在飛機下，朵朵白雲塞在眼底，景色之美，非我拙筆所能形容於萬一。身邊坐著大兒、小女（大兒由美國已返國）。按道理我該感到心情愉快，但想到在萬家團聚歡度春節期間，外子卻一個人孤伶伶的停屍在殯儀館，好友琤姐卻變成癱啞病人，悲慘之境，淒涼之情，令我無一刻忘懷。我此刻彷彿又回到半個世紀前：

認識郭琤是在一九四〇年的（民國二十九年）秋天，我剛考進西安幹部第四團第五期，我被編到第×大隊第×中隊第×區隊第三班，教練班長就是琤姐。她長的眉清目秀，身材高佻，她剪得如男生一樣的短髮，穿上軍服，戴上軍帽，穿上青草編的草鞋，綁腿打得緊緊的，腰上束著一條士兵皮帶，一臉的嚴肅、莊重。我們一群新生聽著她的哨音、口令，隨著整齊的隊伍，天天在充滿艷陽的操場做基本訓練。她熱愛籃球、話劇，在各隊賽球中，她常獲得冠軍、錦旗、獎狀，她是人人稱羨的花木蘭。想不到她在大陸文革期間被打成黑五類，而其夫卻因擁有田產而全家被掃地出門，又因是國民黨政工領導，而被勞改二十年，致使琤姐在乞討中把五個兒女扶育長大。她因遭受折磨、屈辱，以至患了高血壓。在飢餓的生活中，既無錢治病，又無錢營養，以致成了癱瘓、語塞，最可憐的是她腦子清醒，智慧不差，口不能言，手不能寫，想到琤姐當年的生龍活虎，想到她目前的悽慘遭遇，再想到外子目前停屍在殯儀館的太平間時，由台北到香港一個多小時的航程中，我的腦子像映電影似的一幕幕在我眼前出現。我怎麼著也難止住我湧流的淚水。

在香港機場等轉機的空檔裡，大兒和小女在免稅商店裡買了幾瓶洋酒和幾盒洋菸，準備送北京的友人。機場的牆壁上看到「中華人民共和國」的簡體字，我深覺新奇和難過。十二點半，我們登上了中國民航班機，一進機艙，便聞到一股刺鼻的尿臭味。稍後，空姐並沒有徵得旅客的同意，每個座位前端上一杯果汁，這跟華航以及東南亞旅行時乘坐的國泰等班機的空姐服務態度相差甚遠。

三點半許，空勤播音員在廣播：「各位旅客請注意，再有二十分鐘就到北京了，北京此刻的氣溫是攝氏零下二度……」不久飛機慢慢下降。光禿禿的樹枝上堆了滿滿的白雪，原野、大地成了白銀世界，這片嚴冬景象慢慢印入眼簾，只是機艙有空調，我們置身在不熱不冷的氣溫裡，俯瞰原野，只覺大自然的美妙，是我在台灣幾十年所罕見。

進北京機場時，雖未下雪，卻感到寒風刺骨，冷氣襲人，我們雖穿著厚厚的大衣、皮靴，還覺得有點兒發抖。通關時因旅客寥寥無幾，不到半小時便完成了通關手續。候機室內看到了一位女士，拿了一個寫著「高天恩」三個大毛筆字的紙牌，我們知道那是兒子的好友王偉住北京的姑母——中華職教社祕書處處長王政維。我們走向她，熱烈的同她握手致意。她領我們到機場外面停放的一輛黑色轎車前，把行李裝在行李箱，她坐在司機一旁，我們三個坐在後面，開車的是一位老先生，據說是給王偉爺爺開了幾十年車的老司機，他們對我們接待熱情，說話親切。尤其王姑姑，像主人，又像導遊，由機場開往她爲我們訂好的燕京大飯店的旅途中時，沿途她不厭其煩的向我們介紹當地風光，諸如「這是天安門，這是西單，這是東單。這是長安東街，這是長安西街，這是人民大會堂……。」我雖第一次來北京，但對於這些地方我並不感到陌生，因爲北京民運期間的畫面，天天都在電視上清楚的看到。那熱愛國家爭民主，爭自由，成千上萬的學生、百姓，那坦克車、大砲、鎮壓的大批解放軍，那痛苦呻吟成群結隊的絕食學生，那各國媒體的男女記者，那熊熊烈火燃著的戰車，那焰火，坦克威力下死傷的血淋淋的傷者、屍體，那救護車在親人扶持下驚惶失措的穿梭於天安門廣場，市區駭人的汽笛聲，就是在王姑姑一一介紹給我們看的地方，我腦子裡充滿了無限哀思的回憶和感傷，「燕京飯店到了。」司機和王姑姑的這句話使我的腦子拉回了現實。車子停在一棟相當高的大樓門前，由王姑姑領我們搭電梯住進了第十六樓的房間。不久，王偉八十八歲的祖父——全國政協常委王艮仲老先生——由他的屬下年輕人領著來看望我們，他雖古稀高齡——快九十歲，卻是精神奕奕，紅光滿面，看上去也不過是花甲之年，他誠懇的向我們說：「明天晚上我訂了一桌酒席，爲你們接風，因爲高教授是位學者，我也約了我的多年老友費孝通教授作陪，一切都安排好了，希望務必賞光赴宴。」王老先生古道熱腸作風，使我有點感到卻之不恭，應邀難爲，但我還是告訴他我去探望難友的心急如焚，請他諒解我的苦衷，請他不要破費，但他執意的說：「幾十年都熬過去了，難得來北京一趟，就多待一天有什麼不可，我不但訂了接風宴，我還給姑姑請兩天假陪你們，安排好了車，請你們無論如何要多停一天……」在王老先生一片赤誠的邀約下，我們欣然的接納了。

站在十六樓的窗口向街心看，只見三五成群的腳踏車，絡繹不絕的穿梭於街心，人行道上往來的男男女女，都穿著厚厚的棉衣，帶著棉帽，耳暖（套耳朵的棉罩），手套。兩節相連的公車，擠滿了乘客，據說這是中午景象，到晚上下班時間時，腳踏車成群結隊，比台北塞車還甚。我問一街兩向的屋頂上，為什麼插那麼多五顏六色的彩色旗，據說這是北京年節時的一景。

恩兒領我們下三樓中餐廳吃飯，只見穿藍制服的女服務生，排立在院子裡有二十多位，但相當大的餐廳，卻只有三五位客人在吃飯，我們各點了一個菜，我要了花捲，恩兒要了肉絲炒飯，秋要個什錦湯，等了四十多分鐘，我們已是飢腸轆轆，好不容易等到一位女服務生來了，她說：「花捲賣完了，炒飯沒有肉絲了，怎麼辦？」恩說：「來個什錦湯，我們都吃乾飯好了。」十分鐘後，什錦湯端來了，秋喝了一口吐了，恩把它勉為其難的喝下去。結果我們再上十六樓，要了兩瓶開水，泡了三碗由台灣來時帶的泡麵。偌大的燕京飯店，怎會出這麼糟的餐廳。「媽媽，你都七十多歲了，難得有兒女陪著你來到中國歷代的古都，卻使你不能吃一頓飽飯，我實在感到遺憾，晚餐我一定帶你到北京大館子裡大吃一頓好不好？」恩兒看我吃泡麵，十分抱歉的向我說。「吃大館子不重要，晚上我們到外面走走，順便找個小吃，這是北京，北京口味的小吃比大餐廳的魚肉我還喜歡。」我的答話大兒笑納了。

七點鐘，大兒領著我和小女兒走出燕京飯店的大門，在門崗守護室的指示下，我們穿過了馬路，走向右邊一排的小吃店，在一家掛著一塊長長木製招牌「包子，饅頭麵食館」的小吃店停步，我們開門進去問「有什麼吃的啊？」站在一進門櫃台外的年輕小姐答「有包子。」「有什麼喝的湯沒有？」恩兒走近她問。「沒有。」這位小姐面無表情的回答。「那我們買幾個包子回飯店吃好了。」恩兒向我和秋說。我摸了包子冰冷且硬，但我還是去拿了幾個，這位一臉冷漠的服務小姐不但不給我塑膠袋包包子，還冷冷的問我：「你有糧票沒有？」我答。「沒有。」「沒有糧票不賣包子。」她說完就轉身走向櫃台內做她的事去了。「我們從台灣來，哪會有糧票，我們有人民幣不能跟你買包子嗎？」我忍不住向她問。「不能。我們只要糧票。」這位服務員並未正眼看我竟致這樣回答，實在令人生氣。「走！我們去找家大餐廳去。我不信有美金，有人民幣，我們會餓肚子。」恩兒扶著我氣不過的說。北京街道寬廣、寧靜，往來行人稀少，一街兩排的街燈昏黃，偌大的店鋪此刻已半掩了門，恩領著我們終於在一條寬巷子裡，找到一家相當大的餐廳，叫了三菜一湯，白飯三碗。我們還未開始吃，服務小姐可就把帳單拿到我們面前叫即時付帳了。我想要杯水喝，服務生冷冷的回答了一句：「沒有開水。」我就以湯拌飯吃，這是北方餐館，北方口味的湯和菜，我確實餓了，感覺一碗飯不夠，我示意恩兒再叫一碗，恩說：「已經把帳付清了，剛才他們向我說，七點半打烊，叫我們快點吃，現在叫飯他們也不會答應，我把我的飯撥給你一點好啦。」聽著恩兒的說話，眞叫我啼笑皆非。中國的古都北京城，怎麼會是這種光景……

第二天一早八點王姑姑便準時來到我們的十六樓的住房，親切的向我們說：「車子在大門外停著，我安排的是先上十三陵，再到八達嶺長城上玩，但是因爲積雪太深，結冰又厚，怕旅客路滑出事，去長城的路暫時封了。我打算先帶你們去十三陵看看，然後再逛其他的，你們難得來一趟北京，我們盡可能趕時間多逛幾處好不好？」這熱情而誠懇的邀約，眞使我們感到「賓至如歸」的溫馨。

十三陵是埋了十三個皇帝和皇親的皇陵。前門外路邊有七十二個石頭雕刻的人物和動物的塑像，還有兩個相當大的古樹林。園內積雪盈盈，樹枝雖有的光禿，但卻被白雪包裝得猶如白銀鑲的銀色花朵，在寒風吹動下東搖西搖的。我雖冷得發抖，但我們猶如置身在白銀世界，生活在台灣的大兒、小女第一次看到這麼美麗的雪景，都踏著沙沙的泥雪地，拍了很多風景照。接著向地下宮殿參觀，據說這地下放著的大大木製棺槨，裡面是明朝萬曆皇帝和皇后，這就是所謂的地下宮殿。

接著再逛頤和園，看到慈禧太后的座椅，看到她當政時威風凜凜的塑像，還有太監李蓮英站在她一旁。再看到她的寢宮、休息室，還有她平日看戲的臨時臥室，和爲她特製的雕刻戲劇——許仙、青蛇、白蛇的白蛇傳裡的人物塑像，還有她七十大壽時各國送給她的禮物等。再向後遊到長廊和荷花池，看到了光緒皇帝住瀛台困死的住屋，這些都再再證明了慈禧當政時的專制和她的生活享受。

下午第一站的目的地是天安門。當我們走進天安門的廣場，一眼看到熟悉的畫面，那廣場台階上的槍彈洞洞，台階磚的裂縫還未修補，我的腦子裡便映演了去年六四慘案的一幕。我沒有久站，也不敢多想。第二個地方是紫禁城，也就是現在的故宮，先到天壇，看看歷代皇帝宮廷建築，皇帝的問政金鑾殿，寢宮，祭拜祖先的大殿，還有外國贈送皇帝各樣各色的座鐘等。最後一個遊地是紫禁城內皇帝修建的一座雄偉壯嚴的佛寺，內有釋迦牟尼和綠度母的塑像，大兒及小女虔誠的燒香跪拜。據說那是雍和宮？

晚餐，是由王爺爺在全聚德的一頓接風大宴。有一位他特別邀請的陪客黃教授（弗貝孝通教授因重感冒而告假），以及兩位至親，在王爺爺父女殷勤的招待下，我們吃了一頓豐富的晚餐。

回到住處，整理行李、思緒，準備明天去定州市李親顧區西城村看望我分別四十一年的老友郭琤，想到她現在是位癱瘓、不會說話的老人時，我的心情降到了最低潮，再想到我那剛辭世的外子，目前孤零零置身在殯儀館冷凍庫時，我忍不住俯枕暗泣……

一早（二月三日，農曆正月初八日）我們母子女三個人，坐上了一輛可以乘坐七人的當地所謂的麵包車，離開了燕京飯店，直駛琤姐的住址——定州市李親顧區西城村南二庄，一路上看到原野一望無際的白雪，公路兩旁光禿禿的楊樹林上被白雪包裝的猶如銀樹，積滿雪地的路上，有往來的驢拉車，車上坐著穿著新衣的老婦、少女、兒童，他們是過農曆年走親戚的，還有老牛拉的木製拖車，腳踏車，堪稱北京郊區的冬景，大兒小女不斷的叫司機停車拍照留念，因寒風刺骨，加上我心情沉重，我只坐在車內沒動。中午在涿州吃了一頓飯，包子，饅頭，小菜，酸辣湯，加上司機四個人，花了不到台幣六十元，物價比台北便宜得令人咋舌。

黃昏時，我們的車子駛進了琤姐的居住地——一個偏僻的小村子，村中的男女老幼都圍到車輛旁張望，車子慢慢駛向彎曲的小道朝裡開時，車窗外看到一位中年男士似曾相識的臉，我打開車窗問「你是誰？」他木然的回答「我是天寶啊！」由於這三個字的回答，加上他酷似琤姐年輕時的模樣，我知道他是琤姐的大兒子，接著又一張中年村婦模樣的臉，她緊緊跟隨著緩行的車子，當我伸頭向車外探望時，她喊了一聲「蕭姨，」接著泣不成聲的說「我是麗筠啊！」（以後改成君字）……此刻我也難止淚水，當車停在村的盡頭巷口時，圍在車週圍的男男女女，大人小孩一群，亂糟糟的喊聲「蕭姨，姨奶奶……」響在我的耳邊，我知道這都是琤姐的兒孫們，我在兒女的扶持下下了車，在人群中我看到了一位似曾相識的農夫打扮的老翁，他兩眼飽含著淚水，緩步走向前伸手向天恩握手致意，我認出他就是琤姐的丈夫子奇兄，也就是當年我和琤姐在軍中工作時的政工隊長，我趨前向兒女們介紹「這位就是你們今天要來探望的姨夫，這是我的大兒高天恩，這是我的小女高靜秋。」當他再趨前向我握手時，我看到他已淚流滿臉，哽咽的說不出話了。接著一個穿著一身新衣的稚齡女孩，遞到我手裡一束鮮花，我知道這是子奇兄的安排，我向大兒小女交待一聲車上的所有行李由他們處理時，我叫琤姐的兩個女兒扶我趕快去後院看望琤姐。

一個破落院子的牆邊，響起了一連串的鞭炮，我急急的問她們「妳媽住在哪裡？」我邊問邊向眼前一間低矮的屋子裡邁進，耳邊已聽到嗚嗚的痛泣聲，在她女兒的指引下，我順著哭聲，掀開了床上的棉被，她伸出能動的左手，露出皺紋滿面的臉，緊緊的摟著我大哭起來，我泣不成聲向她說「琤姐，琤姐，別哭了，今天我們真的相聚了，這可不是夢，妳別激動，我有好多話要跟妳說，妳快點坐起來，妳曾用奶水餵過的小天恩，今天來看望妳了，還有在台灣生的小女兒也來了。妳快點坐起來，起來……」琤姐雖不會說話，但她卻什麼都明白，她在多人的扶持下坐了起來，她睜眼看到床前人群中的大兒，便伸出左手以含混不清而吃力的叫聲「呀咦（即天恩。）」恩兒會意便立刻向她床前雙膝跪拜，叫聲郭姨，同她緊緊相擁。小女兒也在此時叫聲「郭姨別難過了，我們今天應該開懷大笑啊……」小女兒打開了錄音機，播放出剛才會面的對話，哭聲，使琤姐以及室內所有人都新奇的大笑。原來小女兒在手提錄音機裡錄了音，並已拍了照，這一下算解了圍，大家激動的情緒才略爲平靜。

「今晚同妳琤姐好好聚聚，聊聊，我們大家吃頓家常飯，明天再正式給你們接風。」子奇兄向我說，琤姐點了點頭，桌上端來了幾道菜，饅頭，小米粥，由她的媳婦，女兒把琤姐由床上抬到餐桌前的椅子上坐下時，給她脖子上套了一條髒兮兮的圍兜，放在她面前的一個湯勺，一雙筷子，這我才清楚的看到琤姐的右手，五個手指蜷曲在一起，成了朝向胸前的一個死拳頭，右腳腳尖朝裡彎，右腿已變成了朝裡彎的弓形，右腿右腳僵硬得已無半點知覺。滿口上下牙脫落得露著牙肉，張口說話時急得滿臉大汗，咦呀不清，這比她當年與我同台演戲化妝的老太太還要老邁，醜陋，從她目前的形象，很難找到當年她那花木蘭的影子。

當我們正吃飯時，琤姐指著餐桌後院子一角的一堆紅薯咦咦呀呀得扯著她大女兒的衣角，指指我，敲敲碗，用愛的表情示意，這個我立刻明白了，她還沒忘記我愛吃紅薯，叫她女兒明天給我燒紅薯稀飯吃，我說明了她的用心和示意後，她點頭的笑了，並用她能動的左手，摟著我痛哭失聲。

飯後，琤姐又由她兒子抱她到床上，我們都走進她臥室，由於天太冷，我也坐在床上，而腳鑽到琤姐的被窩，恩、秋同子奇兄以及她的兒女們都坐在床前的椅子和小板凳上，唯怕琤姐與我久別重逢不會說話著急，我盡量向她述說分別後我的生活點滴，這時她最孝順的大女兒麗君，也代母發言，以舒解她母親的情緒。她說：「蕭姨：俺媽現在說不出話來，她心裡一定很急，現在我就替她跟你說說她同你分別後這幾十年的生活大概吧：先從一九四九年說吧：那時只有我和麗芳、麗珍三姊妹。大陸整個解放後，爸爸帶我和媽媽回來，誰知爸爸早年已經娶了太太，在八年對日抗戰中，這個太太一直跟我祖母相依爲命只等著爸爸回來。好不容易輪到大陸解放，爸爸回來了，想不到爸爸卻帶回了媽媽還有我們姊妹三個。爸爸先把我們暫時安置在旅館裡，然後回去稟告祖母，祖母一氣之下，柱著拐杖在村子裡到處大聲喊著大罵爸爸不該娶個小老婆回來，只叫爸爸一個人回家，不叫媽媽和我們姊妹三個進門。而媽媽並不知道爸爸結過婚，一到村子裡住旅館後，才聽到這個事實，媽媽就馬上收拾行李，帶著我們姊妹三個要回她的老家汝南縣。被我爸爸好說歹說，又託本村的村長、小學校長來向我媽說：『在短時間裡，我們一定要想辦法勸說叫他前妻同他辦理離婚手續。等手續辦好了以後，再勸說老夫人接納你們母女們進門。』媽媽不答應一定要走，爸爸跪求媽媽，結果媽媽在不得已的情況下，在本村租了三間民宅，買了一部縫紉機，爲了吃飯，開始給別人做衣服。一天至少要給人家趕工到深夜三點才能睡覺。所得也不夠維持生活。媽媽常常哭著向我們述說同蕭姨的感情，逢年過節時，媽媽總是在餐桌上多擺一雙碗筷，告訴我們這是給蕭姨留的，常常教我們不要忘了蕭姨，不論到任何時候，一定要找到蕭姨的下落，她常常一邊工作，一邊哼歌，一邊描繪著蕭姨的長相，為人，說著說著常常泣不成聲。文化大革命時，我爸爸打入右派、思想牢改二十年，我們一家成了黑五類，我媽帶著我們五個姐弟，（以後又生了兩個弟弟。）一天到晚四處討飯，鄰居們不敢同我媽講話，看到我媽可憐，開門扔我媽籃子裡幾個剩饃，馬上關上大門，唯怕別人看見了打小報告說跟黑五類的人打交道。那些日子，我們全家吃樹葉拌麥麩作窩窩頭吃飯，我們拉大便拉不出來，拉的大便像驢馬糞。牢改二十年，我媽媽可吃盡了苦頭養我們，養活我祖母，還想方法給我祖母治病，並且還每天給我祖母買一個花捲子吃，有時祖母還向我媽發脾氣，把花捲子扔了，那時我只有九歲，我看不慣我祖母的作風，我哭著跟祖母說，弟弟妹妹哭死了，媽媽也不給他們吃，你還跟媽媽發什麼脾氣，經我向祖母哭訴後，祖母從此對我媽好一點了。我祖母去世時，我爸爸還在牢改營沒有回來，是我媽媽給她買棺材，還請人給她吹吹打打送終。鄰里間都誇我媽心地良善、能幹。以後遇著大風雨多天，我們住的房子塌了，我媽自己趕著牛車拉磚壘牆蓋房子，村裡人看我媽好，大家都來幫她。」麗君哭著說著，琤姐在床上已哭成淚人，並頻頻點頭還叫她女兒繼續向我說。麗君會意，便接著向我講下去：「以後我長到十五歲，便到北京一家工廠裡當童工，一個月十五人民幣，我只擔夥吃飯一個月用去五元，留十元寄回去給媽媽。有一次我看到一個幹部的衣櫥上貼著『蕭玉英』三個字，我心以為我可找到了蕭姨，我天天下了班後，便守著那個衣櫥，希望能看到這個衣櫥的主人。誰知她有事請了假。等她回來後，她看我一直守在她的衣櫥間，她還以爲我想偷她的東西，當我向她說明了原因時，她不但沒有怪我，還對我特別同情。

「近幾年鄧小平上任以後，改革開放了，日子得到了平反，我們每個人分得了一畝二分田，自耕自食也吃得飽了，誰知我媽媽竟得了這種病。她一生對人家對自己都秉著良心待人，爲什麼我媽媽會患了這種難治的病呢？蕭姨，自從我接到你的信後，我媽媽天天拿著你的信和你的照片看著哭著，現在你來了，她肚子裡有千言萬語想跟你說，又說不出來，你想想她心裡是什麼味道……」麗君長篇大論了好一會。全室的人都在擦眼淚，我緊緊的摟著琤姐，我們倆相對無語，只有熱淚盈眶湧流不止。

深夜，我們三個人被安排在她二兒天成排在橫院的住屋，三大間相連的住屋，一間是儲藏室，擱了幾袋雜糧，地上堆了一大堆結了凍的大白菜和白蘿蔔等，還有一些我不知名的耕地用具，佈滿蜘蛛網的屋樑上，吊了一個煤油提燈，推門進去，霉味難聞。中間靠牆處是一個大的燒煙煤做飯的爐子，中間一個擺了亂七八糟雜物的木製方桌，桌下堆了一些雜柴、舊玻璃瓶。另一間才是招待我們住的臥室，這是他二兒的住屋，一張靠牆的木製大床，上面已爲我們疊了三個被窩，爲了驅寒，每個被窩內，都有一個用過打點滴的玻璃瓶裝滿了滾燙的開水，可以暖被窩。床前有一個煤爐，正冒出黑煙紅火，這是專爲招待我們取暖用的。一進臥室門，煤氣煙味熏得讓人喘不過氣來，恩還可忍耐，唯秋大喊：「媽媽，把這煤爐搬出去吧；不然我們會窒息……」也真的叫人受不了了，我叫其二兒天成，把它移到屋外。誰知煤爐搬出去後，室內冷得如置身冰窖一樣，秋渾身打著抖擻向我說：「媽媽，明天我們回去好不好？這樣冷的氣溫誰能受的了。」秋在大哥的苛責、勸慰下鑽進了被窩。母女子三人共睡一床，談往敘今，那一幕真叫人永生難忘。

第二天中午（二月四日，農曆正月初九），子奇兄為我們安排了接風筵，他請了全村的所有幹部，這些大都是他的學生和至親，將近三十人，主廚的是他大女婿，一共兩桌，一桌擺設在他大兒子的住屋，一桌就擺在琤姐的床前。席間子奇兄先致歡迎詞，我也致了答辭，滿桌的菜，葡萄酒，白酒，子奇兄及他的兒女們熱情殷勤的招待，加上一位傅姓陪客，個性幽默而風趣，變換花樣的行酒令，大家吃喝聊天都很愉快，唯有琤姐不能說話，凡事用她的左手示意，以臉的表情隨和著大家，她不時歡笑，不時擦淚，看著她的眼前，回憶她的當年，真叫我感到無限哀傷。

飯後，恩建議我們同琤姐一家三代合影留念，恩兒先由琤姐住屋門外開始拍照，只見門兩邊在大紅紙聯上右邊寫著：「分手後音訊渺然想煞人也。」左邊寫著：「有親人自遠方來不亦樂乎。」橫聯是：「熱烈歡迎。」這付對聯確是代表琤姐的由衷心聲。接著在堆滿積雪的院子裡擱了一把椅子，幾條長凳子，尤其兩個兒子——天寶，天成把琤姐抬到院子，我和子奇兄坐在她兩旁，恩和秋以及琤姐所有的兒孫們都圍攏她的前後，合影。為了使琤姐得到安慰，恩兒竟給她行跪拜禮，然後緊緊的摟著琤姐說：「郭姨：我沒白吃你的奶水吧！」琤姐聞此言，扶恩頭在她的雙膝間放聲大哭。站在雪地上遠遠觀望的成群鄰居老幼，莫不個個動容。

二月五日（農曆正月初十）我們吃了早飯後恩兒安排了一個節目向我說：「媽：當初我們由北京來時找這一輛七人乘坐的小汽車，目的就是希望帶郭姨和姨夫在附近風景區逛逛，到縣城裡看幾場電影，吃吃大館子，大家暢談暢遊，但現在天寒地凍，搬動郭姨怕萬一不慎會出錯，所以我現在改變了主意，我和小秋分批帶郭姨的兒孫們到石家莊逛逛，你留在郭姨身邊，好好的跟她親熱親熱。」恩的提議，大家都表贊同，當大家要出門時，琤姐的兩個女兒再三叮囑恩說：「你最好趕到石家莊市區裡的大菜市場裡，買兩隻活的烏龜帶回來，據說烏龜的尿抹到媽媽舌根上，能夠治她的不會說話，烏龜尿可以軟化舌根。」我唯恐恩聽不明白，我再三拜託司機幫忙，因爲他是當地人。

室內就我和琤姐夫婦，還有她的兩個大女兒以及她的兩個媳婦，我同琤姐同坐一個被窩內，面對面的彼此相視無語，子奇兄把一個小小方型木桌擱到我和琤姐的中間，把吊在屋脊中間的一個四十燭光昏黃的電燈泡打開，拿出了他近日代琤姐用毛筆寫的幾首詩叫我看。我和琤姐都俯首在小桌上觀看，

第一首：嘆別離
劫後分身各一方，遠隔海峽和重洋，四十多年音訊渺，魂牽夢繞痛斷腸。

第二首：思故友
蔭槐回來探親人，觸景思情陪思英，知在寶島探雲深，天涯何處覓知音。

第三首：聞喜訊
捎信託知探芳蹤，果有佳音訊回成，喜訊何嘗天外知，滿臉對笑熱淚橫。

第四首：添新愁
盼來蕭妹駕光臨，喜煞李姓全家人，重逢那堪再別離，舊愁未解添新恨。

第五首：晤故人
才聚又別如挖心，頓覺身邊滿愁雲，勸妹更進一杯酒，海峽彼岸晤故人。

琤姐老眼昏花，眼鏡度數已不對焦，她看不太清楚，要我代念她聽，我義不容辭的開始朗誦，開始兩首，她頻頻點頭，表示其夫實在瞭解她的心意，最後幾首，她已痛哭失聲，並叫我移坐她身邊，她緊緊的摟著我，久久才鬆開，並以左手示意，留我多住十天。我告訴她恩有急務在身，秋請假不能逾期，我剛動過大手術不久，背上還背有鋼架，實在不能多住，她聽了只有無奈的痛淚。其實，這些理由都不太重要，重要而說不出口的是外子剛剛過世，他的遺體還停在冰凍的太平間啊……

恩兒一行人等去石家莊，下午六點前就該回到家，但我們一直等到九點，仍不見他們進門，琤姐焦急的以手示意，叫女兒到村外看看，外面的寒風呼呼，漆黑一片，村子裡寂靜無聲，只有琤姐的女兒，媳婦在雪泥地上往來穿梭似的腳步聲沙沙作響。十二點了，仍然沒有恩兒一群回來的動靜，琤姐急得淚流，我的心跳臉燒，一向處事鎮靜的子奇兒，也耐不住情緒的激動，在室內窗口向外張望。凌晨一點許，恩兒同琤姐的兩個兒子，三個孫兒終於進門了，才知道是汽車在回程時油管不通而停駛，在積滿冰雪的荒郊野外，伸手不見五指的漆黑天地裡，好不容易攔了一輛計程車，本來該五十元就可到家，結果恩出資兩百元，人家才肯載他們。

恩和秋向我們述說：「給郭姨要買的兩隻烏龜已經買了，放在鹹水的鐵鍋裡，但急著要買的天線卻沒買到，我們進電器行買天線時，店員們在聊天，我們進了店門，他們根本不理人，我們等了好一會，問他有沒有天線，他答：『有，在倉庫裡。』又跑了兩家，店員說：『我們沒有，你到別家買吧。』我們帶著小孩，進了一家涮羊肉店，我買了四斤羊肉，希望大家飽餐一頓，等了一個多小時，水一直沒燒開，眼看著天色已暗，再等下去，怕回去晚了你又掛念，我把羊肉買回來放在車上，準備回到家再做給全家吃算了。我們想洗個頭，刮個鬍子，坐下不到五分鐘就出來了，一個小姐說：『你的頭還不髒呀，爲什麼要洗？』叫她給我刮鬍子，她說：『鬍子刮了，會影響你頭髮好看。』我說：『我不在乎，你只管刮吧。』她說：『沒有刮鬍片了，怎麼給你刮？』這裡店員的服務態度，眞叫人哭笑不得。想急著回到家，但想不到車子卻在路上壞了，想跟你連絡，沒有電話的地方，也無從連絡，在這裡居住眞急死人。」聽了大兒小女的一番話，大家都在忍不住嘆息，但不安的心卻放下了。

又是一天的開始，一早七點當我們走出睡覺的屋子，穿過堆滿雪堆的院子，再走出兩旁的堆滿雪堆的通道，而再進入琤姐的院子時，便聞到了琤姐充滿煤火煙薰味的房間，只見琤姐坐在她房間一進門的椅子上，向我用左手招呼，子奇兒也忙起立迎接，接著開始享受一頓豐富的早餐——小米煮紅薯稀飯，煎蛋，黃豆芽，油餅，吃飯時琤姐一直用左手把她碗裡的紅薯很吃力的一塊塊夾到我的碗裡，爲了使她高興，我統統把她挾給我的全吃了，她還向她女兒示意再給我盛，她仍似當年的關愛著我，令我更感到辛酸。

晚餐的菜有肉絲炒白蘿蔔，有一盤鹹魚乾，有蝦米炒大白菜，還有一盤蔥花炒蛋，一大碗清燉雞湯，有一大盤炸饃乾，還有琤姐示意特別給我煮的一大碗紅薯小米稀飯，我說：「爲什麼做這麼多的菜？」子奇兄笑答；「難得我們幾十年不見，這樣的招待是應該的。」其實這桌上擺的菜，都是我們在台灣所有的家庭中的家常便飯。我們在琤姐室內的方桌上吃飯，房門外站了五六個琤姐的內外孫輩們，他們奉爺爺之命，不得進來同大人坐著同時用餐，每餐總是吃我們剩下來的菜。子奇兄每吃一頓飯，總要有兩三次難以下嚥的舉動，他口含食物，緊閉雙目，似要窒息的樣子，當他好不容易過了這一刻以後，馬上向我們說：「我得了喉炎，已經在石家莊，北京大醫院都檢查過了，醫生說叫我在家慢慢休養，吃藥，不要緊張，說我是兩個『火』字的炎，可不是人人害怕的絕症那個『癌』字啊！哈哈……」看他勉強的笑，我們淚流向肚子裡，因爲他的大女兒麗君已經向我透露「爸爸患了『喉癌』，醫生交代叫他住院治療，他堅決不住院，爲了怕他心理上受影響，所以騙他說患了『喉炎』。」我已偷偷交給麗君美金千元，叫她等我走後，務必帶她爸爸去北京住院，錢用完我再由台灣寄給她。每當他閉目那一剎那，恩總把桌上的肉類菜餚挾到小碗裡，遞給房門外站著的一群小孩，示意他們分吃，他們怕爺爺看到，也都乖乖的平均用手掐吃。秋看桌上菜不多了，就拿出來我們由台灣帶來的魚和牛肉罐頭，我們大人用餐畢，他家女兒，媳婦，孫兒們，把桌上的菜收到廚房桌上，看他們爭搶著罐頭互打互罵推擠著的情景，秋不忍，把所有的十多盒罐頭全拿給他們，她們嘻嘻笑笑，如獲至寶，但因分不均而爭鬧，仍被他們的媽媽打哭。我們聽著，看著，琤姐鄉居生活的景況，實在感到辛酸，更爲琤姐委屈。

屋門外站滿了琤姐附近的鄉親好友，他們對我們都投以新奇的目光，目的是來看看我們這隔洋渡海的客人。就在此時琤姐的大、二女兒向我說：「聽司機說給媽媽配個三百度的眼鏡才花人民幣二十元，那鐵桶裡的兩個小王八（烏龜）就花人民幣九十元，實在太貴了。」恩向我耳邊低語：「一斤四十五元，一個烏龜一斤重，所以兩隻烏龜才九十元。」兩個女兒說：「把牠們放到一個洗乾淨的鋼盆裡，再用棍子敲盆，牠們一驚便會尿尿，我們再把尿倒在乾淨碗裡，用棉花棒抹在媽媽舌根上，一天抹幾次，慢慢她的舌根軟化，媽媽就會說話了。」但他們一連串用棍子敲打好幾十次，只見兩個小烏龜捲縮在一堆，鋼盆裡乾乾的，並沒有一滴尿。琤姐的大兒子天寶急了，拿一根吸管要去吸小王八的尿，使得室內外的所有人們都拍手大笑。就因爲有這兩個小王八，使室內凝重的氣氛化解得輕鬆多了。

爲了想使琤姐愉快些，我問她想不想聽我倆少女時代在西安受軍訓的閒暇時唱的那首她最願聽的「別離歌」（少年維特之煩惱小說的插曲），她竟然馬上用左腳左手打拍，口裡咦咦呀呀在哼唱了，秋此刻馬上打開了她已準備好的錄音機，恩兒也打開了照相機，在室內眾目睽睽之下我向琤姐唱了這首很符合此情此景的「別離歌」。當我唱到「明朝呀，明朝呀，明朝我卻離此地，遠別離琤姐……」時，我忍不住同滿臉淚痕的琤姐相擁而泣。久而久之我才轉過頭來，對著圍繞在我們週邊所有的男女老幼們說句「眞抱歉，眞尷尬，我們都七老八十了，今天還來唱五十多年以前少女時代的歌，我們眞是一對瘋老太婆。」「那裡，那裡，這種場面實在太令人感動了……」他們各個臉上都堆滿哀戚的眼神來回答我的說話。子奇兄此刻已精神難以支撐而倒在床上，琤姐已悲痛得俯案痛泣，我勸慰她好一會，便同大兒小女走向我們的住屋了。

因爲再過兩天我們已經到了預定要離開琤姐的時候，原來包的七人小汽車，原是想同琤姐出遊，但琤姐中風得搬動不易，而子奇兄又患了癌症已相當沉重，在氣溫零下十度的目前，實在怕出遊不當而造成遺憾，所以恩建議在走前帶琤姐的兒孫們出遊一趟，琤姐示意叫我也隨他們玩一天以舒展心情，子奇兄提議叫我們去離此不遠的定縣去參觀紅樓夢中的庭院，人物，我也欣然接納了。

九點鐘，我們帶著麗君、麗芳，還有麗君十五歲的小兒子，一同坐上汽車，直駛定縣郊區紅樓夢電影的拍攝區榮國府參觀。在榮國府不遠的前一站，有一座宋朝建立的佛寺，離今已九百多年的歷史。佛寺外有馬車，坐騎，供遊客乘坐，拍照，當麗君十五歲的兒子穿上袁世凱服裝上馬時，秋趨前拍照，講好的一人一元，但收費時小販卻要收一人兩元五角，他說秋開相機照相一次一元，這種小販對觀光客敲詐的行爲，令直性子的小秋難以忍受而跟他爭執了好一會，不是爲幾元人民幣，而是我們自己拍照還收費，實在太不合理了。

進得廟門，只見高大莊嚴的佛像，全身積滿了灰塵，佛身腰處定了一塊木牌，上面寫了「不許拍照」四個大字，佛像前殿沒有香爐，也沒有擺設香燭，卻在每尊像前設置了一個收費箱，憑佛收費，不點香火，實在令我們不解。但我們母女子三人，還是在佛前跪拜行禮如儀。

走出佛寺，有一輛大馬拉的兩輪馬車向我們兜攬生意，「六人乘的馬車，從此地到榮國府，十五分鐘的路程，一人一元。」我們正好六個人，便都上了這輛馬車。馬車在趕車的操縱下，行駛在雪已融化了的泥沙地上，發出沙沙滴答滴答的聲音，眞像電影上昭君出塞時馬蹄的配音。在榮國府門前我們下了車，恩、秋又騎在馬上拍照留影。進到榮國府，便猶如置身在紅樓夢書中描述的賈府，賈母庭院，賈政的臥房，書房，鳳姐住院，元春探親的塑像等，因爲該地禁止拍照，且各院屋門都用粗繩子攔著，不許進到內部看，所以怡紅院，瀟湘館，我們也無興趣再入內參觀了。已經是下午兩點了，開小汽車的司機還在屋外等著。我們除了吃了一點此地特售的糖葫蘆之外，什麼也沒吃，大家都是飢腸轆轆。

由司機當餉導，找了一個相當大的國營餐館，我們走進去，卻無人招呼，走上二樓詢問，才知道吃飯時間已過，現在停止營業了。再開車向前找，司機問我們前面有個清眞館，要不要進去吃，恩、秋表示贊同，我當然沒有異意。

這是一個相當大的餐廳，位子全空著，服務生一男一女正在交頭接耳聊天，見我們上了二樓，他們似理不理的冷冷淡淡，隨便用手一指讓我們坐下，恩點了一個紅燒牛肉，秋點了一個辣子雞，他們說這兩道菜全沒有，飯是牛肉餃子，湯是牛肉湯，並且餃子論斤不論個。我問他們有沒有素麵、有沒有開水，他們都順理成章的回答「沒有，沒有。」我實在又渴又餓，我近乎以懇求的口吻向他們拜託看看能不能想辦法弄一點開水喝，久久，服務生才拿來一瓶開水放在桌上，我自己找了一個茶杯倒了喝，但水卻是涼的，事後才知道他們是向別處借來的一個溫水瓶。餐桌旁的地上，放置了一個盛滿尿的白瓷痰盂，令人睹之欲嘔，廁所內的池子堆滿了大小便，臭味令人幾乎窒息。

走出餐廳，司機又領我們進了一家百貨商店，恩主動的扯了兩條各十二尺的大紅布，爲的送給琤姐夫婦鋪在床單下，以取吉利而保平安，又買了一些餐具，餅乾，糖果等，在回程的車上，麗君姐妹和司機向我們訴說在文革期間，遭受磨難致死的許多老百姓的慘事，實在超出台灣連續劇的「芙蓉鎮」苦況數倍。相比之下，我們生活在台灣的人，實在是幸運。

因爲我們明天要離開琤姐，所以早飯後我不得不向琤姐說明，叫她好有心理上的準備，以免明天我走時她情緒太激動而出意外，誰知道琤姐聞言張口大哭，我握著她的左手，盡情的安慰她，恩兒見狀向我說：「媽，妳別阻止郭姨哭，哭也是一種發洩，讓她痛痛快快的哭一大場吧……這是難免的。」

午後兩點許，恩叫司機開車，帶琤姐的兒孫們分批到處去玩，我留下陪琤姐聊天。我趁此時，叫室內陪我的所有人統統外出幾分鐘，我要和琤姐以筆溝通一下。在一張白紙上，我用原子筆寫上她五個兒女的名字，我指著每一個名字問她，今後我再給她寄錢時寄給誰？問了三次，她都指她的大女兒麗君的名字，這樣我才明白了她將來依靠誰生活。

四十一年不見的琤姐，使我無時無刻不在想念她，但今天面對她時，她卻是既不能說話，又不能行動，我偎依著她，對她又能有什麼作用。子奇兄年邁體弱，且又得了絕症，那種強打精神陪我們的情形，令我感到由衷的心酸。

約午後四時許，天降大雪，鵝毛片片的雪花，是我入台四十一年所罕見，恩，秋是從出生到今天第一次看到下雪，我們站在院子裡，霎時變成了雪人，恩，秋忙著拍照，歡跳，琤姐的兒孫們也都為我們能看到下雪而感到愉快，大家都站在雪花飄飄的院子裡合影留念。

這是一頓餞行酒筵，李家媳婦使盡了渾身解數，做了幾道以豬肉為主的菜，子奇兄拿出了特為我們準備的好酒，又端了幾碗糖圓和豬肉水餃，男主人以沙啞的語氣向我們說了一些道別感言，琤姐也已淚流滿面，以左手示意叫我們盡情的吃桌上為我們準備的菜，李家闔府老幼都到了場，連琤姐的三個女婿全家也都來招待我們遠道而來的客人。「我們提前過正月十五，今天是我們的團圓佳節，今年的今天月圓人圓，但願明年的正月十五，我們仍能團圓，來勸君更進一杯酒，海峽兩岸的親人，永遠團圓。」子奇兄的一席話，使我們欣慰，也使我們下淚。恩接著提議，叫大家每人一歌，挑自己會唱而愛唱的，大家拍手贊成，凝重的氣氛，因而得解。先由我們三個古稀的老人唱一曲抗戰歌曲，琤姐此刻也止著了流淚，而以左手左腳打拍，子奇兄同我合唱，氣氛還算輕鬆，不巧的是，就在此時忽然間停了電，室內一片漆黑，大人小孩嘩然，然後由子奇兄燃上蠟燭，他苦笑著說，「古人秉燭夜遊，今晚我們秉燭夜話吧！」大家持續每人一歌，秋錄著，恩拍照，直到深夜方散。

當琤姐的兩個大、二女兒，扶著我經過盈尺的雪地，走向我睡覺的床鋪前時，她們對我依依不捨的問我能不能多留住幾天時，這我才向他們說出外子目前還躺在殯儀館裡沒埋葬，她們馬上撲通跪地向我致哀致敬，這時候我也忍不住同她們相擁而泣了。

一夜不曾合目，七點，我們便下床了，爲了整理行李，向琤姐告別。因爲九點我們要離開琤姐了。

八點許，麗君姐妹來看我，因爲她們知道我家有喪事，還在大雪紛飛，萬里冰封的時候來看望她們的雙親。她們感激感動的心，趨使她們一早便來跪在我面前大哭。由她們扶我走向琤姐房間。琤姐、子奇兄似乎已經知道，琤姐一見我就放聲大哭，子奇兄也泣不成聲的與我相對無語。

琤姐的兒子天寶、天成扶我到院子裡接受他們的歡送。大門外響起了一大卦鞭炮，弟兄兩依偎著跪到盈尺的雪地的院子裡，泣不成聲說「蕭姨：妳待我媽太好了……」由八里外步行趕來的三女兒麗珍，也一進門隨兩個哥哥給我跪下。這種大禮的跪拜，實在令我感到難過萬分。

在琤姐的哭聲中，在子奇的示意下，我向琤姐說一聲「保重，再見。」我便硬著心腸走出了琤姐的房門，在巷口外上汽車的一剎那，麗君伸頭在我的座位上向我親吻，並泣不成聲的說：「蕭姨，自我出生妳抱我長到六歲，而今妳來看媽媽，姨夫停靈在家，這種恩情，叫我們今生何時報答？」她的哭聲，令我心碎，她的說話令我悲痛，我說不出一句話來，只有同她相擁而泣。接著琤姐的兒女們也都向我一一握別。關上了車門，車由緩而急的向前行駛，但從車的後窗，仍可看到麗君追著汽車，擦著眼淚的身影。別了，我至親的琤姐，別了，李府的全家人。

*編按：本文為蕭曼青女士於一九九六年本書出版後所撰寫，詳實記錄下探望摯友郭琤的過程，特收錄於增訂新版。

生活叢書 86

疾風勁草：像我這樣的母親

作者　蕭曼青
發行人　蔡澤蘋
出版　健行文化出版事業有限公司
台北市105八德路3段12巷57弄40號
電話／02-25776564・傳真／02-25789205
郵政劃撥／0112263-4
九歌文學網　www.chiuko.com.tw
印刷　晨捷印製股份有限公司
法律顧問　龍躍天律師・蕭雄淋律師・董安丹律師
發行　九歌出版社有限公司
台北市105八德路3段12巷57弄40號
電話／02-25776564・傳真／02-25789205
初版　1996（民國85）年5月
增訂新版　2014（民國103）年5月
定價　350元

書號　0203086
ISBN　978-986-6798-84-9
（缺頁、破損或裝訂錯誤，請寄回本公司更換）

國家圖書館出版品預行編目資料

疾風勁草：像我這樣的母親 / 蕭曼青著.
– 增訂新版. -- 臺北市：健行文化出版：
九歌, 民103.05
面；　公分. -- (生活叢書；86)
ISBN 978-986-6798-84-9(平裝)

1.蕭曼青　2.臺灣傳記

783.3886　　103006265